Buch

Im Alter von fünfeinhalb Jahren stirbt der kleine Joseph Buffalo (er heißt so, weil er Büffel über alles liebt) Stuart an einer sehr seltenen, bösartigen Krebsart – dem Wilms-Tumor. Dieser Tumor hat meistens bei Kindern gute Heilungschancen, doch nicht bei Joe Buffalo. Mit zweieinhalb Jahren klagt der kleine Junge immer wieder über heftige Bauchschmerzen. Seine Eltern, Ann und Alexander, bringen ihren Sohn zu einer Kinderärztin, die nach der Untersuchung den Eltern eine schreckliche Wahrheit mitteilt: Joe hat Krebs. Zunächst besteht noch Hoffnung, daß Joe nach einem operativen Eingriff überleben kann, doch nach der Operation steht fest, daß sich im gesamten Knochenmark Metastasen gebildet haben. Joes Eltern beschreiben herzergreifend, wie sie über drei Jahre hinweg langsam von ihrem kleinen Sohn Abschied nehmen. Liebevoll und fürsorglich bleibt Joe die ganze Zeit bei seinen Eltern, Krankenhausbesuche beschränken sich meist nur auf wenige Tage. Als Joe dann stirbt, befindet er sich zu Hause, umgeben von seinen Eltern und seinem geliebten Spielzeug.

Die Eltern Ann und Alexander haben mit diesem Buch versucht, den Tod ihres einzigen Sohnes zu verarbeiten. Kurze Zeit nach dem Tod von Joe, trennten sich die Eltern, da sie, jeder für sich, wieder zu sich finden wollten. Ein gemeinsames Leben war nach Joes Tod nicht mehr möglich.

Autoren

Alexander Stuart ist Filmkritiker und Drehbuchautor, Ann Totterdell Schriftstellerin. Beide leben in England, jedoch seit einiger Zeit getrennt.

Im Goldmann Verlag ist von Alexander Stuart lieferbar:
Jessies Geheimnis (9829)

ALEXANDER STUART / ANN TOTTERDELL

Ich mal mir ein Tor zum Himmel

Das kurze Leben des kleinen Joe Buffalo Stuart

Aus dem Englischen
von Gabriela Prahm

GOLDMANN VERLAG

Originalverlag: Vintage edition, London
Originaltitel: 5½ × 3

Deutsche Erstausgabe

Umwelthinweis:
Alle bedruckten Materialien dieses Taschenbuches
sind chlorfrei und umweltschonend.
Das Papier enthält bereits Recycling-Anteile.

Der Goldmann Verlag
ist ein Unternehmen der Verlagsgruppe Bertelsmann

Umschlaggestaltung: Design Team München
Satz: Uhl+Massopust, Aalen
Druck: Pressedruck Augsburg
Verlagsnummer: 12479
Lektorat: Sabine Dolt
Redaktion: Thomas May
Herstellung: Martin Strohkendl
Made in Germany
ISBN 3-442-12479-4

1 3 5 7 9 10 8 6 4 2

Inhalt

Eine Anmerkung für Eltern von krebskranken Kindern

Wenn Sie Eltern eines Kindes sind, das an Krebs erkrankt ist, besonders wenn die Krankheit erst kürzlich diagnostiziert wurde, bedenken Sie bitte, daß Joe an einem äußerst seltenen und außergewöhnlich aggressiven Tumor erkrankte, bei dem es sich noch nicht einmal um die geläufige Form des Wilms-Tumors handelte, die schon selten genug ist.

Für viele bei Kindern auftretende Krebsarten besteht eine große Heilungschance – wobei Statistiken für Sie natürlich kaum wirklich von Bedeutung sein können: Für Sie zählt nur der individuelle Fall Ihres Kindes.

Wir haben viele Kinder kennengelernt, die den Krebs überlebten und jetzt ein erfülltes, gesundes Leben führen. Und von vielen anderen haben wir es gehört. Möge Ihr Kind unter ihnen sein.

Vorwort

Dieses Buch berichtet über fünfeinhalb Jahre, die drei Menschen gemeinsam verbracht haben, unser Sohn und wir.

Knapp zwei dieser Jahre lang wußten wir, daß er an einer seltenen Art Krebs litt, und dennoch – oder vielleicht gerade deshalb – blicken wir auf Joes gesamtes Leben als eine Zeit immensen Glücks, der Hoffnung und der Freude zurück.

Ohne Frage war Joes Geburt der aufregendste Moment unseres Lebens. Er ist – war – unser einziges Kind; Geschwister wird es nicht geben. Daß er sterben mußte, erscheint so grausam und ungerecht. Doch Joes Tod war schön auf eine ganz besondere Weise. Wie seine Geburt, wie sein Leben, wie sein lebhafter und unterhaltsamer Charakter gab sein Tod uns Mut und zog eine klare Trennlinie zu all den Banalitäten, mit denen wir uns herumplagen und die das Leben schwermachen.

Joseph Buffalo Stuart war ebenso unser Freund wie unser Sohn. Wir haben von ihm sicher eine ganze Menge mehr gelernt als er von uns. Wenn dieses Buch als die Art Ratgeber dient, wie wir hoffen – indem es, einfach wie ein Handbuch, unsere Reaktionen auf Kinderkrebs darstellt und die Höhen und Tiefen im Umgang mit Krankenhäusern aufzeigt, ohne sich von ihrer Maschinerie erdrücken zu lassen –, so ist es gleichzeitig auch Joes Testament. Denn er war es, der uns aufrichtete, wenn wir am Boden zerstört waren; er entlockte uns ein Lächeln, wenn uns nach Schreien und Weinen zumute war.

Wir haben beschlossen, daß jeder von uns beiden ganz persönlich einzelne Passagen schreibt, anstatt alles aus der Sicht eines abgestimmten Wir zu schildern. Während der ganzen Zeit von Joes Krankheit waren wir drei auf sehr enge Weise eine Familie – einen Großteil davon empfanden wir uns als Teile eines organischen Ganzen, einander ausbalancierend –, aber Kinderkrebs stellt eine große Belastung für die Beziehung von uns Eltern dar, und viele Beziehungen zerbrechen daran. Aus diesem Grund meinen wir, daß unsere ganz persönlichen, individuellen Eindrücke hilfreicher sind als ein gemeinsames Statement.

Es gibt nur wenige, zu wenige Bücher, die einem helfen, wenn man wie wir mit einer derartigen Erfahrung konfrontiert wird. Aber weder Bücher noch die Unterstützung durch die Familie oder die Hilfe von Freunden, nicht einmal Ratschläge, ganz gleich, wie gut gemeint sie auch sein mögen, können einem das geben, was man sich in dieser Situation am meisten wünscht: daß die Tatsachen anders wären, als sie sind; daß man die Uhr zurückdrehen könnte; daß der Krebs – oder was immer es ist – nicht existiert.

In diesem Wissen ist dieses Buch geschrieben worden, aber ebenso in der Überzeugung, daß große Trauer auch die Pforten zu guten Dingen öffnet; und wenn es etwas gibt, was wir aus der solchermaßen erzwungenen Konfrontation mit unserer Angst vor dem Tod lernen können, dann dies: daß mehr zum Leben gehört, als so mancher von uns zu geben bereit ist. Unsere Kinder aber verdienen alles: Liebe, Vertrauen, Zeit – alles und soviel wir ihnen geben können.

Alexander Stuart und Ann Totterdell
1. Mai 1989

Namen von Freunden

Ausschnitt einer Aufnahme von Joe im Alter von viereinhalb Jahren, als er für eine Bekannte in Amerika die Namen seiner Plüschtiere und Handpuppen aufzählte; März 1988

ALEX: Erzähl doch Cherie etwas über deine Freunde. Wer ist das?
JOE: Ralph Stuart.
ALEX: Ralph Stuart, der Igel. Und wer ist dies hier?
JOE: Melissa.
ALEX: Und wer ist Melissa?
JOE: Ein Waschbär.
ALEX: (mit kehliger Stimme) Hey, Joe, was ist mit mir? Keeeeekse!
JOE: Krümelmonster. Und Papagei.
ALEX: Papagei – guter Name für einen Papagei. Und unten, du hast doch unten noch mehr Freunde, oder? Da wäre zum Beispiel noch...
JOE: Snoopy, Snoopy. Zwei Snoopies.
ALEX: Zwei Snoopies und...
JOE: Ein Delphin.
ALEX: Der heißt...
JOE: Clarabell. Und ein Nashorn, das heißt Jackie.
ALEX: Ein Nashorn namens Jackie. Und da sind doch noch die beiden Büffel. Wie heißen die?
JOE: Buffalo und Buffalo.
ALEX: Oh, Buffalo und Buffalo!
JOE: Die beiden Buffaloes!
ALEX: Die beiden Buffaloes. Und wie heißt du?
JOE: Joe!
ALEX: Und wie noch?
JOE: Buffalo!
ALEX: Und wie noch?
JOE: Stuart!

ALEX: Joe Buffalo Stuart! Aber wir nennen dich auch manchmal »Frechdachs«, stimmt's?
JOE: (lacht) Du bist ein Frechdachs!
ALEX: Ich bin ein Frechdachs? Nein, du bist ein Frechdachs!
JOE: Nein – ich bin doch kein Spielzeugtier.
ALEX: (lacht) Nein, bist du auch nicht. Aber wir lieben dich.

1

Die Diagnose

Ann: Manchmal stelle ich mir in der Phantasie etwas vor. Ich stelle mir vor, wie Joe eines Nachts mit Bauchschmerzen aufwacht. Ich nehme ihn in den Arm, und er beruhigt sich wieder. Die Schmerzen lassen nach. Am nächsten Morgen gehe ich mit ihm zum Arzt. »Joe hat Bauchschmerzen«, sage ich. »Es ist bestimmt ein Tumor in den Nieren.«

Der Arzt schickt uns, ohne zu zögern, ins Krankenhaus, um Tests machen zu lassen. Joe wird unverzüglich operiert, der Krebs ist gebannt, keine Metastasen. Natürlich folgt danach eine lange Periode der Unsicherheit, aber Joe bleibt gesund, die Bedrohung läßt nach. Und wir leben glücklich für alle Zeiten.

Die Realität sah anders aus. Joe wachte eines Nachts mit Bauchschmerzen auf. Nachdem ich ihn in den Arm genommen hatte, beruhigte er sich wieder. Die Schmerzen konnten nicht allzu schlimm gewesen sein; am nächsten Tag hatte er keinerlei Beschwerden mehr. Zwei oder drei Nächte später wurde er erneut von Schmerzen wach. Und wieder beruhigte er sich sehr schnell.

Am nächsten Tag ging ich mit ihm zum Arzt. Joe war in den Monaten zuvor sehr häufig beim Arzt gewesen, da ihn mehrere Erkältungen hintereinander geplagt hatten. Ich hatte meine liebe Mühe, ihn zur Einnahme der Antibiotika – deren Wirkung mir ohnehin zweifelhaft erschien – zu überreden. Wie wohl alle Dreijährigen hegte Joe eine Abneigung gegen Medizin, und so beschlossen wir, der Erkältung eben ihren Lauf zu lassen. Unser Kinderarzt untersuchte Joe gründlich, piekste ihn dabei oft in den Bauch, was Joe aber offensichtlich keine Schmerzen bereitete, denn er kicherte und beschwerte sich nicht. Meine größte Angst war, es könnte der

Blinddarm sein. Der Arzt erklärte, daß die Drüsen in Joes Hals infolge der Infektionen geschwollen seien und daß das wiederum zu einer Schwellung seiner Bauchdrüsen geführt habe. Bei Kindern sei das ziemlich normal. Es könne eine Weile andauern – doch kein Anlaß zur Sorge, kein Grund, sich mit »böser« Medizin abzuplagen, es werde sich von selber geben.

An diesem Abend rief eine Bekannte an und lud Joe zu der kurzfristig geplanten Geburtstagsparty ihres vierjährigen Sohnes ein. Ich weiß noch, wie froh ich war, mit Joe beim Arzt gewesen zu sein, weil ich sonst nicht sicher gewesen wäre, ob Joe nicht doch eine ansteckende Krankheit hatte.

In der Woche darauf schien alles in Ordnung zu sein; Joe klagte nicht mehr über Schmerzen. Doch dann fing es wieder an. Er sagte, sein Bauch tue ihm weh. Die Anfälle dauerten nie länger als zehn Minuten, anscheinend gerade so lange, bis die Wärmflasche ihre Wirkung tat. Wieder ging ich mit Joe zum Arzt, und wieder wurde er gründlich untersucht – mit demselben Ergebnis wie beim letztenmal. Wir wurden nach Hause geschickt, doch die Bauchschmerzen blieben. Joe wirkte lustlos, und den Appetit, ohnehin nicht sonderlich gut, verlor er gänzlich. Ich rief unsere Gesundheitsfürsorgerin an und fragte, ob ich eine zweite Meinung einholen solle. Doch sie bestätigte lediglich, was der Arzt gesagt hatte – eine Schwellung der Drüsen war bei Kindern keine Seltenheit. Nur die Dauer sei bei Joe länger als gewöhnlich. »Warten Sie noch eine Woche«, riet sie mir. »Wenn es ihm dann immer noch nicht bessergeht, sollten Sie in die Klinik fahren.« Sie verstand meine Besorgnis. Joes Gereiztheit und Lustlosigkeit seien typisch, doch er habe sicher nichts Schlimmes, sei nur ein wenig »angeschlagen«; ich solle ihn noch ein bißchen mehr als sonst verhätscheln und verwöhnen.

Bei Kindern ist es häufig so, daß selbst kleinste Wehwehchen einen dramatischen und sehr beängstigenden Verlauf nehmen können. Andererseits erholen sie sich dann gewöhnlich auch sehr schnell wieder. Ich wollte nur hören, daß mit Joe alles in Ordnung war. Er kam mir einfach nicht so vor, als ginge es ihm schlecht. Sicher, er war ein bißchen schlapp – doch selbst dafür gab es eine logische Erklärung.

Eines Tages, auf unserem Weg zum Kindergarten, klagte er über

Müdigkeit. »Soll ich dich huckepack tragen?« fragte ich ihn. Das war er nicht gewöhnt, aber es gefiel ihm sehr. Es schien, als wollte er von nun an immer huckepack genommen werden; und so boten wir ungefähr eine Woche lang dasselbe Bild – Mutter und Sohn huckepack – auf unserem Weg von der Brompton Road, die Montpelier Street entlang und über den Trevor Place zu den Hyde Park Barracks, wo der Kindergarten untergebracht war. Damals dachte ich, daß er aus lauter Spaß darauf versessen war. Heute denke ich, daß in Wirklichkeit seine Kräfte nachließen. Doch das alles war auf einleuchtende Weise wegerklärt worden.

An manchen Tagen sieht meine Phantasievorstellung anders aus. Dann diagnostiziert der Arzt schon beim ersten Besuch den Krebs bei Joe, doch trotz unverzüglicher Operation bilden sich nun bereits Metastasen. Das kommt der Realität schon näher, außer daß wir noch einen Monat länger ans Krankenhaus gefesselt waren – ein weiterer Monat der Furcht und verlorener Normalität.

Diese Vorstellung ist weniger grausam; zwar stirbt Joe auch jetzt, doch das Schuldgefühl ist nicht da, diese entsetzliche Vorstellung, daß er hätte gerettet werden können, wenn ich mehr Aufhebens gemacht hätte, wenn ich nicht so bereitwillig und vorschnell akzeptiert hätte, daß alles in Ordnung sei mit ihm und es sich nur um eine vorübergehende Erscheinung handle. Wenn seine Krankheit früher diagnostiziert worden wäre. Wenn ich hätte hellsehen können.

Die Wahrheit ist, daß ich tat, was zum damaligen Zeitpunkt vernünftig war. Als ich zum ersten Mal mit ihm zum Arzt ging, kam ich mir vor, als würde ich überreagieren: Kinder haben nun manchmal Bauchweh, und das ohne dramatische Konsequenzen. Es gab keinen ersichtlichen Grund für mich, das Urteil des Arztes anzuzweifeln. Joe war von seinen vielen Erkältungen sehr häufig wie erledigt, und ich hatte mich schon fast daran gewöhnt, daß er nicht in Topform war. Außerdem wuchs meine Besorgnis, daß er sich in seinem Hort nicht mehr sonderlich wohl fühlte. Als Joe drei wurde, fing er an, nach Freunden zu fragen; es gab ja einige, alles Kinder aus unserem Freundeskreis, doch sie wohnten alle zu weit weg, um sich regelmäßig zum Spielen treffen zu können. Da schien es ein guter Kompromiß zu sein, Joe an vier Nachmittagen in der Woche in den

Hort zu geben; und als Alex dann anfing, außer Haus zu arbeiten, und sich auch nicht mehr so um Joe kümmern konnte, stellte ich fest, daß es mir guttat, die freie Zeit für mich zu haben. Dann, kurz vor Weihnachten, erfuhr ich von Joes Betreuerin, daß er ständig von einem anderen Kind getriezt wurde, das zu kratzen und dann wegzulaufen pflegte. Kompliziert wurde die Sache dadurch, daß dieser Junge ein volles Jahr jünger war als Joe und dementsprechend kleiner. Ich glaube gar nicht, daß er etwas gegen Joe hatte, es war eben nur so, daß Joe als einziger nicht wußte, wie er mit ihm klarkommen sollte. Die Betreuerin hatte versprochen, sich darum zu kümmern, und soweit ich es beurteilen kann, tat sie das auch, denn das Kratzen hörte auf; aber der Vorfall hatte ausgereicht, um Joes Gefühl der Sicherheit und unsere Überzeugung zu erschüttern, er sei glücklich in diesem Hort.

So gesellte sich zu der Sorge um seine Gesundheit die Furcht, alles könnte psychosomatische Ursachen haben. Ich spielte mit dem Gedanken, ihn aus dem Kindergarten zu nehmen, doch ich zögerte, weil ich den Kindergarten nett fand und nicht glaubte, Joe einen Gefallen zu erweisen, indem ich ihn einfach herausnahm. So würde er später sicher niemals lernen, mit größeren Problemen fertig zu werden.

Manchmal glaube ich, daß wir Joe mehr liebten, als Eltern für gewöhnlich ihre Kinder lieben. Natürlich, mein Verstand sagt mir, daß dies alle Eltern glauben, und unterbewußt scheint mir doch, daß unsere Liebe vielleicht konzentrierter war als die der meisten anderen, weil wir weniger Zeit zur Verfügung hatten. Joe wollte absolut alles mit uns zusammen tun – aufstehen, wenn wir aufstanden; zu Bett gehen, wenn wir schlafen gingen –, und wir hatten auch beide kein gutes Gefühl dabei, ihn mit einem Babysitter allein zu lassen; wir vermieden es möglichst. Wir nahmen Joe mit auf Parties und in Restaurants; andere Gäste, die ihre Kinder mit einem Babysitter daheim gelassen hatten, hielten uns für verrückt, doch uns war es einfach lieber so. Alex und ich hatten sehr wenig Zeit für uns allein, doch wir akzeptierten es als eine vorübergehende Phase, die spätestens mit Joes Einschulung ein Ende haben würde. Wegen der Nachmittage, die er im Hort verbrachte, ging er immer erst um neun Uhr abends zu Bett. Wir sagten uns, daß wir später vielleicht einmal wehmütig an diese Phase zurückdenken würden, wenn erst ein strengerer Zeitplan eingehalten werden müßte. Deshalb strengten wir uns nicht sonderlich an, seine Gewohnheiten zu ändern. Damals glaubte ich, ich würde aus Bequemlichkeit so handeln. Es erschien mir einfacher, ihn selbst das Tempo bestimmen zu lassen, und da er erst um Viertel nach eins im Hort sein mußte, war es weniger anstrengend, ihm einfach seinen Willen zu lassen.

Heute frage ich mich manchmal, ob mir damals nicht vielleicht eine innere Stimme eingegeben hat, das Beste aus der Zeit zu machen, die uns blieb. Und nun, da er nicht mehr hier ist, bin ich froh. Ich bin froh, daß ich nicht gearbeitet habe, daß ich ihn aufbleiben ließ, daß ich so viel mit ihm unternommen habe. Wenn ich das Leben, das wir führten, mit dem unserer Bekannten vergleiche, die sich entschlossen hatten, zu arbeiten und ein Kindermädchen einzustellen, dann glaube ich, daß ich in den fünfeinhalb Jahren mit Joe ebensoviel Zeit verbracht habe wie meine Freundinnen mit ihren Kindern, wenn diese die Schule beenden.

Das soll kein Werturteil sein. Ich selbst hatte mit dem Gedanken gespielt, nach Joes Geburt wieder zu arbeiten, doch in bin eine völlige Niete, wenn es darum geht, mich beruflich zu organisieren, und hätte es mit Sicherheit nicht hinbekommen. Abgesehen davon war ich als Spätgebärende (ich war neununddreißig, als Joe zur Welt kam) den Jüngeren gegenüber im Vorteil, wie mir damals schien. Ich hatte bereits ein gutes Stück Arbeit hinter mir und freute mich auf eine Pause und darauf, mein Tempo für eine Weile dem eines Babys anzupassen.

Alex: Zum ersten Mal, seit Joe auf der Welt war, verbrachte ich nicht mehr soviel Zeit mit ihm. Die fünf oder sechs Monate vor der Diagnose waren anders als jede andere Phase unseres bisherigen Familienlebens; und doch kam sie wahrscheinlich aus ebendiesem Grund dem durchschnittlichen Familienleben am nächsten.

Es gefiel mir überhaupt nicht, Joe so selten um mich zu haben. Als Autor arbeitete ich, bis auf die kurzen Zeiträume, in denen ich an Filmen mitwirkte, zu Hause. Ich hatte es immer genossen, beim Schreiben einfach eine Pause einlegen und mit Joe spielen zu können, wenn er meine Aufmerksamkeit verlangte. Wenn ich telefonierte, hielt ich ihn auf dem Schoß. Schon als Baby nahm ich ihn mit, wenn ich zum Fotokopieren meiner Manuskriptseiten ging, und wir nutzten die Gelegenheit zu einem Ausflug in den Hyde Park, um Enten zu füttern, und später, als er laufen konnte, zum Fußballspielen oder Bootfahren auf den kleinen Seen im Park. Andere Väter fragten mich: »Fühlst du dich nicht eingeengt? Vermißt du deinen Freiraum nicht?« Aber das tat ich nicht, nicht sonderlich. Ich stand entweder sehr früh auf und arbeitete, ehe Joe wach wurde (er war ein Langschläfer), oder ich schottete mich einfach von der Außenwelt ab. Ich schuf mir meine Freiräume im Kopf – ich mochte Joes Nähe, schätzte den glücklichen Umstand, mich ihm einfach zuwenden zu können, falls die Schreiberei überhandnahm und mich verrückt machte.

Doch in den Monaten vor dem schlimmsten Wendepunkt in unserem Leben arbeitete ich nicht zu Hause, sondern in einem Büro in Covent Garden. Zudem saß ich an einem Roman, an *Mackerel Sky* (später umbenannt in *The War Zone),* den Hamish Hamilton unter Vertrag genommen hatte. Das hieß konkret, um fünf Uhr dreißig oder sechs Uhr aufstehen und schreiben, und gegen neun Uhr, wenn Joe meistens noch schlief, ins Büro. Abends arbeitete ich oft bis sieben Uhr oder später – Joe wurde zu dieser Zeit manchmal schon gegen neun Uhr müde, höchst ungewöhnlich für ihn, so daß ich ihn die Woche über kaum sah.

Ich wußte, daß Joe seit geraumer Zeit kränkelte, doch jetzt mußte ich feststellen, wie schwierig es für einen Vater – oder für den Elternteil, der arbeiten geht – sein kann, zu beurteilen, was im Leben seines Kindes passiert. Im Dezember 1986 hatten wir über einen Bekannten preiswert Tickets für einen Wochenendausflug nach Rom bekommen und die kleine Reise sehr genossen. Alle drei waren wir mit einer Erkältung zurückgekommen, doch während Anns und meine noch vor Weihnachten abgeklungen waren, erholte sich Joe nie ganz davon. Und es war bereits April '87.

Eines Abends im Januar, als Joe ohne ersichtlichen Grund hohes Fieber bekam, fuhren wir mit ihm in die Ambulanz des St.-Stephen's-Krankenhauses in der Fulham Road. Der Arzt hatte nichts finden können, was Anlaß zur Sorge geboten hätte, und meinte, Joe sei vielleicht einfach erschöpft, und wir sollten ein Auge auf ihn haben.

Jetzt, Anfang April, nach einer Reihe von Erkältungen, klagte Joe seit ungefähr drei Wochen obendrein über Bauchweh. Meistens erfuhr ich davon durch Ann, doch ich konnte abends selber sehen, daß er nicht so lebhaft war wie sonst.

Natürlich, rückblickend wünschte ich mir, ich hätte auch in dieser Zeit zu Hause gearbeitet; vielleicht wären wir dann, zu zweit, umsichtiger gewesen. Wären wir das wirklich? Ann war zweimal mit Joe beim Kinderarzt gewesen und hatte zudem die Gesundheitsfürsorgerin angerufen. Hätte es einen Unterschied gemacht? Vielleicht hätten zwei besorgte Elternteile mehr bewirkt als einer, vielleicht auch nicht. Keiner von uns beiden dachte im entferntesten daran, daß Joe etwas Ernsthaftes fehlen könnte, und einer der schmalsten Grade, auf dem Eltern wandeln, ist der zwischen angemessener Besorgnis und hysterischer Überängstlichkeit.

An jenem Wochende, an dem die Diagnose gestellt wurde, hatte ich Joe versprochen, mit ihm am Samstagnachmittag schwimmen zu gehen. Seit seinem zweiten Lebensjahr gingen wir ein- bis zweimal die Woche ins Schwimmbad. Das gefiel ihm sehr. An diesem Samstag war mir bei dem Gedanken, ihn mit seinen Bauchschmerzen in ein öffentliches Schwimmbad mitzunehmen, nicht ganz wohl – aus Rücksicht sowohl auf die anderen Kinder, die er anstecken könnte, als auch auf seine eigene geschwächte Konstitution. Wie auch immer, meine Bedenken bezüglich des schleppenden Fortschritts meines Romans (der Abgabetermin war für Ende August angesetzt) gaben letztlich den Ausschlag, und ich sagte Joe, daß wir das Schwimmen auf Sonntag verschieben würden.

Diese Änderung machte mir zu schaffen. Ich haßte es, Joe gegenüber ein Versprechen zu brechen, und die Tatsache, daß wir entgegen unserer Abmachung nicht schwimmen gehen würden, bereitete mir Schuldgefühle. Ann und ich hatten uns von Anfang an bemüht, immer ehrlich zu Joe zu sein und ihn als vollwertiges Familienmitglied zu behandeln. Ein Versprechen war ein Versprechen, egal, wie gering es war, und wir hofften, daß Joe dies einmal verinnerlichen würde.

Seine Bauchschmerzen mußten schlimmer geworden sein, während ich schrieb; Ann und ich hatten darum am Nachmittag beschlossen, im Kinderkrankenhaus in der Great Ormond Street anzurufen, um eine Ambulanz ausfindig zu machen, in der wir mit Joe vorbeikommen könnten. Sie hatten keine, doch um sechs Uhr abends ging es Joe bereits wieder so gut, daß er mit dem Fahrrad raus wollte, und so machten wir zwei uns auf. Seine Stützräder ratterten über den Bürgersteig, als wir an Harrod's vorbeikamen – das Joe immer den »Eisenbahnladen« nannte. Ergebnis unserer ausgedehnten Aufenthalte in der Spielzeugabteilung (wo wir mehr Zeit damit verbrachten zu spielen, als etwas zu kaufen).

Dieser schnelle Umschwung zeigt, wie schwierig Joes Krankheit wirklich zu erkennen war. Die Bauchschmerzen kamen und gingen. Joe war immer ein gesundes Kind gewesen und hatte nie zur Übertreibung geneigt. Ironischerweise hat seine Zähigkeit vielleicht dazu beigetragen, daß der Krebs erst so spät erkannt wurde – vielleicht auch nicht. Krebs ist, wie wir lernen sollten, im frühen Stadium immer schwer zu diagnostizieren, weil die Tumorzellen selbst keinen Schmerz verursachen, solange sie keinen Druck auf das gesunde Gewebe ausüben oder es noch nicht zerstören.

An diesem Abend, am 11. April 1987, genossen wir ein Ritual, das wir zweimal die Woche durchführten: Sandwiches im Bett und Fernsehen, mit Joe in der Mitte zwischen uns gekuschelt. Gott weiß, warum, aber er liebte die Comedy-Show auf Channel 4, *Saturday Live* – besonders Rik Mayalls und Ade Edmondsons ziemlich anarchistischen Auftritt als die »Dangerous Brothers«. Eigentlich waren Ann und ich sehr streng in bezug auf das, was er sehen durfte, doch Joe liebte den Pep von *Saturday Live*, und uns schien die Sendung weit weniger beunruhigend als das meiste, was das Kinderprogramm bot. Wir dachten oft darüber nach, wie Joe wohl als Erwachsener sein würde – wir sollten es niemals erfahren dürfen.

Ann: Am Sonntag nach dem Telefonat mit der Gesundheitsfürsorgerin wurden Joes Bauchschmerzen schlimmer. Wie schon zuvor tauchte der Schmerz völlig unvermittelt auf. Doch diesmal schien Joe wirklich mitgenommen, und der Schmerz verschwand auch nicht wie sonst nach zehn Minuten wieder. Alex hatte vorgehabt, mit Joe zum Schwimmen zu fahren – Joe liebte das Schwimmen –, bevor wir am Abend bei Alex' Schwester zum Essen eingeladen waren. »Joe, was möchtest du lieber?« fragte Alex ihn. »Zum Schwimmen oder zum Arzt?« »Zum Arzt«, sagte Joe.

Die Antwort war so untypisch, daß wir sofort handelten. Wir schnappten uns eine Decke, die Wärmflasche, ein paar Kuscheltiere, verfrachteten Joe ins Auto und fuhren zum St. Stephen's.

Am Wochenende hat, wie wir erfahren mußten, lediglich ein Arzt auf der Kinderstation Dienst – eine Ärztin, deren Schicht am Freitagmorgen beginnt und am Montagabend endet. Am Wochenende schläft sie nur, wenn ihr Zeit dazu bleibt; ansonsten ist sie vierundzwanzig Stunden am Tag für Notaufnahmen und die Kinder auf der Station zuständig.

Ich bezweifele, daß Lucy Moore an diesem Sonntagnachmittag geschlafen hatte, als sie nach einer Stunde und zwanzig Minuten Wartezeit zu uns in die Notaufnahme kam. In Situationen wie der unseren kommt einem das Warten unerträglich vor, unnötig und frustrierend. Nach ein paar Wochen Krankenhausaufenthalt nimmt man diese Art Problem etwas lockerer.

Lucy machte sich unverzüglich an die Untersuchung. Sie wies darauf hin, wie stark die eine Bauchhälfte von Joe angeschwollen war. Das war ein paar Stunden zuvor, als ich ihn angezogen hatte, noch nicht der Fall gewesen. Eine Schwellung wie diese konnte man nicht übersehen. Dies war, glaube ich, der Moment, als wir anfingen, uns ernsthaft Sorgen zu machen. Zuvor war unsere Situation eine andere gewesen: die Neigung, ein Problem aufzubauschen, um das sich der Kinderarzt doch schon gekümmert hatte – jetzt geschah etwas völlig Neues und Beängstigendes. Nach wenigen Minuten im Untersuchungsraum sagte uns Lucy, die Ursache liege ihrer Überzeugung nach in Joes linker Niere. Sie wollte, daß man ihn sofort röntgte.

Es gibt Momente im Leben von Eltern, in denen sie ihre Angst vor den Kindern verbergen müssen – man spürt einen Knoten im Magen, alles dreht sich, ein schriller Schrei im Kopf – und in denen man sich seinem Kind in ruhigem, aufmunterndem Ton sagen hört, daß alles gut ist, daß die Ärztin nur ein paar ganz besondere Fotos machen will, um sehen zu können, woher das Bauchweh kommt.

Wir wußten nichts über Nieren. Stand uns eine Operation bevor? Eine Dialyse? Ein kleiner Eingriff, der bald erledigt sein würde? Oder ein Leben, das von nun an auf der Kippe stand? Es kam mir nicht einmal in den Sinn, daß das, womit wir es zu tun hatten, tödlich enden könnte.

Später kommen wir auf die Station. Es steht für uns völlig außer Frage, daß wir nach Hause fahren und am nächsten Morgen wiederkommen. Joe ist bereits geröntgt worden, und der Stationsarzt (der offiziell krankgeschrieben ist) sagt uns, daß Joe morgen als erster an die Reihe kommen würde und daß er weitere Tests angeordnet habe.

Die Schwester, die uns unser Zimmer zuweist, heißt Sharon. Es ist ein großes Zimmer, vielleicht sechs mal vier Meter, ganz anders, als wir es uns vorgestellt hatten, und es liegen auch schon ein paar Kuscheltiere auf Joes Bett. Sharon ist freundlich, einfühlsam und kümmert sich rührend um uns; sie bringt uns sogar Tee. Frühere Erfahrungen mit Krankenhäusern tauchen in mir auf. Je mehr das Personal die Familie des Patienten umsorgt, desto kritischer ist sein Zustand.

Eine zweite Ärztin kommt. Später erfahren wir, daß sie Lilias Lamont heißt und an diesem Wochenende die Ärztin auf Abruf ist. Lucy hatte sie zu Hause angerufen.

Auch sie untersucht Joe. Alex und ich sitzen dicht nebeneinander, auf Stühlen mit geraden Rückenlehnen; Lilias sitzt neben uns. Ich habe Joe auf dem Schoß, er hat sich von uns weggedreht, ist mehr daran interessiert, das Zimmer zu inspizieren und aus dem Fenster zu schauen. »Ich nehme an, Sie haben sich bereits mit der Möglichkeit vertraut gemacht, daß es Krebs sein könnte«, beginnt Lilias.

Nein, das war uns niemals in den Sinn gekommen. Der Schrekken lähmt Körper und Sinne. Ich kann nicht mehr denken, wage nicht, Alex anzuschauen, ich muß die Kontrolle behalten. Joe sitzt doch auf meinem Schoß. Ich höre Alex hinter mir schluchzen. Das reicht, und ich spüre, wie mir lautlos die Tränen über die Wangen rinnen. Joe sieht zu uns hoch.

Wie schnell wir uns für unsere Kinder zusammenreißen können.

»Schon gut, Liebling«, sage ich, »Mummy und Daddy sind nur traurig, weil wir eine Weile im Krankenhaus bleiben müssen und lieber nach Hause fahren würden.«

Alex: Das ganze Leben kann sich in Sekundenbruchteilen verändern. Der Sonntagabend verlief wie im Traum – zu betäubend, um es einen Alptraum zu nennen –, doch zwei Augenblicke stachen hervor, Augenblicke, in denen unser Leben aus der scheinbaren Normalität in eine Welt der Extreme gerissen wurde: der höchsten Liebe und der höchsten Angst. Der erste Augenblick war der, als Lucy Moore hervorhob, wie stark Joes linke Niere angeschwollen war. Ich dachte sofort: Dialyse! Innerhalb einer Sekunde verwandelte sich mein Sohn, den ich mehr als alles andere auf der Welt liebte, von einem gesunden Kind in einen Menschen, der sich vielleicht für den Rest seines Lebens mit einem Leiden und regelmäßigen Aufenthalten in Krankenhäusern plagen mußte.

Doch es war noch mehr, eine Erinnerung aus der Kindheit kehrte zurück: Der Vater einer meiner Mitschüler war an Nierenversagen gestorben. Bevor überhaupt jemand das Wort »Krebs« fallengelassen hatte, stand mir die Schreckensvision vor Augen, daß Joe vielleicht mit nur einer Niere leben mußte.

Der zweite Augenblick war natürlich der, als Lilias Lamont uns mit einer Gewißheit, die mich niederschmetterte, sagte, ihrer Ansicht nach sei es Krebs.

Wir hatten sie eben zum ersten Mal gesehen. Ich hatte keine Ahnung, in welcher Funktion Lilias dort war, erst später erfuhr ich, daß sie gleich hinter dem Chefarzt kam. Ich weiß noch, wie ich ihre Art in diesem Moment empfand. Sie begegnete uns mit einer Mischung aus Offenheit und Vorsicht. So sicher sie sich ihrer Diagnose sein mochte, so unsicher war sie, wie sie sich uns gegenüber verhalten sollte. Ich erinnere mich an ihr Haar, das ihr auf beiden Seiten ins Gesicht fiel. Ich erinnere mich an die Brille und den verhärmten Zug um ihren Mund, als sie versuchte, ihre Worte sachlich und nicht schrecklich klingen zu lassen – »Ich nehme an, Sie haben sich bereits mit der Möglichkeit vertraut gemacht, daß es Krebs sein könnte.«

Zu sagen, das hätten wir nicht, wäre maßlos übertrieben gewesen. Unter all den Ängsten, die wir als Eltern vielleicht gehabt hatten – verkehrsreiche Straßen rangierten an erster Stelle, Kindesentführung kam gleich danach –, war nie der Gedanke an Krebs gewesen. Ich weiß noch, daß ich Joe und Ann ansah und unser Leben buchstäblich zerrinnen sah, in eine Art formloses, klaffendes Loch. Ich weinte, hörte dann auf, um Joe nicht zu ängstigen. Mir wurde schlecht, ich wollte mich übergeben und stürmte für einen Moment aus dem Zimmer, um Luft zu schnappen, um den Krampf in meinem Magen und das Würgen in meiner Kehle abzuschütteln.

Zurück im Zimmer, betrachtete ich Joe und Ann und sah den besten und schönsten Teil meines bisherigen Lebens enden. Das übermächtigste Gefühl in diesem Augenblick war, es zu leugnen, nicht glauben zu wollen, was ich gerade gehört hatte. Das ist alles unwirklich, ein Traum; etwas aus dem Leben anderer Leute, aber doch nicht unserem; etwas, wovon man liest – etwas so Schreckliches, daß es nur den armen Kindern im Fernsehen widerfährt und nicht unserem schönen und wunderbaren Sohn.

Krebs war für mich gleichbedeutend mit Tod. Meine einzig mögliche Schlußfolgerung in diesem Moment war der Tod. Ich dachte, daß Joe vielleicht schon innerhalb einer Woche sterben würde; ich glaubte tatsächlich, daß alles in ein paar Tagen vorbei sein würde, und wir hatten ihn doch erst vor zwei oder drei Stunden nur wegen Bauchschmerzen hergebracht. Wir waren zum Essen bei meiner Schwester verabredet.

In diesem Sinne denke ich, daß wir Glück hatten, es so schnell gesagt zu bekommen. Man hört sooft von falschen Diagnosen, von langen Zeiträumen der Unsicherheit und des Zweifels, wenn Ärzte sich nicht sicher sind oder ganz einfach Fehler machen. Sicher, auch bei uns hätte ein Fehler vorliegen können, doch trotz der Hölle, durch die wir gingen, wäre ich froh gewesen zu hören, daß es kein Krebs war. Aber wir waren dankbar, daß wir es so prompt und geradeheraus erfuhren; und auch wenn Lilias' Wortwahl vielleicht nicht angemessen war, so beneide ich sie nicht darum, daß sie es uns überhaupt sagen mußte. Wie sagt man jemandem, daß sein Kind Krebs hat? Ich hätte bei weitem lieber gehört, daß ich selber Krebs habe.

Ich weiß jetzt, daß Anns Ängste anders aussahen als meine. Ihr erster Ehemann war an Lungenkrebs gestorben, ihr Vater ebenfalls an Krebs. Sie kannte das Muster, wie es ablaufen könnte: die langen Monate der Behandlung, die folgten, der langsame und möglicherweise schmerzhafte Verfall. Ihre größte Angst war, daß Joe lange leiden mußte. Ich hatte Angst, ihn innerhalb einer Woche zu verlieren.

Ann: Ich weiß nicht mehr, was genau bei dieser Unterhaltung mit Lilias gesagt wurde. Ich weiß nur noch, wie erstaunt sie reagierte, als sie erkannte, daß wir offensichtlich nicht vorbereitet waren auf das, was sie uns sagte. Sie hätte mir leid getan, wenn ich noch etwas an Gefühl übrig gehabt hätte.

Sie muß uns gesagt haben, daß man Joe die kranke Niere operativ entfernen würde; vielleicht hat sie uns auch gesagt, daß die Überlebensquote bei einem Wilms-Tumor – der Krebsart, die sie vermuteten – sehr hoch ist. Was auch immer sie gesagt hat, es mußte so ausgedrückt werden, daß Joe, der noch auf meinem Schoß saß, keine Angst bekam.

Ich kann mich auch nicht mehr daran erinnern, was Alex und ich zueinander sagten. Nicht viel, glaube ich. Wir wußten, was der andere fühlte, allerdings, wie sich herausstellen sollte, nicht, was der andere dachte.

Wenn uns ein mehrtägiger Krankenhausaufenthalt bevorstand, mußte einer von uns beiden nach Hause, um für alle frische Kleidung zu holen. Ich wollte das unbedingt übernehmen, obwohl es ziemlich unpraktisch war, denn wir waren mit dem Wagen gekommen, und ich fuhr nicht Auto, also hieß das, mit dem Bus oder dem Taxi zur Wohnung – eine halbe Weltreise. Aber ich war überzeugt, Alex würde nicht alles finden, was Joe und ich brauchten; und ich bezweifle, daß ich überhaupt hätte sagen können, welche Kleider ich wollte. Außerdem wollte ich unbedingt allein sein. Ich wollte mich gehenlassen, das Lächeln abstellen und darüber nachdenken, was passierte. Alex muß genau den gegenteiligen Wunsch gehabt haben, denn er willigte sehr schnell ein; wahrscheinlich wollte er bei Joe bleiben und war froh, daß er ihn eine kleine Weile für sich alleine hatte. Und Joe selbst ging es anscheinend soweit gut, sonst hätte er mich nicht fahren lassen.

Ich erklärte Joe, daß ich Kleider, seinen Schlafanzug und die Zahnbürsten holen würde. Ich fragte ihn, welches Spielzeug ich mitbringen solle. Das einzige, was er wollte, war die Snoopy-Puppe: Ich schätze, er hatte bereits gesehen, daß es auf der Station ein Spielzimmer mit lauter interessanten Sachen gab, die er ausprobieren wollte.

Alex: Nachdem Lilias gegangen ist, sind wir drei eine Weile allein im Zimmer. Wir sagen kaum etwas. Ich möchte Joe einfach nur halten; ich habe schreckliche Angst, ihn zu verlieren. Der einzige Gedanke, der mir durch den Kopf geht: Ich kann Joe nicht mehr »Daddy« sagen hören, wenn er stirbt. Ich liebe dieses Wort; ich liebe den Klang seiner Stimme, wenn er es sagt, manchmal verspielt, manchmal barsch, aber mich immer daran erinnernd, daß es dort jemanden gibt, für dessen Leben ich im Moment die volle Verantwortung trage.

Ich sitze auf dem Krankenhausstuhl und habe Joe auf dem Schoß, die Arme um ihn geschlungen. Ich fühle mich schlecht, weil ich ihn in letzter Zeit so wenig gesehen habe. Es ist weniger ein Schuldgefühl als vielmehr die Angst, ihn ganz zu verlieren, wo ich ihn doch in den vergangenen sechs Monaten bereits schon ein wenig verloren habe. Ich will bei ihm sein; natürlich will Ann das auch, doch sie erklärt sich bereit, zur Wohnung zu fahren, um ein paar Sachen für Joe zu holen. Es ist auch eine ganz bewußte Entscheidung unsererseits – wir wissen, daß Ann heute nacht im Krankenhaus bleiben darf, aber was ist mit dem Vater? Ich habe nicht vor, mich von der Stelle zu rühren – sie müßten mich schon zwingen.

Ehe sich Ann auf den Weg macht, rufe ich noch bei meiner Schwester an. Es ist sieben Uhr dreißig. Ich hatte Lynne vorhin angerufen und Bescheid gesagt, daß wir wegen Joes Bauchschmerzen hergekommen seien und uns wahrscheinlich zum Essen verspäten würden. Jetzt habe ich Angst, ihr zu sagen, daß Joe vielleicht Krebs hat. Lynne leidet selbst seit zehn Jahren an Multipler Sklerose, und das letzte, was sie gebrauchen kann, sind schlechte Nachrichten von Joe.

Ich gehe zum Münztelefon auf der Station, aber mir fällt Lynnes Nummer nicht gleich ein. Schließlich habe ich sie am Apparat. Ich versuche, stark zu sein, doch ich ende in Tränen. Ich sage ihr, daß ich es nicht schaffe, heute abend unsere Eltern zu benachrichtigen, daß ich es aber besser finden würde, wenn ich es selbst täte. Ich frage sie, ob sie okay ist, dann sage ich ihr, daß ich sie liebe, und hänge ein.

Ann fährt heim. Ich mache mir Sorgen um sie – wir haben beide einen Schock, und ich befürchte, sie könnte da draußen vor ein Auto laufen. Ich sitze mit Joe auf dem Schoß im Krankenzimmer und schaukele ihn sanft. Er schläft. Mein Verstand arbeitet nicht normal. Ich fühle mich außerhalb der Zeit, schwebe in einem großen Raum, in dem man mir vor einer Stunde gesagt hat, daß mein Sohn Krebs hat, und den ich, wiederum zwanzig Minuten zuvor, zum ersten Mal im Leben betreten habe.

Es ist Sonntag abend, Sonntagabende haben eine ganz eigene Stimmung, und diese scheint mich in meine Kindheit zurückzuversetzen. Eine der Schwestern rollt einen Fernseher für mich ins Zimmer. Ein grisseliges Schwarzweißbild erscheint – eine Varietéshow. Erst als Jimmy Tarbuck auftritt, erkenne ich, daß es *Sunday Night at the London Palladium* sein muß. Ich wußte nicht, daß die Sendung wieder ausgestrahlt wird: Komisch, ich kenne sie noch aus meiner Kindheit (und ich mochte sie damals nicht).

Jetzt sehe ich mir die Show an, höre die schlechten Witze, als wäre es eine Fremdsprache. Ich möchte abschalten, aber ich kann nicht aufstehen, ohne Joe zu wecken, der auf meinem Schoß eingeschlafen ist. Howard Keel tritt auf und singt einen Song aus *Oklahoma*. Es deprimiert mich, und gleichzeitig muß ich daran denken, daß in diesem Moment Millionen Menschen zuschauen – all die Familien zu Hause, mit Kindern, die keinen Krebs haben.

Ich sitze da, schaukle mit Joe im Arm vor und zurück, denke, daß er nächstes Wochenende vielleicht schon tot ist, und summe für ihn aus irgendeinem Grund die Melodie *The Boxer* von Simon and Garfunkel. Ich höre diese Art Musik nicht mehr, aber ich habe diesen Song als Kind gehört, vielleicht, als ich sonntagabends vor dem Radio saß und über das Ende des Wochenendes traurig war. Ich summe unaufhörlich, betäube mich selbst damit, doch ich kann dem Gedanken nicht entkommen, den wahrscheinlich jeder in dieser

Situation hat: »Warum muß es Joe sein? Warum muß uns das passieren?«

Ann: Zu Hause ließ ich mich für ein paar Minuten auf das Sofa sinken. Ich hatte schon den ganzen Tag starke Kopfschmerzen gehabt, und die Ereignisse des Nachmittags hatten sie so sehr verschlimmert, daß ich mich schwindelig und verwirrt fühlte. Ich war erschöpft und durcheinander, wußte nicht mehr, was ich eigentlich einpacken wollte. Unterwäsche, Socken, Kleidung für den Tag und die Nacht, Zahnbürsten, Kontaktlinsenetui – ich wußte, ich würde etwas vergessen. Ich machte uns Sandwiches und packte Teebeutel ein, Strickzeug, Snoopy und ein paar andere Kuscheltiere und Bücher für Joe, ein Buch für Alex und eins für mich. Ich las gerade *A Maggot* (Eine Made) von John Fowles, und obwohl sich der Titel auf die übertragene Bedeutung des Wortes bezieht, nämlich eine Laune, muß ich mich wohl daran gestoßen haben, denn ich las es nie zu Ende.

Ich weiß, daß ich mich für Stunden zu Hause aufhielt, mich bleiern und unentschlossen fühlte; ich ging mindestens fünfmal auf die Toilette. Meine Panik äußerte sich in körperlich zugespitzter Form, während meine Gedanken zuversichtlich blieben. Mit der vollgestopften Reisetasche in der Hand und Snoopy unter die Achsel geklemmt, machte ich auf dem Weg zum Taxi noch am Briefkasten halt.

Der Brief, den ich einsteckte, enthielt die Bestätigung einer Einladung zur Hochzeit einer Freundin in ein paar Wochen. Ich malte mir aus, daß Joe sich von seiner Operation gut erholte und ich ihn für ein paar Stunden mit seinen Großeltern als Babysitter im Krankenhaus allein lassen konnte. Als der Tag heranrückte, war Joe tatsächlich in so guter Verfassung, daß wir ihn allein lassen konnten, aber wir gingen dennoch nicht zur Hochzeit: Wir hätten uns dort irgendwie fehl am Platze gefühlt.

Alex: Nach einer Ewigkeit, so kommt es mir vor, ist Ann wieder zurück. Wir haben noch nichts gegessen; sie hat Sandwiches gemacht, doch jeder Bissen fällt schwer. Joe wird munter; ihm scheint der Gedanke, die Nacht mit uns im Krankenhaus zu verbringen, nichts auszumachen, obwohl er in einem großen Bett mit Metallrahmen schlafen muß.

Ann hat ihm sein Lieblingsspielzeug mitgebracht, damit er sich ein wenig mehr wie zu Hause fühlt. Darunter ist auch eine Handpuppe vom Krümelmonster aus der *Sesamstraße;* eigentlich hat sich Joe nie sonderlich viel aus ihr gemacht, doch im Krankenhaus wird sie zu Joes Verbündetem und Dolmetscher – man kann sagen, daß Krümel ein festes Familienmitglied wird.

Das Personal akzeptiert ohne Widerspruch, daß auch ich die Nacht über bleibe. Zwei etwas abgenutzte Liegen werden hereingebracht und hergerichtet. Ann schläft direkt neben Joe, ich ein bißchen weiter weg. Wir benutzen die Elterntoilette auf dem Flur und putzen uns die Zähne in dem kleinen Becken neben Joes Bett. Wir nehmen unsere Umgebung kaum wahr.

Ich falle buchstäblich in den Schlaf, erschöpft vom Schock und froh, dem Tag entfliehen zu können. Irgendwann in der Nacht, gegen drei oder vier, wache ich auf, schaue mich orientierungslos um und sehe Joe und Ann schlafen. Ich schlüpfe in meine Jeans, um draußen aufs Klo zu gehen. Die Nachtschicht ist da: fremde Gesichter. Eine der Schwestern, Lyn Martin, die wir später noch besser kennenlernen sollten, fragt mich, ob ich okay bin und ob ich gerne eine Tasse Tee möchte. Ich sage ja, setzte mich an den Tisch und warte, bis sie zurückkommt. Sie bringt den Tee und setzt sich zu mir. »Gibt es vielleicht irgend etwas, was Sie mich fragen möchten?« sagt sie. »Ja, alles«, antworte ich. »Ich ertrage den Gedanken nicht, ihn zu verlieren. Ich liebe ihn mehr als alles und jeden anderen. Er ist mein Leben. Besteht eine Chance, daß er überlebt?«

Sie ist wundervoll. Während sie gesteht, daß man nichts Genaues sagen kann, versichert sie mir, daß viele Krebserkrankungen bei Kindern durchaus zu behandeln sind. Sie erklärt mir in Grundzügen den Unterschied zwischen Strahlentherapie, die bei der Röntgenstrahlung zur gezielten Behandlung von Körperpartien eingesetzt wird, und Chemotherapie, die andersartige oder weitverstreutere Tumorarten auf medikamentöser Basis bekämpft. Sie sagt mir, daß man Joe wahrscheinlich eine Plastikröhre einsetzen wird, einen sogenannten

Hickman-Katheter, um ihm die chemotherapeutischen Medikamente zuzuführen, und zeichnet eine einfache Skizze, um mir zu erklären, wie das funktioniert. Kinder, sagt sie, haben eine bemerkenswerte Fähigkeit, solche Dinge zu akzeptieren; wenigstens sei der Krebs jetzt erkannt und könne behandelt werden.

Ruhiger und hoffnungsvoller gehe ich wieder zu Bett – dankbar, daß die Schwestern so einfühlsam und freundlich sind, vor allem aber, daß sie so geradeheraus auf meine Fragen antworten.

Ich schaffe es, noch ein paar Stunden zu schlafen. Erst um halb sieben wache ich völlig durcheinander auf und habe für einen Moment vergessen, was überhaupt passiert ist. Ganz kurz habe ich das Gefühl, daß alles in Ordnung ist. Ich habe tief geschlafen. Das Leben scheint um mich herum zu wirbeln, während ich mich zu orten versuche. Irgendwo ist die winzige Ahnung eines schlimmen Traumes, in dem Joe vorkommt, aber es ist nichts weiter: nur ein Traum.

Dann nimmt das Zimmer Form an. Ich erkenne Joe in dem Metallbett. Ann neben ihm. Der Schrecken ist Wirklichkeit. Mein Sohn hat Krebs.

2

Die Geburt

Alex: Die Zeit bis zu Joes Geburt war der bemerkenswerteste Abschnitt in meinem Leben. Ich war sehr aufgeregt, daß ich Vater werden würde, und begleitete Ann zu den verschiedenen Kliniken für die Untersuchungen und Tests. Der Gedanke, daß sich neues Leben in ihr entwickelte, ließ die Welt irgendwie anders aussehen und gab uns ein Gefühl großer Nähe – wie jeder zukünftige Vater legte ich meinen Kopf an ihren Bauch, horchte, wartete wie gebannt auf die ersten Bewegungen.

In der Vorgeburtsklinik beobachteten wir beide fasziniert den kleinen, erdnußförmigen Punkt auf dem Schirm des Ultraschallgeräts. Der Anblick des winzigen, schlagenden Herzens war fast zu wunderbar, um es begreifen zu können, doch jetzt hat die Erinnerung an diese vorgeburtlichen Untersuchungen fast etwas Ironisches, da wir die letzten neunzehn Monate in Joes Leben einen völlig anderen Bezug zu Ultraschallgeräten hatten – sie dienten dem Erkennen von weiteren Tumoren.

Anns Schwangerschaft verlief bemerkenswert problemlos, doch als Spätgebärende (sie war neununddreißig, als Joe zur Welt kam, ich achtundzwanzig) stimmte sie zu, eine Amniozentese, den Test auf das Down-Syndrom, vornehmen zu lassen. Wir waren beide in absoluter Hochstimmung, als das Testergebnis kam, da uns der Gedanke an unser Baby völlig hinriß. Wir waren vollkommen überzeugt, daß wir eine Tochter bekommen würden und hatten bereits »China« als Namen für sie ausgesucht, weil er gleichzeitig zart und doch stark war. Die Amniozentese ergab, daß Ann einen Jungen bekommen würde – und so mußten wir, nach der ersten großen Erleichterung, daß unser Kind gesund oder zumindest nicht von einem der größten Risiken betroffen war, uns völlig umstellen, unsere Vorstellung von der Zukunft umkrempeln. Und wir mußten einen neuen Namen finden.

Ann: Ich kann nicht genau sagen, warum mir der Name Joseph so gefiel, doch ich hatte ihn schon eine ganze Weile im Kopf; ich fand, er klang freundlich, vornehm und doch gleichzeitig entschlossen. Als wir erfuhren, daß wir einen Sohn bekommen würden, fiel mir sofort dieser Name ein.

Wir hatten sehr lange nach einem schottischen Namen gesucht, der uns beiden gefiel, um Alexanders Familientradition fortzusetzen, doch wir fanden keinen passenderen, und schließlich stimmte Alex zu, daß Joesph die beste Wahl sei. Wir wußten, daß wir auch die Verkleinerungsform – welchen Namens auch immer – würden mögen müssen, da wir keinen Einfluß darauf hatten, wie man ihn später rufen würde. Bis wir uns für Buffalo als zweiten Vornamen entschieden, wollte ich die volle Form »Joseph« für ihn, doch Joe Buffalo klang so perfekt, daß aus Joseph sofort Joe wurde.

Die Wahl des zweiten Vornamens war nicht einfach gewesen. Alex war lange Zeit ganz auf Hunter (nach Hunter S. Thompson) versessen gewesen, was mir aber gar nicht gefiel. Da ich den ersten Namen ausgesucht hatte, galt es als abgemacht, daß Alex den zweiten vorschlug, doch ich durfte mein Veto einlegen. Als er die Idee eines Tiernamens äußerte, war ich nicht allzu begeistert, vor allem nicht, als er das »Dschungelbuch« als Inspirationshilfe herauskramte. Mit Balu und Baghira konnte ich einfach nichts anfangen, ebensowenig wie mit seinem nächsten Einfall, einen japanischen Namen wie Takedo oder Koji zu wählen, weil die japanische Kultur immer mehr an Bedeutung gewann. Insgeheim glaubte ich, daß das alles Berechnung war, um mir Hunter schmackhafter zu machen, und als mir Alex zum ersten Mal Buffalo vorschlug, nahm ich es nicht ernst, obwohl ich Buffalo schon »würdiger« fand als Balu.

Ungefähr einen Monat vor Joes Geburt wurde Alex zu einem Filmworkshop in die Staaten eingeladen, und während seiner Abwesenheit freundete ich mich langsam mit Joe Buffalo an. Eigentlich klang es ganz nett. Ich dachte aber auch daran, wie heftig manche Menschen betonen, daß sie ihren zweiten Vornamen hassen, um dann, wenn man nachhakt, zuzugeben, daß sie Robert, Charles oder Andrew heißen. Wenn schon so »gemäßigte« Namen zu einer derart ausgeprägten Abneigung führen können, hatte es dann überhaupt einen Sinn, auf Nummer Sicher gehen zu wollen? Ich fing an einzusehen, daß ein Kind den Namen Buffalo wahrscheinlich lieben würde, und als Erwachsener konnte er ihn weglassen, wenn er wollte. Als Alex schließlich aus Rockport zurückkehrte, war er von Joe Buffalo fest überzeugt, und ich gab ihm gerne meine Zustimmung.

Alex: Die Wahl des Namens selbst hat für mich mit der Verbindung zwischen Leben und Tod zu tun, die Joes Geburt für mich verdeutlichte. Während der zwei Wochen in Rockport fand jeder, mit dem ich sprach, den Namen Joe Buffalo, der bis dahin nur zwischen Ann und mir diskutiert worden war, gut.

Sicher ein ungewöhnlicher Name für ein englisches Kind, doch Büffel stehen für Freiheit, für große Weiten der Erde und des Himmels, für einen starken und doch nicht aggressiven Drang zur Unabhängigkeit. (Vielleicht hätten wir besser daran denken sollen, daß man die Büffel fast bis zur endgültigen Ausrottung abgeschlachtet hatte?) Als Ann hörte, wie begeistert alle von Joe Buffalo gewesen waren, beschlossen wir, das Risiko von Joes späterem Zorn einzugehen.

Ich war wegen der im August bevorstehenden Geburt in Hochstimmung in Rockport, und da Peter Werner, der Leiter des Regie-Workshops, selber seine Frau und sein dreizehn Wochen altes Baby dabeihatte, schienen »Geburt und Leben« quasi in der Luft zu liegen. Rockport ist ein sehr lebendiger Ort, eine wunderschöne Fischerstadt an der Küste von Maine, mit Bergen, Wäldern und Seen im Rücken, und ich schwamm in einem dieser Seen, als ich zum ersten Mal im Leben den Gedanken an meinen eigenen Tod voll und ganz akzeptierte.

Ich war bis zur Mitte des Sees geschwommen, der von Bäumen und Bergen umgeben war, Vögel zwitscherten, ein Motorboot weiter hinten, das Wasser warm und irgendwie beruhigend. Ich dachte daran innezuhalten – mich einfach treiben zu lassen. Wenn in diesem Moment der Tod gekommen wäre (das Motorboot mich überfahren hätte oder so etwas) – ich wäre freiwillig, glücklich mit ihm gegangen. Mein Sohn war noch nicht auf der Welt, alles schien möglich; ich war erst achtundzwanzig, und doch glaube ich, daß ich ohne Zagen den Tod umarmt hätte, sosehr fühlte ich mich als Teil eines größeren Kreislaufs.

Niedergeschrieben liest sich dieser Moment ziemlich banal, aber ich hatte früher oft über den Tod nachgedacht, meist in Form von ausgeklügelten, pubertären Selbstmordphantasien, während mir die Vorstellung, daß mein Körper – und was immer er »beinhalten« mag – aufhört zu existieren, zu Schulzeiten nie gefallen hat, zumindest nicht als zusammengehöriges Ganzes.

Als Joe geboren wurde, verstärkte sich dieses neue Gefühl. Ich sah, wie er aus Ann herauskam, blutig, verschmiert wie ein Tier, und ich spürte, wie in meinen Hirnzellen das Wissen widerhallte, daß wir aus etwas geboren werden – nicht einfach nur aus dem Leib der Mutter, sondern aus etwas Wesentlicherem heraus, einem Brunnen des Lebens oder des Seins –, und wenn der uns bestimmte Teil an diesem Kreislauf vollendet ist, tauchen wir dort wieder ein. In diesem Moment, als ich im Kreißsaal stand und beobachtete, wie sich Joes schleimverklebte Augen zum ersten Mal außerhalb des Mutterleibs öffneten, wurde mir plötzlich bewußt, daß ich eines Tages sterben würde, genau wie Ann und er auch – obwohl ich damals noch nicht ahnen konnte, daß er zuerst sterben würde.

Damals entwickelte ich eine eher lose und alles umfassende Vorstellung von Kontinuität, die mir eine große Hilfe war, als ich fünfeinhalb Jahre später mit Joes Tod konfrontiert wurde. Das Modell der Reinkarnation, wie es normalerweise verstanden wird, ist mir zu schwerfällig, zu verhaftet in der Vorstellung von individuellen Seelen oder Charakteren. Das Gefühl, das Joes Geburt hervorrief, war das unserer Untrennbarkeit von der Natur, von diesem Planeten, diesem Kosmos. Was immer bleibt, bleibt eben, doch ich glaube nicht, daß das die Individualität einschließt. Wir sind alle ein Teil des anderen, und wir sind in den Momenten am lebendigsten, wenn wir dies begreifen.

Ann: Für das Wochenende, an dem Joe zur Welt kommen sollte, waren Sternschnuppen vorhergesagt. Samstag abend stiegen wir auf das Flachdach des Gebäudes in Soho, in dem wir wohnten. Der Himmel war trübe, die Sterne waren kaum zu erkennen. In der Stadt kann man den Himmel nie besonders gut sehen; es gibt viel zuviel reflektiertes Licht.

Wir standen auf dem Dach, schauten in den Himmel und wünschten uns an einen Ort, irgendwo auf dem Land, an dem die Nacht wirklich schwarz war und die Sterne strahlten. Hier war der Himmel oft sanft und geheimnisvoll, doch er schickte uns nicht die Zeichen, nach denen wir Ausschau hielten. Ich wollte eine Sternschnuppe sehen und danach Wehen bekommen! Ich wollte, daß Joe in einer Nacht geboren wurde, in der Zauber in der Luft lag.

Wir hatten gerade eine Hitzewelle: Je schwerer ich wurde, desto heißer war mir. Ich verbrachte das Wochenende im Liegen und hoffte, daß etwas geschehen würde. Joe war eigentlich schon am Donnerstag fällig gewesen, doch ich wußte, daß er später kommen würde. Mir fielen Freundinnen ein, deren Babys zwei oder sogar drei Wochen überfällig gewesen waren, aber ich dachte nicht, daß Joe uns so lange warten lassen würde. Vor der Geburt hatte ich keine Angst. Ich war sicher, daß alles gutgehen würde, und hatte mir vorgenommen – sollte es doch Komplikationen geben oder sehr schmerzhaft verlaufen –, fest daran zu denken, daß ein paar schlimme Stunden kein schlechter Tausch für ein ganzes Leben mit einem Kind sein würden.

Also fühlte ich mich glücklich und war ruhig, während ich auf Joe wartete. Ich freute mich darauf, ihn endlich sehen zu können; ich hatte das Gefühl, daß ich ihn bereits kannte. Am Sonntagnachmittag platzte die Fruchtblase, und ich wartete darauf, daß die Wehen einsetzten. Eigentlich hätte ich gleich im Krankenhaus anrufen sollen, doch ich tat es nicht, weil ich befürchtete, daß man die Wehen künstlich einleiten würde. Die Hebamme war mir später deshalb sehr böse, doch der Arzt, der Joe entband, nahm mich – überraschenderweise – in Schutz und sagte, schließlich hätte ich das Recht, die Wehen so kommen zu lassen, wie ich es wollte.

Ich kann mich noch gut daran erinnern, daß ich Alex vorher Sandwiches gemacht habe. Ich hatte eine wundervolle, ungeheuer praktisch (wenn nicht gar feministisch) veranlagte Lehrerin für Geburtsvorbereitung, die stets gesagt hatte, daß frau den Partner stärken muß, wenn sie nicht will, daß er bei ihren Wehen umkippt. Sie vertrat die Theorie, daß ein Vater im Kreißsaal eher vor Hunger als vom Schock ohnmächtig wird. Gegen vier Uhr morgens kamen wir im Krankenhaus an, und ich glaube, Alex verschlang seinen Snack auf der Stelle, wie ein Kind, das vom Picknick ißt, noch ehe man die Decke ausgebreitet hat.

Ich finde es ganz und gar nicht fair, daß der Vater bei der Geburt die bessere Sicht hat. Die Krankenhäuser könnten wenigstens Spiegel über den Operationstischen anbringen. Mag sein, daß das bei manchen der Fall ist, doch im Middlesex hatten sie keinen, und so war der erste Blick auf Joes Köpfchen Alex vergönnt. Ich sah Joe erst, als er ganz draußen war, aber vorher hörte ich ihn schon schreien. Vielleicht wußte er etwas, was wir nicht wußten, vielleicht war er aber – wenn man es nüchterner betrachtet – auch nur verärgert über die Zange, die über sein rechtes Auge gerutscht war. Was auch der Grund gewesen sein mochte – er sah jedenfalls aus wie ein zerknirschter kleiner Boxer, als er mir gegeben wurde, das eine Auge schmerzhaft zugekniffen. Seine Gesichtszüge waren fein und koboldhaft, sein Blick war herausfordernd.

Erst als der Kinderarzt ihm mir wieder wegnahm, um ihn zu untersuchen, dachte ich daran zu fragen: »Hat irgend jemand nachgeguckt, ob es wirklich ein Junge ist?« Sie hatten. Es war einer.

Während der Wehen hatte einer der Assistenzärte auf eine Zangengeburt gedrängt. Der leitende Arzt lehnte dies ab. Als jedoch meine Temperatur ganz plötzlich anstieg, wurde dem Arzt das Risiko, daß Joe eine Infektion bekommen könnte, zu groß, und er änderte seine Meinung, obwohl die Wehen zwar langsam, aber stetig kamen. Seine leichten Bedenken bedeuteten für Joe jetzt, daß sie ihn vierundzwanzig Stunden zu Beobachtung auf einer Spezialstation behalten wollten.

Das hörte sich zunächst ziemlich bedrohlich an, doch es stellte sich heraus, daß diese Vorsichtsmaßnahme recht locker gehandhabt wurde und ich Joe die meiste Zeit, mit kurzen Unterbrechungen zwecks Kontrolle, bei mir haben durfte. Er war ein völlig gesundes, normal entwickeltes Baby unter lauter Babies mit ernsthaften Problemen, mit Herzfehlern und Frühgeborenen. Als ich sie und ihre Mütter sah, war ich sehr dankbar für mein kerngesundes Kind.

3

Das Leben vor dem Krebs

Alex: Trauer braucht eine Perspektive. Ich denke, es ist, auch für uns, sehr wichtig, sich daran zu erinnern, daß Joe vor der Diagnose ein völlig gesundes Kind gewesen war. Unter den Ärzten gab es eine Diskussion, wie schnell sich der Krebs entwickelt haben könnte – sie kamen zu der einhelligen Auffassung, daß es wahrscheinlich wegen der äußerst aggressiven Krebsart nur einen Monat gedauert hat –, doch rückblickend sind Ann und ich der Ansicht, daß Joe vielleicht schon in den sechs Monaten davor erkrankt war. Auf manchen Fotos aus dieser Zeit sieht er sehr erschöpft aus und – wieder rückblickend betrachtet – scheint auch dünner und fiebrig zu sein. Doch zu diesem Zeitpunkt wäre der Gedanke an Krebs einfach lächerlich gewesen, war Joe in den ersten drei Lebensjahren doch von fast jeder Kinderkrankheit verschont geblieben.

Meine Erinnerungen wandern wie in einem rückwärts laufenden Film zu diesen gesunden Jahren zurück. Ganz leicht kann ich das Bild von Joe im Hyde Park abrufen; wir haben dort viel Zeit verbracht. Es gibt da eine Ecke, die »Daddy's Park« genannt wird, bei der Brücke über den Serpentinen, und natürlich gibt es auch einen »Mummy's Park«, die Gegend um den Spielplatz und ein Teil von Rotten Row, in Sichtweite des Kindergartens am Hyde Park, den Joe für kurze Zeit besuchte.

Im Sommer waren Joe und ich fast jeden Nachmittag hier. Wir liebten es, mit dem Boot rauszufahren; als Joe noch klein war, hatte ich ihn dabei oft auf dem Schoß, und wir ruderten gemeinsam. Wir hatten einen Lieblingsbaum am Ufer, eine Trauerweide, an deren Zweigen sich Joe festhielt, wenn wir darunter durchfuhren wie im Dschungel.

Für den Fall, daß sich das kitschig anhört, möchte ich hinzufügen, daß Joe meist im Bug des Einers saß und an der Dose Bier nippte, die ich für gewöhnlich mitnahm. Er hatte Geschmack am Bier gefunden, besonders am amerikanischen; meiner Meinung nach ein bißchen früh, aber er ließ sich nicht zu einer alkoholfreien Sorte überreden.

Er war ziemlich gut im Fußball und konnte im zarten Alter von drei Jahren bereits einen besseren Fallrückzieher machen als ich heute. Manchmal kamen die »großen Jungs«, wie Joe sie nannte, und fragten, ob wir ihnen den Ball leihen würden, wenn wir gerade nicht spielten. Ich war immer beeindruckt, wie ihn die Zwölf- bis Sechzehnjährigen in ihr Spiel mit einbezogen, wie gut er mitspielte und den Ball zurückschoß, wenn sie ihn anspielten, und wie er ihnen hinterherrannte.

Einmal spielten wir Cricket, mit einer Ausrüstung für Kinder, die er von Bekannten zum dritten Geburtstag bekommen hatte, doch selbst die einfachen Regeln waren zu kompliziert, und Joe hatte keinen Spaß an dem Spiel. Wir schlossen schnell Freundschaft mit den anderen Kindern und Eltern im Park, und ich erinnere mich besonders gut an ein Tennismatch mit Plastikschlägern und einem Schaumstoffball. Danach wollte Joe sofort auch so ein Set.

Ich erinnere mich, wie sehr es ihm gefiel, im Wagen auf meinem Schoß zu sitzen und zu lenken, während ich ganz vorsichtig Gas gab oder bremste – mit achtzehn Monaten fing er damit an, und als er zweieinhalb war, konnte er perfekt einparken. Er war immer der erste, der eine Parklücke entdeckte – wir fuhren oft zum Hyde Park, das Fahrrad oder den Ball im Kofferraum, um die Zeit auf dem Rasen voll auszuschöpfen.

Ann: Ich fand es immer wichtig, daß Joe und Alex etwas ohne mich unternahmen. Nicht nur, weil ich mir so eine Pause gönnen konnte, sondern auch, weil sie sich auf diese Art besser kennenlernten. Joe konnte sich glücklich schätzen, daß sein Vater die Zeit hatte, mit ihm zum Schwimmen, Bootfahren und Ballspielen zu gehen. Auch ich war froh, daß ich jemanden hatte, der sich um die sportlichen Aspekte in Joes Leben kümmerte. Ich bin nicht besonders scharf aufs Bootfahren oder Schwimmen, dennoch ging ich hin und wieder mit, um ihre neuerworbenen Fertigkeiten zu bewundern oder bei einem Spaß dabeizusein. So hatte ich mehr Zeit, Joe auf die häusliche Art zu bemuttern, ihn zu bekochen, seine Wäsche zu waschen, mit ihm zu kuscheln.

Wir spielten zwar auch Karten und legten hölzerne Schienen aus, malten, aber eigentlich war ich nicht sehr gut im Spielen. Ich mochte mehr das Kameradschaftliche. Bevor Joe geboren wurde, hatte ich immer ein bestimmtes Bild von Mutterschaft: Wir zwei saßen auf dem Sofa, und ich las ihm etwas vor. Aber Joe interessierte sich lange überhaupt nicht für Bücher. Er besaß eine Menge davon, die alle in der Absicht gekauft worden waren, seine vielseitigen Interessen zu unterstützen, doch nur wenige sprachen ihn an.

Ich weiß noch, wie Alex ihm etwas vorlas, als er erst wenige Wochen alt war. Ich war von *Winnie-the-Pooh* (dem Bären) fasziniert gewesen, Joe schlief natürlich nur. Allerdings hatte er einige Lieblingsbücher – an jenem Sonntag, als ich das Spielzeug für das Krankenhaus eilig zusammenpackte, muß ich auch einige seiner *Thomas-the-Tank-Engine*-Bücher und *Where the Wild Things Are* und auf jeden Fall das wundervolle *Amos and Boris* erwischt haben. Vielleicht spielten Bücher in dem Lebensabschnitt, der dann folgte, eine größere Rolle für Joe, weil sein Leben stärker eingeschränkt war, vielleicht aber auch nur, weil er einfach älter wurde.

Joe war achtzehn Monate alt, als wir nach Knightsbridge zogen, und er hatte ein großes Bedürfnis nach mehr Platz und anderen Kindern, mit denen er spielen konnte. Ich machte damals einen Spielkreis ausfindig, der sich dreimal in der Woche in einer Kirche traf, und begann, mit ihm dort hinzugehen.

Er brauchte ein paar Tage, bis er sich in dem Getümmel zurechtfand. Die ersten Male nahm er im Puppenhaus Zuflucht und bestand darauf, daß ich bei ihm sitzen blieb. Eine der anderen Mütter kam schließlich, um mich von unseren »Tee-Parties« zu erlösen, und bot mir eine richtige Tasse Tee an. Diese Phase währte allerdings nur kurz, denn bald wurde Joe neugierig auf die Welt vor dem Puppenhaus; und da diese Gruppe von Müttern geleitet wurde, die alle bei ihren Kindern blieben, fühlte er sich schnell sicher und geborgen.

Ich war erstaunt, daß er sich zum Spielen fast nur solche Spielzeuge suchte, die er bereits zu Hause hatte, obwohl die Gruppe über eine große Auswahl verfügte. Eine Ausnahme stellte eine Spielzeuggarage dar, die ihm so sehr gefiel, daß ich dafür sorgte, daß er seine eigene zu Weihnachten geschenkt bekam. Trotzdem spielte er auch danach weiter mit der Garage, und ich sah ihm gerne zu, wie ernst er, ohne uns andere wahrzunehmen, herumklapperte. Einige Kinder waren aggressiv, schnappten sich das Spielzeug anderer oder schubsten. Es freute mich zu sehen, daß Joe nie als streitsüchtig auffiel und – zu dieser Zeit – auch nicht gehänselt wurde.

Fast ein Jahr blieben wir in der Gruppe; zunächst kamen wir nur unregelmäßig, später dann, je enthusiastischer Joe wurde, immer häufiger. Wir hielten uns an die üblichen Schulferien, und im zweiten Sommer, als Joe fast drei war, war das Wetter im Juni so schön, daß die meisten Mütter mit ihren Kindern nicht mehr in die Gruppe, sondern in den Park gingen.

Ich fand, daß Joe schon oft genug im Park gewesen war und die Gemeinschaft der Gruppe mindestens genauso wichtig für ihn war. Eines Nachmittags kamen schließlich nur noch zwei Mütter in die Kirche: ich mit Joe und Elizabeth, die Gründerin der Gruppe, mit ihren beiden Söhnen. Elizabeth meinte daraufhin, daß sie die Gruppe in diesem Sommer wohl früher schließen müsse, und ich stimmte ihr betrübt zu.

Eine Gepflogenheit in diesem Spielkreis war es, die Nachmittage mit einem Kinderreim, zum Beispiel »Häschen in der Grube«, zu dem getanzt wurde, zu beenden. Elizabeth schlug vor, ein paar Verse zu singen und dann auseinanderzugehen. Ich tanzte in diesem merkwürdigen Zustand zwischen Lachen und Weinen. Wir müssen einen ziemlich absurden Anblick geboten haben: zwei Frauen und drei kleine Jungs mitten in einem riesigen Raum, aber es war auch rührend – die Feierlichkeit unseres Tanzes, zu einem Lied, zu dem wir alle den Text nicht richtig kannten.

Ich war traurig, daß die Sommerpause schon so früh einsetzte; Joe brauchte diese Nachmittage. Er kam in das Alter, in dem er sich nach Spielkameraden sehnte, und wir suchten einen Hort für ihn, in dem Schulferien keine Rolle spielten, weil er hauptsächlich von berufstätigen Müttern genutzt wurde.

Alex: In den Monaten, die wir bei Joe im Krankenhaus verbrachten und bangten, ob er leben oder sterben würde, fand ich immer den Gedanken sehr tröstlich, wieviel er in seinem Leben schon gemacht hatte. Nicht, daß sich ein Leben daran messen ließe, was »man gemacht hat«, aber uns war bewußt geworden, wie sehr wir ihn liebten – wir hatten eine Menge mit ihm erlebt, und das zählte.

In seinen ersten dreieinhalb Jahren war Joe schon ziemlich »herumgekommen«. Zum Glück, denn als die Chemotherapie begann, und sein Immunsystem geschwächt war, wagten wir nicht mehr mit ihm zu verreisen – ganz abgesehen davon, daß die Pausen zwischen den Behandlungen zu kurz dafür waren. Unsere Reisen mit Joe waren immer um so schöner, weil wir ihn dabeihatten, und uns wäre nicht im Traum eingefallen, ohne ihn zu fahren. Er war auf Reisen gut zu haben und schien Gefallen am Reisen zu finden, trotzdem frage ich mich: Kann ein fremdes Land für ein Kind wirklich fremder sein als sein Heimatland?

Als Joe acht Monate alt war, flogen wir in die Karibik. Auf Barbados fuhr er mit uns durch die Zuckerrohrfelder, saß im Schatten an einem ersten Sandstrand und ließ sich an den meisten Abenden zufrieden in seinem Buggy zum Restaurant »Der Medizinmann« kutschieren, wo er, ganz der alte Joe, ebenso gern wie wir an den Daiquiris und am Rumpunch nippte.

Auf der Insel Bequia saß er in seiner Cabana, umgeben von Bananenbäumen, fuhr er auf einer wunderschönen alten Fähre, zusammen mit Schweinen und einer Ziege, badete er zum ersten Mal in einem Swimmingpool und wurde täglich durch die Brandung über Sand und Fels nach Port Elizabeth getragen, wo es Nachschub an Früchten und Mineralwasser gab. Die Bewohner von Bequia waren ganz vernarrt in Kinder, und wir erlebten erstaunt, daß auch die Männer ganz versessen darauf waren, Joe zu unterhalten oder ihn in seinem Buggy herumzuwirbeln.

Kurz nach Joes erstem Geburtstag verbrachten wir zwei Monate in Amerika, in Rochester (New Hampshire) und Provincetown (Massachusetts). Eine Zeitlang wohnten wir im »Camp« – einem wunderschönen Sommerhaus, das Freunden gehörte, mitten in einem Pinienwald und ungefähr drei Meter vom Ufer des Great East

Lake entfernt gelegen. Dort sah und hörte Joe, wie in einer Szene aus *On Golden Pond*, Seetaucher (die außergewöhnlichen Vögel, deren Schrei ein so unvergeßlicher Bestandteil ebendieses Films ist), half er Feuerholz sammeln (es war Oktober), beobachtete er die Eichhörnchen, die unter der Veranda herumflitzten, und ruderte mit Ann und mir auf den See hinaus, um die Stille und die Schönheit der Sonnenuntergänge zu genießen.

Ann: Als Joe drei war, verbrachten wir ein Wochenende in Rom. Joe genoß den Flug sehr, und wir hatten das Gefühl, als erlebte er zum ersten Mal bewußt, daß er in einem anderen Land war. Die Busse waren gelb und die Taxis orange, eine Tatsache, die er nie vergessen sollte. In allen Spielen, die sich später ums Reisen drehten – Fliegen war dabei sein Lieblingsspiel –, fuhr er immer »ein Rom«. (Er sagte lange »ein« statt »nach«, obwohl er keine Grundkenntnisse in Französisch oder Italienisch hatte.)

Natürlich besuchten wir auch den Vatikan, und obwohl wir keine Gelegenheit hatten, die Sixtinische Kapelle zu sehen, die gerade renoviert wurde, konnten wir doch zum Petersdom. Joe zeigte sich nicht sonderlich beeindruckt von der ehrfurchtgebietenden Größe des Bauwerks, ebensowenig von den wunderlichen Skulpturen. Als Alex ihn im Scherz fragte: »Na, Joe? Wie findest du die? Würdest du dir gerne eine von denen ins Zimmer stellen?«, sagte Joe nur: »Ist ganz nett hier.«

Typisch Joe, daß er so unbeeindruckt war. Er war ein Kind, das gerne alles unter Kontrolle hatte. Später, im Krankenhaus, war es immer amüsant zu beobachten, wie er eine Situation beherrschte, selbst wenn er von einer Horde Ärzten umgeben war. Und uns beherrschte er sicherlich seit seiner Geburt!

Alex: Eine Überlegung drängt sich immer wieder auf, wenn ich an Joes Leben vor der Krebsdiagnose denke: Was hätte noch sein können – die anderen Leben, die wir hätten leben können?

Als er zweieinhalb war zum Beispiel, beschlossen wir angesichts unserer katastrophalen finanziellen Situation, unsere Wohnung in

London zu verkaufen und nach Südspanien zu ziehen, wo das Leben viel billiger war, wie wir uns einredeten. Mir war es nach *Insignificance* nicht gelungen, weiter im Filmgeschäft Fuß zu fassen. Mein Plan war: Ich konzentriere mich aufs Schreiben, während die anderen beiden die Sonne und die gesündere Umgebung genießen und Joe zweisprachig aufwächst.

Und so reiste Joe mit uns von einem angebotenem Haus zum anderen und freute sich, wie ich glaube, über die Kontakte, die er dabei zu den spanischen Kindern bekam, und über die Gelegenheit, Zeichentrickserien im Fernsehen zu sehen und seine alte Lieblingssendung, die *Sesamstraße* – mit Kermit, Krümel, Ernie und Bert, die plötzlich in einer fremden Sprache plapperten, die er noch nicht, aber vielleicht bald verstand.

Wir fanden ein Haus, unser Traumhaus, in den Hügeln hinter einer Stadt namens San Pedro de Alcantara, an der Küste, nicht weit von Marbella. Nach unzähligen Besichtigungen von Villen mit Marmorböden und gekämmten Rasen war diese Finca eine Offenbarung. Sie lag auf einem Felsvorsprung in einem ruhigen, urwüchsigen Tal, mit einem Orangenbaum im Hof, und wurde offiziell gar nicht angeboten. Seit sieben Jahren stand sie bereits leer. Die Böden waren gesprungen und zerbröselten, aber es war Liebe auf den ersten Blick.

Wir stellten uns vor, wie Joe Buffalo dort aufwachsen, wie er uns zum Wahnsinn treiben würde, wenn er wieder einmal im Unterholz verschwand (wir dachten daran, ihn mit einem Walkie-Talkie auszurüsten, wenn er etwas größer war), das nahe Meer genoß – zehn Minuten mit dem Auto oder mit dem Fahrrad – und im großen und ganzen die Art Kindheit hatte, die die Welt voller Abenteuer sein läßt.

Es sollte anders kommen. Wir konnten unsere Wohnung in Knightsbridge nicht verkaufen, und mit einemmal war die Finca, die sieben Jahre lang leer gestanden hatte, auf mysteriöse Weise vergeben. Auf die Woche genau ein Jahr später verbrachten wir die erste von sehr vielen Nächten im St. Stephens.

Man ist leicht versucht, dies als eine Art Wendung des Schicksals zu sehen. Wären wir nach Spanien gezogen, hätte man Joes Krebs dann erkannt? Oder anders gesagt – hätte man ihn rechtzeitig erkannt? Das fragten wir uns oft zu jenem Zeitpunkt, als noch Hoffnung bestand, daß er überleben könnte. Natürlich kann man auch die Frage stellen, ob Joe überhaupt an Krebs erkrankt wäre, wenn wir nach Spanien gezogen wären. Doch eine solche Frage stünde in einem ganz anderen Zusammenhang.

4

St. Stephen's

Montag, 13. April 1987

Ann: Als Joe an diesem Morgen aufwachte, glich er jemandem, der unbedingt eine wichtige Neuigkeit loswerden will: »Mir geht's jetzt wieder gut«, verkündete er. »Wir können nach Hause fahren.« Darauf entgegnete ich, daß es ihm doch schon oft bald wieder bessergegangen sei, aber die Schmerzen trotzdem wiedergekommen waren. Er fing an, seine Sachen zusammenzusuchen. »Kommt, wir fahren«, wiederholte er.

Als Sharon, die Tagesschwester, kam, erzählte sie mir, daß diese Reaktion recht häufig vorkomme: das Gefühl, flüchten zu müssen. Vielleicht dachte Joe aber auch nur, daß eine Nacht im Krankenhaus reichte, und er war geheilt.

Alex: Wir befanden uns in einem ununterbrochenen Schockzustand: mit Sicherheit die ganze erste Woche lang, wahrscheinlich aber eher die ersten zwei oder drei Wochen über. Am Montag morgen ging ich gegen Mittag raus, um ein Geschenk für Joe zu kaufen. Als ich gerade die Fulhman Road überqueren wollte und ein Freund von mir strahlend auf mich zukam und mich mit »Alexander! Wie geht's dir?« begrüßte, brach ich in Tränen aus. Schluchzend erzählte ich ihm von Joe. Dann ging ich über die Straße, in einen Geschenkartikelladen, suchte ein Stoffrhinozeros für Joe aus und kehrte zum Krankenhaus zurück, wo ich gerade noch rechtzeitig Ann und Joe vor dem Röntgen antraf. Er weinte, weil er eine subkutane Spritze bekommen sollte.

Der ganze Monat verlief in einer Mischung aus Konfusion und

Angst, und wir wurden gleich mit einer Reihe neuer Gesichter konfrontiert. Wenn man so unvermittelt Neuland betritt (wie zum Beispiel ein Krankenhaus), fühlt man sich stark verunsichert. Man kennt die Grundregeln, die eigene Position und die »Rechte« noch nicht. Ich weiß noch, wie ich zum ersten Mal in der Elternküche stand, die man durch das Spielzimmer betrat, und in dieser trübseligen, kalten Umgebung eine Tasse Tee für Ann und mich aufbrühte.

Wie auf jeder Kinderstation hatte man sich auch hier bemüht, die Tatsache zu verdecken, daß die Kenneth-Grahame-Station Teil des Krankenhauses war. Große Ölbilder, *The Wind in the Willows* nachempfunden. Die Station selbst war in einem relativ neuen Flügel des St. Stephen's (das später vollständig abgerissen wurde, um einem unpersönlichen Riesenkomplex Platz zu machen) untergebracht: ein Schachtelbau, wenngleich hell, mit großen Fenstern, die den Blick auf die Skyline Fulhams und Chelseas freigaben.

Das Spielzimmer quoll über von Spielzeug und Bildern, doch die Elternküche hatte ein eher strenges Ambiente, mit Postern, die übers Stillen aufklärten, und Plakaten, die darauf hinwiesen, wie wichtig der Kontakt zwischen Eltern und Kindern im Krankenhaus ist. Ich glaube, als ich dort stand, Wasser aufbrühte und Tassen im kaffeeverfärbten Becken spülte, wurde mir wirklich klar, was uns erwartete.

Zum Teil war es die Erkenntnis, daß sich unser Familienleben von nun an in einer Art Aquarium abspielen würde – hinter den Glasfronten, die uns selbst im geräumigen Doppelzimmer wenig Privatsphäre ließen –, und ich konnte überhaupt nicht abschätzen, wie weit man mir erlauben würde, meine Aufgaben als Vater wahrzunehmen. Letzte Nacht hatte ich hier schlafen dürfen – aber würde das immer so selbstverständlich gehen? Zudem kamen mir Bedenken, inwieweit wir unser Leben hier im Krankenhaus selbst bestimmen durften, vor allem was den ziemlich unorthodoxen Zeitplan betraf, auf den Ann, Joe und ich eingespielt waren.

Und dann war da noch die Frage, wie ich meine Arbeit verrichten sollte – obwohl ich mir angesichts meiner Angst um Joes Leen deshalb kaum Sorgen machte. Eigentlich hätte ich im Büro sein müssen, doch ich hatte bereits angerufen und erklärt, was passiert war. Ich arbeitete für einen Freund, Mozafar Aminian; wir versuchten gerade eine Produktionsfirma für Film und Theater zu etablieren und darüber hinaus, mit noch mehr Ehrgeiz, das One-World-Festival sowie eine Reihe von Wohltätigkeitskonzerten, ähnlich dem Live-Aid-Projekt, zu organisieren.

Mein Einkommen bewahrte uns erst mal vor astronomischen Kredit- und Hypothekenschulden, doch ich wußte, daß die Firma keine großen Rücklagen hatte und mich nicht weiterhin bezahlen konnte, wenn ich nicht arbeitete. Und so war mir vom ersten Tag an klar, daß es nur eine Möglichkeit gab, wenn ich bei Joe bleiben wollte: Wir mußten unsere Wohnung verkaufen (die wir ein Jahr zuvor nicht losgeworden waren), würden den Kredit zurückbezahlen und von dem leben müssen, was uns dann noch blieb.

Wir hatten nicht die leiseste Ahnung, wie lange wir im Krankenhaus bleiben mußten, doch ich weiß noch, daß ich es nicht eilig hatte zu gehen – vielleicht wegen meiner irrationalen Angst, Joe könnte in wenigen Tagen tot sein. Das Krankenhaus vermittelte mir das Gefühl von Sicherheit. Dr. Wastell und sein Chirurgenteam wie auch Dr. Sinclair, der zuständige Kinderarzt, zerstreuten unsere Zweifel, ob Joe auch eine erstklassige Behandlung erfahren würde. Es war die Rede davon gewesen, schon am Morgen Joes linke Niere zu entfernen, doch erst mußten noch weitere Untersuchungen durchgeführt werden, um herausfinden zu können, ob es andere Metastasen gab, und so war der Eingriff auf Mittwoch verschoben worden.

Zu diesem Zeitpunkt war uns noch alles und jeder fremd, und wir hatten Mühe, den Namen auch Gesichter zuzuordnen. Seit meiner Kindheit war ich kaum im Krankenhaus gewesen. Die Tatsache, daß der größte Teil des Personals in meinem Alter oder jünger war, machte mit Mut, doch das Gefühl der Anonymität – der Isolation – blieb. Und das ist, glaube ich, die Hauptquelle des Unbehagens, das die meisten Menschen an Krankenhäusern beschleicht; ihre monolithische Wucht, mit der sie sich auf unser Leben legen, uns auf ein Problem, das diagnostiziert, einen Zustand, der behandelt wird, ein Aktenzeichen, eine Nummer reduzieren. Wir hatten Glück, daß das St. Stephen's den Betrieb verhältnismäßig locker handhabte und uns wirklich menschlich begegnete, doch das ändert nichts an der Tatsache, daß sie einen in der Hand haben – und daß jedes Krankenhaus, ob staatlich oder privat, groß oder klein, auf jeden Fall mächtiger ist als man selbst.

Auf der Kenneth-Grahame-Station schien allerdings jeder um uns bemüht und um unser Wohl besorgt zu sein – nicht nur um Joes, sondern um unser aller, als Familie. Joes zweiter Vorname, Buffalo, sorgte für Gesprächsstoff, und ich glaube, daß wir mit Anns journalistischer Tätigkeit und meiner in der Filmbranche eine Art Novum darstellten, obwohl die Schwestern und Ärzte schon die Kinder berühmter Fernsehstars behandelt hatten, und ich bezweifle, daß sie ernsthaft von uns beeindruckt waren. In den folgenden Monaten konnten wir beobachten, daß sie den Eltern ihrer Patienten durchweg zuvorkommend und einfühlsam begegneten, ohne dabei jemals diejenigen zu vernachlässigen, denen ihre Hauptsorge galt – die Kinder, die ihre Patienten waren.

Und dennoch gab es auch hier, wie wir fast vom ersten Moment an spürten – ohne es zunächst bewußt zu registrieren, eine von den Ärzten und Schwestern ausgehende Hierarchie, die sich danach richtete, wie gut man sich artikulieren konnte. Im Fall einer Kinderstation betrifft das einen als Eltern insofern, in welchem Umfang man informiert wird, und damit letztendlich, wieviel Entscheidungsfreiheit einem gelassen wird.

Wir hatten tausend Fragen, bohrten und drängten, doch man machte es uns nicht schwer: Das Personal zeigte sich ungeheuer entgegenkommend, und bald schlossen wir Freundschaft. Ich bin sicher, daß sie sich wirklich bemühten, uns Auskunft zu geben, egal, wie die Fragen lauteten, und wir mußten auch bald feststellen – verallgemeinernd gesagt –, daß man von Schwestern und Stationsärzten mehr und verständlichere Informationen erhält als von den Fachärzten. Vielleicht ist es einfach eine Frage der Zeit – Fachärzte kommen zur Visite, während Stationsärzte und Schwestern ganze Tage und Nächte auf der Station verbringen und daher eher eine Beziehung zu den Patienten und deren Eltern aufbauen können – vielleicht sind letztere aber auch die besseren Zuhörer und damit weniger absolut in ihrer Meinung, offener für Herausforderungen und eher gewillt, die laienhaften und eher intuitiven Ahnungen der Eltern, was den Zustand ihres Kindes betrifft, zu berücksichtigen.

Dabei hängt natürlich vieles vom einzelnen ab, und auch wir

sollten Stationsärzte kennenlernen, die besser waren als andere und umgekehrt. Die drei, die in den ersten vier Monaten von Joes Krankheit auf der Station Dienst hatten, waren allerdings ein besonderes Glück für uns. Mit der Zeit verließen wir uns darauf, daß sie uns mit einfachen Worten erklärten, welche Wahlmöglichkeiten wir bei den Entscheidungen hatten, mit denen wir uns konfrontiert sahen, und fühlten uns bestärkt durch die Tatsache, daß wir vom ersten Tag an einen aktiven Part übernommen hatten – zumindest gab man uns das Gefühl, daß es so war –, was den weiteren Verlauf von Joes Behandlung betraf.

Ann: Das drängendste Problem nach der Diagnose war: Was sollten wir Joe sagen? Ihm stand eine große Operation bevor, etwas, was völlig außerhalb seines Erfahrungsbereiches lag. Dabei ging es um die vorbereitenden Maßnahmen, die Narkose, Verbände und vor allem: Wie sollten wir ihm die Schmerzen nach dem Eingriff erklären? Wir mußten ihm einen Grund nennen, der das alles rechtfertigte, und ihm ein Bild davon vermitteln, was passieren würde, so einfach wie möglich und ohne ihn zu verängstigen. Den Begriff »Bazillus« kannte er von früheren leichten Erkrankungen, und so erklärten wir ihm, in seinem Bauch sei ein Bazillus, der die Schmerzen verursache, und daß die Ärzte ihn mit einer Operation herausholen würden.

Hierbei erwies sich das Personal vom Spielzimmer als erfreulich hilfreich, indem es uns mit Material versorgte: ein Buch über das Leben im Krankenhaus – dazu gehörten ein Fotoalbum, das die verschiedenen Stationen der Vorbereitung auf eine Operation, hier auf der Kinderstation aufgenommen, zeigte, und ein pfiffiges Demonstrationsobjekt, an dem die Kinder, Schicht für Schicht, den menschlichen Körper erforschen konnten, von den Venen und Arterien über die Organe bis zum Skelett. Das gefiel Joe am besten, zusammen mit einem Arztkoffer, dessen Instrumente – Blutdruckmesser, Stethoskop etc. – er am liebsten an uns ausprobierte.

Wir beschlossen, die Tatsache, daß man ihn aufschneiden würde, zu umgehen und die Erklärung auf später zu verschieben – die Vorstellung erschien uns für ihn, mit seinen dreieinhalb Jahren, zu bedrohlich, besonders weil er sich noch nicht sehr gut ausdrücken konnte. Wenn er älter gewesen wäre, hätte ich vielleicht versucht, es ihm zu erklären. Zum Glück fragte Joe nicht direkt danach, wie sie den Bazillus herausholen würden. Wir sagten ihm, daß er eine Weile schlafen und sein Bauch noch weh tun würde, wenn er wieder aufwachte, aber anders. Und daß er dann eine besondere Medizin bekommen würde, damit die Schmerzen weggingen. Es war schwer, ihm verständlich zu machen, warum es hinterher mehr weh tun würde als vorher; wir sagten ihm, daß so die Schmerzen bald vorbei sein würden und es ihm viel besser ginge.

Ich konnte diese Erklärung vertreten, denn soweit es die Operation betraf, war es die Wahrheit. Alles, was darüber hinausging, war hypothetisch. Die Erinnerung daran, daß diese Phase, so schlimm sie gewesen sein mag, auch jene war, in der uns versichert wurde, beim Wilms-Tumor gebe es eine Überlebensquote von über neunzig Prozent, schmerzt. Unser Lieblingsstationsarzt beschrieb ihn als einen »faulen, alten Tumor«, der selten Metastasen bildet.

Dienstag, 14. April 1987

Alex: Dienstag, der Tag vor Joes Nephrektomie (der Eingriff, bei dem die erkrankte Niere entfernt wird), verlief ungemein angespannt. Und zum Teil war das meine Schuld – ob irrational oder nicht, ich hatte Angst, Joe könnte während der Operation sterben.

Diesen Gedanken im Kopf, war es für mich besonders schmerzlich, wie Joe diesen Tag begann. Er hatte Papier und Stifte zum Zeichnen bekommen und sagte: »Wenn ich einmal groß bin, werde ich ein Mann, der Cartoons malt.«

Niemals zuvor hatte er auch nur angedeutet, was er als Erwachsener werden wollte – und Ann und ich hatten ihn auch noch nie danach gefragt –, doch plötzlich sagte er es; vielleicht weil er unsere Angst vor der Zukunft spürte, vielleicht erzählte er uns deshalb von seiner neuentdeckten Leidenschaft.

Eine der Schwestern schlug vor, wir könnten doch am Nachmittag mit Joe rausgehen, zum Beispiel in den Zoo, und ich deutete das sofort als Hinweis, es könnte unsere letzte Unternehmung sein. Ich glaube, ich sagte damals Ann nichts von meinen Befürchtungen, und natürlich bemühte ich mich, Joe gegenüber entspannt zu wirken, aber ich denke, daß mein Verhalten doch ziemlich manisch war.

Ich ließ meine Beziehungen zu den Theaterleuten spielen und ergatterte Karten für die ausverkaufte Vorstellung von *Starlight Express.* Das setzte uns bei unserem Zoobesuch – Joe liebte den Zoo – unter zusätzlichen Zeitdruck. Wir ratterten mit ihm im Buggy durchs Elefantenhaus, vorbei an den Affen, Flamingos und Pinguinen, und machten lediglich bei einer Reifenschaukel kurz halt, wo wir ihn hin und her schubsten (er sieht auf den Fotos ganz glücklich aus, und ich lächle ebenfalls). Dann fuhr ich, zweifellos total aggressiv, zu dem Theater in Victoria, wo das Musical aufgeführt wurde. Die Folge war, daß Joe während der ersten Hälfte – die mir, in meiner Verfassung, viel zu laut vorkam – einschlief und wir während der Pause gingen.

Ann: Obwohl der Nachmittag Joe sehr erschöpft hatte, wurde er zu Hause munter genug, um ein kräftiges Abendessen zu sich zu nehmen, und er strahlte förmlich, als Alex' Eltern (zu denen er Joe Gran und Fred sagte) und meine Mutter (Nana) kamen. Es war vorgesehen, daß sie alle mit uns zum St. Stephen's fahren würden, um uns dort abzusetzen.

Joe war nicht erpicht darauf zurückzufahren, wo ihm doch gerade die Flucht gelungen war. Er holte sich seine alte Decke, eine Kissen und machte es sich auf dem Boden gemütlich. Sein Plan, daß wir ihn sicherlich nirgendwohin bringen würden, solange er schlief, wurde durchkreuzt, als Alex ihn einfach hochnahm und nach draußen zum Wagen trug.

Zurück im Krankenzimmer, zauberten beide Großmütter Geschenke hervor, die sie bis zum letzten Moment aufgehoben hatten: Alex' Mutter ein Flugzeug und meine einen Spiderman-Helikopter. Dann gab es noch ein Päckchen von Alex' Arbeitskollegen. Die plötzliche Urlaubsstimmung durch Geschenke und Familie machte die Rückkehr erträglicher, und Joe verabschiedete sich recht frohgelaunt von seinen Großeltern. Als wir einige Tage später die Fotos von diesem Nachmittag anschauten, war es für uns besonders schlimm. Auf dem Film waren noch Aufnahmen aus der Zeit, als wir noch nicht wußten, wie krank Joe war, und diese Bilder waren wie das Verbindungsstück von einer Zeit der Unbekümmertheit zu der Phase der Angst, in die wir geworfen worden waren. Es waren Fotos von Joe im Ballpool von Harrod's, auf denen er aufgeräumt und glücklich aussah und die nur eine Woche zuvor aufgenommen worden waren – dann Joe im Krankenzimmer und im Zoo.

Alex war enttäuscht, weil ich so wenige Aufnahmen von Joe gemacht hatte. Joe hatte darauf bestanden, daß ich die Tiere knipste, damit er sie seinem Rhinozeros zeigen konnte – so beruhigte er sich und hörte schließlich mit der Nörgelei auf, weil wir sein neuestes Spielzeug nicht mitgenommen hatten.

Ich hatte nicht dasselbe Gefühl wie Alex, es könnte unser letzter gemeinsamer Ausflug sein. Damals versuchte ich mir einzureden, daß alles schon wieder gut werden würde, denn mittlerweile konnte man Krebs ja behandeln. Selbst Zweifel stürzten mich nicht in das Gefühl der Endgültigkeit, weil mich die Erfahrung gelehrt hatte, daß der Tod eben nicht schnell kam – also, wie immer es auch ausgehen mochte, uns blieb noch Zeit.

Mittwoch, 15. April 1987

Alex: Meine einzige Möglichkeit, mit meinen Ängsten vor der Operation am Mittwoch umzugehen, war, mich in eine absolut fatalistische Stimmung fallen zu lassen. Normalerweise denke ich nicht, daß man das Leben einfach »passieren« lassen sollte, doch was die Operation betraf, gab es nichts, was ich tun konnte. Joe würde entweder leben oder sterben; es lag nicht in meiner Hand.

Ann: Wir hatten Joe versprochen, daß wir immer zusammenbleiben, daß wir bei ihm sein würden, solange er im Krankenhaus zubringen mußte. Er war kein besonders eigenständiges Kind, er brauchte das Gefühl der Sicherheit, uns bei sich zu haben, doch ich denke, daß wir das Versprechen ebenso uns selbst wie ihm gegeben hatten. Wir konnten es nicht ertragen, ihn auch nur einen Moment aus den Augen zu lassen. Wir hatten Angst, daß etwas für ihn Verwirrendes oder Beängstigendes geschehen könnte, und wir wären nicht da, um ihm zur Seite zu stehen! Anfangs waren selbst die Routineuntersuchungen, wie Blutdruck oder Temperatur messen, beunruhigend. Kinder im Schulalter mögen diese Dinge selbstverständlicher hinnehmen, doch Joe hatte einfach noch nicht soviel Selbstvertrauen.

Das Wundervolle am St. Stephen's war, welche Mühe sich das Personal gab, um es so leicht wie möglich für Joe zu machen. Und das nicht nur auf der Kinderstation, wo man eine gewisse Sensibilität voraussetzen kann, sondern auch in Abteilungen, die eher mit Erwachsenen, die die Abläufe verstanden, zu tun hatten, und nicht mit kleinen Kindern und deren oft verworrenen Ängsten. Später, als ich auch andere Krankenhäuser kennenlernte, begann ich mich zu fragen, ob Menschen, die nur selten mit schwerkranken Kindern zu tun haben, nicht vielleicht einen höheren Grad an Verständnis entwickeln – Menschen, die routinemäßig mit Kindern zu tun hatten, kamen mir im Vergleich dazu wesentlich unsensibler vor.

Es wurde uns ohne weiteres erlaubt, Joe zu den Untersuchungen, zu den Scans und zum Röntgen zu begleiten. Unsere größte Sorge war: Wie würde er die Operation überstehen? Mußten wir uns schon auf der Station von ihm trennen, oder durften wir bis zum Operationssaal mitgehen? Wir waren beeindruckt, als man uns sagte, daß die Nephrektomie nur vom Chefpersonal durchgeführt werde. Nicht nur daß Professor Wastell persönlich den Eingriff durchführen würde, auch Dr. Plumbey, der Chefanästhesist, wurde zu Joes Operation herangezogen.

Am Dienstag hatte uns Dr. Plumbey gesagt, daß Joe schon auf der Station ein erstes leichtes Sedativum bekommen und möglicherweise bereits bewußtlos sein würde, bevor er den Raum verließ. Aber wenn dies nicht der Fall war? Als könne er Gedanken lesen, fragte Dr. Plumbey, ob ich Joe bis zum OP begleiten wolle. Es erschien mir als ein unglaublich glücklicher Wink des Schicksals, daß er es war, der dies vorschlug. Anscheinend hielt er mich für einigermaßen vernünftig, weil er hinzufügte, daß er es nicht immer erlaube. Und später sagte er mir, manche Eltern hätten einen beruhigenden Einfluß und würden ihm auf diese Weise die Arbeit erleichtern, andere allerdings bewirkten das Gegenteil.

Das Sedativum sollte gespritzt werden, und dabei machte ich einen Fehler, den ich nie wieder beging. Als es soweit war, früh am Morgen der Operation, schlief Joe tief und fest. Ich schlug vor, ihm die Injektion im Schlaf zu geben. Ich argumentierte damals, daß es dann vorbei wäre, ehe er wach und richtig bei sich war, und daß es nicht so weh täte, weil er völlig entspannt und ihm die ganze Angst vor einer Spritze – meist das Schlimmste – erspart bliebe. Unglücklicherweise war Joe aber völlig entsetzt, als er auf solch brutale Weise geweckt wurde, und ich machte mir schlimme Vorwürfe. Später ließ ich ihn jedesmal wecken, wenn er eine Spritze bekommen sollte, auch als eine Zeit kam, in der ich ihn zu der »Pitze«, wie er es nannte, überreden mußte.

Joe war ziemlich benommen, als es soweit war. Alex und ich begleiteten ihn hinunter zum OP, drückten uns zu den beiden Pflegern, die Joes Bett schoben, in den Fahrstuhl. Alex blieb bei Joe, während ich mich hastig für den sterilen Bereich umzog und meine Alltagskleidung gegen einen Kittel, eine Mütze und Sandalen tauschte.

Es waren eine Menge Leute in dem kleinen Raum, wo man sich für den OP umzog, und ihre Gesichter waren hinter Mundschutzmasken versteckt. Nach und nach erkannte ich diejenigen, die schon bei uns auf der Station gewesen waren. Ich redete Joe gut zu, versprach ihm, wir würden da sein, wenn er aufwachte, und erst als er das Bewußtsein ganz verloren hatte, ging ich.

Es ist ein merkwürdiges Gefühl, sein Kind Menschen zu überlassen, die es aufschneiden werden. Joe wirkte so winzig und hilflos, doch ich fürchtete den Krebs in seinem Körper mehr als das, was die Chirurgen ihm antun könnten. Ich bezweifelte nicht, daß er die Operation überstehen würde, aber ich hatte Angst, daß der Tumor nicht vollständig entfernt werden könnte oder daß schon Metastasen da waren. Für mich lag die Gefahr bei einer Operation in der Narkose, doch unser guter Kontakt zu Dr. Plumbey hatte mich in dieser Hinsicht vollauf beruhigt.

Alex und ich setzten uns in Joes Zimmer. Wir fühlten uns völlig verloren. Irgendwann müssen wir in die Küche gegangen sein, das erste Mal zusammen. Dort tranken wir Unmengen von Tee. Ich weiß noch, daß ich Tassen abwusch und eine mitfühlende Schwester mich fragte, ob ich mich dadurch ablenken wolle. Man hatte uns gesagt, daß es ungefähr eineinhalb Stunden dauern würde, und wir beobachteten die Zeiger der Uhr. Hatten wir genug Zeit, um frühstücken zu gehen? Auf die Toilette? Zum Duschen? Wir wollten da sein, wenn Joe aus dem OP kam. Ich hoffte, daß er noch nicht bei Bewußtsein war, wenn sie ihn zurückbrachten. Ich wollte nicht, daß er in einer fremden Umgebung aufwachte und erschrak.

Während der ersten neunzig Minuten des Eingriffs waren wir relativ gelassen, wollten einfach nur, daß es vorbei war, wollten, daß sie uns Joe zurückbrachten. Als die Zeit verstrichen war und sich nichts tat, nahm unsere Angst konkrete Form an. Die diensttuende Schwester rief im OP an und teilte uns mit, sie würden noch operieren. Wir waren schrecklich beunruhigt, doch sie erklärte, daß Eingriffe bei Kindern wegen ihres kleineren Körpers viel komplizierter und langwieriger seien. Selbst der erfahrenste Chirurg konnte sich in der Dauer eines Eingriffs verschätzen, wenn er noch nicht oft Kinder operiert hatte.

Mit dem Anruf, daß Joe jetzt im Aufwachraum sei, kam auch die Erlaubnis, daß einer von uns zu ihm durfte, bis er wieder voll bei Bewußtsein war. Vorher durfte Joe nicht zurück auf die Station.

Wir rasten zum Aufwachraum – ich zog mir zum zweiten Mal sterile Kleider über, und Alex wartete draußen. Joe war benommen, zu benommen, um den großen Raum wahrzunehmen, der voll belegt war mit Patienten in den unterschiedlichsten Stadien des Wiedererwachens. Er hatte einen Tropf in der linken Hand und einen in der Nase. Er sah blaß und geschwächt aus, aber er war am Leben, und der verhaßte Tumor, dieses Unding, war raus.

Eine Schwester war bei ihm, kontrollierte seine Werte, wartete auf Anzeichen seines wiederkehrenden Bewußtseins, damit er auf die Station zurückkonnte. Ein Arzt kam und injizierte ihm ein schmerzstillendes Medikament, das Joe helfen sollte, in der ersten – und schlimmsten – Phase nach der Operation zu schlafen. Es erschien paradox, daß er ein Schlafmittel bekam, wo wir hier saßen und warteten, daß er aufwachte; doch den Schmerz unter Kontrolle zu bekommen war eindeutig wichtiger, als ihn zurück zur Station zu bringen. Kurz bevor die neue Injektion zu wirken begann, schlug Joe die Augen auf und erkannte mich. Das reichte schon. Alex erwartete uns, als wir ihn hinausschoben, und wir kehrten dankbar, alle drei wieder vereint, auf die Kenneth-Grahame-Station zurück.

Alex: Als es vorbei war, als wir ihn zurück auf die Station brachten, spürte ich nur Erleichterung. Das Warten während der Operation war mir endlos lang vorgekommen. Jetzt, da wir ihn wiederhatten, wollte ich mir unbedingt einreden, daß der Krebs besiegt war, daß wir das Schlimmste überstanden hatten, doch sein Anblick – ein schmächtiges, kleines Kerlchen mit einem Schlauch in der Nase und einem im Handrücken – ließ soviel Optimismus einfach nicht aufkommen. Er hatte die erste Runde überlebt, das war die Hauptsache. Ich hatte das Gefühl, als lebten wir alle von Augenblick zu Augenblick.

Donnerstag, 16. April 1987

Alex: Joe schien sich gut von dem Eingriff zu erholen, und am Donnerstagnachmittag wurde der Schlauch aus seiner Nase entfernt, allerdings blieb der Tropf in der Hand noch. Man sagte uns, daß die Operation erfolgreich gewesen sei, daß die linke Niere »sauber« entfernt worden war, zusammen mit der Nebenniere und einem Lymphknoten, der vergrößert schien; und somit seien – hoffentlich – keine Tumorzellen im Körper geblieben.

Jetzt hieß es: warten auf den histologischen Befund – die Analyse des Tumors –, die uns mehr über die Art des Krebses, den Joe hatte, verraten würde. Morgen, das war Karfreitag; Ann und ich waren besorgt, die histologische Untersuchung könnte aufgeschoben werden, weil das Labor über das Osterwochenende nur für Notfälle bereitstand. Man sagte uns, daß es ohnehin einige Tage dauern würde, doch die Warterei erschien uns unerträglich. Wir mußten uns immer wieder sagen, daß das Wissen an der Situation nichts ändern würde – wenn Joe frei von Krebszellen war, machte es keinen Unterschied, ob wir es wußten oder nicht, von unserer Verfassung einmal abgesehen. Wenn sich der Krebs irgendwie ausgebreitet hatte, wollten wir es so schnell wie möglich wissen (und wollten es auch nicht), damit mit einer Behandlung begonnen werden konnte.

Ann: Joe war die meiste Zeit wach, fühlte sich anfangs noch sehr schlecht und brauchte viel Zuwendung. Dann tauchte ein Problem auf, mit dem wir nicht gerechnet hatten.

Joe war schon in meinem Bauch als passionierter Daumenlutscher aufgefallen, und er lutschte noch immer, wenn auch nur phasenweise, wenn er müde oder traurig war – seit er im Krankenhaus lag, natürlich verstärkt. Obwohl ich mich als aufmerksame Mutter bezeichnen würde, hatte ich nie bemerkt, daß er immer nur den linken Daumen nahm. Und der Tropf, zusammen mit der Hemmschiene, war in der linken Hand. Joe war wütend, weil er seinen Daumen nicht in den Mund nehmen konnte, und weigerte sich, es mit dem rechten zu versuchen. Zum Glück wurde der Tropf nach sechsunddreißig Stunden abgenommen; trotzdem war ich sehr traurig, daß ich so nachlässig gewesen war und nicht auf diese für Joe wichtige Angewohnheit hingewiesen hatte.

Es war zeitraubend und ziemlich kompliziert, von den öffentlichen Telefonen im Krankenhaus aus anzurufen. Deshalb hatte Alex seinen Vater gebeten, einige unserer Freunde davon zu verständigen, daß Joe sich gut von der Operation erholte. In ein oder zwei Fällen wußten sie gar nichts von Joes Krankheit, weil alles so schnell gegangen war. Die nervliche Belastung, die mit diesem Gefallen verbunden war, muß für Alex' Vater groß gewesen sein; denn Eileen, Alex' Mutter, sagte uns, wie sehr die Anrufe ihn mitgenommen hätten, und es wurde uns bewußt, daß wir mit unseren nächsten Verwandten sehr behutsam umgehen mußten. Joes physisches und psychisches Wohlergehen hatte oberste Priorität, doch es galt auch noch das Befinden anderer Menschen zu berücksichtigen. Joe war nicht nur unser einziges Kind, er war auch das einzige Enkelkind:

wir mußten unsere Eltern auf dem laufenden halten und sie am Geschehen teilhaben lassen.

Freunde wollten die ganze Geschichte hören; es war in der Tat anstrengend, sie jedesmal aufs neue zu erzählen. Zudem mußten wir aufpassen, was wir vor Joe sagten, denn wir wollten, daß er seine positive Einstellung beibehielt. Wir hatten das Gefühl, als müßten wir uns um alle kümmern – wer aber konnte sich um uns kümmern?

Alex: Ich machte mir Sorgen um die Familie, die durch Joes Krankheit stark belastet wurde – ich glaube, daß ihre Besuche mindestens ebensosehr dem eigenen wie dem Trost Joe Buffalos dienten –, und um meine Schwester Lynne sorgte ich mich ganz besonders.

Ich spürte, daß es sie traurig stimmte, Joe so schwach und am Tropf hängen zu sehen, nicht nur, weil sie ihn liebte, sondern auch, weil sie am ehesten wußte, wie kostbar und zerbrechlich das Leben sein konnte. Sie hatte kurz vor ihrem einundzwanzigsten Geburtstag Multiple Sklerose bekommen und, damit nicht genug, zudem nach drei Jahren einen (offensichtlich davon unabhängigen) schweren Schlaganfall erlitten, der sie in ein dreiwöchiges Koma versetzte; danach mußte sie buchstäblich wieder sprechen und laufen lernen. Ich glaube, daß sie das alles dank der tiefen Liebe ihres Mannes Peter, ihres unbeugsamen Willens und des ihr eigenen schwarzen Humors überlebt hatte. Und Joes derzeitige Verfassung machte es schwer, überhaupt noch Humor aufkommen zu lassen, sowohl was seine als auch ihre eigene Situation betraf.

Am Donnerstag abend war Ann extrem müde. Joe lag jetzt zur Beobachtung in einem winzigen Raum gegenüber dem Schwesternzimmer, in dem kaum genug Platz für sein Bett war, geschweige denn für unsere beiden Liegen, und dennoch hatten wir sie alle hineingequetscht. Eine der Schwestern, Stephanie, schlug vor, Ann solle für die Nacht in das angrenzende Zimmer umziehen, um wenigstens einmal durchschlafen zu können, ohne von den regelmäßigen Kontrollen und dem Auswechseln des Tropfs gestört zu werden. Ann zögerte zunächst, doch ich ermunterte sie dazu, weil sie wirklich erschöpft wirkte und auch weil es meiner regelmäßigen nächtlichen Anwesenheit größere Legitimität verlieh.

Für uns war es enorm wichtig, daß die ganze Familie bei Joe auf der Station bleiben durfte. Wir merkten, daß sich dies für das Personal manchmal nicht ganz einfach gestaltete – in so simplen Dingen wie Joes Bett zu erreichen oder der Reinigung des Fußbodens. Also bemühten wir uns, die Situation so gut es ging zu entkrampfen. Wir machten unsere Betten schon ganz früh morgens und versuchten nicht im Weg zu stehen. Später, als Joes »Reich« an Spielzeug, Kleidung und Büchern gewachsen war, fingen wir sogar selbst an, den Boden zu wischen, wobei Joe uns oft half – obwohl dies leicht als mangelndes Vertrauen in die Gründlichkeit des Reinemachens hätte mißverstanden werden können. Wie dem auch sei: Am Ende der ersten Woche schwand allmählich meine Angst, man könnte mich wegschicken. Man schien mich als Dauergast zu akzeptieren.

Freitag, 17. April – Montag, 20. April 1987

Alex: Ostern habe ich schon immer gehaßt, und dieses Ostern war sicher nicht das erfreulichste. Joe wirkte schon wieder ziemlich munter, und das Wetter draußen war sonnig und irgendwie vielversprechend; dennoch gähnte das Osterwochenende wie eine tote Zeit vor uns, die alles, was uns so lebendig erschien, verzögerte.

Auf der Station war es ziemlich ruhig, irgendwie feierlich. Joe bekam eine Menge Ostergrüße, die wir an die Wand und an sein Schränkchen neben dem Bett hefteten, abgesehen von unzähligen Genesungswünschen, die von Freunden gekommen waren. Die Schwestern schienen verblüfft zu sein über die große Anzahl Karten, die für Joe kamen, und wir wiederum waren verwundert, daß sie diese Tatsache für so ungewöhnlich hielten – wir hatten angenommen, daß alle Kinder mit Post überhäuft werden, selbst wenn sie »nur« ein Bein gebrochen haben, aber offensichtlich konnten die meisten schon froh sein, wenn sie ein oder zwei Karten erhielten.

Joe hatte auch das Glück, daß er viel Besuch bekam, und wir waren erleichtert, daß das Krankenhaus keine Einschränkungen machte, wie viele Personen überhaupt oder wie viele zur selben Zeit kommen durften. Die zahlreichen Besuche milderten den Umstand,

Tag für Tag in ein und demselben Zimmer zu sein, obwohl wir drei, glaube ich, so glücklich waren, zusammen sein zu können, daß dies gar kein so großes Problem darstellte.

Wir versuchten, Joe nicht mit Geschenken zu überhäufen, aber natürlich bekam er Geschenke von der Familie und Freunden, und auch wir waren keine seltenen Gäste in dem Buchladen gegenüber auf der Fulham Road, um für Joe etwas gegen die Langeweile zu kaufen. Während ich dies schreibe, habe ich ein Foto vor mir, auf dem Joe in seinem Krankenhausbett mit einem Papp-Preisboxer aus einem wundervollen Buch »kämpft«, das wir damals für ihn kauften, *Little Monsters* von Jan Pienkowski.

Ann: Ein Aspekt des Lebens nach der Operation, den ich in meinen Überlegungen nicht berücksichtigt hatte, war der, daß Joe noch zu schmerzempfindlich war, um mit ihm schmusen zu können. Er hatte einen langen, anfangs sehr schmerzenden Schnitt von der Brust bis kurz über den Nabel. Es fiel mir schwer, daß ich mich, ausgerechnet als ich mich so sehr danach sehnte, ihn halten zu dürfen, damit begnügen mußte, ihn vorsichtig zu küssen. An der Berührung, dem Geruch, der Wärme des eigenen Kindes ist etwas ganz Besonderes. Es war wunderschön für mich, ihn auf dem Schoß zu haben und ihn das erste Mal wieder drücken zu dürfen, als die Schmerzen abgeklungen waren.

Joe wirkte ziemlich schockiert, als der Verband abgenommen wurde und er zum ersten Mal die Narbe sah. Ich fragte mich, ob es besser gewesen wäre, wenn ich früher mit ihm darüber gesprochen hätte, doch ich hatte angenommen, er würde nicht ganz so verstört sein, wenn er sehen konnte, wovon ich sprach. Ich sagte, die Ärzte hätten ihn aufgeschnitten, um den Bazillus herauszuholen. Dann aber hätten sie ihn wieder zugenäht, und deshalb habe er den Verband gehabt.

Er schien mit dieser Erklärung zufrieden zu sein, besonders als ich ihm meine Narbe am Bauch zeigte, die von einer früheren Operation der Gallenblase stammte. Ich wäre auch ein paar Tage später, als er anfing, die Narbe den Besuchern zu zeigen, mehr als glücklich gewesen – hätte er nicht darauf bestanden, daß auch ich gleichzeitig meine Narbe präsentierte. Wie Lilias, die Ärztin, richtig konstatierte, war meine Narbe weder so tadellos wie Professor Wastells Werk, noch war mein Bauch so glatt wie Joes.

Wir hatten schon bald um ein Gespräch mit der Familienpsychologin des Krankenhauses gebeten. Wir suchten Rat, wie man mit einer solchen Situation umging und auch wie man mit Krebs überhaupt umgehen konnte, doch als es dann schließlich soweit war, hatten wir schon vieles allein entscheiden müssen. Vielleicht hätte sie eine andere Vorgehensweise gegenüber Joe vorgeschlagen als unsere; wir jedenfalls ließen uns von unserer Ahnung leiten, wie Joe auf die Informationen reagieren würde.

Alex: Ich sagte mir immer wieder, daß Joes Krankheit, wenn überhaupt, eine gute Seite hatte: Ich mußte nicht mehr ins Büro. Trotz unserer finanziellen Probleme konnte ich wieder mit Joe Buffalo zusammensein, den ganzen Tag mit ihm verbringen, so wie früher. Natürlich untergrub die Angst, ihn für immer verlieren zu können, jeglichen Trost, den ich darin hätte finden können, doch zumindest wurden dadurch die Probleme der letzten beiden Jahre – mangelndes Einkommen bei stetig steigenden Bankschulden – in die richtige Perspektive gerückt. Es gab jetzt nichts Wichtiges, außer ob Joe leben oder sterben würde.

Nach der Anspannung der letzten Tage bot das Osterwochenende wenigstens etwas Erholung und die Möglichkeit, das Zusammensein mit Joe zu genießen. Wir malten viel miteinander und probierten seine neuen Sachen aus, erfanden Spiele mit dem Spiderman-Helikopter und dem Flugzeug, die man auf dem Bett machen konnte. Wir hatten Joes Kinderbettzeug von zu Hause geholt – das mit seinen Lieblingsbezügen, Snoopy und Flugzeugen –, und mit dem ganzen Spielzeug und den Büchern entstand fast der Eindruck, das Krankenhaus sei so wie zu Hause. Die langen Stunden an seinem Bett brachten uns auf ganz neue Ideen, und eines Morgens schnitten wir ein paar Miniportionpackungen Frosties und Rice Crispies auf, um aus den Figuren eine Skulptur zu basteln, die ich heute noch habe.

Meiner eigenen Verfassung an diesem Wochenende wurde ich mir erst bewußt, als ich, nachdem ich Anns Mutter nach Hause gefahren hatte, am Regent's Park wegen überhöhter Geschwindigkeit angehalten wurde. Ich hatte keine Ahnung, wie schnell ich gefahren war, doch die Anspannung stand mir wohl ins Gesicht geschrieben, denn kaum hatte ich zu einer Erklärung angesetzt, warum ich so raste, da entschuldigten sich die Polizisten bei mir, daß sie mich überhaupt gestoppt hatten.

Dienstag, 21. April 1987

Ann: Am Dienstag nach Ostern fuhr Alex ins Büro, um zu schauen, wie es dort lief. Während seiner Abwesenheit kam Dr. Sinclair mit Anna, der Kinderbetreuerin, und bat mich um ein Gespräch. Anna kümmerte sich um Joe, und wir zogen uns in das winzige Büro des Arztes zurück. Er teilte mir mit, daß die Tests mit den bei der Operation entnommenen Proben ergeben hatten, daß sich mikroskopische Tumorzellen in Joes Knochenmark befanden. Spannung ist etwas so Körperliches, eine Starrheit, eine Schwere. Ich fühlte mich kalt, wie erfroren. Ich wünschte, Alex wäre bei mir gewesen und wir hätten es zusammen vernommen. Ich wußte nicht, was ich fragen sollte, ich weiß nicht, ob ich überhaupt sprechen konnte. Dr. Sinclair sagte, daß sie den Beginn der Chemotherapie vorverlegen würden. Sie war bereits der Form halber geplant gewesen – nun wurde sie zur Notwendigkeit.

Ich umkreiste den Begriff »mikroskopisch«. Es klang nach verschwindend wenigen Zellen, die in null Komma nichts beseitigt werden konnten. Doch ungeachtet der Anzahl war es eine schlechte Nachricht – ob mikroskopisch oder massiv, die Anzahl ist eine akademische Frage. Zellen vervielfachen sich, aus wenigen werden viele, sie breiten sich aus, geraten außer Kontrolle.

Wenn ich wollte, daß Joe weiterhin zuversichtlich und glücklich war, mußte auch ich einen zuversichtlichen Eindruck machen; also zwang ich mich, unbesorgt zu wirken, als ich zurückging. Der Punkt, an dem er erkannte, daß Gespräche mit Ärzten in direktem Zusammenhang mit ihm standen, war noch nicht gekommen, also stellte er keine Fragen. Alex war noch immer nicht zurück, aber seine Eltern waren gekommen. Ihr Besuch gestaltete sich anstrengend, weil ich an nichts anderes denken konnte, als Alex die Neuigkeit mitzuteilen. Vorher jemand anderen einzuweihen, verbot sich von selbst. Ich hätte ihn im Büro anrufen können, aber da ich wußte, in welcher Verfassung er ohnehin schon war, zögerte ich, weil er mit dem Wagen unterwegs war.

Alex' Eltern waren bereits gegangen, als er endlich kam. Ich konnte es ihm nicht gleich sagen. Erst mußte er sich vergewissern, daß es Joe gutging, ein wenig Zeit mit ihm verbringen nach der kurzen Trennung. Dann, als Joe in ein Spiel vertieft war, konnte ich Alex endlich beiseite nehmen und ihm leise mitteilen, was ich von Dr. Sinclair erfahren hatte.

Alex: Ich fühlte mich schrecklich, weil Ann mit dieser schlimmen Nachricht allein hatte fertig werden müssen. Es kam mir vor wie eine Ironie des Schicksal, daß Ann die Neuigkeit, die die Aussichten wesentlich verschlechterte, ausgerechnet in einem Moment gesagt bekommen hatte, in dem ich im Büro stand und allen erzählte, daß Joes Operation erfolgreich verlaufen war, wie gut er sich erholt hatte und daß er bestimmt überleben würde.

Ich glaube nicht, daß ich wirklich gleich begriff, was mikroskopische Tumorzellen im Knochenmark bedeuteten. Ich wußte, daß Krebs im Mark immer schlecht war, da das Mark eine Art »Verteiler« für den Rest des Körpers darstellt, doch wie Ann klammerte ich mich an den Begriff »mikroskopisch« und versuchte mir einzureden, daß dies die Sache einfacher machte.

An diesem Abend kam einer der Stationsärzte, Simon Horsley, zu uns und fragte freundlich, ob wir mit ihm über die Auswirkungen sprechen wollten. Ann beschloß, bei Joe zu bleiben, während ich mit Simon in das winzige Büro ging. Er war sehr mitfühlend, erklärte die Situation aber ganz unverblümt: Die Tatsache, daß die »schurkischen« Tumorzellen in Joes Knochenmark waren, bedeutete, daß der Krebs sich von dort aus buchstäblich in den ganzen Körper ausbreiten konnte. Chemotherapie konnte helfen, doch ich gewann den Eindruck, daß Simon Joes Chancen aufgrund des neuen Befundes wesentlich schlechter einschätzte.

Wieder kam ich mir vor wie in einem Traum. Die Gegenstände in dem Büro verschwammen vor meinen Augen, während ich versuchte darüber nachzudenken, was dies alles bedeutete. Simon war einer unserer Lieblingsärzte, ein paar Jahre jünger als ich; er hatte sehr viel Stil, einen guten Sinn für Humor und eine feinfühlige, aber ernsthafte Art, mit Kindern umzugehen. Trotzdem mußte ich mich zwingen, die Feindseligkeit, die ich in diesem Moment verspürte, nicht gegen ihn zur richten. Du hast doch keine Ahnung, dachte ich. Es ist ja nicht dein Kind, es ist nur ein Patient und dir im Grunde völlig gleichgültig. Natürlich wußte ich, daß das nicht stimmte, aber mir war auch, als würde er uns alle Hoffnung nehmen. Vielleicht ist es praktischer, schlechte Nachrichten von Ärzten zu erfahren, die man nicht mag; vielleicht kann man die dann wirklich hassen.

Mittwoch, 22. April – Donnerstag, 23. April 1987

Ann: Bevor die Chemotherapie beginnen konnte, mußte Joe der Hickman-Katheter implantiert werden, ein feiner Plastikschlauch, der durch eine Vene ins Herz geleitet wird. Das äußere Ende bilden eine Klemme und ein Deckel, den man abnehmen kann, um Medikamente zu injizieren oder Blut zu entnehmen. Das hieß: eine weitere Operation und weitere Erklärungen Joe gegenüber.

Zu diesem Zeitpunkt hatte er bereits einige Erfahrungen mit Spritzen gesammelt; mehrmals hatte man ihm eine Kontrastflüssigkeit für bestimmte Aufnahmen injiziert, und ihm war auch wiederholt Blut abgenommen worden. All das gefiel ihm überhaupt nicht, deshalb erschien mir als die erste Begründung für den Hickman-Katheter die, daß ihm dadurch das ständige Spritzen erspart bleiben würde.

Alex: Am Mittwochmorgen, genau eine Woche nach der Nephrektomie, war Joe bereits wieder so fit, daß er mit einem aus dem Spielzimmer geliehenen Holzdreirad durch die Korridore kurven konnte. Man hatte uns gesagt, daß Kinder sich erstaunlich schnell erholen können, und trotz der schlechten Nachricht vom Vortag klammerten wir uns an die Hoffnung, Joes fröhliche Ausstrahlung könnte ein Zeichen dafür sein, daß er den Krebs besiegen würde.

Er war viel zu groß für das Dreirad, aber er liebte es, sich mit den Füßen abzustoßen und loszufahren – so auch früh am Donnerstagmorgen vor seiner Operation, die für halb elf angesetzt war. Joe saß unternehmungslustig auf seinem Dreirad und scheuchte mich durchs St. Stephen's.

Gleich hinter dem Empfangsbereich befand sich ein geteerter Gehweg mit mehreren Rampen, eine davon ziemlich abschüssig. Dort ließ sich Joe freihändig lachend und kreischend hinunterrollen, ich neben ihm, bis ich nicht mehr konnte. Kann sein, daß er dabei einige Passanten gefährdete – fest steht, daß bei einem Sturz die Narbe hätte aufreißen können, aber für ein Kind mit einer lebensbedrohlichen Krankheit, dem der zweite schwere Eingriff innerhalb von acht Tagen bevorstand, erschien er mir äußerst zufrieden.

Ann: Tags zuvor war ein junger Anästhesist gekommen, doch gerade als Joe in der Badewanne saß, um für die Operation gewaschen, wenn schon nicht sterilisiert zu werden, erschien Dr. Plumbey. Er sagte uns, er werde sich persönlich um Joe kümmern – ein weiterer Beweis dafür, daß man sich hier wirklich um Joe bemühte – und ihm bereits jetzt ein Beruhigungsmittel verabreichen. Man konnte es oral einnehmen, und so schluckte Joe es gleich in der Wanne, inmitten seiner Boote und Gummientchen. Es war sein erstes Bad nach der Operation, und das Wasser war wegen der noch frischen Narbe entsprechend niedrig.

Diesmal war mir die Vorbereitung auf den Eingriff vertraut. Wieder durfte ich bei Joe bleiben, bis er ganz betäubt war, und der relativ einfache Eingriff dauerte nur eine Stunde. Joe kam im Aufwachraum nur sehr langsam zu sich, und nach einer halben Stunde durfte Alex hereinkommen. Wir saßen zu beiden Seiten von Joes Bett und unterhielten uns mit einer Schwester, die Joes Schläfen massierte, damit er leichter wach wurde. Obwohl mit Joe eigentlich alles in Ordnung war – abgesehen davon, daß er noch unter starker Betäubung stand –, fühlten wir uns unwohl, als wir ihn so lange bewußtlos daliegen sahen. Zwei Stunden dauerte es, bis er auf die Station zurückdurfte. Diesesmal hatte ich darauf aufmerksam gemacht, man möge den Tropf an seiner rechten Hand anschließen, doch dank des Hickman-Katheters bestand keine Notwendigkeit dafür.

Alex: Die Vorstellung, daß Joe vielleicht über ein Jahr lang mit einem Plastikkatheter leben sollte, erschien mir zunächst fremd und beunruhigend. Als mir Lyn Martin im St. Stephen's anhand einer selbstgemalten Skizze zum ersten Mal die Funktion dieses Schlauches, der aus einer Öffnung in der Haut heraushängt, erklärte, konnte ich mir nicht vorstellen, daß man sich an so etwas gewöhnt. Doch sie versicherte mir, daß Erwachsene wie auch Kinder gut damit zurechtkämen. Ich hatte Angst, Joe könnte den Schlauch herausziehen, weil er so gerne an Dingen zog, doch diese Möglichkeit war bei der Implantation des Katheters berücksichtigt worden. Genau aus diesem Grund haben viele Kinder den Hickman-Katheter über der Brust, das Ende über der Schulter befestigt. Joes Schlauch kam allerdings unter der rechten Achsel heraus, und das Ende war an seinem Rücken befestigt.

Der Katheter selber mußte regelmäßig mit einer sterilen Salzlösung namens Hepsal gespült werden, damit er nicht von Blut verklebt wurde und die Öffnung sauber und steril blieb. Obwohl der Hickman-Katheter mit einem wasserdichten Schutz umgeben war, durfte Joe keine Bäder in tiefem Wasser nehmen und auch nicht schwimmen gehen. Ich fragte mich, inwieweit ich Joe noch auf den Arm nehmen oder umarmen durfte, und auch, ob wir jemals wieder schwimmen gehen konnten. Dieser Gedanke verfolgte mich, weil ich mich an jenem Nachmittag, als wir mit Joe in die Ambulanz des Krankenhauses gefahren waren, um das Schwimmen betrogen gefühlt hatte.

Ann: Die Kenneth-Grahame-Station war eine allgemeine Kinderstation; dennoch hatte hier schon ein Jahr zuvor ein Kind mit einem Wilms-Tumor gelegen. Der Junge war inzwischen drei Jahr alt und hatte sich ausgezeichnet erholt; er mußte lediglich regelmäßig zur Nachuntersuchung erscheinen. Als die Oberschwester die Mutter des Kindes anrief, willigte diese sofort ein, sich mit uns zu unterhalten. Sie kam an dem Abend, nachdem Joe der Hickman-Katheter implantiert worden war, und das, was sie über die Handhabung des Schlauches erzählte und darüber, wie ihr Sohn mit der Chemotherapie zurechtgekommen war, beruhigte uns sehr.

Für sie war die Situation noch komplizierter gewesen, weil sie sich auch um ihre Tochter kümmern mußte, mit der sie tagsüber beim kranken Sohn auf der Station verweilte, während sie abends zu Hause vom Vater betreut wurde. Sie erzählte, daß ihr Mann nur schwer mit der Krankheit des Sohnes fertig geworden war. Er haßte es, ins Krankenhaus zu kommen und die Behandlung mit ansehen zu müssen.

Wir hatten gelesen, daß Familien unter dem Streß, den eine solche Krankheit mit sich bringt, auseinanderbrachen, doch dies war unsere erste direkte Erfahrung mit der Reaktion einer Betroffenen. Dieses Paar hatte die Situation bewältigen können, weil der Vater sein Gefühl der Unzulänglichkeit ausgleichen konnte, indem er die Familie von zu Hause aus unterstützte. Sie hatten mit Erfolg die Verantwortlichkeiten so aufgeteilt, wie es ihnen emotional am besten möglich war. Als ich dies hörte, war ich um so dankbarer, daß sich Alex so sehr um Joe sorgte und kümmerte.

Es tat gut, mit einer Frau zu sprechen, die den schlimmsten Teil der Krankheit ihres Sohnes schon hinter sich hatte. Doch ihr Sohn hatte keine Sekundärtumoren gehabt, und die Behandlung ebenso wie die Genesung waren glatt verlaufen – darauf konnten wir nicht hoffen.

Freitag, 24. April – Sonntag, 26. April 1987

Alex: Ein Gefühl war während dieser ersten Tage von Joes Krankheit sehr mächtig, das Gefühl, verloren und irgendwo im Leben abgetrieben zu sein. Der Mensch, den wir auf der Welt am meisten liebten, war von einer Krankheit bedroht, die noch größtenteils unerforscht war, und unser gesamtes Bild von der Zukunft war erschüttert worden.

Weder Ann noch ich glauben an irgendeine bestimmte Religion, und Joes Krankheit hat an dieser Tatsache sicher nichts geändert. Trotzdem habe ich mich schon immer zu den Ritualen verschiedener Glaubensrichtungen – indianischer, buddhistischer, katholischer – hingezogen gefühlt, und als mir am Freitagmorgen auffiel, daß praktisch genau gegenüber dem St.-Stephen's-Krankenhaus eine katholische Kirche war, nämlich Our Lady of Dolours, dachte ich, es wäre gut, eine Kerze für Joe anzuzünden.

Ich hatte keine Ahnung, was dieses Ritual für Katholiken eigentlich bedeutete. Ich spazierte dennoch unbeirrt in die Kirche, fand die Schachtel mit den Kerzen unter dem Stand, nahm eine, stellte sie in die Mitte eines leeren Halters, entzündete sie und sprach eine Art privates Gebet – der Versuch, durch positive Willenskraft den Krebs in Joes Körper zu vertreiben. Dann verharrte ich eine Weile in Schweigen, umgeben von den Statuen Heiliger, deren Namen ich nicht kannte.

Offensichtlich habe ich Trost gesucht, denn ich läutete die Glocke zum Büro des Priester und erklärte, daß ich zwar weder Katholik sei noch einer werden wolle, daß mein Sohn aber Krebs habe. Ich wollte wissen, ob ich die Kerze in Zukunft auf eine bestimmte Weise entzünden müßte. Der Priester, ein sanfter Ire namens Pater Stephen, zeigte sich äußerst mitfühlend und riet mir, ich sollte einfach auf mein Herz hören und tun, was ich für richtig hielt. Er bot mir an, am nächsten Morgen ins Krankenhaus zu kommen und Joe zu salben.

Wieder hatte ich keine Ahnung, welche Bedeutung eine Krankensalbung hatte – ich war nicht getauft –, aber die Wärme, die Pater Stephen ausstrahlte, vermittelte mir das Gefühl, daß es gut sei. Es hatte absolut nichts mit einer »Versicherung« zu tun, etwa in der Art, daß ich dadurch meine oder Joes Chancen verbessern könnte, obwohl ich nicht an Gott glaubte. Ich halte nichts von einem Gott, den man fürchten muß oder der mit sich handeln läßt. Es war Pater Stephen, der mich überzeugte: Joe brauchte jede Hilfe, die er kriegen konnte, und je mehr Leute ihm halfen, desto besser.

Am Sonntagmorgen – Joe schlief noch – kam Pater Stephen auf die Station. Ich hatte mich vorher erkundigt, ob die Krankensalbung Joe vielleicht Angst einflößen könnte, doch er hatte mir gesagt, daß er nur ein wenig Wasser auf die Stirn tupfen würde und dazu ein Gebet sprechen wolle. Ann war von der Idee überhaupt nicht begeistert und froh, daß Joe durchschlief.

Bevor Pater Stephen wieder ging, schenkte er mir noch ein Buch mit dem Titel *Devotions in Honour of St Peregrine.* (Peregrinus Laziori ist der Schutzheilige der Krebskranken.) Ich las es, und obwohl mir die Bezüge zu Gott, Jesus und Maria ebenso rituell und mythologisch erschienen wie die zu ägyptischen und griechischen Gottheiten oder zu Buddha, half mir die Schönheit der Sprache teilweise, meine eigenen Gedanken zu ordnen. Während der gesamten Krankheit war mir dieses schmale Büchlein eine enorme Hilfe, wenn ich über unseren Lebensfluß nachdenken wollte, wenn ich mich auf meine Liebe zu Joe und seinen Platz im Universum konzentrieren wollte – ob er für eine lange Zeite hier sein sollte oder nur kurz.

Ann: Da sich Joe von dem zweiten Eingriff gut erholt hatte und vor Dienstag morgen nichts weiteres anstand, schlug Lilias vor, daß wir alle drei für das Wochenende nach Hause fahren sollten. Dieses Angebot nahmen wir mit gemischten Gefühlen an.

Wir waren gespalten. Einerseits wäre es schön, endlich wieder im eigenen Heim sein zu können, gutes Essen zu genießen, auszusortieren, was wir für die nächste Zeit im Krankenhaus brauchen könnten, und Joe in seiner vertrauten Umgebung zu sehen. Andererseits würden wir uns wohl kaum entspannen können. Wir hatten uns daran gewöhnt, daß jemand für die vordringlichsten Aufgaben da war, daß uns der Gedanke, außerhalb der Station zu sein, ziemlich erschreckte.

Joe war glücklich, sein vertrautes Spielzeug wieder um sich zu haben, und verbrachte einen fröhlichen Nachmittag vor dem Fernseher, wo er sich einige Programme anschaute, die wir für ihn auf Video aufgenommen hatten. Zur Schlafenszeit machten wir ihm, ohne Diskussion, das Bett in unserer Mitte und legten uns zu ihm. Wir wollten als Familie ganz eng beisammensein, die unmittelbare Gewißheit seiner Nähe haben, wenn wir nachts aufwachten. Wir konnten ihn einfach nicht allein in seinem Zimmer schlafen lassen.

Am nächsten Tag besuchten uns meine Mutter und unsere beste Freundin Teri mit ihrem Hund Eric. Es ist schon komisch, wie man, wenn das Leben so trostlos und die ganze Welt trüb erscheint, plötzlich merkt, daß die Sonne doch noch scheint. Es war ein wunderschöner Tag, dieser Sonntag, und so beschlossen wir, zu den Serpentinen zu gehen. Als wir an Joes Lieblingsplatz in »Daddy's Park« kamen, konnten wir beinahe so tun, als sei das Leben ganz normal; doch am nächsten Tag mußten wir zurück ins St. Stephen's; der Befund der histologischen Untersuchung stand noch aus.

Montag, 27. April – Dienstag, 28. April 1987

Alex: Zurück im St. Stephen's, wurde Joe ein Medikament verabreicht, das er für die gesamte Dauer der Chemotherapie einnehmen mußte, eine weiße, kleine Tablette namens Alopuerinol. Es sollte dem Risiko eines gichtartigen Zustandes entgegenwirken, der durch die Akkumulation abgestorbener Tumorzellen in den entlegensten Körperpartien, speziell in den Füßen, eintreten konnte.

Joe hatte nie richtig gelernt, Tabletten zu schlucken, also diskutierten wir, wie wir sie ihm am besten zuführen sollten. Jemand schlug vor, sie zu zerkleinern und in Orangensaft aufzulösen; das Problem dabei war, daß sie sich nicht ganz auflösten und selbst nach heftigem Rühren erschienen weiße Krümel an der Oberfläche. Es bedurfte einiger Überredungskunst, um Joe zum Trinken zu bewegen: Wir sagten ihm, daß es helfen würde, ihn gesund zu machen, und wenn wir die Mixtur aus Medikament und Orangensaft begrenzten und ihm ein großes Glas unvermischten Saft dazugaben, ging es.

Am Montagmorgen spülte Mary Judge, auch eine unserer Lieblingsärztinnen, zum ersten Mal Joes Hickman-Katheter. Der Hickman war noch relativ neu, und es wurde noch viel darüber gesprochen, wie oft man ihn spülen mußte, um eine Verstopfung zu verhindern. Die Mutter des anderen kleinen Wilms-Tumor-Patienten hatte uns erzählt, daß sie den Hickman noch zweimal täglich spülen mußte. Uns hatte man anfangs gesagt, daß wir ihn einmal am Tag spülen sollten, doch jetzt war man zu einmal wöchentlich übergegangen.

Fasziniert und aufmerksam sahen wir zu, wie Mary ein steriles Tablett vorbereitete, ein steriles Päckchen öffnete, dabei aufpaßte, daß sie den Inhalt nicht mit ihren Fingern berührte, dann eine subkutane Spritze und eine Nadel auf die sterile Unterlage gleiten ließ und schließlich sterile Handschuhe überstreifte. Das Problem bei dieser Prozedur besteht darin, daß das Verpackungsmaterial der benötigten Utensilien nicht steril ist, und würde man die Handschuhe von Anfang an tragen, wären sie nach den ersten Berührungen mit einer Ampulle, einem Verbandspäckchen oder irgend etwas anderem »verseucht«. Mary wurde von einer Schwester assistiert, die das Betadin, die sterilisierende Lösung, reichte und die Glasampulle mit dem Hepsal zum Spülen des Katheters zerbrach. Es waren tatsächlich zwei Personen für diese Prozedur notwendig.

Die Aussicht, dies alles selber können zu müssen, erschien uns beunruhigend – wie leicht lief man Gefahr, etwas zu berühren, vielleicht nur den eigenen Arm, ohne es zu merken, und riskierte damit eine Infektion. (Es stellte sich heraus, daß wir noch mehrere Monate Zeit hatten, bevor wir den Hickman selber spülen mußten, da wir zum Glück immer dann, wenn dies notwendig wurde, im St. Stephen's waren.)

Während Mary die Vorbereitungen traf, hatte Ann das Klebeband und die Gaze entfernt, die den Plastikverschluß des Schlauches schützte. Es war kaum verwunderlich, daß Joe mittlerweile von der ganzen Aktion beunruhigt war und angefangen hatte zu weinen. Wir beteuerten, daß es ihm nicht weh tun würde, daß er es gar nicht merken würde und daß es nur darum ginge, den Schlauch auch innen sauber zu halten, doch Joe ließ sich nicht überzeugen. Schließlich sagte Mary, die sehr geduldig war und geschickt mit Kindern umging, daß sie später noch einmal wiederkommen würde, wenn er sich beruhigt habe. Sie ließ das Tablett stehen, und bald hatte Joe es vergessen. Wäre er nicht am nächsten Morgen zur CT (Computertomographie) im Westminster-Krankenhaus angemeldet gewesen, hätten wir die Spülung wohl verschoben; deshalb riefen wir Mary, sobald Joe eingeschlafen war, und sie spülte den Hickman-Katheter, während Joe schlief.

Ann: Um ein vollständiges Bild zu erhalten, was in Joes Körper vorging, sollten im Westminster eine CT und eine Knochenszintigraphie gemacht werden. Wir waren froh, daß Toni, eine unserer Lieblingsschwestern, mit in den Ambulanzwagen stieg und uns begleitete. Toni hatte von Anfang an einen guten Draht zu Joe und nannte ihn »Tiger«, manchmal auch den »König von Fulham«. Wie die meisten Kinder war Joe in Gegenwart fremder Erwachsener und Kinder eher schüchtern, jedoch ziemlich aufmüpfig, wenn wir dabei waren. Und Toni begann sich Sorgen zu machen, wenn er einmal nicht frech war. »Na bitte, so kenne ich meinen kleinen Tiger«, sagte sie anerkennend, wenn Joe sich wieder genug aufgerappelt hatte, um Befehle zu erteilen.

Für die CT bekam Joe nur ein leichtes Sedativ, das ihm das Stilliegen erleichtern sollte, für die Knochenszintigraphie allerdings mußte ihm ein Kontrastmittel gespritzt werden, das die Zonen hervorheben sollte, die die Ärzte begutachten wollten. Es wurde ihm durch den Hickman eingegeben, und Joe war begeistert von diesem ersten Beweis seiner Nützlichkeit; doch Alex und ich, die wir noch unter dem beunruhigenden Eindruck der damit verbundenen sterilen Prozedur standen, waren entsetzt, wie lax dieser Arzt den Vorgang handhabte und sich nicht einmal die Mühe machte, sterile Handschuhe anzuziehen.

Es war nicht geplant, daß ich während der CT bei Joe blieb; es ergab sich so, weil er nicht matt genug war, um sich ohne Zuspruch hinzulegen. Er mußte sich auf eine gepolsterte, schmale Plattform legen, die in einen großen, runden Tunnel eingeführt wurde, in dem mehrere spezielle Röntgenkameras installiert waren. Indem über Kreuz eine schnelle Bilderfolge vom Körper aufgenommen wurde, erhielt man ein dreidimensionales Bild, das mehr Aussagekraft hatte als eine gewöhnliche Röntgenaufnahme.

Ich trug eine Schürze mit Bleiplatten, die mich vor der Strahlung schützen sollte, ein ungeheuer schweres Stück, das über Bauch und Rücken reichte. Der Operator hatte zwanzig Minuten für den Durchlauf angesetzt, doch es müssen mehr als vierzig gewesen sein. Ich mußte die ganze Zeit über stehen, und als es vorbei war, brach ich unter dem Gewicht der Bleiplatten beinahe zusammen.

Meine Aufgabe war es, Joe dazu zu bringen, daß er völlig still dalag. Ich erfand also Geschichten, in denen Menschen ganz still oder leise sein mußten; gleichzeitig beobachtete ich die Geräte. Während es klickte und summte, erkannten wir bald die Momente, in denen die Kameras arbeiteten und Joe völlig regungslos daliegen mußte; wenn sich die Plattform verschob, konnte er sich bewegen, falls er mußte.

Toni, die uns von der Zentrale aus beobachtete, erzählte mir später, wie belustigt sie von meinem Redefluß gewesen seien, den sie durch die Gegensprechanlage, die zur Kommunikation mit den Patienten benutzt wurde, mitgehört hatten. Alex, den wir im Wartezimmer zurücklassen mußten, fühlte sich schrecklich; er wußte nicht, was er tun sollte und was dort drinnen vorging.

Ironischerweise wurde Joe ganz dösig, als die Untersuchung vorbei war. Ich sehe ihn jetzt noch vor mir, wie er versuchte, auf der Bahre, auf der er sich ausruhen sollte, aufzustehen, und zu einem schläfrigen Häufchen zusammensank. Vielleicht war es die Anspannung gewesen, die ihn wach gehalten hatte; sobald er sich entspannte, begann das Sedativ zu wirken.

Er erholte sich jedoch rechtzeitig zur zweiten Untersuchung, mit deren Hilfe eventuelle Tumoren in den Knochen aufgespürt werden sollten. Hierbei mußte er nie länger als ein paar Sekunden stillhalten, und zudem konnte er auf einem Schirm seine Gliedmaßen in einem kaleidoskopischen Arrangement grüner Punkte beobachten, die auseinanderschwirrten und sich wieder vereinten, wenn er sich bewegte. Das machte Joe großen Spaß, und wir waren glücklich, daß er die Untersuchung so gut überstand.

Danach begann das Warten, was diese schwirrenden grünen Punkte zu bedeuten hatten – ob der Krebs in Joes Knochen war oder nicht.

Mittwoch, 29. April 1987

Ann: Am Mittwoch kamen endlich die Ergebnisse der Histologie. Wir waren sehr beunruhigt, da wir bereits wußten, daß man Tumorzellen in Joes Knochenmark gefunden hatte, doch bisher hatte es trotz allem geheißen, der Wilms-Tumor sei eine passive Krebsart und leicht zu behandeln.

Ich nehme an, daß Joes Onkologe, Dr. Phillips, und der leitende Stationsarzt, Dr. Sinclair, an diesem Tag unabkömmlich waren, da Dr. Peck, ein junger Mitarbeiter aus dem Stab von Dr. Phillips, zu uns kam, um mit uns zu sprechen. Obwohl Joe wach war, erklärte er unumwunden, die histologische Untersuchung habe ergeben, daß Joe einen sehr seltenen, nicht behandelbaren Typus von Tumorzellen habe.

Der Schock, den diese Erklärung auslöste, war ein doppelter: zum einen aufgrund dessen, was er sagte, und zum anderen, daß er es in Joes Gegenwart sagte, ohne zu bedenken, wieviel Joe davon verstand und wie seine Eltern darauf reagieren könnten. Ich sah mich gezwungen, das Gespräch abzubrechen und Joe abzulenken. Offensichtlich deutete Dr. Peck diese Reaktion fälschlicherweise als Gleichgültigkeit, da er zu mir herüber an Joes Bett kam, um mit seinen Erklärungen fortzufahren. Was er sagte, löste Panik in mir aus, und ich wollte auf keinen Fall, daß er vor Joe darüber sprach. Während ich also den Arzt in Richtung Tür drängte, zischte ich ihm zu, daß ich nicht vor Joe darüber sprechen wolle. »Das geht schon in Ordnung«, entgegnete er. »Er versteht es ohnehin nicht.«

Selbst jetzt noch empfinde ich eine Mischung aus Entsetzen über das, was er uns sagte, und Wut über die völlig dilettantische Handhabung der Situation. Seine mangelnde Rücksicht schuf eine Atmosphäre, in der wir weder in der Lage waren, das Gesagte aufzunehmen, noch überlegt Fragen zu stellen – und seine totale Fehleinschätzung (oder war es pure Ignoranz?), wieviel ein Kind von der Stimmung einer Situation versteht oder spürt, verschlug uns die Sprache. Mag sein, daß Dr. Peck inzwischen der Inbegriff von Taktgefühl ist, doch das ist mir egal. Der schlimmste Augenblick, seit Joes Krankheit erkannt worden war, mündete in Chaos und Verwirrung, und das aufgrund der unsensiblen Art und Weise, wie wir es gesagt bekamen. Ich glaube, zuerst waren wir von der Nachricht und wie sie uns überbracht worden war, zu schockiert, um zu reden; erst als Joe eingeschlafen war, setzten wir uns, um uns auszusprechen, in den angrenzenden kleinen Raum, von dem aus wir ihn durch eine Glasscheibe beobachten konnten. Wir hatten die stillschweigende Vereinbarung getroffen, niemals etwas vor Joe zu besprechen, was er nicht hören sollte, selbst wenn er schlief. Man weiß nie, ob das Kind nicht vielleicht doch nur im Halbschlaf liegt oder unterbewußt etwas aufnimmt.

Das Ergebnis der Histologie schien so endgültig, ließ so wenig Raum für Hoffnung, daß es nicht viel zu sagen gab. Alex hatte etwas mehr behalten als ich. Der Zelltypus war so selten, daß bisher lediglich zweihundert Fälle weltweit registriert waren. Wir wußten nicht, wie hoch der Prozentsatz der Überlebenden war – wir wollten es auch nicht wissen, denn wir vermuteten ihn bei Null. Trotzdem wollten die Ärzte an der Chemotherapie festhalten. Selbst wenn es keinen Nachweis gab, daß sie helfen würde, war es einen Versuch wert – es gab nichts anderes.

Ich hatte bislang erstaunlich wenig geweint. Zu warten, bis ich allein war, erschien mir zu gewollt, und es funktionierte auch nicht. Für gewöhnlich kamen mir die Tränen, wenn ich etwas tat, was ich früher mit Joe zusammen tat, so daß es manchmal reichte, wenn ich losging, um Fruchtsaft oder ein paar Lebensmittel einzukaufen, und ich fand mich mitten auf der Straße um Fassung ringend wieder.

An diesem Nachmittag weinte ich zum ersten Mal richtig, und Alexander und ich hatten auch zum ersten Mal die Möglichkeit, gemeinsam zu trauern. Ich weiß nicht mehr, wie lange wir geweint und uns wortlos aneinandergeklammert hatten, ehe der Krankenhausgeistliche eintraf. Trotz unserer ablehnenden Haltung gegenüber Religion hatten wir ihn als netten Mensch kennengelernt. Er interessierte sich für unser Problem, wie wir Joes religiöse Erziehung handhaben sollten. Und jetzt, gerufen von der diensttuenden Schwester, die unseren Kummer erkannt hatte, setzte er sich zu uns und sprach mit uns, während wir den Tee tranken, den uns die Schwester gebracht hatte. Als Joe schließlich aus seinem Schlummer erwachte, waren wir wieder in der Lage, ihm etwas gefaßter gegenüberzutreten.

Alex: Das Gespräch mit Dr. Peck war einer der Tiefpunkte überhaupt während Joes Krankheit. Zu diesem Zeitpunkt war er gerade zweieinhalb Wochen im Krankenhaus – obwohl es uns wie eine

Ewigkeit vorkam –, und wir hatten schon jetzt das Gefühl, alle Abgründe der Verzweiflung und Gipfel der Hoffnung durchlebt zu haben.

Eine Woche zuvor war uns mitgeilt worden, daß sich Tumorzellen in Joes Knochenmark befänden, und die Zukunftsaussichten erschienen trübe; doch in den Tagen danach war es uns irgendwie gelungen, etwas Positives zu finden, an das wir uns klammern konnten – beflügelt von Joes unglaublicher Fröhlichkeit und getragen von der Hoffnung, daß unsere Liebe seine Abwehrkräfte unterstützen, vielleicht das fehlende Fünkchen in seinem Immunsystem zünden könnte, das notwendig war, um den Krebs zu besiegen.

Und jetzt, da man uns alle Hoffnung wieder genommen hatte – und das auf eine, wie wir fanden, unmögliche Art und Weise –, wünschten wir, Dr. Phillips mit seiner freundlichen walisischen Art und seiner enormen Erfahrung auf dem Gebiet des Krebses – und mindestens ebenso wichtig: im Umgang mit den Patienten, die daran erkrankt waren – wäre hier gewesen, denn er hatte uns immer das Gefühl vermittelt, daß es noch Hoffnung gab, wie vernichtend die Neuigkeiten auch sein mochten.

Es schien so wenig zu geben, was Ann und ich einander sagen konnten, doch ich glaube, wir konzentrierten uns beide auf einen Gedanken, der uns während der gesamten Krankheitsdauer Kraft gab: der Gedanke, daß jeder Mensch einmalig ist, einen einmaligen Körper hat, der ganz individuell reagieren konnte. Statistiken mögen alles mögliche über Krebs oder sonstiges aussagen, doch sie können nicht den einen, besonderen Fall berücksichtigen. Es gibt immer Ausnahmen, und wir beteten, daß Joe eine solche Ausnahme war.

Ich weiß nicht, ob es an diesem Tag anfing, aber eine nachhaltige Erinnerung an diese ersten Wochen im St. Stephen's ist meine heftige Reaktion auf die Auslage in einem Bestattungsunternehmen direkt gegenüber dem Krankenhaus. Im Fenster dieses Geschäfts stand ein winziger, blumengeschmückter Sarg. Er war viel zu klein für einen Kindersarg – hatte eher die Größe für einen Hasen –, aber für mich war es einer, und das machte mich wütend.

Es war, als könnte ich nicht die Straße überqueren, ohne dieses eine Schaufenster zu sehen, und jedesmal, wenn ich daran vorbeiging, fiel mein Blick auf den Sarg; ich haßte ihn, wollte die Scheibe einwerfen, wollte, daß das ganze Haus einstürzte. Ich starrte direkt auf den Sarg und wollte mir beweisen, daß ich keine Angst hatte, daß ich mich dem Tod stellen konnte, daß ich ihn besiegen konnte – und innerlich schrie ich dazu: »Du kriegst ihn nicht! Du kriegst ihn nicht!«

5

Chemotherapie

Ann: Wir wurden gründlich auf die Chemotherapie vorbereitet – Dr. Phillips und Mary Judge, die als Teil ihrer Ausbildung umfassende Erfahrungen auf der Kinderkrebsstation in Edinburgh gesammelt hatte, standen uns mit Erläuterungen zur Verfügung. Doch jeder Patient reagierte so unterschiedlich, daß wir nicht sagen konnten, ob Joe die Therapie relativ gut oder gar nicht vertragen würde.

Wäre Joes Körper frei von Tumorzellen gewesen, hätte man eine dreimonatige Therapie als vorbeugende Maßnahme verordnet. Doch da es Hinweise auf noch verbliebene Zellen gab, mußte gezielter vorgegangen werden, und obwohl keinerlei Gewähr bestand, daß die Medikamente anschlagen würden, war eine einjährige Behandlung angesetzt worden.

Während der ersten drei Monate sollte Joe einmal die Woche eine Injektion Vincristin erhalten (ein Mittel, das aus dem madagassischen Immergrün gewonnen wird; dadurch erschien es uns weniger bedrohlich, fast »natürlich«). Alle drei Wochen sollte das Vincristin mit zwei weiteren Medikamenten kombiniert werden, mit Adriamycin (auch bekannt als Doxorubicin) und Actinomycin, um die Dosis zu verstärken. Später sollten die wöchentlichen Dosierungen weggelassen werden, und er sollte nur noch die dreiwöchentliche Dosis erhalten.

Wir wußten, daß es zu Nebenwirkungen kommen würde – Übelkeit war nahezu unvermeidlich, obwohl sie sich in der Intensität von Patient zu Patient erheblich unterschied und es eher unwahrscheinlich war, daß sie in den reinen Vincrestin-Wochen auftrat. Die zweite und unausweichliche Nebenwirkung war Haarausfall, der bei Joe durch zwei der drei Medikamente, nämlich Vincristin und Adriamycin, ausgelöst wurde.

Wir mußten darüber nachdenken, wie wir Joe auf all das vorbereiten sollten. Wenn wir ihm sagten, daß ihm von den Medikamenten schlecht werden könne, war das schon fast eine Garantie, daß es auch passierte. Wenn wir ihn aber nicht warnten, war es ein Schock für ihn; das mußte nicht sein. Außerdem mußten wir ihn auf den Haarausfall vorbereiten.

Alex: Trotz dieser ziemlich abschreckenden Nebenwirkungen war die Entscheidung für die Chemotherapie im Grunde gar keine. Auf dem Gebiet der konventionellen Medizin schien sie die einzige Hoffnung für Joe zu sein; die Alternative für uns wäre gewesen, sich zurückzulehnen und zuzusehen, wie er starb, vielleicht innerhalb kürzester Zeit.

Bis man es uns erklärte, wußten wir nichts über Chemotherapie. Ähnlich erging es mir, als meine Schwester an Multipler Sklerose erkrankte, die ich damals wohl kaum von einer Dystrophia musculorum hätte unterscheiden können; es gibt Bereiche im Leben, vor denen sogar die Tapfersten zurückschrecken, wenn sie persönlich damit konfrontiert werden.

Chemotherapie bedeutet schlicht und einfach Behandlung mit chemischen Mitteln. Die dabei eingesetzten Medikamente sind starke Toxine, die Krebszellen zerstören, aber auch heftige Reaktionen verursachen können, wie zum Beispiel Übelkeit oder die Zerstörung von roten und weißen Blutkörperchen im Knochenmark, was wiederum eine Schwächung des Immunsystems zur Folge haben kann. Manche erwachsene Krebspatienten, und zweifelsohne auch Eltern von erkrankten Kindern (obwohl wir keinen begegnet sind), sind gegen eine Chemotherapie und entscheiden sich dafür, mit dem Krebs zu leben und andere heilende Kräfte zu finden, ob in sich selbst oder in der Alternativmedizin.

Wenn ich der Krebskranke gewesen wäre, hätte ich eher das Gefühl einer Wahl gehabt, obwohl ich glaube, daß ich mich ebenfalls für die Chemotherapie entschieden hätte. Aber da es um Joe ging, kamen Ann und ich überein, daß wir es zumindest versuchen sollten: Würde er unter der Behandlung unverhältnismäßig leiden, konnten wir sie immer noch abbrechen. Zudem war uns bewußt, daß wir uns schuldiger fühlen würden, wenn Joe starb und wir es nicht einmal probiert hätten.

Ann: Am Tag nach unserem Gespräch mit Dr. Peck erhielt Joe die erste Behandlung. Wir wußten nicht mehr, worauf wir noch hoffen sollten. Es war unwahrscheinlich, daß Joe geheilt werden würde, doch eventuell konnte die Chemotherapie den Krebs aufhalten. Zum ersten Mal kam uns der Gedanke, auf Zeit zu »spielen«. Es wurde so viel geforscht, und überall gelangen Durchbrüche; vielleicht würde man noch rechtzeitig ein Medikament entwickeln, das Joe heilen konnte. Jetzt galt es, Joe, solange es ging, in der Hoffnung auf eine rettende Medizin am Leben zu halten.

Man hatte uns versichert, daß eine einmalige Verabreichung von Vincristin keine Nebenwirkungen haben würde; dennoch hatte Joe zur Vorbeugung ein Antiemetikum erhalten (ein Mittel gegen Übelkeit, das bei Kindern den Effekt hat, daß sie die schlimmste Zeit durchschliefen) und war an einen Tropf angeschlossen worden, um einer Dehydration vorzubeugen – für den Fall, daß er sich übergeben mußte. Es war üblich, daß man dem Patienten vor der Medikamentierung Blut abnahm, um zu checken, ob der Allgemeinzustand in Ordnung war. Das konnte jetzt durch den Hickman-Katheter geschehen, ebenso wie das Verabreichen des Vincristin, was den Vorgang beschleunigte und weniger dramatisch gestaltete.

Das Antiemetikum machte Joe schläfrig, aber sonst zeigte er keine Reaktion auf die »Chemo«; am nächsten Morgen wachte er frisch und munter auf.

Alex: Joe war am Morgen nach der ersten Vincristin-Behandlung schon vor sechs Uhr wach, quicklebendig und ganz wild darauf zu spielen. Mein Freund und Arbeitgeber Mozafar Aminiam hatte uns am Abend zuvor besucht und Joe einige sehr großzügige Geschenke mitgebracht – eine elektrische Eisenbahn und zwei Legospielzeuge. Joe hatte seinen Besuch verschlafen – infolge des eingenommenen Sedativums –, und die Geschenke waren somit ungeöffnet geblieben.

Jetzt entdeckte er als erstes die Tüte von Hamley's und war neugierig auf Sofars Mitbringels (Mozafar freute sich immer, daß Joe ihn bei seinem iranischen Namen nannte, während die meisten seiner englischen Freunde der Einfachheit halber Michael zu ihm sagten). Also schob ich kurz nach sechs Uhr einen Stuhl an Joes Bett, öffnete eine der Legoschachteln und starrte entgeistert, die Augen halb geöffnet, auf die rein bildliche »Gebrauchsbedienung« (einer von Joes Lieblingsausdrücken, eine Kombinatin aus »Gebrauchsanweisung« und »Bedienungsanleitung«) für den Bau eines Zementmischers.

Es war das erste Lego für größere Kinder, das Joe bekommen hatte – davor hatte er nur Duplo und Fabuland gehabt, mit größeren Steinen und weniger aufwendigem Design. Hier saß ich nun, noch im Halbschlaf, und versuchte auszusortieren, welche von den Hunderten von Steinchen und Teilchen zu den Abbildungen paßten und was wohin kam. Joe lernte später recht schnell, nach den Anleitungen zu bauen, doch ich wurde nie ganz das Gefühl los, daß es sich dabei um eine Art Intelligenztest handelte, den ich nicht bestehen konnte.

Natürlich war ich überglücklich, daß Joe so fröhlich war – weniger als vierundzwanzig Stunden nach seiner ersten Behandlung. Dies schien ein gutes Omen für die Zukunft zu sein: Ich versuchte Joes Vitalität und Fröhlichkeit als Beweis zu werten, daß er diese eine Ausnahme war und den Krebs besiegen könnte – daß er überleben könnte.

So gutgelaunt der Tag begonnen hatte, die Stimmung – zumindest meine – sank am Nachmittag dramatisch. Ich wollte ein Geschenk für Joe kaufen, als Belohnung für seine Chemotherapiebehandlung (die erste von vielen weiteren, die Ann und mir Gelegenheit boten, Joe Geschenke zu kaufen, die er offensichtlich gerne entgegennahm). Joe liebte *Thomas the Tank Engine,* deshalb wollte ich nach einer kleinen Thomas-Lokomotive für seine neue Eisenbahn schauen. Und welcher Ort wäre dafür geeigneter als Harrod's, Joes »Eisenbahnladen«?

Ich verließ das Krankenhaus und ging zunächst hinüber in die Kirche, um eine Kerze für Joe anzuzünden und zu bitten, die

Chemotherapie möge anschlagen. Dann ging ich zu unserem Wagen, mit dem wir am Montag Joe ins Krankenhaus gefahren hatten. Es war Freitag; die Innenbeleuchtung des Wagens hatte die ganze Zeit gebrannt, und so war die Batterie völlig leer.

Dieser Zwischenfall wäre wohl kaum der Rede wert, wenn er nicht meine tiefsitzende Verzweiflung an die Oberfläche gebracht hätte. Wenn das eigene Kind Krebs hat, erwartet man irgendwie, daß der Rest der Welt einfach funktioniert – man erwartet, daß man von den sonstigen Unbilden verschont bleibt. Ich starrte mit einem gänzlich irrationalen Gefühl von Hoffnungslosigkeit die Batterie an, bis ich mich schließlich, unter großer Anstrengung, zusammenriß, sie abkabelte und herausnahm. Ich winkte ein Taxi heran, gab dem Fahrer die Adresse an und ließ mich, die Batterie im Arm, auf die Rückbank fallen.

Als der Fahrer eine Unterhaltung anfing, dachte ich zuerst, mich trifft der Schlag – Taxigespräche können einen schon an den Rand des Wahnsinns treiben, wenn die Welt in Ordnung ist. Aber dieser Mann klang sympathisch, und bald war ich es, der von Joe und der Batterie erzählte, und mußte verblüfft erleben, wie aufrichtig tief berührt der Mann war. Er sollte nicht der einzige Taxichauffeur bleiben, der sich weigerte, Geld von mir zu nehmen. Auch jetzt noch, während ich dies niederschreibe, kommen mir die Tränen, wie sooft damals, wenn ich sah, daß ein Kind mit Krebs die ganze Geschäftigkeit, die uns täglich umgibt, unwichtig werden läßt.

Ich möchte gerne glauben, daß Menschen, die Joes Geschichte hörten, nicht nur traurig reagierten, sondern daß sie ihnen auch half, die eigenen Sorgen in die richtige Perspektive zu rücken. Für uns war es sicher tröstlich – wenngleich auch schmerzlich –, wenn uns solche Bekundungen von Freundlichkeit und Mitgefühl zuteil wurden, und doch konnten sie uns nicht das geben, wonach wir uns sehnten: daß die Realität eine andere wäre.

Ich kann nur schwer vermitteln, wie lang zu diesem Zeitpunkt ein Tag für uns sein konnte, wie ein Moment der Hoffnung, eine Stunde, in der wir glücklich mit Joe spielten, sich im Handumdrehen in eine Situation des Zweifels und der Angst verkehren konnte.

Am Samstag schien sich Joe von der ersten Behandlung völlig erholt zu haben; er lümmelte auf dem Boden und probierte seine neue elektrische Eisenbahn aus. Ich hatte ihm Percy geschenkt, die kleine grüne Lok aus *Thomas the Tank Engine*. Joe ließ Percy wieder und wieder auf den Doppel-O-Schienen laufen, um sie dann aufs Abstellgleis zu rangieren. Ungefähr gegen Mittag sagte Joe, ihm seien die Beine eingeschlafen, und bald darauf klagte er über Schmerzen im linken Oberschenkel. Uns sank das Herz. Es schien fast unglaublich – aber war es vielleicht bereits ein neuer Tumor, diesmal in seinem Bein?

Wir ließen Lucy Moore rufen, die ihn untersuchte und meinte, die Schmerzen könnten ein Nebeneffekt des Vincristins sein, das möglicherweise die Muskeltätigkeit bis zu einem gewissen Grad beeinträchtige. Wir wollten ihr zu gerne glauben, doch der Zweifel blieb.

Der Sonntag sollte noch schlimmer werden. Wir hatten den 3. Mai, der Tag darauf ein offizieller Feiertag, May Day Bank Holiday, und man sagte uns, wir dürften Joe für ein paar Tage mit nach Hause nehmen. Wir machten uns bereits Sorgen wegen des Beins, und kurz bevor wir fahren sollten, bemerkte ich eine Schwellung ins Joes Gesicht, auf der linken Seite, unterhalb des Kinns.

Es war eine ganz leichte Schwellung – eher eine Asymmetrie der Gesichtszüge. Ich wollte es nicht glauben: Noch bevor ich recht begriffen hatte, schoß mir das Wort »Tumor« durch den Kopf. Ich hoffte, ich hätte mich in einer Anwandlung von Paranoia getäuscht, doch als ich Ann darauf hinwies, leise, damit Joe nichts hörte, bestätigte sie es mir.

Wieder wurde Lucy gerufen. Wieder untersuchte sie Joe; sie konnte einen kleinen Klumpen an Joes linker Parotis (Ohrspeicheldrüse) tasten, zögerte jedoch, sich festzulegen. Ich äußerte meine Befürchtung, es könnte sich um einen neuen Tumor handeln, und spürte, daß sie sie teilte, obwohl sie sagte, es könnte auch einfach eine entzündete Drüse sein. Auf jeden Fall, so meinte sie, könnten wir erst einmal nach Hause fahren; Joe habe die erste Chemobehandlung hinter sich, und ehe nicht Dr. Sinclair am Dienstag zurück sei, gebe es ohnehin nichts, was man tun könne.

Zu Hause fühlten wir uns tief deprimiert. Mozafar besuchte uns und brachte einen amerikanischen Schokoladenkuchen mit – der für Joe immer »Sofars Kuchen« hieß, ganz gleich, von wem er ihn bekam. Gran und Fred kamen ebenfalls, nachdem sie sich in der Stadt um eine neue Batterie für unseren Wagen bemüht hatten. Joe freute sich über ihre Gesellschaft, doch ich konnte meinen Blick nicht von der Schwellung an seinem Kinn lösen, erfüllt von dunkler Ahnung, was es war, und dem Wunsch, sie möge irgendwie wieder verschwinden.

Am Feiertag kam Anns Mutter Alice. Joe wirkte sehr lustlos, lag nackt auf dem Sofa oder auf dem Fußboden. Alice war offensichtlich erschüttert und besorgt wegen Joes Zustand, als ich sie zur U-Bahn-Station Goodge Street fuhr, von wo aus sie den Zug nach Hause nahm. Sie sprach aus, was sowohl ich als auch alle anderen in der Familie dachten: »Es ist einfach nicht richtig, daß Joe so krank sein soll. Ältere Menschen, die haben ihr Leben schon gelebt, aber nicht so ein kleiner, wundervoller Junge wie Joe.«

In dieser Nacht, als wir mit Joe in unsere Mitte gekuschelt im eigenen Bett lagen, hielt ich seine Hand, während er schlief, und las in dem Buch, das Pater Stephen mir gegeben hatte. Die Worte klangen fremd und riefen alle möglichen Assoziationen in mir wach. Bei einer Zeile: »Und so blicke ich auf zu Dir in Deinem Himmelreich und erkenne Deine Kraft und Herrlichkeit« tauchten zwei Bilder vor meinem geistigen Auge auf: die friedliche spanische Mission, die Ann und ich zehn Jahre zuvor in Kalifornien besucht hatten, und Joe, der im Innenhof eines Hotels in Spanien, umgeben von Blumen, in der brütenden Hitze spielte.

Ich wünschte mir irgendwie, ich könnte an den väterlichen, bärtigen Gott der Sonntagsschulen glauben – eine weise Vaterfigur, an die ich mich um Hilfe wenden könnte –, doch ich las die Worte einfach, interpretierte sie auf meine unorthodoxe Art und betete, daß, welche Kräfte auch immer das Universum bewegen mochten, sie gnädig seien zu Joe Buffalo:

Wenn ich mich zu Bette lege, so denke ich an dich;
wenn ich erwache, so rede ich von dir.
Denn du bist mein Helfer,
und unter dem Schatten deiner Flügel frohlocke ich.

Meine Seele hanget dir an;
deine rechte Hand hält mich.
(Psalm 63, 7–9; Sehnsucht nach Gott)

Am Dienstag fuhren wir zurück ins St. Stephen's, erleichtert, wieder im Krankenhaus zu sein und daß das verlängerte Wochenende endlich vorüber war. Dr. Sinclair untersuchte Joes Gesicht und war äußerst besorgt über den Knoten, der in den letzten achtundvierzig Stunden sichtbar gewachsen war. Joe sollte an diesem Morgen als erstes zum Ultraschall kommen; die Dreifachmedikamentierung verlegte Dr. Sinclair um einen Tag auf den folgenden vor.

Dr. Sinclair war in vielerlei Hinsicht einer aus der »alten Schule«, ein freundlicher, aber oft extrem unnachgiebiger Mann in den Fünfzigern. Man sah ihn nie ohne seine Pfeife, und er war bekannt dafür, daß er seine Mitarbeiter auf Trab hielt. (Sie rächten sich an ihm bei einer Gelegenheit, indem sie seine Pfeife versteckten!) Den Kindern führte er Zaubertricks mit Münzen vor – die mich weit mehr beeindruckten als Joe –, den Eltern konnte er Diagnosen einfach und verständlich erklären sowie praktische Ratschläge erteilen. Jetzt waren wir froh, daß er so direkt war und sofort Maßnahmen einleitete, obwohl unsere Befürchtungen mit seinem raschen Handeln auch wuchsen.

Am Mittwochmorgen wurde Joe von Dr. Peter Cox, Professor Wastells Assistenten untersucht, einem äußerst sympathischen jungen Arzt, selber Vater von zwei kleinen Töchtern. Obwohl er als Chirurg meistens mit Erwachsenen zu tun hatte, kam er bei Joe sofort an mit seiner natürlichen, witzigen Art, und Joe ließ sich von ihm ohne Murren mit der kleinen Taschenlampe in den Mund leuchten und herumstochern.

Dr. Cox war derselben Meinung wie Dr. Sinclair, nämlich, daß es sich bei dem Knoten um einen neuen Tumor an der linken Parotis handelte. Man hatte ihn hinzugezogen, um mehr über die Durchführbarkeit einer Operation zu erfahren; Dr. Cox war zwar bereit zu einem Eingriff, aber von der Idee nicht sonderlich begeistert und hoffte, daß der Tumor durch die Chemotherapie zerstört wurde.

Am Nachmittag ging es hinunter zum Ultraschall, wo man Joe

bereits kannte, teilweise, weil er offenbar Spaß an der Untersuchung hatte und zum anderen, weil er immer einen Freund mitbrachte, wie zum Beispiel Krümelmonster. Es ging jetzt nicht mehr darum, das Vorhandensein des Tumors zu bestätigen – der Knoten war ganz offensichtlich –, sondern darum, seinen Umfang zu bestimmen, um feststellen zu können, ob die Chemotherapie anschlug.

Diesmal untersuchte der Arzt Joe gleich auf dem Holzdreirad, auf dem er gekommen war. Als er das Gelee auf Joes Haut auftrug (um den Kontakt zu gewährleisten) und dann mit dem Ultraschallsensor – der einem elektrischen Rasierer nicht unähnlich war – darüberglitt, sagte Krümelmonster mit seiner heiseren, tiefen Stimme: »Hey, Joe, du rasierst dich ja schon!« Worauf Joe ziemlich autoritär antwortete: »Nein, nein, Krümel. Ich rasier' mich doch nicht. Das ist eine Ultraschalluntersuchung, mit der sie nachgucken, ob mein Mund okay ist.«

Um vier Uhr nachmittags wurde der kleine Wagen mit den drei Medikamenten in Joes Zimmer gerollt. Krümelmonster wurde gebraucht, nicht nur als tröstender Freund für Joe, sondern auch als Ablenkungsmanöver für mich. Ann und ich waren in mehr als nur einer Hinsicht besorgt wegen der Chemotherapie: Wie würde Joe auf die Medikamente reagieren? Würde ihm schlecht werden? Der einfache Trick, die Krümelhandpuppe mit ihrem blauen Fell und den weißen Ping-Pong-Glubschaugen auf die Hand zu ziehen und Krümels tiefe, rauhe Stimme nachzuahmen (was bei häufiger Nachahmung zur Heiserkeit führen konnte), lockerte die Situation auf.

Krümel war ein Erinnerungsstück an glücklichere Zeiten. Wir hatten ihn in einem Geschäft in New Hampshire gekauft, wo wir Ende 1984 zwei Monate mit Joe verbracht hatten. Es war nur noch einer von seiner Sorte dagewesen, und obwohl es unzählige Krümelpuppen gibt, haben wir eine wie die unsere nie wieder gesehen. Entweder hatte das Fell eine andere Färbung, oder die Augen waren anders. Bei Joes Puppe steckte man die Hand in den riesigen schwarzen Mund, nicht in die Arme, und konnte so, je nach Bedarf, ziemlich wirklichkeitsgetreu sprechen, in den Finger zwicken – oder Kekse zerkrümeln. Ich weiß noch, wie ich Joe einmal in einem Café, dem »Post Office« in Provinetown – ein außergewöhnlich hübsches Fischerdorf und eine Touristenattraktion an der Spitze von Cape Cod – mit Krümel bei einem Brunch unterhalten habe. Joe war damals vierzehn Monate alt und gluckste, als er Krümel nach den Pommes frites schnappen sah. Und jetzt, im St. Stephen's, unter gänzlich anderen Umständen, sang Krümel immer wieder Joes Namen, brachte die Buchstaben durcheinander oder tönte: »Joe Buffalo, ich lieb' dich so.« Und Joe antwortete, wenn auch ein bißchen verhalten und mit Tränen in den Augen: »Ich lieb' dich auch, Krümel.« Oder, wenn er wirklich Angst hatte: »Sei still, Krümel.«

Ann: Joe saß auf meinem Schoß, während ihm die Medikamente durch den Katheter zugeführt wurden: Zuerst wurde ihm ein Antiemetikum verabreicht, das ihn einschlafen ließ, bevor die Injektion beendet war. Als er ungefähr zwei Stunden später aufwachte, fühlte er sich gut, glücklich und hungrig. Nach kurzer Rücksprache mit den Schwestern beschlossen wir, ihm etwas von unserem Abendbrot zu geben. Unglücklicherweise war diese winzige Nahrungsmenge der Auslöser für seine Übelkeit, und Joe fing an, sich heftig zu übergeben.

Alex und ich mußten buchstäblich eine Kette bilden, um in den ersten zwanzig Minuten mit den Spucktüten nachzukommen. Eine der Schwestern eilte mit Krankenunterlagen herbei, um das Bett abzudecken, doch erst als die Pausen zwischen den Würgkrämpfen größer wurden, gelang es uns, die Bezüge zu wechseln und Joe abzuwaschen. Ihm war den ganzen Abend lang schlecht, wenn auch nicht mehr so schlimm. Er bekam eine weitere Dosis des Antiemetikums und döste für ein paar Stunden ein.

Um Mitternacht schlief er dann richtig, doch als er am nächsten Morgen aufwachte, übergab er sich, ohne Vorwarnung, sofort wieder.

Wir hatten ein sehr schlechtes Gewissen, weil wir ihm das Essen erlaubt hatten, das die Übelkeit offensichtlich ausgelöst hatte. Später machten wir die Erfahrung, daß Joe so oder so schlecht wurde; ob er etwas aß oder nicht, machte keinen Unterschied, und wir ließen ihn selbst entscheiden, wann er essen wollte. Wir erfuhren, daß die

Übelkeit im Rahmen einer Chemotherapie vom Gehirn ausgeht, ähnlich wie bei der Reisekrankheit, und daß die Aufnahme von Nahrungsmitteln wenig Einfluß darauf hat. Tatsächlich war der Brechreiz gedämpft, wenn Joe etwas im Magen hatte. Wenn er nichts gegessen hatte, spuckte er Galle oder »Kaffeebohnen«, wie die Blutklümpchen von den Magenwänden hier genannt wurden.

Die erste medikamentöse Dreifachbehandlung löste die heftigsten Reaktionen bei Joe aus. Er bekam eine ganze Reihe von Antiemetika und Sedativa, in unterschiedlichen Kombinationen, bis man durch Herumprobieren schließlich die Mischung fand, die er am besten vertrug und die sein Unwohlsein zum Großteil abebben ließ.

Die beunruhigendste Entwicklung trat erst später ein, im dritten oder vierten Monat der Chemotherapie, als ihm im Schlaf übel wurde. Anfangs war er dabei immer wach gewesen oder zumindest so weit klar im Kopf, daß er sich aufsetzen konnte; doch plötzlich übergab er sich im Liegen, nachts, wenn er im Halbschlaf zu verworren war, um uns zu rufen. Alex und ich hatten schreckliche Angst, er könnte ersticken, und hielten von da an abwechselnd Wache an seinem Bett.

Als wir unsere Sorge gegenüber der Stationsärztin zur Sprache brachten, reagierte diese ziemlich blasiert. Sie sagte, Joe habe einen recht guten »Hustmechanismus« und sei keinesfalls gefährdet. Wir allerdings wollten nichts dem Zufall überlassen und waren ganz abgesehen davon der Ansicht, daß es – »Hustmechanismus« oder nicht – furchtbar für Joe sein mußte, sich im Schlaf zu übergeben.

Beim ersten Mal hatten wir Joe gesagt, daß ihm schlecht werden könnte, aber nur kurz. Obwohl seine Reaktion extremer ausgefallen war, als wir befürchtet hatten, versicherte man uns, es gebe noch viel schlimmere Fälle, bei denen sich die Patienten zwischen den einzelnen Behandlungen gar nicht mehr erholten.

Natürlich mißfiel Joe das alles, und er wurde furchtbar nervös, sobald er sah, daß ein Arzt die »Brechmedizin«, wie er sie nannte, vorbereitete. Die Prozedur zog sich jedesmal hin, da die hohe Dosis dem Blutkreislauf nicht zu schnell zugeführt werden durfte; zum Glück schlief Joe meistens dabei ein. Eines der Medikamente, das Adriamycin, eine knallrote Flüssigkeit, die aussah wie ein Zaubertrank der bösen Hexe aus einem Disney-Comic, mußte über einen Zeitraum von drei Minuten zugeführt werden, in winzigen Tröpfchen, die der Arzt mit Hilfe einer Uhr dosierte.

Was uns wirklich am meisten beeindruckte, war, daß Joe sich – auch als er schon wußte, was Chemotherapie bedeutete – ganz selbstverständlich darauf vorbereitete und vorher gezielt aussuchte, welche Kuscheltiere er von zu Hause mitnehmen wollte, wenn wir wieder zurückmußten, daß er keinerlei Widerstand zeigte, wenn wir ins Krankenhaus fuhren. Wenn man bedenkt, wie vehement er sich früher gegen die Einnahme relativ harmloser Medikamente zur Wehr gesetzt hatte, war es schon ein Wunder, daß er nicht boxte, schrie und strampelte, wenn es ins St. Stephen's ging. So, wie Kinder ein Gespür dafür haben, was wirklich wichtig ist – und wann sie es zu weit treiben –, so spürte auch Joe, daß dies viel zu ernst war, um sein übliches Theater zu veranstalten.

Alex: Der Tumor in Joes Gesicht war innerhalb von achtundvierzig Stunden von einem kleinen Knoten zu einer mumpsgroßen Schwellung angewachsen. In den achtundvierzig Stunden, die auf die Verabreichung der drei Medikamente folgten, geschah das Gegenteil: Die Schwellung ging wieder zurück.

Für uns war das ein fast wundersames Zeichen dafür, daß die Chemotherapie anschlagen könnte. Selbst die Ärzte und Schwestern konnten eine gewisse Aufregung nicht verbergen, da man Joes seltenen Krebstypus bislang für nicht behandelbar gehalten hatte. Neun Tage später zeigte eine weitere Ultraschalluntersuchung, daß sich die Geschwulst an Joes linker Parotis um die Hälfte verringert hatte.

Man hatte uns gesagt, daß man Schlußfolgerungen über Erfolg oder Mißerfolg der Chemotherapie frühestens nach drei Monaten und einer Reihe von Untersuchungen ziehen könnte einschließlich einer zweiten CT, doch jetzt räumte Dr. Phillips ein, daß für Joe vielleicht eine geringe Chance bestünde. Er war sehr vorsichtig, um unsere Hoffnungen nicht allzu hoch zu schrauben, doch in allen seinen Äußerungen schwangen Zuneigung und Mitgefühl für Joe mit, und in seinen Augen spiegelte sich eine Zuversicht, die vorher nicht dagewesen war.

Ann: Joe konnten sehr bald nach Beginn der Chemotherapie die Haare ausfallen, also mußte ich mir rasch etwas einfallen lassen. Ich beschloß, Joe die Haare, die er schon immer ziemlich kurz getragen hatte, schneiden zu lassen, einen Bürstenschnitt wie beim Militär, damit der Übergang zum Haarverlust sanfter wäre. Joe hatte seine erste medikamentöse Dreifachbehandlung leider schon erhalten, ehe sich dies bewerkstelligen ließ. Zum Glück hatten wir einige gelernte Friseure im Bekanntenkreis, und ich fragte Spike, der zu diesem Zeitpunkt mehr mit Nachtclubs zu tun hatte als mit Frisiersalons, ob er aushelfen könnte. Spike hatte Joe schon ein- oder zweimal die Haare geschnitten, wobei er Joe – der die Aufmerksamkeit sichtlich genoß – auf den Schoß nahm. Diesmal schien Joe zu spüren, daß die Stimmung ernster war als sonst, denn er wollte unbedingt auf meinem Schoß sitzen, während Spike neben uns kniend hantierte.

Das Ergebnis war ein sauberer Schnitt, und Joe zeigte sich beeindruckt. Ich hatte vorgehabt, von seinem neuen Look ein Foto zu schießen, doch der Haarausfall setzte so schnell ein, daß mir dazu keine Zeit mehr blieb.

Ein oder zwei Tage später fand ich Haarbüschel auf seinem Kopfkissen, und nach einer Woche waren seine Haare mehr oder weniger verschwunden. Ich wünschte, es hätte sich eher eine Möglichkeit ergeben, ihm die Haare schneiden zu lassen, doch wir hatten so viel Zeit im Krankenhaus verbracht, daß es unmöglich gewesen war. So machte ich mir Sorgen, daß Joe den Verlust seiner Haare eher mit dem Schneiden als mit den Medikamenten in Verbindung bringen könnte.

Zum Glück sind kleine Kinder nicht eitel und schauen nicht ständig in den Spiegel. Während dieses einen Jahres, in dem Joe mehr oder minder kahl war, kam es nicht ein einziges Mal vor, daß ein anderes Kind sein Aussehen kommentierte. Es war ein großes Glück für ihn, daß er Freunde in einem Alter hatte, in dem sie einander so akzeptierten, wie sie waren – bei älteren Kindern kann der Verlust der Haare zu großen psychischen und sozialen Problemen führen. Was Joe betraf, war das dringlichste Problem, ihm eine beruhigende Erklärung zu geben, was vor sich ging.

Ich sagte ihm, daß die Medizin, die er einnehmen mußte, sehr stark war, was er schon an der Übelkeit erkennen konnte, und daß ihm wahrscheinlich die Haare ausfallen würden. Ich sagte ihm auch, sie würden wieder wachsen, wenn er die Medizin nicht mehr brauchte. Er nahm diese Erklärung sehr still auf. Er schien zwar nicht verstört, doch ich spürte, daß er erst einmal darüber nachdenken mußte. Ich hatte all seine Mützen hervorgekramt und vorgeschlagen, wir sollten ein paar neue kaufen, vielleicht eine Basbeballkappe, da es Sommer war, aber er zeigte kein Interesse daran und bemühte sich auch nie, seine Glatze zu verstecken.

Während dieser ersten Wochen seiner Krankheit machten Alex und ich uns eine hinlänglich bekannte Methode aller Kinderpsychologen zunutze und versuchten, mittels einer Puppe mit Joe zu sprechen. Spezialisten haben herausgefunden, daß Kinder, die nicht mit Erwachsenen reden wollen, gegenüber einer Puppe ihr Mißtrauen ablegen und ziemlich offen sprechen, selbst wenn diese Puppe offensichtlich »manipuliert« wird. Ein- oder zweimal, als Joe ungewöhnlich still wirkte, benutzten wir Krümelmonster, um herauszufinden, was in ihm vorging, und waren verblüfft, wie gut er begriffen hatte, was mit ihm geschah. Während wir noch darüber grübelten, wie Krümel ihn am taktvollsten auf den Haarausfall ansprechen konnte, verkündete Joe: »Schon gut, Krümel. Meine Haare wachsen doch bald wieder, wenn ich die Brechmedizin nicht mehr nehmen muß.«

Wir waren beunruhigt über diese Bemerkung, die Joe auch oft gegenüber Erwachsenen und Kindern wiederholte, die gar nicht mit seiner Krankheit vertraut waren. Vielleicht war sie aber doch weit mehr als ein Schutzmechanismus für ihn, als wir ahnten, denn es kam zu einem Zwischenfall, der die Vermutung aufkommen ließ, daß Joe doch nicht ganz so gelassen darüber dachte, wie es den Anschein hatte.

Wir waren daheim. Ich hatte den Fernseher angestellt, um die Nachrichten zu schauen, und war zwischendurch in die Küche gegangen, als Joe plötzlich rief: »Mummy, komm schnell! Im Fernsehen ist noch so ein kleiner Junge wie ich!« Ich rannte zurück ins Zimmer – und bekam einen Bericht über eine neu eröffnete Kinderkrebsstation zu sehen. Ein kleiner Junge ohne Haare war auf dem

Bildschirm, offensichtlich ein Chemopatient. Für Joe war die Bestätigung, daß er nicht allein auf der Welt war, eine große Befriedigung. Denn eines hatten wir, die wir zu diesem Zeitpunkt keinerlei Kontakt zu anderen Krebspatienten hatten, vergessen, ihm zu erzählen: daß es Kinder gab, denen es ebenso erging wie ihm.

6

Leben mit der Ungewißheit

Alex: Mehr als alles oder jeder andere war es Joe selbst, der uns lernen half, von Tag auf Tag zu leben. Was auch immer ihm zu schaffen machte – »Brechmedizin«, weitere Untersuchungen, zeitweise völlige Isolation –, jedesmal erholte er sich wieder, paßte sich an das ungewohnte neue Lebensmuster an, trieb Schabernack mit Krümel, lernte, Schwestern und Ärzte um den Finger zu wickeln, und machte seiner Frustration nur sehr selten mit einem Seufzer Luft.

Wir lebten in einem Zustand permanenter Todesverdrängung, wie jeder von von uns, und sei es noch so unbewußt. Wir Erwachsenen wissen, daß wir eines Tages sterben werden, doch unser Verstand schirmt diese Tatsache den größten Teil unseres Lebens geschickt von uns ab – vielleicht manchmal zu geschickt. Einerseits war uns vollkommen klar, daß Joe sterben konnte, doch unser Verstand hatte seine ausgefeilten Verteidigungsmechanismen, und wir schienen uns selbst mit den negativsten Informationen abfinden zu können, indem wir sie zum Teil akzeptierten und zum Teil leugneten, um unser gemeinsames Leben fortsetzen zu können.

Joe dagegen wußte nicht, was der Tod war; er hatte nie danach gefragt, und erst Mitte Mai 1987, als er im Haus meiner Schwester eine tote Wespe fand, kam die Frage auf.

»Was ist das«, fragte er. Wir waren oben im Arbeitszimmer meines Schwagers, wo ein ziemliches Durcheinander herrschte. Die Sonne fiel durch die Fenster direkt auf ein totes Insekt auf dem Boden.

»Eine Wespe, Joe. Sie ist tot.«

Joe mochte keine Wespen. »Kann die noch stechen?«

»Nur wenn du auf sie drauftrittst oder sie anfaßt. Selber bewegen kann sie sich nicht mehr, weil sie tot ist.«

Ich wünschte, ich könnte mich genau daran erinnern, was Joe daraufhin fragte, aber ich kann seine Worte nicht mit Bestimmtheit wiedergeben. »Was ist ›tot‹?« Oder: »Was heißt das?« Ich weiß es nicht mehr.

»Das heißt, daß sie keine Wespe mehr ist. Sie war es leid, immer eine Wespe zu sein, und ist jetzt etwas anderes geworden.«

Joe starrte fasziniert auf das Insekt, das völlig regungslos im Sommerstaub auf dem Boden lag. Wir stupsten es ein wenig an, um Joe zu beweisen, daß es sich nicht mehr bewegen konnte.

»Alle Lebewesen sterben, Joe«, sagte Peter und hob die Wespe auf, um sie aus dem Fenster zu werfen. »Manche haben ein langes Leben und manche nur ein kurzes.«

»Auch wir Menschen sterben«, fügte ich hinzu. »Das ist wie noch mal ganz neu anfangen. Eine Wespe kann als Wespe wiederkommen, vielleicht will sie aber auch lieber ein Hund sein, so wie Tish (Lynne und Peters Hund), oder ein Mensch.«

Joe schien die Auskunft mit einer Mischung aus Begeisterung und Zweifel aufzunehmen, die Kinder oft größeren Zusammenhängen gegenüber zeigen. Als wir wieder zu Ann und Lynne hinuntergingen, verkündete Joe: »Wir haben oben ein totes Lebewesen gefunden!«

Später sprachen Ann und ich darüber, ob wir Joe den Tod im Zusammenhang mit seiner Krankheit erklären sollten, entschieden uns jedoch dagegen. Obwohl sein Interesse an der Wespe in die Zeit seiner Krankheit fiel, schien es uns eher der normalen Neugier eines Dreijährigen zu entspringen. Auf keinen Fall wollten wir noch mehr Verwirrung in seiner Welt stiften; er wirkte die meiste Zeit sehr glücklich, und so hielten wir es für unwahrscheinlich, daß er von Ängsten gequält wurde, die er nur noch nicht artikulieren konnte. Während des gesamten Krankheitsverlaufs trafen wir nur einen Arzt, der unsere Art, mit Joe über den Tod zu reden, fahrlässig fand und uns drängte, ihm ganz offen zu sagen, daß er sterben würde. Doch auch vom heutigen Standpunkt aus gesehen, denke ich, daß Ann und ich, die wir Joes Tod miterlebten, damals richtig gehandelt haben.

Der Sommer 1987 war der Sommer der Chemotherapie. Die Behandlungen und ihre Wirkungen kennzeichneten die Monate. Wir merkten bald, daß die Übelkeit und der Haarausfall bei weitem nicht die einzigen Nebenwirkungen der Medikamente blieben. Ungefähr eine Woche nach der dritten Behandlung – wir waren für ein paar Tage nach Hause entlassen worden –, bekam Joe Fieber und wirkte sehr matt.

Wir fuhren unverzüglich ins St. Stephen's (einer der großen Vorteile ihres unbürokratischen Betriebs war, daß Joe nie offiziell entlassen wurde, wenn wir für eine Weile nach Hause durften, denn so konnten wir gleich hoch zur Kenneth-Grahame-Station), wo Joe Blut abgenommen wurde. Das geschah mittels des Hickman-Katheters und war inzwischen Routine. Als eine Stunde später die Ergebnisse kamen, erfuhren wir, daß Joe neutropenisch war, wieder einer dieser beunruhigenden gewichtigen medizinischen Begriffe, der schlicht und einfach bedeutete, daß sein Immunsystem erheblich geschwächt war. Die Zahl der neutrophilen Leukozyten war nur einer der Werte, die regelmäßig in Joes Blut kontrolliert wurden, doch sie gaben den klarsten Hinweis auf den Zustand seines Immunsystems. Der Wert hätte bei dreitausend liegen müssen; bei dieser Messung lag er bei siebzig – das hieß, daß Joe sehr wenig Abwehrkräfte gegen andere Krankheiten hatte.

Diese neutrophilen Leukozyten, die weißen Blutkörperchen, deren Funktion darin besteht, fremde Eindringlinge in Blut und Gewebe zu zerstören und damit Infektionen zu verhindern, sollten uns bald sehr vertraut werden. Ich hatte noch nie zuvor von ihnen gehört und habe bis heute keine Abbildung gesehen (ich könnte nicht sagen, ob sie mikroskopische Schönheiten oder nur öde Blutzellen sind), doch für unseren Alltag erhielten sie eine fast mystische Bedeutung. Durch die Chemotherapie – und später durch die Röntgentherapie – stieg und fiel ihr Wert wie bei einer Achterbahnfahrt, und das hieß für uns: Entweder folgte eine Phase der Entspannung oder eine der Gefährdung durch andere Krankheiten. Bei soviel Ungewißheit glaubten wir wenigstens hier, etwas unter Kontrolle zu haben.

Diese Kontrolle war ganz klar umrissen. War ein geringer Leukozytenwert festgestellt worden, wurde Joe – und damit auch wir – auf die Isolierstation verlegt. Im wesentlichen bedeutete das, daß wir in ein speziell gereinigtes Zimmer kamen (flüchtiges Wischen des Fußbodens und der Oberflächen war alles, was uns dabei vorgeführt wurde).

Man wollte den Raum so »steril« wie möglich halten, Schmutz vermeiden und das Krankheitsrisiko ausschließen, indem jeder, der den Raum betrat, sich die Hände waschen, einen sterilen Kittel, Mundschutz, Kappe, Überschuhe und Handschuhe anlegen mußte und indem alle Objekte, die in den Raum gebracht wurden, mit einer sterilisierenden Lösung abgesprüht wurden. Die Striktheit, mit der diese Prozedur eingehalten wurde, variierte von Fall zu Fall, und leider muß gesagt werden, daß es die Ärzte waren, die am häufigsten gegen die Regeln verstießen, wahrscheinlich weil sie in dem Glauben lebten, sie kämen unmöglich als Überträger von Krankheiten gewöhnlich Sterblicher in Frage.

Joe schien von dieser neuen Form der Gefangenschaft nicht übermäßig verunsichert, vielleicht weil wir uns mit wahrem Pioniergeist der Aufgabe annahmen, ehrgeizig entschlossen, uns auf keinen Fall unterkriegen zu lassen. Mit am schlimmsten war für uns dabei, daß wir uns entscheiden mußten zwischen einem winzigen Raum mit eigener Toilette und einem Doppelzimmer ohne. Wir zogen letzteres vor, da uns der zusätzliche Platz äußerst willkommen war, aber der Preis war, daß wir, Ann und ich, jedesmal wenn wir auf die Toilette gingen, die Kittel, Masken, Überschuhe ausziehen und uns waschen und neue sterile Kleidung anlegen mußten, wenn wir zurückkamen.

Eine Isolierstation ist für jeden, der auch nur im Ansatz klaustrophobisch veranlagt ist, eine vernichtende Erfahrung; es kam uns so vor, als fielen die heißesten Sommertage stets mit ausgerechnet den Tagen zusammen, an denen wir unsere Schutzanzüge anlegen mußten. Für uns wurde es ein wahrlich »heißer Sommer« – wahrscheinlich nur für uns.

Ann: Als Joe zum ersten Mal neutropenisch war, lag gerade ein Kind mit Windpocken auf der Station, und der diensthabende Arzt entschied, ihn zum Schutz ein Immunglobin zu geben. Diesmal kam der Hickman-Katheter nicht zum Einsatz, da das Mittel intramuskulär gespritzt werden mußte. Joe war außer sich, und wir fühlten uns miserabel, hatten Angst. Joe hatte sich vor allem deshalb zum Hickman überreden lassen, weil damit die Spritzen überflüssig wurden, und schon zwei oder drei Wochen später sollte er eine schmerzhafte Injektion bekommen. Wir fühlten uns, als hätten wir ihn belogen, aber mit dieser Entwicklung hatten wir nicht rechnen können.

Schlimmer als das Gefühl des Betrugs jedoch war unsere Angst. Man hatte uns nicht auf die Gefahr einer Neutropenie hingewiesen, und Alex und mir setzte diese Nachricht schwer zu. Die Tatsache, daß Joe Krebs hatte, war beängstigend genug gewesen, und nun teilte man uns mit, daß das kleinste Wehwehchen – selbst ein Infekt, der von einem Haustier übertragen wurde – lebensbedrohlich werden konnte, wenn sein Körper keine Abwehrkräfte hatte. Welch eine Ironie, wenn er, um den Krebs zu besiegen, an Windpocken starb! Plötzlich lauerten überall Gefahren.

Die Chemotherapie brachte neue Sorgen mit sich. Da war die ständige Angst, Joe könnte neutropenisch werden, dann die Tatsache, daß seine Muskeln durch das Vincristin derart geschwächt wurden und seine Beine so wacklig waren, daß er wie ein alter Mann stolperte, und schließlich ein so extremes Schielen, daß wir vorübergehend fürchteten, er könnte einen Tumor hinter dem Auge haben. Hinzu kam noch, daß er durch die alle drei Wochen wiederkehrende Übelkeit dramatisch an Gewicht verloren hatte.

Bei seinem niedrigen Gewicht und mangelnden Appetit war es ein ständiger Kampf, Joe zwischen den einzelnen Therapien wieder aufzupäppeln. Die Aussicht, mit ansehen zu müssen, wie er immer mehr abmagerte, machte uns schaudern. Optimal wäre es gewesen, ihn auf Vollwertkost zu setzen; bevor er krank wurde, hatte ich es auch schon beinahe geschafft, ihn an zusatzfreie Nahrung zu gewöhnen, doch nun wurde bald klar, daß er, wenn überhaupt, nur zu seinen Bedingungen essen würde. Zum Glück hatte er einen recht guten, wenn auch etwas exzentrischen Geschmack. In den ersten Monaten seiner Krankheit mußten wir uns seinen plötzlichen Launen fügen, die mitunter auch einen nächtlichen Gang zum Lebensmittelgeschäft bedeuten konnten, weil er auf irgend etwas Appetit bekommen hatte. Gott sei Dank gab es zwei Läden, nicht weit vom St. Stephen's, die bis dreiundzwanzig Uhr geöffnet waren, und in der Nähe unserer Wohnung gab es einen, der bis Mitternacht aufhatte. Wenn Joe auf irgend etwas Hunger bekam, legten wir einen Vorrat davon an, da er oft tagelang nichts anderes aß.

So aß er beispielsweise eine Zeitlang nur Cheeseburger in Pittabrot. Auch Avocados aß er leidenschaftlich gern, entweder zerdrückt oder in Würfelform mit Pittabrot oder Tortillachips. Diese Vorliebe hielt so lange an, daß die Küche im St. Stephen's schließlich eine ganze Palette bestellt und zu jeder Mahlzeit eine Avocado mit hinaufschickte – wahrscheinlich war Joe der einzige Patient, der jemals Avocados auf Krankenschein bekam! Dann aß er ungefähr einen Monat lang nur Thunfisch-mit-Mayonnaise-Sandwiches, die in Dreiecke geschnitten waren – nicht in Rechtecke. Im großen und ganzen hatte er eigentlich Appetit auf gut bekömmliche Sachen, wenn auch die Zusammensetzung nicht immer ausgewogen war; manchmal verlangte er auch nach Würstchen und Salami.

Oft mußten wir uns Spiele, die sich über Stunden hinzogen, ausdenken, um ihn zum Essen zu bewegen. Ich mußte so tun, als würde ich gleich einen Happen essen, den ich bereits auf der Gabel hatte, dann sah ich zur Seite, und Joe klaute mir den Bissen. Alex erfand ausgeklügeltere Versionen, bei denen ein kleiner Löwe eine Rolle spielte, der immer an Joes Lieblingssalami auf und ab springen und dabei singen mußte: »Das ist mein Haus, und ich springe so hoch, wie mein Haus ist.« Während er dies sang, guckte der Löwe weg, und als er wieder hinschaute, war die Wurst ein Stück kürzer. Das Ganze wiederholte sich so lange, bis Joe die Wurst aufgegessen hatte.

Alex dachte sich auch »Bricks and Shoes« aus, Krümelmonsters Bezeichnung für Würstchen mit gebackenen Bohnen. Dabei übernahm Krümel die Rolle des Diebes, der seinen Beutezug aber immer zu laut plante und schrecklich frustriert war, wenn Joe ihm zuvorkam. Diese Spiele gingen oft über Stunden, waren eintönig und anstrengend, aber wenn sie dazu führten, daß Joe etwas aß, waren sie alle Mühe wert.

Alex: In diesen ersten drei Monaten der Chemotherapie hatte die Zeit ein eigenartiges, unwirkliches Tempo. Ich versuchte, eine »zenhafte« Einstellung zum Krankenhausalltag zu entwickeln und das Beste aus jedem Moment zu machen. Ich war dankbar, mit Joe zusammensein zu dürfen – sowohl, daß man es mir erlaubte, als auch, daß er noch am Leben war –, und bemühte mich, auch der banalsten Tätigkeit einen Sinn zu geben. Wenn wir fanden, der Boden müsse gewischt werden, dann versuchte ich, ihn so perfekt wie nur möglich zu wischen. Wenn ich in der unzureichend sterilen Stationsküche etwas für Joe kochte, brühte ich buchstäblich jeden Gegenstand mit kochendem Wasser ab und entwickelte ein ausgeklügeltes System, wie ich mir merken konnte, was ich bereits angefaßt hatte und was sicher für Joe war. Wenn wir etwas zusammen spielten, versuchte ich mich völlig in das Spiel zu vertiefen, auch wenn die Spiele manchmal derart eintönig wurden oder so lange dauerten, daß sie mich an den Rand des Wahnsinns trieben.

Mein Verhalten während dieser Phase und während Joes Krankheit überhaupt würde ich, ohne zu zögern, mit »besessen« charakterisieren. Es war mein Art, mit der Ungewißheit zu leben. Doch gleichzeitig war ich relativ entspannt, was das Leben auf der Station betraf, weil die medizinische Versorgung hier jederzeit gewährleistet war. Mir machte der Kontakt zu den Schwestern, insbesondere zu den Schülerinnen, Spaß, und manchmal flirtete ich mit ihnen. Ihre offenkundige Liebe zu den Kindern und das Engagement in ihren Beruf beeindruckte mich und stimmten mich nachdenklich, welche Art Dienst ich eigentlich meinen Mitmenschen erwies.

Deshalb wurde ich auch furchtbar wütend, als wir während des Wahlkampfes im Juni 1987 im St. Stephen's waren und miterleben mußten, wie die Abgeordneten der Konservativen so unverfrorene Lügen darüber verbreiteten, wie sehr sie sich für den National Health Service einsetzten und daß er nur in ihren Händen garantiert sei. Ihre Behauptungen, daß er vollsubventioniert würde, waren vollkommener Unsinn, wie wir am eigenen Leib erfuhren; es fehlte ja selbst am Notwendigsten, wie Toilettenpapier oder Laken. Die Tariflöhne für buchstäblich jeden in diesem Bereich, angefangen von den Schwestern über die Pförtner bis hin zu den Ärzten, waren absolut lächerlich, und immer, wenn von der Regierung tiefgreifende Lösungen angekündigt wurden (wie zum Beispiel die Lohnerhöhung von fünfzehn Prozent über Tarif für das Pflegepersonal), erwiesen sich die scheinbaren Verbesserungen durch die daran geknüpften Bedingungen als hinfällig, oder die Löhne waren so niedrig, daß ihre Anhebung fast eine Beleidigung war.

Wir bekamen zu spüren, daß das Krankenhaus oft sämtliche Register ziehen mußte, um die Versorgung der Patienten zu gewährleisten; und ermöglicht wurde dies allein durch das Pflegepersonal, das sich bemühte, die Mängel auszugleichen. Joe selbst wurde nie aufgrund von Kürzungen eine Behandlung verweigert, aber oft genug bekamen wir die nächtlichen Rundrufe nach freien Betten bei anderen Krankenhäusern mit, und in manchen Nächten gab es in ganz London kein einziges freies Bett mehr auf den Kinderstationen, nicht mal für einen eventuellen Notfall.

Wir waren überaus dankbar, daß die NHS die volle Versorgung für Joe übernahm – in einer Phase, in der das letzte, was wir brauchen konnten, Sorgen waren, wie wir seine kostenaufwendige, langwierige medizinische Behandlung finanzieren sollten. Es fiel uns schon schwer genug, überhaupt die Entscheidung für die Behandlung zu fällen, ohne den Kostenfaktor bedenken zu müssen, und die Erfahrungen, die wir machten – nicht nur die mit Joe, sondern auch, was wir bei weniger privilegierten Familien auf anderen Stationen beobachteten –, bestätigten mich in meiner Überzeugung, daß staatliche medizinische Versorgung die einzig faire und humane Form der gesundheitlichen Versorgung der Gesellschaft ist. Private Medizin in England hat dem NHS immer auf der Tasche gelegen, wenn es um die Ausbildung des Personals ging und um die Verlegung von Patienten in NHS-Krankenhäuser, wenn die Privaten mit einem akuten Fall nicht zurechtkamen. Noch beunruhigender ist die Tatsache, daß Pläne zur Privatisierung des Gesundheitssystems nie eine unbegrenzte, umfassende Übernahme der Kosten für Krebspatienten wie Joe oder Multiple-Sklerose-Kranke wie meine Schwester garantieren.

Ann: Sicher trug meine grundlegende Abneigung gegen Krankenhäuser zu meiner feindseligen Einstellung gegenüber der Isolierstation bei. Mich störten die kleinen Hintertürchen und Nachlässigkeiten, die unterschiedliche Befolgung der Vorschriften, je nachdem, wer gerade Dienst hatte: Dr. Sinclair, der ohne Schutz, in Straßenkleidung, ins Zimmer spazierte; dann die schmuddeligen Gardinen; der Umstand, daß niemand daran gedacht hatte, uns auf das Tragen von Überschuhen hinzuweisen, als Joe zum ersten Mal neutropenisch war und wir so den ganzen Dreck reinschleppten.

Das Personal war zum Teil der Ansicht, daß Joe zu Hause besser aufgehoben wäre, weil man gegen Krankheitserreger aus der Familie im allgemeinen eine größere Immunität aufweist, und daß das Krankenhaus viel zu gefährlich für ihn sei. Die umgekehrte Logik war: Hier würde er sofort mit Antibiotika versorgt werden, sollte eine Infektion eintreten. Zu Hause war er jedenfalls weit sicherer vor einer Infektion, so daß es Wahnsinn war, uns zu drängen, im Krankenhaus zu bleiben.

Zu diesem Zeitpunkt nahmen wir es hin, weil uns die Alternative zu unsicher erschien, aber es kam tatsächlich vor, daß Joe auf die Isolierstation verlegt wurde, wenn bei einem anderen Kind – oft im Zimmer nebenan – der Verdacht auf Meningitis bestand. Wir lebten in ständiger Angst und ertappten uns dabei, wie wir anderen Eltern mit Mißtrauen begegneten, in der Befürchtung, sie könnten die Bakterien ihrer Kinder durch uns auf Joe übertragen.

Später erfuhr ich, daß es beispielsweise im Westminister-Krankenhaus, wo Kinder ohne neutrophile Leukozyten lagen, ganze sterile Bereiche gab, in denen sich, entsprechend vorbereitet, Eltern wie Personal frei bewegen konnten und die Kinder ausschließlich bestrahltes Essen bekamen. Im St. Stephen's wurde die Essensfrage ziemlich willkürlich entschieden. Zunächst erhielten wir die Anweisung, Joe ausschließlich Nahrung aus sterilen Behältern zu geben, aus Dosen oder vakuumversiegelten Verpackungen. Das schränkte die Auswahl dessen, was Joe mochte, natürlich erheblich ein – er durfte kein frisches Obst mehr essen – und hatte zur Folge, daß die Nahrung ungewohnt und unappettitlich war.

Irgendwann lockerte man die Vorschrift, und auch andere Nahrungsmittel wurden erlaubt – solange sie nicht aus der Krankenhausküche stammten, weil sie während der Beförderung auf den Wagen Bakterien hätten annehmen können. Wir sterilisierten die mitgebrachten Lebensmittel, so gut es uns möglich war. Das hieß auch, daß wir in der winzigen Stationsküche sämtliche Utensilien wie Teller und Besteck mit kochendem Wasser abspülen mußten, wobei wir uns meistens verbrühten, und jede Verpackung abwuschen, ehe wir sie öffneten. Wir schrubbten die Anrichte und bedeckten sie mit Papiertüchern, doch sosehr wir uns bemühten, es blieb Improvisation.

Ich glaube, Alex kam recht gut mit der Verlegung auf die Isolierstation zurecht, weil er so das Gefühl hatte, aktiv daran teilhaben zu können, Joe zu beschützen; ich dagegen hatte wenig Vertrauen in das Ganze. Es war Alex, der unser gesamtes Regelwerk festlegte, angefangen von der Prozedur des Umziehens bis zur aufwendigen Zubereitung des Essens. Er sah darin eine Möglichkeit, die räumliche Beschränkung auf ein Zimmer erträglich zu machen. Ich empfand die Situation als absolut klaustrophoisch und wurde mit jeder neuen Änderung der Vorschriften frustrierter und zynischer.

Alex: Anfangs versuchte ich wieder zu arbeiten. Ich dachte, es täte mir gut, wenn ich mich außer auf Joes Krebs noch auf etwas anderes konzentrieren würde; doch der Hauptgrund war der, daß im Juni Hypothekenzinsen auf unser Haus fällig wurden und wir keinerlei Rücklagen hatten. Das bereitete mir Sorgen.

Ich kehrte ins Büro zurück, um mich zu erkundigen, wie weit die Pläne für das One-World-Festival gediehen waren. Mozafar, der Initiator des Festivals, hatte ein kleines Wunder vollbracht, indem er die Wembley Stadium Group überzeugt hatte, das Projekt zu finanzieren und das Wembley-Stadion selbst für den britischen Part der international stattfindenden Auftritte zur Verfügung zu stellen. Unterstützt wurden wir von Bright Star, der Satellitenstation, die schon Live Aid ausgestrahlt hatte. Die Begünstigten des Projekts waren zwei anerkannte Wohltätigkeitsorganisationen, der Save The Children Fund und Y-Care International, die zur YMCA-Bewegung gehörte – vielleicht hätten wir es als böses Vorzeichen ansehen sollen, daß Terry Waite, der Sprecher von Y-Care, eine Woche nachdem er zugesagt hatte, die Schirmherrschaft für das Festival zu übernehmen, in Beirut gekidnappt wurde. Wir hatten die Zusagen von Regierungen und Stadien auf der ganzen Welt, was wir nicht hatten, waren international bekannte Rockbands – und da es ein ganzer Tag von über Satellit verbundenen Rockkonzerten werden sollte, stellte uns das vor ein Problem.

Dazu kam, daß wir schon Mai hatten und das Festival auf den 11. Juli festgesetzt worden war. Am Tag meiner Rückkehr ins Büro war ein Krisenmeeting für vierzehn Uhr dreißig in Wembley anberaumt. Ich hatte von Anfang an zusammen mit Mozafar an der Idee des Festivals gearbeitet, doch jetzt kam ich mir irgendwie überflüssig vor. Ich spürte, daß ich nicht mehr mit ganzem Herzen dabei war, wollte es aber wenigstens versuchen. Wie dem auch sei, kurz nach meinem Erscheinen sagte mir Mozafar, ich bräuchte nicht zu diesem Treffen zu gehen.

Mag sein, daß ich paranoid war – ich war sicher mit den Nerven am Ende –, jedenfalls explodierte ich. Ich stürmte in sein Büro, knallte die Tür hinter mir zu und schrie ihn an, wie niederträchtig es von ihm sei, mich von dem Treffen auszuschließen, wo ich doch von Anfang an dabeigewesen war. »Ich kann es nicht fassen, daß du mir das antust«, sagte ich. »Du behandelst deine Freunde wie Dreck. Du weißt, daß Joe vielleicht stirbt, und du weißt, wie hart ich hierfür gearbeitet habe, und jetzt willst du mir sagen, daß ich nicht länger erwünscht bin? Ich kann im Moment diese Art von Irritation in meinem Leben nicht vertragen!«

Ich glaube, ich packte ihn am Revers und drückte ihn gegen ein Fenster; ich war so wütend. Mir war klar, daß diese Wut von Joes Krankheit herrührte und jetzt kam sie zum ersten Mal zum Ausbruch. Ich fühlte mich tief verletzt und betrogen, aber ich fühlte auch, daß mein Zorn nicht unbedingt nur etwas mit Mozafar zu tun hatte, der immer ein guter Freund gewesen war, und im selben Moment, als ich ihn schubste, brach ich auch schon in Tränen aus.

Diese Auseinandersetzung reinigte die dicke Luft ein wenig (was ich zu diesem Zeitpunkt nicht wußte, war, daß die gesamte Belegschaft hinter der Tür hockte und lauschte), und ich ging zu diesem Treffen in Wembley. Obwohl im wesentlichen nur gestritten wurde, fand ich es insofern positiv, als es uns alle zwang, ein paar bittere Wahrheiten einzugestehen. Das Festival war viel zu hoch angesetzt worden und am Ende des Nachmittags hatten wir es auf ein bescheideneres Ereignis in der Wembley-Arena zurückgestuft, mit einigen Auslandsschaltungen, die zumindest im Bereich des Möglichen lagen.

Am nächsten Tag ging ich mit neuem Optimismus ins Büro, mit dem Gefühl, daß ich jetzt, da Joe so krank war, vielleicht echte Leidenschaft in mein Engagement für Save The Children einbringen konnte. Dabei unterschätzte ich meine emotionale Verfassung völlig und brach während der Besprechung mit einem TV-Produzenten am Morgen erneut in Tränen aus. Ich hatte mich um einen bestimmten Punkt mit ihm gestritten, und vielleicht wollte er mich einfach aus dem Ganzen raushaben, jedenfalls lieferte er mir den perfekten Anlaß zum Rückzug, als er sagte: »Sie sollten gar nicht hier sein. Sie sollten zu Hause sein und Ihr Kind retten.«

Ich sagte Mozafar, daß ich nicht mehr kommen würde, und verließ das Büro gegen Mittag, mit einem überwältigenden Gefühl der Endgültigkeit und Erleichterung; Ann und ich würden den finanziellen Bankrott schon irgendwie aufhalten – zum Beispiel, indem wir uns Geld liehen, um den ursprüglich geplanten Verkauf unserer Wohnung abzuwenden –, und, wesentlich wichtiger, endlich war ich frei, um mich voll und ganz Joe zu widmen.

Ich erkannte, daß ich meine Arbeit wahrscheinlich nur deshalb wiederaufgenommen hatte, um mir zu beweisen, daß ich es gar nicht wollte. Meine größte Angst bestand darin, daß Joes Krebs erneut ausbrechen könnte, während ich nicht bei ihm war; ich glaube, daß dies an eines der grundlegenden Probleme meiner Persönlichkeit rührte – meiner Unfähigkeit zu akzeptieren, daß die Welt sich auch ohne mich dreht! Ich wußte, ich würde keine Wunder vollbringen können, auch nicht, wenn ich die ganze Zeit bei Joe blieb, aber so fühlte ich mich einfach weniger ohnmächtig. Die Richtigkeit meiner Entscheidung, die berufliche Arbeit aufzugeben, schien sich noch am selben Nachmittag zu bestätigen, als ich nach Hause kam: Ann überlegte gerade, ob wir Joe, dem es anscheinend schlechterging, wieder ins Krankenhaus bringen sollten. Ich war froh, daß ich ihn sofort mit dem Auto hinbringen konnte und daß es von nun an keinerlei außerfamiliären Verpflichtungen mehr für mich gab, die mich in meiner Fürsorge für Joe einschränken würden. Vielleicht versuchte ich damit auch einen Teil meines Schuldgefühls abzulegen, das ich entwickelt hatte, weil ich in der Zeit, als Joe krank wurde, so selten zu Hause gewesen war.

Ann: Joes Krankheit hatte unser Leben völlig durcheinandergebracht, und allmählich gewöhnten wir uns an den Gedanken, daß überhaupt nichts mehr sicher war. Joe würde es irgendwann wieder gutgehen oder auch nicht. Vielleicht mußte er wieder untersucht werden und ins Krankenhaus oder nicht, konnte seine Freunde sehen und etwas unternehmen oder nicht. Wir konnten alles nur noch von einem Tag zum nächsten planen und sehen, was dann möglich war.

Wir hatten uns die Möglichkeit offengehalten, daß Joe eines Tages wieder in den Kindergarten gehen konnte, doch jetzt wurde dies immer unwahrscheinlicher. Von der Operation hatte er sich erholt, doch ständig passierte etwas, was seine Teilnahme dort in Frage stellte. Als Joe zum erstenmal neutropenisch wurde, mußten wir einsehen, daß es keinen Sinn hatte. Mit einem geschwächten Immunsystem war es einfach unmöglich, daß er regelmäßig mit anderen Kindern zusammenkam. Traurig rief ich im Kindergarten an und erklärte, daß Joe nicht mehr wiederkommen würde. Ich bedauerte, daß auch dieses letzte Stückchen Normalität für uns verloren war, doch momentan war Joe zu Hause einfach besser aufgehoben.

Aber weil er immer da war und auch nicht vor uns schlafengehen wollte, kam es Alex und mir so vor, als könnten wir nie mehr allein sein. Ihn bei jemandem, den wir nicht gut kannten, zu lassen, das war uns zu unsicher, ganz abgesehen davon, daß wir uns zu der Zeit sowieso nur ungern von ihm getrennt hätten. Wir verließen abwechselnd das Haus, und manchmal kamen Alexanders Eltern aus Bexhill herüber und paßten auf Joe auf; doch das war ein ziemlich weiter Weg zum Babysitten, und so trafen wir keine regelmäßige Vereinbarung.

Bald hatte es den Anschein, als ob wir nur noch in Beziehung zu Joe existierten, obwohl wir fast ununterbrochen zusammen waren, und als ob unsere Sorge um Joe eine wesentlich größere Distanz zwischen uns schuf, als es normalerweise bei Paaren mit Kindern der Fall ist.

Zum Glück handelten wir gleichermaßen instinktiv, wenn es um Joes Wohl ging. Wir mochten verschiedener Ansicht sein über einzelne Mitglieder des Krankenhauspersonals oder über die Isolierstation, aber in den wichtigen Fragen stimmten wir überein, wie etwa bei den Behandlungsmethoden oder dem Problem, wie wir Joe sie erklären sollten. Manchmal mußten wir im St. Stephen's innerhalb kürzester Zeit über den weiteren Behandlungsablauf entscheiden, und nie kam es dabei zu Konflikten.

Leider bot sich viel zu selten die Möglichkeit, daß wir uns grundsätzlich unterhalten, uns über unsere Gefühle austauschen, über unsere Ängste oder einfach nur einmal wieder ganz belanglos plaudern konnten. Wir waren zusammen und doch getrennt; unsere Beziehung schien uns zu entgleiten. An manchen Tagen fragte ich mich, ob wir noch irgend etwas gemeinsam haben würden, falls Joe starb. Der Gedanke daran, daß Joe sterben könnte, begann mehr zu bedeuten als nur den Verlust meines Kindes. Allmählich glaubte ich, daß dies auch das Ende meiner Beziehung zu Alex bedeuten konnte. Ich blickte ins absolute Nichts.

Alex: Die langfristigen Aufenthalte im Krankenhaus, dazu die Angst um Joe, der ständige Zweifel – all das stellte eine ungeheure, nicht alltägliche Belastung für meine Beziehung zu Ann dar. Zuvor hatte ich Liebe empfunden und mich sicher gefühlt – natürlich gab es auch Probleme, die wohl jeder nach mehreren Jahren des Zusammenlebens hat: eine wirklich intensive Partnerschaft und die Freuden der Elternschaft mit dem Bedürfnis nach Leidenschaft und Abenteuer zu verbinden und sich dabei als Individuum wie als Paar weiterzuentwickeln.

Ich weiß, daß ich seit der Diagnose Angst davor hatte, wie es weitergehen würde, falls Joe starb. Diese Möglichkeit ließ alles offen; mich erschreckte die Vorstellung, kein Daddy mehr zu sein, und ich machte mir große Sorgen, wie Ann, die bereits ihren Vater und ihren ersten Ehemann durch Krebs verloren hatte, einen erneuten Verlust verkraften würde. Ich hatte sie kurz nach dem Tod ihres ersten Mannes kennengelernt, und sie war damals in tiefer Trauer gewesen. Um wie vieles mehr würde sie um Joe trauern, den sie über alles liebte?

Ich glaube, wenn ich ehrlich bin, stellte auch ich meine Beziehung zu ihr in Frage. Wir hatten zusammen viele Höhen und Tiefen erlebt und uns fast getrennt, als Joe ein Jahr alt war und ich – in einem absoluten Hoch, weil ich an zwei Filmen in einem Jahr beteiligt war – mit dem Gedanken spielte, mit einer anderen Frau, die ich in Kalifornien kennengelernt hatte, ein neues Leben zu beginnen und eine neue Familie zu gründen. Damals war ich felsenfest davon überzeugt, zwei Leben in zwei Ländern führen zu können. Ähnlich wie in der Nacht, als Joe geboren wurde und ich das Gefühl hatte, man könnte auf uns drei schießen und die Kugeln würden einfach abprallen – so stark war unsere Liebe –, so überzeugt äußerte ich mich später auch gegenüber meiner kalifornischen Freundin auf die Frage, wie ich mir meine Rolle als Vater vorstellte: »Ich kann hier Vater sein und drüben. Es sind mit dem Flugzeug lediglich ein paar Stunden nach London; ich kann Joe jederzeit sehen. Joe ist stark, er wird wissen, daß ich für ihn da bin, auch aus der Ferne.«

Jetzt, da ich wußte, wie sehr ich im Unrecht gewesen war, zögerte ich nicht, mich voll und ganz Joe zu widmen. Vielleicht hatte diese frühe Krise unsere Beziehung gefestigt. Später erlebte ich, daß sich viele Väter vor der Verantwortung gegenüber der Familie drücken, wenn sie mit einer dramatischen Situation wie unserer konfrontiert wurden – viel zu oft müssen Mütter allein mit den ungeheuren physischen wie psychischen Anforderungen durch die Krebserkrankung ihres Kindes fertig werden. Ich war weit davon entfernt, es diesen Vätern gleichzutun; dennoch empfinde ich keine Selbstgerechtigkeit, denn auch ich hatte reale, tiefsitzende Ängste, was die Zukunft betraf und den Weg, den wir letztendlich einschlagen würden.

Ann: Unsere sehr unterschiedliche Einstellung zur Isolierstation war ein extremes Beispiel, aber es gab auch kleinere Meinungsverschiedenheiten, die wir während Joes Krankheit austrugen.

Anfangs nervte mich Alex fürchterlich, weil er ständig Joes Temperatur maß, auch nachts (wobei Joe weiterschlafen konnte, da er sie in der Achselhöhle maß). Ich verließ mich auf die alte traditionelle Methode des Handauflegens auf die Stirn. Wenn Joe sich heiß anfühlte, nahm ich das Thermometer zu Hilfe, wenn nicht, ging ich davon aus, daß er okay war. Als ich Alex gegenüber bemerkte, daß das Krankenhaus doch gar nicht verlange, so oft die Temperatur zu messen, antwortete er, das bräuchten sie auch nicht, er würde es von sich aus tun.

Ich war unschlüssig, ob nun ich etwa nachlässig geworden war oder ob Alex langsam besessen wurde. In mir kam das Gefühl auf, daß er Joes Krankheit zu einer Art Wettbewerb nutzte, wer von uns beiden wohl der bessere, aufopferndere Elternteil sei. Sein Verhalten wirkte wie der unbedingte Versuch, in Joes Krankheit einbezogen zu sein; vielleicht kam bei mir dieses Bedürfnis erst gar nicht auf, weil ich die Mutter war und weniger Probleme hatte, mich auf meinen Instinkt zu verlassen.

Eines Morgens brauchten wir kein Thermometer. Alex weckte mich gegen sieben Uhr und sagte, er mache sich Sorgen um Joe. Er glühte förmlich. Alex maß die Temperatur und rief hinterher sofort im Krankenhaus an. Die Nachtschicht war noch im Dienst, doch die Schwester meinte, wir sollten ihn unverzüglich herbringen. Alex und ich warfen uns etwas über, weckten Joe, gaben ihm Calpol, wickelten ihn in eine Decke und trugen ihn ins Auto. Joe, der für gewöhnlich später als wir aufwachte, erinnerte sich später an diese Begebenheit als »mitten in der Nacht«.

Im St. Stephen's wurde festgestellt, daß Joe eine Infektion hatte und neutropenisch war (das einzige Mal, daß es ihm wirklich schlecht ging, während er neutropenisch war). Wir machten uns unverzüglich daran, sein Zimmer zu sterilisieren. Joe war so heiß, daß er sich ganz auszog. Selbst die sofortige Einnahme von Antibiotika und Calpol konnte seine Temperatur nicht vollständig senken; deshalb brachte eine der Schwestern einen Ventilator, um es ihm etwas erträglicher zu machen.

Alex' Eltern kamen uns besuchen und brachten zwei neue Legospielzeuge für ihn mit. Wegen der Infektion durften sie nicht das

Zimmer betreten, aber man stellte ihnen Stühle auf den Korridor, der durch eine Glasscheibe mit Joes Zimmer verbunden war. Zu diesem Zeitpunkt waren Alex und ich nicht mehr allzu besorgt um Joes Zustand, doch für sie muß es ein schlimmer Anblick gewesen sein: ein nackter kleiner Junge, mager und matt, an einem Tropf angeschlossen. Joe war allerdings noch nicht wieder so weit, daß er sich für seine Geschenke interessierte und wütend wurde, als die Bilder auf den Kartons verschmierten, die wir mit einem sterilisierenden Tuch abwischen mußten.

Die folgende Unterhaltung wurde an einem Abend zu Hause in Brighton aufgenommen, als Joe im Streckverband lag; das war ungefähr einen Monat vor seinem Tod.

JOE: Weißt du noch, wie mir mal so heiß war im Bett, wie wir mitten in der Nacht ins Krankenhaus mußten und ich einen Windmacher hatte und mir so kalt war? Da haben wir Lego gespielt, und ich habe das Laken auf den Boden gelegt, und wir haben unten Lego gespielt...

ALEX: Ja, weiß ich noch.

JOE: Weißt du echt noch, wie mir so heiß war und wir ins St. Stephen's mußten, und ich gar nicht untersucht wurde oder so, sondern nur einen Windmacher gekriegt habe?

ALEX: Ja, ich weiß noch. Waren wir da nicht in diesem großen Zimmer?

ANN: Ich glaube, ja.

JOE: Ja, da haben wir in London gewohnt und mir war so heiß, und ich mußte ins Krankenhaus, und da kriegte ich den Windmacher. Keinen so aus Papier, mit dem man vorm Gesicht wedelt... wartet, ich kann den malen. (Malt ihn.)

ALEX: Ja, einen elektrischen Ventilator.

JOE: Der hat sich total schnell gedreht.

ALEX: Vielleicht sollten wir auch so einen kaufen, für zu Hause.

JOE: Au ja, da konnte man nämlich was ganz Tolles mit machen.

ALEX: Und was, Joe?

JOE: Wenn wir Melissa und Krümel und Leglin so Umhänge aus Papier machen, dann flattern die, wenn man sie davorhält. (Joe verwandelt seine Puppen oft in Superhelden und sich selbst auch, indem er sich ein Handtuch umhing, es mit zwei Ich-bin-3-Abzeichen festpinnte und sich in seine Phantasiefigur 3-Girl-Super-Ted, verwandelte.)

ALEX: (lachend) Stimmt – das haben wir öfter gemacht, oder?

JOE: Ja! Das hat Spaß gemacht. Das hat echt Spaß gemacht. Dad!

ALEX: Vielleicht haben wir ja bald wieder einen Ventilator.

JOE: Ja, das ist auch viel besser als Calpol, soviel Calpol ist sowieso Verschwendung. (Calpol ist Paracetamol für Kinder, das wir ihm gaben, um die Temperatur zu senken, wenn er Fieber hatte.)

ALEX: Und was meint Mummy dazu? Sollen wir einen Ventilator besorgen?

JOE: Klar. Ein Ventilator wäre viel besser als Calpol. Wir könnten ihn einfach anknipsen, wenn mir zu heiß wird.

ALEX: Stimmt. Du bist wirklich clever.

JOE: Ja, bin ich...

Alex: Während dieser Phase beschloß ich, die Arbeit an meinem Roman wiederaufzunehmen. Es war weniger die Tatsache, daß er Hamish Hamilton für Ende August 1987 versprochen war und das Datum immer näherrückte – ich wußte, daß die Umstände eine verspätete Abgabe mehr als entschuldigen würden –, sondern eher das Gefühl, daß er mir, trotz allem, wirklich wichtig war, und die Seiten, die ich bereits geschrieben hatte, bestärkten mich darin. Dazu kam, daß ich noch immer etwas jenseits von Joes Krankheit brauchte, worauf ich meine Aufmerksamkeit und meinen Zorn richten konnte, jetzt, da ich alle Verbindungen zu Mozafars Büro abgebrochen hatte.

Ich spürte die Gefahr, daß das Buch in eine Art Selbsttherapie ausarten konnte, doch ich glaubte, das Problem im Griff zu haben, solange ich mir ihrer bewußt war. Zu der Zeit hieß der Roman noch *Mackerel Sky*, später, als er fertig war, benannte ich ihn in *The War Zone* um. Das zentrale Thema war die inzestuöse Beziehung eines Vaters zu seiner Tochter im Teenageralter; ein sonderbares Thema, wenn man selber gerade Vater eines kranken Kindes ist, das auf der Kinderstation liegt.

Es ist immer schwer zu sagen, was der zündende Funke einer Idee gewesen ist, doch ich denke, daß *The War Zone* zwei Quellen entsprang. Eine war mit Sicherheit Joe Buffalos Geburt und der massive Realitätsschub, den ich dadurch erhielt: Endlich schlug ich Wurzeln in dieser Welt, zum ersten Mal fühlte ich mich wirklich zugehörig, wollte mich in die Gesellschaft einbringen, wollte ein kleiner, integrierter Teil eines großen Ganzen sein. Mit einemmal berührte mich alles, was mich oder mein Kind betreffen könnte, emotional wie politisch, und mein Roman ist sicher auch eine Reaktion auf die zerstörerischen Auswirkungen des Thatcherismus und der Reaganomics im vergangenen Jahrzehnt, auf die Demontage einer »sanften« Gesellschaft und auf die Propagierung von Gier und Ehrgeiz als den motivierenden Faktoren im Leben. Am allermeisten widerte mich die Einstellung des Begriffs »Moral« durch Thatcher und ihresgleichen an – ihre Überzeugung, daß etwas heil ist, so lange es sauber aussieht; ihre Art, die alten Lügen als neue Wahrheiten zu verkaufen; die Unverfrorenheit dieser Leute, deren Wertvorstellungen im persönlichen Bereich wie im Geschäftsleben vielleicht schon völlig verschüttet sind von Nützlichkeitsdenken, Betrug und von einer selbstherrlichen Weltsicht, sich als die Wächter über unsere Seelen aufzuspielen.

Die zweite Quelle war wesentlich direkter, aber ebenfalls mit Joes Geburt verbunden. Der Gedanke, Vater zu werden, veranlaßte mich, andere Väter zu beobachten, und dabei fiel mir bald die oftmals prickelnde Beziehung vieler Väter zu ihren Töchtern im Teenageralter auf. Ich bemerkte das subtile Flirtverhalten und sprach mit einigen weiblichen Bekannten über das Verhältnis, das sie zu ihrem Vater gehabt hatten. Es waren stets intensive Beziehungen gewesen, und ich war fasziniert von der Familie als einem Schmelztiegel, in dem die spätere Fähigkeit, Bindungen einzugehen, geschmiedet wird – je nachdem, ob durch ein enges Verhältnis zu den Geschwistern oder zu einem oder beiden Elternteilen oder durch eine Atmosphäre des Mißtrauens und der Feindseligkeit.

Als ich an meinem Buch arbeitete und die Figur des jungen Erzählers, Tom, konzipierte, der sich von dem, was sich zwischen seinem Vater und der Schwester abspielt, ausgeschlossen und betrogen fühlt, wuchs in mir das Gefühl, etwas Wertvolles, wenn auch sehr Unbequemes zu schaffen. Jetzt, da Joe im Krankenhaus war und möglicherweise sterben mußte, gab es noch einen ganz anderen Grundgedanken: Ich wollte die Zeit, in der ich nicht bei ihm war, mit etwas wirklich Wichtigem für mich verbringen. Wenn wir im St. Stephen's waren, konnte ich höchstens für ein, zwei Stunden nach Hause und schrieb dann wie ein Besessener. Ich sagte mir immer wieder: »Falls Joe stirbt, will ich zurückblicken und sagen können: ›Ja, die Zeit, die du nicht mit ihm verbringen konntest, weil du an deinem Roman gearbeitet hast, war nicht verschwendet.‹«

Ein weiterer Faktor, der mich antrieb, war das Gefühl einer Verpflichtung zur Wahrheit – nicht der Richtigkeit, sondern der fundamentalen, emotionalen Wahrheit, jener Art Eingeständnis, zu dem man gelangt, wenn man an seine Grenzen getrieben wird, wie es mir erging bei der Aussicht auf Joe Buffalos Tod. Und ich fühlte eine Verantwortung gegenüber den Inzestopfern, aber nicht, um ihren Schmerz für eine nette Geschichte auszubeuten, die vielleicht ein clever gestricktes Ende hat.

Trotz des Vertrauens, das wir von seiten des Personals auf der Kenneth-Grahame-Station genossen, erfuhren wir niemals, ob Fälle von Kindesmißbrauch auf der Station behandelt wurden – natürlich wäre das auch eine Verletzung der ärztlichen Schweigepflicht gewesen –, aber wir sahen auch so Kinder, die mißhandelt worden waren (eine der Deckbezeichnungen für diese Fälle im Krankenhaus lautete »nicht unfallbedingte Verletzungen«), darunter ein drei Monate junges Baby, dem beide Beine gebrochen worden waren. Wenn ich nach ein paar Stunden des Schreibens auf die Station zurückkehrte, wollte ich das Gefühl haben, daß mein Roman wenigstens einen Aspekt der Vielschichtigkeit widergab, wie wir uns gegenseitig verstricken und mißbrauchen – perverserweise auch lieben –, so genau und wahrheitsgetreu, wie es meine Fähigkeiten zuließen.

Ann: Anfang August 1987 sah Joe zum ersten Mal *Schneewittchen* im Kino. Er liebte den Film, aber uns fiel auf, daß seine Konzentration nachließ, sobald die Zwerge auftauchten. Sicher, ich fand sie ziemlich ermüdend, aber es wunderte mich, daß ein Dreijähriger sie nicht witzig fand. Seine Lieblingsfigur war die Königin, in Gestalt der bösen Hexe. Als wir nach Hause kamen, spielte er mit Alex stundenlang, immer von neuem, die Vergiftungszene nach, wobei Joe seine Phantasiefigur 3-Girl-SuperTed (SuperTeds Freundin) als Schneewittchen nahm und Alex die böse Hexe spielte. Da wir gerade keine Äpfel im Haus hatten, mußte Alex improvisieren und versuchen, 3-Girl-SuperTed mit krächzender Stimme zu überreden, anstelle eines Apfels eine seiner »reifen, saftigen Nektarinen« zu nehmen. 3-Girl-SuperTed kostete von der Frucht, brach zusammen und wurde in letzter Minute von Boy SuperTed, wie Joe ihn nannte, gerettet. Auf diese Weise verspeiste Joe schon am ersten Abend fünf Nektarinen. Das Spiel bot eine exzellente Möglichkeit, ihn zum Obstessen zu überreden.

Später entwickelte Joe eine Variante: Er selber sei 3-Girl-SuperTed und tot. Alex und ich mußten dann klagen, wie schön und gut 3-Girl-SuperTed doch war, bis Boy SuperTed und sein treuer Gefährte Spottyman ihren Auftritt hatten und 3-Girl wieder zum Leben erweckten. Obwohl Joe offensichtlich nur *Schneewittchen* und die SuperTed-Mythologie miteinander verknüpft hatte, fanden wir seine Begeisterung, tot zu spielen, und die Hingabe, mit der er es tat, unter den gegebenen Umständen doch reichlich beunruhigend. Wie dem auch sei – vielleicht spielen auch gesunde Kinder dieses Spiel, denn es gab niemals irgendwelche Anzeichen, daß sich Joe der Unheilbarkeit seiner Krankheit bewußt sein könnte.

Joe war so vernarrt in *Schneewittchen*, daß wir den Film in den darauffolgenden Monaten noch zweimal anschauen mußten. Das dritte Mal war sicherlich einmal zuviel. Joe war mittlerweile völlig gelangweilt, wenn die böse Hexe nicht zu sehen war, und als sie schließlich am Ende über die Klippe in den Abgrund stürzte, stand er auf und sagte: »Wir können gehen.« Er hatte kein Interesse am Happy-End.

Alex: Schneewittchen und SuperTed spielten beide eine große Rolle in Joes Vorstellungskraft während seiner Krankheit. Später in diesem Jahr, im November 1987, fing er an, uns seine Träume zu erzählen, und wir beschlossen, sie in einem »Traumbuch« festzuhalten. Die ersten beiden hatten ausschließlich mit Charakteren aus den genannten Quellen zu tun und deuteten an, daß Joe in die dunklere

Seite seines Unterbewußtseins vorstieß – oder zumindest begann, sich auch mit den Bösewichtern zu identifizieren.

SUPERTED-TRAUM MIT TEXAS PETE / DER BÖSE TRAUM

Joe und Texas Pete entführen einen Jungen – den Jungen aus der Funfair-Story (einer Fernsehepisode von SuperTed). Sie bringen ihn zum Geisterzug aus der SuperTed-Geschichte. Sie machen schlimme Dinge mit dem Jungen, alle tun das. Joe gefällt es, dem Jungen weh zu tun – ihn anzugreifen und zu verletzen. SuperTed kommt im Traum nicht vor. Joe versteht sich im Traum gut mit Texas Pete; er gehört zu Texas Petes Bande. (Joe sagt, er hatte keine Angst im Traum, aber es sei ein böser Traum.)

November 1987, zum ersten Mal Daddy erzählt, auf der Pier in Brighton.

TRAUM VON DER BÖSEN HEXE

Ich steige zu der bösen Hexe ins Auto und schaue mich um. Es ist ein schwarzer Toyota – wie unser Auto, aber mit einer anderen Farbe, orange. Er ist gestreift. Die böse Hexe ist auch im Auto, und sie fragt mich: »Hey, Joe, was machst du so?« Sie ist genau wie im Film, aber sie hat andere Sachen an. Sie trägt Kuschel-Kleider (einen BH) – die böse Hexe hat weiche Dingsda (Kuschels Brüste)! Sie trägt einen BH und einen Tin-Tin-Pullover, aber nicht einen orangen, wie ich habe, sondern einen weißen. Sie hat lange Fingernägel und dasselbe Gesicht wie im Film. Ich fasse ihre (Kuschels) Dingsda nicht an. Jetzt weiß sie nicht, wie ich heiße. Sie sagt: »Hey, was machst du?« Und ich sage: »Ich schaue mich einfach um.« Und dann steige ich aus dem Auto. (Joe sagt, das ist ein guter Traum, er hat ihm keine angst gemacht.)

9. Dezember 1987, einige Monate, nachdem er Walt Disneys *Schneewittchen* gesehen hat.

7

Der Sommer 1987

Alex: Eine mehr oder weniger willkürliche Auswahl meiner Tagebucheintragungen bietet vielleicht den besten Einblick in die Tage während des Sommers 1987, in das Auf und Ab, das sonderbare Wirrwarr unserer Ängste und in unser ganz alltägliches Bemühen, die vielen praktischen Probleme, die sich aus der Situation ergaben, zu bewältigen. Zeitweise schienen Fortschritte und das Gefühl von Hoffnung zu überwiegen – doch es war eine viel zu verzweifelte Hoffnung, als daß sie Bestand haben konnte.

Diese Auszüge geben bei weitem nicht alle Chemotherapien oder Verlegungen auf die Isolierstationen wider; wenn ich nichts anderes vermerkt habe, waren wir im St. Stephen's.

Montag, 25. Mai 1987 (Bank Holiday)

Fahre für ein paar Stunden nach Hause. Entwurf zu *Mackerel Sky*. Danach ein Bad.

Joe umarmt mich, als ich wiederkomme – geht ihm gut, müde, tanzt aber zum Fernsehen, am Tropf.

Mary: Joes Blutwerte besser, aber neutrophile niedrig. Abwarten.

Mittwoch, 27. Mai 1987

YMCA – schwimmen.

Fahre nach Hause – Makler etc. (Versuchen, unsere Wohnung zu verkaufen, um Hypothek und andere Schulden zu tilgen.)

Auf einen Drink mit Lyn, Anna, Carol, Simon, Graham, Mike (Krankenhausangestellte, die uns in den Pub gegenüber vom Eingangstor eingeladen haben).

Donnerstag, 28. Mai 1987
Joe – draußen im Krankenhauspark – kurz. (Dr. Sinclair hielt es für eine schlechte Idee.)
Joes Werte okay für Chemotherapie – neutrophile bei 1800.

Samstag, 30. Mai 1987
Streiche die unteren Stufen, dann REGEN! (Wollte die Wohnung zwecks Verkauf auf Vordermann bringen; wieder im St. Stephen's, es schüttet nur so. Mußte Stufen am nächsten Tag noch einmal streichen.)

Dienstag, 2. Juni 1987
Echotest an Joes Herz – Brompton-Krankenhaus. (Untersuchung, ob Herzmuskel in Ordnung oder durch Chemotherapie angegriffen.)
4.30 Uhr: Dr. Harris, St. Stephen's. (Ann und ich hatten um Familienberatung gebeten, sollte ziemlich regelmäßiger Termin einmal wöchentlich bleiben.)
7.30 Uhr: Carols Abschiedsparty – im Hollywood-Pub. (Wir fühlten uns sehr geehrt, als Eltern zu der Abschiedsparty einer Schwester eingeladen zu werden. Wurde eine ziemlich wilde Angelegenheit, inklusive einer strippenden Schwester und einer Beinahevergewaltigung eines Tarzanogramms!)

Mittwoch, 17. Juni 1987
Wohnung verkauft.

Freitag, 19. Juni 1987
11.30 Uhr: Joe – Dreifachmedikation.
Dr. Phillips mit Joes Fortschritten sehr zufrieden – CAT und Knochenmarkbiopsie in ein paar Wochen.

Montag, 22. Juni 1987
Joes Leukozahl niedrig – bekommt kleinere Transfusion.
Wimbledon – 1. Tag völlig verregnet.

Dienstag, 23. Juni 1987

Joe – Hämoglobin-Transfusion.

Auf die Isolierstation.

Sonntag, 28. Juni 1987

Joe – Hyde Park – Popcorn und Eis. (Wir »entführten« Joe am Nachmittag aus der Station.)

Mittwoch, 1. Juli 1987

Joe – Ophthalmologe. (Joe hatte ein Schielen des rechten Auges entwickelt; allgemeine Vermutung: weitere Nebenwirkungen der muskelentspannenden Eigenschaft von Vincristin, aber nicht sicher. Spätere Operation nicht ausgeschlossen.)

Donnerstag, 9. Juli 1987

Isolierstation.

Ann mit Grippe zu Hause.

Bricks and Shoes – Würstchen & Bohnen. Joe ißt nichts anderes. (Ich koche in der Stationsküche, während eine Schwester Joe Gesellschaft leistet – er will nicht alleine sein.)

Freitag, 10. Juli 1987

Isolierstation.

Ann mit Grippe zu Hause.

Test mit Valegan – Joe schläft vier Stunden.

W.-Brompton-Friedhof – Spaziergang. (Joe hatte Valegan bekommen, um seine Reaktion zu testen wegen des bevorstehenden Gehirn-Scans am Montag; er schlief, ich ging ein wenig in der Sonne auf dem Friedhof spazieren, zwang mich wieder einmal, mich der Möglichkeit von Joes Tod zu stellen und mir zu beweisen, daß ich keine Angst davor habe.)

Samstag, 11. Juli 1987

Isolierstation.

Joe stößt sich den Zeh am Tropfständer. IVAC. Schläft bis 11.00 Uhr abends. Würstchen & Bohnen um 1 Uhr morgens – nach Feueralarm. (Der Feueralarm wurde oft im Krankenhaus ausgelöst, doch diesmal konnte ich tatsächlich Rauch auf der Station riechen, und ich fragte mich, wie Joe eigentlich in Sicherheit gebracht werden sollte, am Tropf mit geschwächtem Immunsystem, wenn wirklich einmal Feuer ausbrechen sollte.)

Montag, 13. Juli 1987

Ann wieder da.

Kernspinresonanz-Tomographie in der Marylebone-Klinik.

Valegan schlägt nicht an – Joe wach. (Es war der einzige Scan, den Joe nie bekommen sollte; Dr. Sinclair befürchtete, daß Joes Schielen von einem Tumor im Gehirn herrühren könne, doch trotz des erfolgreichen Testlaufs am Freitag klappte die Betäubung diesmal nicht, und das Scanning wurde abgesetzt.)

Dienstag, 14. Juli 1987

9.00 Uhr: Westminster – CAT-Scan/Knochenmarkbiopsie. (Die CAT fand statt, obwohl Joe noch offiziell mit geschwächtem Immunsystem auf der Isolierstation lag.)

Batterie leer – das hatte noch gefehlt! (Hatte mal wieder das Licht angelassen; war immer sehr angespannt, wenn wir zum Krankenhaus fuhren.)

Mittwoch, 15. Juli 1987

Immer noch Isolierstation.

Angespannt – warten auf die Ergebnisse des Scans.

12.00 Uhr: Schlafen. (Kann nicht mehr sagen, ob damit gemeint war, daß Joe schlief oder ich; Ann und ich fühlten uns in der Zeit seiner Krankheit oft körperlich völlig erschöpft.)

Mum & Dad zu Besuch – Mundschutz und Kittel.

Donnerstag, 16. Juli 1987

Dr. Sinclair – CT-Scan/Biopsieergebnisse. Kein Krebs mehr im Knochenmark, Metastasen verschwunden, aber mysteriöse »Löcher« auf der Aufnahme. Eins auf der Lunge, eins auf der Leber, dem Lendenwirbel, der Hüfte, zwei auf dem Oberschenkelknochen.

Knochen-Scan und Gallium-Scan nächste Woche, Ultraschalluntersuchung der Leber morgen.

6.00 Uhr: Neurologe kommt wegen des Schielens; keine Reflexe im Knie (Vincristin).

Freitag, 17. Juli 1987

Opthalmologe – Joe, keine Verschlechterung des Auges.

2.30 Uhr: Ultraschall, Leber – Arzt sagt, ist in Ordnung, lediglich ein erweitertes Blutgefäß.

Grahams Abschiedstrunk. Chelsea Harbour, Lots Rd. Ferret & Firkin. (Einer der Betreuer auf der Station nahm seinen Abschied und lud uns dazu ein; es war, als würden uns die Angestellten im St. Stephen's das gesellschaftliche Leben ersetzen, das wir draußen nicht führen wollten.)

Sonntag, 19. Juli 1987

Plaza – 5.00 Uhr: *An American Tail* – Joe. (Oder, wie Joe sagte, »A Merican Tail« – zu dieser Zeit kamen einige neue Zeichentrickfilme, und wir gingen häufiger mit Joe ins Kino; er fing damals auch an, Geschichten mitzuverfolgen.)

Dienstag, 21. Juli 1987

9.30 Uhr: Joe – Charing-Cross-Krankenhaus – Knochen-Scan.

Donnerstag, 23. Juli 1987

Joe – Gallium-Scan – Charing Cross.

Montag, 10. August 1987

6.30 Uhr: Century Theatre – *Schneewittchen.*

Freitag, 14. August 1987

Chemotherapie – erste seit 5 oder 6 Wochen.

Samstag, 15. August 1987

Joe Buffalos Geburtstag.

Erholt sich von Chemo – nachmittags wieder fit. *Batman*-Kostüm. *Robin-Hood*- und *Raccoon*-Videos.

8

Joes vierter Geburtstag

Ann: Kurz vor seinem vierten Geburtstag bekam Joe ein tolles Geschenk. Unsere Freundin Annette, die Joe im Krankenhaus vermutete, hinterlegte für ihn ein Päckchen auf der Station, das auf ihn wartete, als wir zu einer Stippvisite im Krankenhaus vorbeischauten, um den Hickman-Katheter zu spülen. Der Inhalt war nicht schwer zu erraten, da ein wuscheliges Gesicht aus der Geschenkschatulle lugte, und als Joe sie ganz ausgespackt hatte, kam eine wundervolle Raccoon-Puppe mit gestreiftem Schwanz zum Vorschein. Daß Annette ausgerechnet eine Raccoon ausgesucht hatte, war wirklich ein glücklicher Zufall, denn sie konnte nicht wissen, daß die *Raccoons* Joes liebste Zeichentrickserie im Fernsehen waren. Er beschloß sofort, sie Melissa zu nennen, nach der Heldin der Serie, und der Name paßte gut.

Ich machte mir Gedanken, ob Joes Zuneigung für eine weitere Puppe reichte, und war sogar ein bißchen besorgt, er konnte Krümel, der schon recht fadenscheinig war, vernachlässigen. Also schlug ich Joe vor, Melissa könnte Krümel doch helfen, weil es für eine Puppe ohnehin ziemlich anstrengend war, Joe Gesellschaft zu leisten. Das leuchtete ihm anscheinend ein, denn er teilte seine Aufmerksamkeit gerecht zwischen beiden.

Alex und ich liehen ihnen die Stimmen, und wir ließen sie gute Freunde werden. Krümel war der Optimist und Praktiker; Melissa war ebenfalls sehr zuversichtlich, brauchte aber ab und zu Joes Unterstützung. Manchmal erklärten sie Joe etwas, und manchmal mußte er sie trösten oder ihnen etwas erklären. Die beiden wurden unersetzlich für Joe, halfen ihm über den Krankenhausalltag und die Langeweile hinweg, gaben ihm Mut, spendeten Trost, und für uns waren sie stets ein Barometer seiner Stimmungslage.

Ganz gleich, wie eilig wir es hatten, für Alex und mich war der Griff nach Krümel und Melissa bald selbstverständlich. Wenn Joe im Krankenhaus unerwartet zum Röntgen mußte – die beiden waren mit von der Partie; sie kamen mit, selbst wenn ich mit Joe nur eben hinunterging, um die Post aus dem Briefkasten zu holen.

Der Geburtstag des Kindes ist immer auch ein Feiertag für die Eltern, mit all den Erinnerungen an die Geburt. An Joes viertem Geburtstag waren wir besonders nachdenklich, und mir fiel ein, daß ich damals die irrwitzige Befürchtung gehabt hatte, ich würde meine Enkelkinder niemals kennenlernen, wenn Joe ebenso lange bräuchte, seinen Platz im Leben zu finden wie ich. Diese Gedanken kamen mir jetzt sehr lebendig in Erinnerung. Als Dr. Phillips, der für Joes Chemotherapie verantwortliche Arzt, uns die Behandlungsmethode und ihre Nebenwirkungen erklärte, erwähnte er, daß Joe mit großer Sicherheit keine Kinder zeugen können würde. Da empfand ich zum zweiten Mal eine tiefe Traurigkeit ob des potentiellen Verlustes meiner Enkel, doch jetzt hatte es einen viel bittereren Beigeschmack – sollte die Behandlung Erfolg haben und Joe überleben, würde ich wahrscheinlich nicht Großmutter werden; sollte sie mißlingen, würde ich es mit Sicherheit nie werden.

Der Gedanke, noch ein Kind zu kriegen, das selbst einmal Kinder haben würde, kam mir nur selten. Obwohl die Schwangerschaft mit Joe und auch die Geburt ohne Komplikationen verlaufen waren, hatte ich eine Fehlgeburt, als er zwei war, und mit zweiundvierzig wurde eine Schwangerschaft immer unwahrscheinlicher. Wenngleich ich die Hoffnung auf ein zweites Kind noch nicht aufgegeben hatte, erwies sich die Tatsache, daß Joe unser einziges war, als vorteilhaft während seiner Krankheit. So blieb Alex und mir der Konflikt erspart, Joes Bedürfnisse mit denen seiner Brüder oder Schwestern in Einklang zu bringen, und wir konnten ihm unsere ungeteilte Aufmerksamkeit schenken.

Alex: Es fiel mir schwer, mich ungetrübt positiv auf Joes Geburtstag einzustimmen. Es hatte eine Zeit gegeben, da hatte ich nicht daran geglaubt, daß er diesen Tag erleben würde, und nun, da es doch der

Fall war, schien sein Geburtstag nur zu unterstreichen, wie schnell die Zeit verging und wie enorm die Probleme waren, die erst noch kommen sollten.

Ebensosehr wie Ann, vielleicht noch mehr, erschreckte mich die Tatsache, daß die Chemotherapie unfruchtbar machen würde. Ich weiß noch, daß ich mit Dr. Harris, unserem Betreuer, darüber sprach, der damals meinte, ich würde mich in ein eher abstraktes Problem verrennen – gemessen an dem Krankheitsbild Joes und der realen Möglichkeit, daß er das Erwachsenenalter vielleicht gar nicht erreichte. Ich war allerdings der Meinung, daß die Lebensqualität ein ganz entscheidender Faktor wäre, wenn Joe überleben sollte, und Sterilität könnte sein ganzes Selbstverständnis beeinträchtigen, nicht nur in sexueller Hinsicht; ihn könnte bedrücken, daß er in eine Art Sackgasse geraten war, wenn man so will, der Letzte in der Linie. Joe hatte mir immer das Gefühl von Kontinuität gegeben, ein kleiner Teil eines größeren Ganzen zu sein, und auch wenn ich nicht immer ein Kind gewollt hatte, so war doch der Gedanke, eines haben zu können, wichtig für mich gewesen.

Joes Geburtstag bot mir ausreichend Gelegenheit, über seine Zukunft nachzudenken – wahrscheinlich eine ziemlich müßige Übung, da mit dem Rätselraten, wie sie wohl aussehen könnte, kein Preis zu gewinnen war. Ich fragte mich natürlich unwillkürlich, ob es einen fünften Geburtstag geben würde; aber ich bemühte mich andererseits auch, diesen Geburtstag für Joe so schön zu gestalten, wie ich konnte. Ich habe Joes Geburtstage immer gern gefeiert, und besonders die Parties, die Ann und ich für ihn arrangiert hatten. Ich hoffte, es würde ihm an seinem vierten Geburtstag gut genug gehen, um eine Party feiern zu können.

Ann: Für mich war das Erreichen des vierten Geburtstags ein hoffnungsvolles Ereignis, denn es hatte eine Zeit gegeben, in der wir bezweifelten, daß Joe ihn überhaupt erleben würde. Doch dann rückte der August näher. Joe machte gute Fortschritte, und abgesehen von seiner Glatze fanden wir, daß er ziemlich gut aussah.

Das Problem war nur, daß ausgerechnet für den 15. August, einen Samstag, eine Chemotherapiebehandlung angesetzt war. Wir konnten uns nichts Dümmeres vorstellen als eine Chemotherapie am Geburtstag; wir steckten also in einer Zwickmühle. Von seiten der Ärzte wäre es bestimmt kein Problem gewesen, die Behandlung auf den Montag zu verschieben, doch wir wollten in wenigen Tagen umziehen, und es gab noch so viel zu erledigen, daß wir beim besten Willen keinen Wochentag mehr opfern konnten. Die Chemotherapie mußte am Wochenende über die Bühne gehen.

Alexander und ich beschlossen, eine kleine Geburtstagsparty für Joe am Freitag danach zu organisieren, warnten jedoch unsere Bekannten vor, sie könnte im letzten Moment platzen, falls Joe neutropenisch würde. Joe begeisterte sich für Geburtstage und Geschenke, aber sein Begriff von Zeit war noch verschwommen und so war er zufrieden mit der Auskunft, bald habe er Geburtstag, ohne daß er anfing, die Tage zu zählen. Ich beschloß also, ihm nicht zu sagen, daß am Samstag sein Geburtstag war – nur für den Fall, daß es ihm schlecht gehen sollte. Dieses kleine Täuschungsmanöver erschien mir unwesentlich; er würde eben am Tag danach »offiziell« feiern.

An diesem Wochenende bekam er seine Chemomedikamente am Freitag. Samstag morgen war ihm noch übel, aber am Nachmittag hatte er sich bereits erholt, so schnell wie noch nie. Wir hatten seine Geschenke eingepackt und versteckt und arrangierten sie auf einem Tisch am Fußende seines Bettes, während er noch schlummerte. Als er aufwachte, kamen mehrere Stationsschwestern ins Zimmer und sangen »Happy Birthday« für ihn, was ihn schrecklich verlegen machte; er stöhnte und murrte: »Seid still!« Sie schenkten ihm ein Puzzle, ein rotes Auto, und Karen Addison, die Oberschwester, hatte extra nur für ihn eine wunderschöne SuperTed-Karte gebastelt. Joe hatte die Angewohnheit, sich ganz auszuziehen, wenn ihm schlecht war, und so saß er, nur mit einer Thomas-The-Tank-Energie-Mütze, die sich unter den Geschenken befand, im Bett und sah blaß und mager, aber mächtig glücklich aus. Sein Lieblingsgeschenk war ein Batman-Kostüm von Gran und Fred, das er sofort anziehen wollte.

Es wirkte alles so normal, ein kleiner Junge mit seinen Geschenken, aber dieser kleine Junge war an einen Tropf angeschlossen und verbrachte seinen Geburtstag im Krankenhaus.

Alex: Am Abend vor der Geburtstagsparty waren wir bei einer Freundin, Rosemary Reid, eingeladen, die ein Barbecue im Haus ihrer Eltern in Chobham veranstaltete. Joe hatte sich von der Chemo erholt, und die Blutuntersuchung auf Neutropenie stand noch aus, also entschlossen wir uns, die Gelegenheit wahrzunehmen, und fuhren mit Joe im Auto nach Chobham.

Rosemary und ihr Freund Philipp kochten ein wunderbares Essen. Sie freuten sich, daß Joe so munter war. Es war einer der heißesten Tage in diesem Jahr, und fast konnte man glauben, wir seien eine ganz normale Familie, die einen netten Abend bei Freunden verbringt, draußen unter dem Nachthimmel beisammensitzt – doch da war der Swimmingpool von Rosemarys Eltern, der mich sofort daran erinnerte, daß ich nicht mit Joe zusammen schwimmen gehen konnte, solange er den Hickman-Katheter hatte; und während ich das Wasser genoß, betete ich zu den Sternen, eines Tages wieder mit Joe schwimmen gehen zu dürfen – bei Rosemary oder anderswo – in einer Nacht wie dieser.

Ann: Am Tag der Party fuhr Alex mit Joe zur Blutabnahme ins St. Stephen's, während ich mich um das Essen kümmerte. Wie jedesmal war die Torte eine Gemeinschaftsproduktion. Ich buk sie und stellte sie kalt, überließ Alex den kreativen Teil, das Dekorieren, für später, wenn er aus dem Krankenhaus kam. Zu dieser Zeit war Joe ganz versessen auf Autos, also hatte ich ein paar winzige Holzautos besorgt, und Alex sollte den Kuchen, der die Form einer 4 hatte, in eine Rennbahn verwandeln. Ich wußte nicht, wie er das bewerkstelligen wollte, und ich glaube, er wußte es auch nicht genau, was mich ziemlich nervös machte, als er und Joe mit der Nachricht aus dem Krankenhaus kamen, daß die Blutwerte in Ordnung waren, und der Kuchen eine Stunde, bevor die Gäste kommen sollten, noch immer nicht dekoriert war. Doch es gibt einfach nichts Besseres als ein Ultimatum, wenn man etwas schaffen will – als der erste Gast eintraf, hatte Alex den Kuchen fertig.

Es war eine schöne Party, mit drei von Joes besten Freunden, die alle ihre kleinen Brüder mitgebracht hatten: Alice mit Sam, Statten mit Max und Katy mit Tom.

Katy war ein ganzes Jahr älter als Joe, Alice und Statten waren beide im Frühjahr vier geworden. Ich dachte an die Zeit, als sie alle drei noch nicht geboren waren, an die Hoffnungen und Erwartungen von uns drei schwangeren Frauen. Der Anblick der anderen Kinder, die so robust und lebendig wirkten, vermittelte mir das Gefühl, betrogen worden zu sein. Unser Leben entwickelte sich nicht so, wie wir es uns gewünscht hatten. Selbst wenn Joe überlebte, würde diese Phase seiner Kindheit für immer durch seine Krankheit verloren sein.

Besonders Alice erinnerte mich an glücklichere Zeiten. Joe und ich hatten sie und ihre Mutter, Mary, früher oft besucht, und diese Ausflüge waren immer etwas Besonderes für uns gewesen, da sie »auf dem Land« wohnten. Das Abenteuer begann schon, wenn wir aus dem Haus gingen. Zunächst mußten wir die U-Bahn bis Waterloo nehmen – oder ein Taxi, wenn wir mal wieder spät dran waren –, dann weiter mit dem Zug, zugegeben, es war eher eine Art S-Bahn, aber eine, die von einem der großen Bahnhöfe hinaus aufs Land fuhr.

Sie wohnten in Surrey, relativ nahe bei London, in einem Cottage wie aus dem Bilderbuch. Es tauchte ganz plötzlich am Ende eines holperigen Weges auf, breit und hübsch anzusehen, mit einem großen rückwärtigen Garten und einer Weide, auf der alte Pferde grasten. In meiner Erinnerung scheint immer die Sonne, wenn wir dort waren. Ich sehe Alice und Joe im Sandkasten, sehe sie beide auf dem Rücken geduldiger (und stehender) Pferde, sehe sie die weißen Enten im Dorfteich bewundern, uns alle vier durch den nahegelegenen Sternhyazintenwald spazieren und das mysteriöse, weiche blaue Licht durch die Baumkronen schimmern. Und Alex, der uns zu Hause erwartete, wenn wir vom Zug zurückkamen.

Den letzten Besuch bei ihnen hatten wir absagen müssen: An dem Tag, an dem wir die U-Bahn nach Waterloo nehmen wollten, wurde Joe die Niere entfernt. Für die beiden Kinder war die Party das erste Wiedersehen seit Beginn von Joes Krankheit, und es war tröstlich, daß es so fröhlich, laut und fast normal zuging.

Als alle gegangen waren, sackte Alex auf das Sofa und schlief sofort ein. Joe legte sich neben ihn auf den Boden, ahmte ihn nach und döste auch ein paar Minuten. Ich dachte daran, daß Joes Freunde schon alle Brüder und Schwestern hatten, während uns nur Joe blieb: Wir hatten so viel zu verlieren! Doch an diesem Tag hatten wir einige ermutigende Untersuchungsergebnisse bekommen und konnten uns auf unser neues Leben in Brighton freuen. – Zeit, optimistisch zu sein.

9

Der Umzug

Alex: Der Umzug war in Anbetracht unserer finanziellen Situation eher eine Notwendigkeit als eine Entscheidung, zumal wir praktisch im Krankenhaus lebten. Mein Ansprechpartner bei der Bank, Alex Wishart, hatte sich äußerst entgegenkommend und verständnisvoll gezeigt, als es um die Aufstockung unseres Kredits gegangen war, und die National Mutual hatte die Zinszahlung auf die Hypothek drei Monate lang ausgesetzt, doch die Zeit wurde langsam knapp, und wir mußten umziehen.

Ein Jahr zuvor, als wir nach Spanien gehen wollten, war es praktisch unmöglich gewesen, unsere Wohnung in Knightsbridge zu verkaufen, und jetzt wollte bereits das zweite Pärchen, das zur Besichtigung kam, kaufen. Wir hegten die stille Hoffnung, wenigstens der Umzug könnte reibungslos über die Bühne gehen, wo wir doch sonst schon so viel am Hals hatten. Wir wußten, es würde schwierig werden, für das Geld, das uns nach Ablösung der Hypothek und unserer sonstigen Schulden verblieb, etwas zu finden, was uns gefiel. Dennoch sahen wir die Listen der Makler durch, vielleicht hatten wir Glück. Ich haßte es, Joe und Ann wegen so etwas Belanglosem wie einer Hausbesichtigung allein lassen zu müssen, aber ich wollte ihnen überflüssiges Fahren ersparen.

Anfangs versuchte ich, eine Wohnung in der Nähe des St. Stephen's zu finden, zum einen, weil uns das Viertel gefiel, und zum anderen, weil uns klargeworden war, daß wir in Zukunft noch viel Zeit dort verbringen würden, selbst wenn Joe den Krebs besiegen sollte. Aber ich mußte vor den Preisen kapitulieren. Dann dachte ich kurzfristig daran, in Putney ein Haus aus dem sozialen Wohnungsbau zu kaufen, trotz des uns bevorstehenden »Kulturschocks«, der mit dem Umzug aus einem Viertel wie Knightsbridge (das wir nie besonders mochten) in eine Siedlung von Sozialwohnungen zu erwarten war, und trotz der Tatsache, daß ich den Verkauf von Sozialwohnungen für schlechte Politik hielt; aber das Haus war hell und geräumig und hatte einen Garten, der Joe bestimmt gefallen würde. Außerdem lag es an der Grenze zu Putney Heath – ideal für Fahrradtouren und Fußballspiele –, und es waren bei normalem Verkehrsaufkommen höchstens zwanzig Minuten bis zum St. Stephen's. Ann und Joe schauten sich das Haus zweimal an und mochten es, also kümmerten wir uns um den Abschluß.

Doch meine Zweifel wuchsen, je näher der Termin der Vetragsunterzeichnung rückte. Am Tag, als der Bericht des Gutachters eintraf, sah ich mir einen Film im Kino an, Woody Allens *Radio Days*, und war zutiefst beeindruckt von den Aufnahmen des Meeres, dessen Wellen sich direkt am Ende einer Straße brechen. Ich bin mir noch immer nicht sicher, inwieweit dieser Film meine Entscheidung beeinflußte, aber am nächsten Morgen fühlte ich mich geradezu getrieben, den Anzeigenteil der Zeitung vom vergangenen Sonntag noch einmal durchzublättern, und stieß dabei auf ein Herrenhaus, das in Brighton zum Verkauf stand und dessen Preis im Rahmen unserer Möglichkeiten lag. Das muß ein Druckfehler sein, dachte ich, ein vergleichbares Haus in London hätte mehrere hunderttausend Pfund gekostet, aber als ich dort anrief, wurde mir versichert, der Preis sei korrekt. Ich ging zu Ann, die mit Joe spielte, und fragte, halb im Scherz: »Was würdet ihr eigentlich von Brighton halten?«

Als wir eine Stunde später aus London hinausfuhren, versuchte ich mir vorzustellen, wie es wäre, an einem anderen Ort zu leben – was mir schwerfiel, denn bislang hatte ich meinen Gemütszustand immer über das Londoner Chaos, das ich liebte, definiert – insbesondere das Chaos in Soho. Am Ende dieses Tages, einem Dienstag, hatte ich mich in Brighton verliebt oder zumindest in die Idee, am Meer und in dem wunderschönen Pavillon zu leben. Das Leben schien hier viel gesünder zu sein als in London. Joe zeigte sich mehr von den handgreiflichen Attraktionen beeindruckt – am meisten von dem Raketenkarussell, das von hydraulischen Armen gehoben wurde und sich endlos mit ihm im Kreis drehte (der Betreiber war offensichtlich von Joes fehlendem Haar und seinem »chemotherapeutischem Aussehen« bewegt und ließ ihn etliche Runden kostenlos mitfahren). Ich glaube, Ann und ich waren fasziniert von dem Gedanken, noch einmal neu anzufangen. Ich sah Knightsbridge mit als einen Grund für Joes Krebs – ein irrationales Gefühl – und wollte unbedingt raus aus unserer Wohnung; selbst wenn Joe sterben mußte, wollte ich auf keinen Fall, daß es dort passierte. Brighton verköperte Hoffnung.

Ann: Ich brauchte länger, mich mit der Idee eines Umzugs nach Brighton anzufreunden, als ein Jahr zuvor mit Alex' Idee, nach Spanien zu gehen. Damals hatte ich innerhalb einer Minute ja gesagt. Diesmal dauerte es einen halben Tag. Als Alex an diesem Dienstagmorgen zum ersten Mal den Vorschlag machte, dachte ich zuerst an die große Entfernung zum St. Stephen's und zur Familie. Aber ich hatte ähnliche Vorbehalte, was den Umzug nach Putney Hill betraf; relativ betrachtet war Brighton einfach nur noch ein Stückchen weiter die Straße hinunter. Wir hatten so lange im Zentrum Londons gelebt, daß mir selbst der Umzug von Soho nach Knightsbridge wie der Umzug in ein Randgebiet vorgekommen war. Wenn wir schon aus dem Stadtkern rausmußten, dann war Brighton doch die wesentlich angenehmere Alternative.

Alex schlug vor, noch am selben Tag nach Brighton zu fahren und uns das in der Sonntagszeitung annoncierte Haus anzusehen. Ich wollte nicht, weil am Nachmittag eine Freundin vorbeikommen wollte, die ich schon einmal versetzt hatte. Als sie eine halbe Stunde später anrief und sagte, sie würde es nicht schaffen, war das wie ein Zeichen. Ich sagte: »Okay, auf nach Brighton.«

Wir hatten mit der Krankenhauspsychologin die unverbindliche Vereinbarung getroffen, uns immer dienstags zusammenzusetzen, wenn wir im St. Stephen's waren. Ich rief sie an und wollte ihr gerade mitteilen, daß wir nicht kämen, weil wir unbedingt auf Haussuche gehen müßten, und, weil ich mir schon vorkam wie eine Schulschwänzerin, hinzufügen »in Brighton«, da unterbrach sie mich: »Gut, daß Sie anrufen. Dr. Sinclair bat mich, Ihnen etwas auszurichten.« Das Ergebnis der Knochenmarkuntersuchung war eingetroffen. Die Ursache für die Löcher war noch immer nicht ganz geklärt, aber es gab keine Anzeichen von Krebs mehr: Vielleicht waren es die Schatten der Tumoren, die bereits durch die Chemotherapie zerstört worden waren. So bald hatten wir nicht mit dem Ergebnis gerechnet, und wir fühlten uns, als hätten wir den Hauptgewinn gezogen. Ehe wir nach Brighton aufbrachen, rief noch Schwester Lyn Martin von der Kenneth-Grahame-Station an, um uns dasselbe mitzuteilen. Wir fuhren los mit dem Gefühl: Dies war ein Glückstag.

Joe, der bislang weder die Haussuche, noch die Idee, das einzige Zuhause zu verlassen, das er kannte, gutgefunden hatte, zeigte zum ersten Mal Interesse an dem Umzug, als wir uns auf den Weg nach Brighton machten. Unsere früheren Ausflüge dorthin waren immer ein gelungenes Ereignis gewesen, und mir wurde schlagartig klar, daß wir in Zukunft viel zuviel Geld für Karussellfahrten und Videospiele ausgeben würden. An diesem ersten Tag sahen wir uns nur ein hübsches, aber viel zu kleines Haus an, das zudem gleich gegenüber dem Palace Pier, mit all seinen Verlockungen, lag. So kam Joe zu ein paar Extrarunden, wir holten Angebote von den örtlichen Maklern ein und fuhren schließlich ziemlich angetan nach Hause.

Drei Tage darauf machten wir ein Gebot für das Haus, das uns gefiel. Wir hatten uns nicht erkundigt, welches die schönsten Viertel Brightons waren, hatten lediglich ein paar Häuser angeschaut, die auf den Maklerlisten standen, und dabei eins gefunden, das zehnmal schöner war als jedes andere, das wir für denselben Preis in London bekommen hätten: in zentraler Lage, nicht weit vom Meer und ganz in der Nähe des Bahnhofs gelegen, mit günstigen Einkaufsmöglichkeiten und – einem Kinderkrankenhaus, von dessen Existenz wir überhaupt erst erfuhren, als alles schon geregelt war. Das Haus erschien so einladend, und der Umzug verlief so glatt, daß wir das Gefühl hatten, es müßte alles so sein.

Drei Wochen nachdem Alexander zum ersten Mal Brighton erwähnt hatte, zogen wir ein. Eigentlich war der Kauf noch gar nicht ganz unter Dach und Fach, obwohl sich unsere Rechtsanwälte intensiv darum bemühten, aber die Besitzer Kim und Phil Ryan, die bis heute unserer Freunde geblieben sind, ließen uns schon einziehen.

Joe war ganz aufgeregt. Als wir in London auf Haussuche gegangen waren, hatte Alex das meiste allein erledigt, aber hier in Brighton kehrte Joes Unternehmungsgeist zurück. Zu jedem der fünf Häuser, die wir uns anschauten, hatte er etwas zu sagen, und jenes, in das wir schließlich einzogen, gefiel ihm am besten. Ich glaube, die Tatsache, daß Kim und Phil einen kleinen Jungen hatten, der ein Jahr jünger war als Joe, spielte bei seiner Entscheidung eine große Rolle: Es war ein Haus, das offensichtlich auch für Kinder »paßte«. Joe erzählte allen, daß wir in »James' Haus« ziehen würden, und wirkte dabei so aufgedreht vor Vorfreude, daß ich anfing, mir Gedanken zu machen, ob er das Ganze vielleicht mißverstehen könnte. Eines Tages sagte ich zu ihm: »Joe, du weißt schon, daß James sein Spielzeug mitnimmt, wenn sie ausziehen, oder?« Joe sah mich unsicher an. »Schau, wir nehmen doch unsere Sachen auch mit, nicht wahr? Wir lassen sie ja auch nicht für jemanden hier.« Joe mußte die Logik einsehen und schien sich auch so über den Umzug zu freuen, aber ich bin überzeugt, seine erste Begeisterung resultierte aus der Annahme, er werde ein paar tolle neue Spielzeuge hinzugewinnen.

Am Nachmittag unseres Einzuges war seine Hochstimmung unverkennbar. Alex war unterwegs, um sich um den Telefonanschluß zu kümmern, und ich wartete mit Joe bei unseren freundlichen Nachbarn auf Kim, die die Schlüssel bringen wollte. Als sie kam, blieb mir kaum Zeit, ein Wort mit ihr zu wechseln. Joe packte meine Hand und zerrte mich quer durch das Haus. Zuerst durchs Parterre, dann raus auf die Veranda, hoch durch alle Zimmer, bis ganz nach oben zur Mansarde, die Alex' Arbeitszimmer werden sollte. Es waren keine Möbel und kein Spielzeug im Haus, trotzdem schien Joe überglücklich zu sein: glücklich, in Brighton und in einem schönen Haus zu wohnen.

Die Umzugswagen kamen vorgefahren, und für Stunden herrschte das reinste Chaos, weil die Möbelpacker sich furchtbar beeilten; sie wollten am Abend wieder zurück in London sein. Es wurde zehn Uhr, ehe sie fortfuhren. Wir aßen das traditionelle Umzugsessen, Fish and Chips, und fielen dann alle drei ins Bett, das ganz schmucklos einfach mitten in unserem neuen Schlafzimmer stehengelassen worden war. Als wir aufwachten, schien die Sonne durch die luftigen Gardinen, und wir hörten die Möwen kreischen. Unser erster Tag in Brighton.

10

Brighton

Ann: Das Schema der Behandlung blieb trotz unseres Umzugs weitestgehend dasselbe. Bevor wir uns endgültig für Brighton entschieden, fragten wir im St. Stephen's an, ob sie Joe weiterhin behandeln würden. Sie waren einverstanden. Wir wollten nicht mitten in einer Behandlungsphase das Krankenhaus wechseln und ihn von den Menschen trennen, die mit seinem Zustand vertraut waren und zu denen auch wir großes Vertrauen gefaßt hatten. Aus ähnlichen Gründen sträubten sich Dr. Phillips und Dr. Sinclair, Joe an neue Ärzte zu überweisen. Dr. Sinclair bot sofort an, sich mit dem Kinderkrankenhaus in Brighton, dem Royal Alexandra, in Verbindung zu setzen, damit die wöchentliche Blutentnahme dort gemacht würde; da es im Royal eine Krebsstation gab, würde Joe von erfahrenem Personal betreut werden.

Es war uns ein wenig peinlich, dem Royal Alexandra dabei die Aschenputtelrolle zu überlassen; sie sollten die langweiligen Bluttests erledigen, während das St. Stephen's weiterhin für die interessanten Facetten in Joes Behandlung zuständig war. Doch für Joe war das Gefühl der Beständigkeit und Sicherheit in puncto Ärzte wichtig. Wenn man bedenkt, daß das gesamte medizinische Personal – angefangen vom Pflegepersonal über die Ärzte zum technischen Personal, zu den Physiotherapeuten und so weiter – ständig wechselt, um Erfahrungen zu sammeln oder sich einen Namen zu machen, dann gibt es eigentlich keinen begründeten Anlaß zu der Annahme, daß Londoner Krankenhäuser besser sein sollten, als die in der Provinz, doch unser erster Termin im Royal Alexandra bestätigte leider alle Vorurteile von uns zwei Großstadtsnobs.

Joe wurde bei seiner ersten Blutabnahme gleich mit einem Wortschwall aus der Babysprache bombardiert, die er zuvor noch nie gehört hatte. Sein Hickman-Katheter, den auch er immer Katheter genannt hatte, war plötzlich ein »Ringelwürmchen« oder nur »Würmchen« – eine ihm völlig fremde Ausdrucksweise. Außerdem schien er jetzt auch nicht mehr gespült zu werden, sondern bekam »einen großen Schluck zu trinken«.

Wir waren immer der Ansicht, daß Kinder absolut in der Lage sind, korrekte Ausdrücke zu verstehen. Die Dinge beim Namen zu nennen und ihre Funktion zu erklären schien uns weit hilfreicher zu sein, als sie zu euphemisieren. Zu der Zeit, als Joe den Katheter bekam, konnte er sich noch nicht sehr gut verständlich machen, trotzdem hatte er völlig begriffen, wozu er diente, und war stolz darauf gewesen, die medizinischen Termini zu beherrschen.

Und hier, auf der Krebsstation eines Kinderkrankenhauses, wo man erwarten konnte, daß das Personal besser ausgebildet war, mußten wir die schlimmsten Verniedlichungen wieder rückübersetzen. Nachdem Joe den »code« geknackt hatte, ging er in der ihm eigenen Weise damit um. »Du meinst meinen Katheter«, sagte er, wenn jemand von seinem »Ringelwürmchen« sprach. Einmal, als er schon ein bißchen größer war, verblüffte er eine Schwester, die von einem »großen Schluck Salzwasser« geredet hatte, indem er tadelnd sagte, er hoffe, sie würde Salzlösung meinen, weil er sicher kein Seewasser in seinem Katheter haben wolle.

Vielleicht hatte dies alles weniger mit ihren medizinischen Fähigkeiten zu tun, doch wir waren beunruhigt, auch was die Handhabung eines eher alltäglichen Vorgangs, wie eines Bluttests, anging. Der Hickman-Katheter hatte ein Loch gehabt und war repariert worden, aber er gab nicht mehr so zuverlässig Blut ab. Einmal, als es beim ersten Versuch nicht gleich klappte, wollten sie sofort auf die Spritze zurückgreifen, woraufhin Joe natürlich Angst bekam. Das sollte bei Fachpersonal, das mit schwerkranken Kindern zu tun hat, eigentlich nicht vorkommen. Mit etwas Geduld lieferte der Katheter immer Blut, und genau an dieser Geduld, die selbst auf einer überbelegten Station kein Luxus, sondern eine Selbstverständlichkeit im Umgang mit Kindern sein sollte, mangelte es hier manchmal. Unser erster Eindruck von der Kinderkrebsstation im Royal Alexandra war, daß das Personal durch den ständigen Kontakt mit unheilbar kranken Kindern ziemlich desensibilisiert war.

Dieser erste Eindruck war natürlich eine grobe Vereinfachung, und mit der Zeit lernten wir die vielen guten (wie auch die schlechten) Seiten der Abteilung kennen. Insbesondere halfen sie uns, mit Joes gelegentlichen Neutrophenien gelassener umzugehen, und bestärkten uns darin, ihn in diesem Fall zu Hause zu behalten und nicht auf die Isolierstation ins St. Stephen's zu bringen. Außerdem brachten sie uns bei, den Hickman selber zu spülen, eigentlich eine simple Angelegenheit, die nur durch die Einhaltung der Sterilitätsvorschrift erschwert wurde; dies machte uns wesentlich unabhängiger vom Krankenhaus.

Mit anderen Worten: Die Station war wahrscheinlich weder besser noch schlechter als andere Einrichtungen, aber unsere ersten Eindrücke waren bestimmend; daher waren wir dankbar, daß das St. Stephen's – wo man uns das Gefühl gab, daß ihnen ebensoviel an Joe lag wie uns selbst – auch weiterhin für ihn da war.

Alex: Joes Begeisterung für Brighton hatte anfangs weniger mit der Nähe zur See zu tun, als vielmehr mit den Videospielen auf dem Palace Pier. Wir zögerten keinen Moment, ihn bei seinem neuen Hobby zu unterstützen, obwohl ich sicher lieber mit ihm dorthin ging als Ann, die die Spielpaläste viel zu laut und verraucht fand. Es fällt schwer, einem krebskranken Kind überhaupt etwas abzuschlagen, trotzdem gaben wir nicht jedesmal nach, wenn Joe zum Pier wollte, nicht zuletzt deshalb, weil wir ziemlich pleite waren und man dort ohne weiteres innerhalb von Minuten fünf Pfund loswerden konnte.

Joes Lieblingsarkade – die er den »Zirkus« nannte – befand sich am hinteren Ende des Piers, und so kamen die Ausflüge auch seiner Gesundheit zugute, wenn er mit mir über die Holzbohlen spazierte oder auf seinem Fahrrad mit Stützrädern neben mir herfuhr und dem Kreischen der Möwen über uns zuhörte. Ich liebte die Nähe zum Wasser und hoffte, die See würde vielleicht einen heilenden Effekt haben, aber ich glaubte auch, daß der Ehrgeiz und die Aggression, die man für Videospiele braucht, für ihn hilfreich sein konnten.

Ich hatte von einem kleinen Kind mit einem Gehirntumor gehört, das man ermutigt hatte, die Krebszellen als Weltraumbanditen zu sehen, die es mit seinen Abwehrkräften ausschalten konnte. Ich versuchte etwas Ähnliches bei Joe, der ein Spiel besonders liebte, bei dem man einen feuerspeienden Drachen erledigen mußte. Ich sagte: »Der Bazillus in deinem Bauch, der macht, daß dir schlecht wird, ist genauso wie der Drache. Versuch ihn dir vorzustellen, wenn es passiert, und jedesmal, wenn du ihn wegzappst, wirst du ein bißchen stärker.«

Nicht, daß wir unsere gesamte Freizeit in den Arkaden verbracht hätten! Joe liebte es, sich als 3-Girl-Super-Ted zu verkleiden und mich mit seinem Fahrrad den Pier entlangzuscheuchen oder um die Wette zu laufen, mit dem Windschutz aus Holz und Glas zwischen uns. Dabei mußte ich meistens Texas Pete spielen – den Bösewicht aus den SuperTed-Comics, der bei Joes Abenteuern eher die Funktion des Draufgängers oder Retters hatte.

Einmal schlug ich vor, wir könnten um eine der größeren Arkaden um die Wette laufen, jeder auf einer Seite. Auf der Hälfte der Strecke erkannte ich, daß ich die Länge und die Zeit unterschätzt hatte, und machte mir Sorgen, er könnte Panik bekommen – immerhin war er erst vier. Ich machte kehrt, in der Hoffnung, ihn auf der anderen Seite einzuholen; dadurch verlor ich ihn ganz. Nun war ich es, der panisch wurde, da mich ein Alptraum quälte, der wahrscheinlich allen Eltern nicht unbekannt ist. Ich rannte den Pier hoch und wieder runter, unsicher, welche Richtung Joe genommen hatte, sah ihn im Geiste schon ins Meer fallen oder auf die Straße rennen. Ich hetzte durch die Arkade, in der wir zuletzt gewesen waren, rief: »Hat irgendwer einen kleinen Jungen mit einem Handtuch gesehen?«

Schließlich, als ich den Pier wieder in Richtung Meer entlanglief, sagten mir zwei etwa Zwölfjährige, sie hätten Joe hinten bei der Ampel gesehen. Ich rannte zurück zur Straße, fürchtete die Ironie eines Unfalls, dann sah ich ihn, wie er gerade die Straße überquerte und auf die Verkehrsinsel in der Mitte zusteuerte. Zwei oder drei Autos näherten sich, ich glaube, sie verlangsamten das Tempo, als sie Joe sahen, trotzdem schrie ich zu ihm hinüber, er solle stehenbleiben, bis ich bei ihm sei.

Er weinte, als ich ihn erreichte, und auch ich war den Tränen nahe, wütend über meine eigene Dummheit und weil ich nicht wußte, ob Joe das Signal für die Fußgänger oder das für die Autos meinte, als er sagte, er habe doch gewartet, bis Grün kam. Im Grunde hatte er sehr clever reagiert, wollte zurück zum Auto, um dort auf mich zu warten. Er sollte diesen Zwischenfall lange Zeit nicht vergessen, denn er erwähnte ihn über ein Jahr später, und ich weiß noch, wie wir darüber witzelten, wer von uns beiden wohl mehr Angst gehabt hatte. Ich erwähne den Zwischenfall an dieser Stelle nicht nur, um zu verdeutlichen, daß die kleinen Widrigkeiten im Alltag von Eltern auch dann noch eine Rolle spielen, wenn man sich mit etwas so Einschneidendem wie Krebs konfrontiert sieht, sondern auch, um daran zu erinnern, wie aktiv und selbständig Joe in der Phase noch war, verglichen damit, wie stark er noch von seinem körperlichen Zustand abhängig werden sollte.

Ann: Der Vorfall am Pier war für beide, für Joe wie für Alex, ein Dämpfer. Als Alex mir abends erzählte, was sie erlebt hatten, konnte ich mir nur allzugut vorstellen, was er durchgemacht hatte. Ich hatte in einer ähnlichen Situation, als ich Joe in einem Geschäft für einen Moment aus den Augen verlor, genauso panisch verzweifelt nach ihm gesucht. Damals tauchte Joe wie aus dem Nichts plötzlich wieder hinter mir ganz arglos auf. Anscheinend passiert so ein Zwischenfall mindestens einmal im Leben aller Eltern, und ich nehme an, ich habe einfach Glück gehabt, daß es in meinem Fall glimpflich ausging.

Da ich wußte, wie wachsam Alex in der Regel war, konnte ich ihm einfach nicht böse sein, er tat mir eher leid, was Joe überhaupt nicht verstehen konnte. »Warum schimpfst du nicht mit ihm?« tadelte er mich. Ich antwortete ihm, das sei nicht nötig, weil Alex schon genug bestraft worden sei und sich schreckliche Sorgen um ihn gemacht habe, aber das überzeugte ihn nicht. Also wetterte ich: »Alex, das war sehr, sehr böse von dir. Mach das nie wieder!« Eine ziemlich unangemessene Bemerkung, aber Joes Ehre war wiederhergestellt.

Alex: Als Joe das Meer schließlich bewußt wahrnahm, geschah das auf eine völlig andere Art und Weise, als wir es uns vorgestellt hatten. Er fing an, zum Meer zu sprechen! Wir gingen eines Tages am Pier spazieren, und ich machte eine Bemerkung, etwa in der Art, die See würde wieder durch die Holzbohlen lugen, als Joe plötzlich rief: »Hallo, See – wir sind wieder da!« Spontan antwortete ich: »Hallo, Joe«, mit einem tiefen, kummervollen Rollen, so wie ich mir eben die Stimme der See vorstellte – ich denke, ich hatte mich von dem Eeyore-Charakter aus *Winnie-the-Pooh* beeinflussen lassen –, und das war der Beginn eines Dialoges.

Ich wünschte, ich könnte mich noch genau daran erinnern, worüber wir uns bei diesem ersten Mal unterhielten, aber wie dem auch sei, die See begann eine wichtige imaginäre Rolle in Joes Leben zu spielen. So, wie Krümel und Melissa ein bestimmtes Bedürfnis erfüllten, hatte auch die See einen ganz eigenen Part: Sie war erhaben, immer angetan, ihn zu sehen, hatte Verständnis für das, was er durchmachte, und neckte ihn ab und zu wegen seiner Videobesessenheit. Bei dieser ersten Begegnung hat die See ihn sicher gefragt, wie es ihm gehe, und Joe hatte bestimmt geantwortet: »Ich war krank. Ich hatte einen Bazillus im Bauch. Deshalb mußte ich ins St. Stephen's zur Chemotherapie.« (Eine Zeitlang sagte er nicht mehr »Brechmedizin«, sondern »Chemotherapie«, später nur noch »Chemotherapie« – worauf er ganz stolz war, während ich insgeheim wünschte, er hätte das Wort nie lernen müssen.)

Joe begrüßte die See immer als erstes, wenn wir zum Pier hinuntergingen. Ich glaube, indem er mit ihr sprach, kam er mit ihrer Gewaltigkeit besser zurecht – auch für mich war die See immer eine ehrfurchteinflößende, gottähnliche Macht gewesen, größer als wir alle und doch gleichzeitig beruhigend und trostspendend. Für Joe war es allerdings erst einmal spannender, den Strand zu erkunden. Ich erinnere mich noch gut an einen Abend im November 1987, als es besonders dunkel war und wir eine Fackel mit an den Strand genommen hatten; vor uns zeichnete sich ein riesiger schwarzer Schatten gegen den Himmel ab. Wir gingen näher heran, glaubten schon, einen gestrandeten Wal gefunden zu haben – wie Boris, der Wal, den die winzige Maus Amos in einem weiteren von Joes Lieblingsbüchern, *Amos and Boris*, rettet. Als wir ganz nahe waren und den Schatten mit der Fackel beleuchten konnten, sahen wir, daß es nur eine Klippe war, aber ich glaubte, daß auch Joe sich, wie ich, einfach einbildete, wir hätten einen Wal gefunden.

Seine Freundschaft mit der See gewann eine völlig neue Dimension, als wir das nächste Mal zur Chemotherapie nach London mußten. Als wir alles im Wagen verstaut hatten (wie üblich inklusive Fernseher, Videogerät, Koffer mit Kleidung für uns drei, eine Auswahl von Joes Spielzeug und Büchern, Schreibmaschine, meine Aufzeichnungen und Bücher, die ich für die Arbeit am Roman brauchte), schlug ich vor, noch einmal zur See zu fahren, um ihr auf Wiedersehen zu sagen. »Nein«, sagte Joe, »sie kommt doch mit.« Also fuhren wir los, und Joe rief hinten auf dem Rücksitz: »Komm, See – wir fahren ins St. Stephen's!« Ich machte »Wuuuuschsch«, als die See ins Auto schwappte, und Joe mit seinen ausgeprägten Sinn für Logik sagte den »Freunden« der See auf Wiedersehen – dem Rest Wasser, das wir daließen.

Das war der Anfang eines Rituals. Wann immer wir ins St. Stephen's mußten, luden wir erst die See ein. Joe erklärte den Leuten auf der Kenneth-Grahame-Station, daß die See ihn begleitet habe und ihm jetzt in den Abflußrohren und Becken des Krankenhauses Gesellschaft leistete. Diese Idee war so einmalig und amüsant, daß Joe und ich einige Monate später, im Frühjahr 1988, beschlossen, gemeinsam ein Kinderbuch zu schreiben. Wir nannten es *Henry and the Sea*.

Ann: Der Umzug nach Brighton bedeutete für Joe keinesfalls Isolation. Er kannte bereits James Ryan, und durch ihn lernten wir Benjamin, dessen Schwester Naomi und Daniel kennen, alles Kinder aus der Nachbarschaft. Zufällig waren ein Jahr zuvor Bekannte von uns, die Eltern der einen Tag älteren Vanessa, auch nach Brighton gezogen. So hatte Joe fast von Anfang an einen festen Kreis von Spielkameraden, wenn er nicht gerade neutropenisch war oder zur Chemotherapie mußte.

September war für gewöhnlich der Monat, wo mich Nigel Andrews, der Filmrezensent der *Financial Times*, bat, für ihn einzuspringen. Obwohl ich ihn dieses Jahr schon früh gewarnt hatte, daß mich Joes Krankheit vielleicht ganz in Anspruch nehmen würde, unternahm er keinen ernsthaften Versuch, einen anderen Journalisten zu finden, der für ihn einsprang, während er zum Filmfestival nach Venedig und danach in die Ferien fuhr. Er hielt mir die Möglichkeit offen, für drei Wochen seine Kolumne zu übernehmen. Wenn Joes Zustand auch nur im mindesten fraglich gewesen wäre, hätte ich diese Aufgabe, bei der ich mich nach Deadlines zu richten hatte und oft zu Previews nach London mußte, nicht übernehmen können, doch Joe ging es gut, und Alex hatte Zeit, sich um ihn zu kümmern. So betrachtete ich es als willkommene Abwechslung und Möglichkeit, mal wieder etwas ganz allein zu machen.

Joe hatte eine recht sonderbare Vorstellung von meiner Arbeit, weil er bislang ausschließlich Zeichentrickfilme wie *Schneewittchen* oder *Aristocats* im Kino gesehen hatte. Ich glaube, der Begriff eines normalen Films war ihm fremd. Kurz nachdem ich meine Kolumne für die *Financial Times* begonnen hatte, mußte ich einen der *Glücksbärchi*-Filme besprechen. Ich nutzte die Gelegenheit und nahm Joe mit ins Kino. Ihm gefiel der Film wesentlich besser als mir, und er hatte viel Spaß, was aber zu einem unseligen Mißverständnis meines Jobs führte. Von nun an glaubte Joe, ich würde mir den ganzen Tag Zeichentrickfilme anschauen, die er auch sehen wollte. Es brauchte eine Weile, bis ich ihn überzeugt hatte, daß ich mir die meiste Zeit Filme ansehen müßte, die er bestimmt furchtbar langweilig finden würde.

In diesem September entwickelte Joe eine neue Einstellung zu meiner Abwesenheit. Ganz Brighton war noch zu entdecken, und Alex stand völlig zu seiner Verfügung, warum also Trübsal blasen? Eines Nachmittags, als keine Filme zur Rezension anstanden und ich nach Hause raste, um bei Alex und Joe sein zu können, fand ich das Haus verlassen vor. Sie kamen spät heim, völlig erschöpft und aufgeregt vom Drachensteigen mit ihren neuen Freunden, James Kerry und seiner Mutter, die Joe durch Zufall kennengelernt hatte, da James die Vorschule in unserer Straße besuchte.

Unser Umzug hatte sich schon nach wenigen Wochen als Erfolg erwiesen, so glücklich war Joe hier.

Alex: Es gab eine Phase im Herbst 1987, da schien es, als wären wir ununterbrochen unterwegs. Wir mußten jede Woche ins St. Stephen's zur Chemotherapie, was einen drei- oder viertägigen Aufenthalt dort bedeutete, oft auch länger. Wir hatten nie mehr als eine Woche am Stück in Brighton, und dennoch wurde es unser Zuhause, auch wenn unsere Möglichkeiten, die Stadt zu erkunden, begrenzt waren – Ann und ich gingen selten gemeinsam mit Joe aus, sondern wir wechselten uns ab, um die wenige Zeit, die jeder für sich hatte, optimal zu nutzen. Selbst banalste Verrichtungen, zum Beispiel mit dem Bus zur Autowerkstatt fahren, um das Auto abzuholen, konnten Spaß machen, wenn Joe dabei war; es gibt etwas, was ich jetzt ganz schrecklich vermisse: nicht mehr als Vater die Welt mit den Augen eines Kindes zu sehen und den Stolz, den ich immer verspürte, wenn ich Joe bei mir hatte.

Trotz unserer wachsenden finanziellen Probleme und der Tatsache, daß ich diese auf keinen Fall kurzfristig durch meinen Roman lösen konnte, stürzte ich mich in die Arbeit an *The War Zone*, ermutigt von meinem Freund und Agenten Charles Walker, der uns des öfteren in Brighton und im St. Stephen's besuchte, und durch einen Brief meines Verlegers Christopher Sinclair-Stevenson, der mir schrieb, ich solle mir wegen des Abgabetermins keine Sorgen machen. Ich arbeitete in der Mansarde (das erste Mal, daß ich ein Arbeitszimmer hatte, das nicht gleichzeitig als Schlafzimmer oder sonst was fungierte), aus der ich eine phantastische Sicht auf die herbstlich aufgewühlte See hinter den Dächern von Brighton hatte. Oft, wenn ich schrieb, kam Joe mit ein paar Sandwiches und einem Bier für mich hoch und sah sich die Karte von Bequia an meiner Wand an. Für ihn war Bequia immer die »Schatzkarteninsel«.

Dank der Gastfreundschaft zweier unserer Ex-Nachbarn aus Knightsbridge konnte ich auch arbeiten, wenn wir im St. Stephen's waren. Bob und Anna Scott waren die meiste Zeit über in der Schweiz und hatten mir freundlicherweise die Schlüssel zu ihrer Londoner Wohnung überlassen, damit ich dort arbeiten konnte. Es war ein seltsames Gefühl, in unser altes Haus in Beaufort Gardens zurückzukehren, jetzt, da wir nicht mehr dort wohnten; dennoch fuhr ich für ein, zwei Stunden rüber, wenn Joe schlief oder mit Ann spielte, und zwang mich, sofort mit dem Schreiben anzufangen.

Der Ruck, den ich verspürte, wenn ich von Joe getrennt war, schien ein mächtiger Antrieb zu sein, und ich stellte fest, daß ich fast augenblicklich umschalten konnte. Ich versuchte, die Emotionen, mit denen ich durch Joes Krankheit fast täglich zu kämpfen hatte – hauptsächlich Ärger und Wut –, umzusetzen und in den Roman einfließen zu lassen. Gegen Ende des Buches beispielsweise, als Tom, der jugendliche Erzähler, sich mit der Tatsache auseinandersetzt, daß sein Vater mit seiner Schwester Sex hatte, schöpfte ich aus dem Wirbel des Unwirklichkeitsgefühls und des unausweichlichen Schreckens, in den ich geriet, als ich zum ersten Mal die Diagnose »Krebs« für Joe hörte.

Dies ist der Punkt, an dem sich mein Leben ändert, mehr noch als Jessies; dies ist der Punkt, an dem ich im Angesicht des Wahnsinns stehe, an dem sich sein häßliches, ausgewachsenes Antlitz zeigt. Es passiert, es passiert, und zwar nicht im Fernsehen, in irgendeiner Sozialwohnung, wo die Kinder heulen, die Katzen scheißen und es nach Essen stinkt, wo sich all der Elektronikmist, Stereo, Video und Computer in der Ecke stapelt – sehen Sie, im Herzen bin ich Aristokrat, ich verlege mich aufs Schreiben. Aber dies ist mein Leben, von dem wir sprechen, und es ist armselig, banal und unwiderruflich abgefuckt.

Aus: *The War Zone*

Es gab andere, vielleicht befremdendere Parallelen zwischen Leben und Roman. Die Geschichte beginnt mit der Geburt in einem Auto, das mit einer riesigen umgestürzten Eiche auf einer Straße in Devon kollidiert. Ich selbst hatte noch nie einen entwurzelten Baum gesehen und intensiv versucht, mir einen solchen vorzustellen; dann, in der Nacht zum Donnerstag, dem 15. Oktober 1987, erlebte Südengland das schlimmste Orkantief seit zweihundertfünfzig Jahren, und Brighton war plötzlich eine Landschaft mit gefällten Bäumen.

Der Sturm hatte mich in der Nacht mit dem lauten Schlagen eines Fensters im Nachbarhaus geweckt, doch ich, als Neuling, redete mir natürlich ein, daß dies eben die Art Wetter sei, mit dem man an der See rechnen mußte. Als ich am nächsten Morgen hinausging, bemerkte ich, daß die Straße vor unserem Haus buchstäblich unpassierbar war durch umgestürzte Bäume, und auf dem wunderschönen alten Kirchhof von St. Nikolaus am Ende der Straße sah es aus wie in dem Szenario eines Horrorfilms. Die Grabsteine aus dem achtzehnten und neunzehnten Jahrhundert waren von den Wurzeln uralter Bäume aus der Erde gerissen worden. Als Ann, Joe und ich (zusammen mit den anderen Nachbarn in einer Art Partystimmung, die außergewöhnliche Ereignisse offenbar mit sich bringen) nachsehen gingen, fand ich eine lebendige Bestätigung meiner Phantasien entblößter Wurzeln und klaffender Erdwunden aus *The War Zone*.

Joe war sichtlich beeindruckt von dem ganzen Drama, obwohl er, gerade mal vier, vielleicht annahm, daß so etwas regelmäßig geschah. Ein paar Tage später, am 22. Oktober, drehten wir mit Joe einen kleinen Film auf dem Kirchhof und am Strand, in dem er seine Handpuppe Melissa als Reporterin auftreten ließ, die über den Hurrikan berichtete.

JOE: (quietschend, als Melissa) Dies ist Brighton.
ALEX: Tatsächlich, Brighton?
JOE: (als Melissa) Wirklich, das ist Brighton!
ANN: Ist das der Kirchhof nach dem Hurrikan, Melissa?
JOE: (als Melissa) Das ist der Kirchhof.
ALEX: Was sagt Melissa da?
JOE: (als Melissa) Die Bäume sind umgefallen!
ALEX: Die Bäume sind umgefallen? Das ist ja schrecklich!
JOE: (als Melissa) Die Bäume sind wirklich umgefallen. Die sind tatsächlich umgefallen.
ANN: Und wie ist das passiert, Melissa?
JOE: (als Melissa) Von dem schlimmen Wind.
ANN: Der Wind hat das gemacht, Melissa?
JOE: (als Melissa) Ja.
ANN: Das muß aber wirklich ein kräftiger Wind gewesen sein.
JOE: (als Melissa) Das war's, Daddy.

Am Strand:

JOE: (wieder mit piepsiger, hoher, aufgeregter Stimme wie Melissa) Hallo! Alle Bäume sind umgefallen, und die See ist da, und Joe ist da, und Ralph Stuart (sein Spielzeugigel) ist da, und Melissa und Krümelmonster sind da. Und jetzt ist es zu Ende!

11

Weihnachten 1987

Alex: Mit einiger Hoffnung sahen wir dem Weihnachten 1987 entgegen. Abgesehen von den Nebenwirkungen der Chemotherapie, unter denen Joe zu leiden hatte, wirkte er schon seit Monaten wieder unternehmungslustig und munter, und auch wenn alle im St. Stephen's nur gedämpften Optimismus zeigten und sich eher zurückhaltend äußerten, war man sich doch einig, daß Joe Fortschritte machte. In diesem Oktober hatte ich folgendes in mein Tagebuch eingetragen:

Freitag, 2. Oktober 1987
Wunderbare Neuigkeiten – Dr. Phillips sagt, Joe soll noch 2 oder 3 Chemotherapien bekommen, und wenn die Ergebnisse der Untersuchungen dann negativ sind, kann er um Weihnachten damit aufhören! Frohe Weihnachten!

Ann: Anfang Dezember waren die vierteljährlichen Untersuchungen bei Joe fällig – die Computertomographie, der Knochen-Scan und die Knochenmarkbiopsie, die in verschiedenen Krankenhäusern durchgeführt werden sollten. Wir lebten jetzt einfach zu weit von London weg, als daß wir Joe jedesmal von zu Hause dorthin bringen konnten, also richteten wir uns im St. Stephen's ein, mit der Absicht, von dort aus dann die Abstecher zum Westminster und Royal Marsden zu machen, wo die entsprechenden Geräte zur Verfügung standen.

Joes Knochenmarkbiopsie konnte auf der Kenneth-Grahame-Station gemacht werden, also begannen sie damit. Da für diesen Test Joes Hüftknochen eine Probe entnommen werden mußte, sollte er zunächst ein Beruhigungsmittel und später, bei der Entnahme selbst, eine örtliche Betäubung erhalten. Da Joe schon häufiger auf ein Sedativum nicht angesprochen hatte, waren Alex und ich besorgt, ob sie ihm auch eine ausreichende Dosis geben würden. Erst eine Woche zuvor hatte Joe im Royal Alexandra eine Betäubung bekommen, weil einer seiner Zehennägel nach innen gewachsen war und sich entzündet hatte. Der sollte rausgeschnitten werden, und zu unserer Überraschung wollte Dr. Cree selbst diese kleine Operation übernehmen. Wir waren wirklich beeindruckt von ihrem Engagement und ihrer Fürsorge, die sie ihren Patienten angedeihen ließ.

Nicht minder hatte uns die Tatsache beeindruckt, daß sie Joe scheinbar exakt für den erwünschten Zeitraum betäubten, und wir baten sie deshalb, die Details ihrer Medikamentierung an das St. Stephen's weiterzugeben. Doch leider war deren einzige Reaktion auf diesen – wie wir fanden, entgegenkommenden – Austausch von Informationen, daß man uns mitteilte, sie würden kein Ketomin verwenden, jenes von Dr. Cree angewendete Mittel.

Das Medikament ihrer Wahl wurde Joe am Nachmittag verabreicht, als Alex gerade gefahren war, um zu schreiben. Joe und ich warteten also auf den Arzt aus der Hämatologie, der die Knochenprobe in Anwesenheit eines Stationsarztes von der Kenneth-Grahame entnehmen sollte. Als der Hämatologe kam, war Joe noch hellwach und todunglücklich über das, was ihn im Behandlungszimmer erwartete.

Er sollte sich auf den Bauch legen, damit die Nadel in seine Hüfte eingeführt werden konnte. Eine örtliche Betäubung sollte den Schmerz durch die Nadel verhindern, aber gegen Joes Angst konnte sie nicht helfen. Er hätte durch das Beruhigungsmittel schon längst viel matter sein müssen, was aber offensichtlich nicht der Fall war, denn er weinte und war ganz aufgelöst. Ich streichelte seine Hand und versuchte, ihn so gut ich konnte zu beruhigen, und er hielt still, obwohl er noch immer Angst hatte. Ich war sehr stolz, daß er sich so tapfer verhalten hatte – ich hätte es ihm nicht übelgenommen, wenn er einfach aufgestanden und weggelaufen wäre –, und schämte mich dafür, daß etwas derart Überflüssiges und Vermeidbares überhaupt hatte passieren können. Später sagte man mir, daß die örtliche Betäubung keine Wirkung auf den Knochen selbst hatte, der penetriert werden mußte, um an das Mark zu kommen. Das hatte den Eingriff für Joe sicher noch viel schmerzhafter und beängstigender gemacht, als ich dachte. Da bedauerte ich, daß ich keinen Aufstand gemacht und den Fortgang unterbunden hatte, aber praktische Überlegungen, wie die eines möglichen Aufschubs der Untersuchung – vielleicht um mehrere Tage, bis der Hämatologe wieder zur Verfügung stand –, hatten mich davon abgehalten.

In der Woche darauf stellte sich heraus, daß ich meinem ursprünglichen Impuls hätte folgen sollen, denn die Resultate der Biopsie waren zu unzuverlässig, so daß der Test wiederholt werden mußte. Joes bisherige Fortschritte hatte uns Grund zum Optimismus gegeben, aber wir waren uns immer bewußt, daß der Krebs wieder ausbrechen konnte. Obwohl Dr. Phillips betonte, daß das Ergebnis der Untersuchung keinen eindeutigen Schluß zulasse, machte er sich offensichtlich große Sorgen. Es gibt zwei Verfahrensweisen bei einer Knochenmarkbiopsie: bei der ersten wird Flüssigkeit aus dem Knochen analysiert, und bei der zweiten, gründlicheren, wird dem Knochen eine feste Probe entnommen. Dr. Phillips sagte uns, er werde für die kommende Woche einen Termin arrangieren, um das zweite Verfahren anzuwenden.

Als ich fragte, warum man nicht gleich beim ersten Mal die gründlichere Untersuchung durchgeführt habe, antwortete man mir, Joe sei so unruhig gewesen, daß der Arzt unmöglich den Test durchführen konnte. Da Joes Immunität gegen Sedativa auf der Station allgemein bekannt war und Alex und ich alles unternommen hatten, um ihm unnötige Peinigungen zu ersparen, wurde ich fuchsteufelswild. Ich wußte nicht, gegen wen ich meine Wut richten sollte – fällte der Stationsarzt die Entscheidung über die Verabreichung eines Sedativums, oder lag das in der Zuständigkeit des Spezialisten? Ich war wütend, wußte aber nicht, auf wen.

Jetzt mußte Joe das Ganze noch einmal durchmachen, und dieses Mal unter Vollnarkose. Bei einem gesunden Kind hätte ich wahrscheinlich auf sowenig Sedativa und Narkotika wie irgend möglich bestanden, aber bei Joe sah ich das anders – ohne Hilfsmittel konnte er einige der notwendigen Untersuchungen unmöglich durchstehen, und die Nebenwirkungen dieser Mittel waren im Vergleich zu denen der Chemotherapie schlicht belanglos.

Der zweite Test verlief ohne Komplikationen, doch wir sollten das Ergebnis frühestens nach dem zweiten Weihnachtsfeiertag bekommen, und die Aussicht, daß sich in Joes Knochenmark Tumorzellen befinden könnten, trübte das Weihnachtsfest, auf das wir uns gefreut hatten – Tage der Anspannung und Angst.

Alex: Am Tage nach der ergebnislosen Knochenmarkbiopsie im St. Stephen's hatte Joe die Computertomographie im Royal Marsden, die ebenso mit Streß verbunden sein sollte. Obwohl wir noch wütend waren wegen der Art und Weise der Biopsie, war unser Vertrauen in das St. Stephen's damals noch ungebrochen, und die flexible, unbürokratische Behandlung Joes brachte es mit sich, daß wir uns nur schwer mit den rigorosen Vorschriften anderer Krankenhäuser abfinden konnten. Das Royal Marsden ist wahrscheinlich das angesehenste Krebskrankenhaus in England, und trotzdem mußten wir erfahren, daß das Personal unfähig im Umgang mit Kindern war. Als Lilias, die Fachärztin auf der Kenneth-Grahame-Station, dort angerufen hatte, um die Tomographie zu arrangieren, hatte sie die Ärzte nicht überzeugen können, daß Joe ein Sedativum brauchte, und das trotz der Tatsache, daß er schon zweimal zuvor, für die Scans im Westminster, ein Beruhigungsmittel erhalten hatte.

Durch die Erfahrung mit der Biopsie vom Vortag war Lilias ähnlich skeptisch wie wir, was Joes Bereitschaft für die Tomographie betraf, doch wir beschlossen, sie auf jeden Fall durchführen zu lassen, da sich vor Weihnachten keine andere Möglichkeit mehr ergeben würde.

Wir waren für Donnerstag, den 10. Dezember, um zehn Uhr angemeldet. Ich fuhr Ann, Joe und Sharon Doughty, eine unserer Lieblingsschwestern vom St. Stephen's, die uns begleitete, die kurze Strecke die Fulham Road hinauf, da Ambulanzen knapp waren und sowieso immer entweder zu früh oder zu spät kamen.

Während der kurzen Zeit, die wir im Marsden warten mußten, versuchten wir sie – trotz Sharons Unterstützung – vergeblich, davon zu überzeugen, daß Joe ein Beruhigungsmittel brauchte. Wir erklärten ihnen, daß man im Westminster das Sedativum für notwendig gehalten habe (wir bezogen uns in solchen Situationen meist auf positive Erfahrungen mit anderen Krankenhäusern – für gewöhnlich dem St. Stephen's – und versuchten dieselbe Behandlung nun auch hier durchzusetzen), aber im Marsden blieb man stur. Wir wiesen darauf hin, daß die Apparatur zur Durchführung einer Tomographie riesig und unheimlich sei für einen Vierjährigen und man von einem Kind seines Alters, so brav und verständig Joe auch sein mochte, wohl kaum erwarten könne, mindestens zwanzig Minuten lang stillzuliegen. Sie hielten dagegen, neulich habe eine Sechsjährige den Scan problemlos mitgemacht, worauf wir wiederum entgegneten, daß zwischen vier und sechs Jahren ein großer Unterschied bestünde.

Schließlich gestattete man uns beiden, bei ihm zu bleiben, doch trotz unserer besten Bemühungen – einschließlich aufmunternder Sprüche von Krümel und Melissa – zeigte sich Joe zutiefst eingeschüchtert beim Anblick des Scanners, der den Geräten für das Trockentraining der Astronauten bei der NASA nicht unähnlich ist, und lehnte es ab, sich auch nur hinzulegen.

Als er anfing zu weinen, befand man, daß ein Sedativum vielleicht doch die beste Lösung sei; aber im ganzen Marsden war keine befugte Person aufzutreiben, die es ihm hätte verabreichen können. Ich rief im St. Stephen's an und fragte, ob vielleicht einer der Stationsärzte von dort mit einem Sedativum rüberkommen könnte. Ich sprach mit Lindsey Corrie, die gerade von der Visite gekommen war; ihre Freundlichkeit und ihr Verständnis waren wohltuend nach einer mehr als einstündigen Diskussion, und ich verabredete mit ihr, sie abzuholen und später zurückzubringen.

Joe schien sich zu beruhigen, als er endlich ein vertrautes Gesicht sah, und Lindsey verabreichte ihm das Sedativum durch den Katheter. Während der Untersuchung blieb sie bei ihm (ich schätze, vor allem als moralische Stütze), und nachdem Joe sich halbwegs von der Betäubung erholt hatte, fuhren wir alle gemeinsam zurück zum St. Stephen's.

Das Ärgerliche in Situationen wie dieser war, daß unsere Intuition und Erfahrung als Eltern scheinbar wenig oder gar nicht zählten, außer im St. Stephen's, wo man uns fast immer aktiv in Entscheidungen einbezog, die mit der weiteren Behandlung Joes zu tun hatten. Sicher besteht dabei auch das Risiko, daß man sich zu sehr einmischt, und wir versuchten deshalb, nicht zu fordernd oder herrisch gegenüber Ärzten und Schwestern aufzutreten, die wir nicht kannten; und trotzdem schien sich immer wieder zu bestätigen, daß Eltern die Reaktion ihrer Kinder am besten einschätzen und so helfen können, Zeit und Mühen zu ersparen – und was noch viel wichtiger ist: das Kind dabei zu entlasten.

Ann: Trotz der aufreibenden Woche mit Untersuchungen schien Joe der Gedanke zu trösten, daß bald Weihnachten war. Da er jetzt in zwei Krankenhäusern angemeldet war, wurde er sowohl zur Weihnachtsfeier im Royal Alexandra als auch zu der im St. Stephen's eingeladen. Leider war er beide Male zu schüchtern, um sich an Spielen wie zum Beispiel »Stille Post« zu beteiligen, aber er freute sich riesig, als er im Royal Alexandra eine Super-Ted-Puppe geschenkt bekam, unter deren Fell Shorts und Umhang zum Vorschein kamen. Wir freuten uns, daß er bei der Feier gegen Abend sichtlich auftaute, nachdem er sich beim Tee und den Spielen noch ziemlich still verhalten hatte, und er wurde sogar richtig aufgeregt, als er sah, wie der Weihnachtsmann in ein Mikrofon sprach. Als sich die anderen anschickten zu gehen, schnappte er sich das Mikrofon und blökte unermüdlich »Mäh, mäh, schwarzes Schäfchen, mäh«.

Dies war das Weihnachtsfest, an dem Joe zum ersten Mal die Legende vom Weihnachtsmann verstand. Das Jahr davor hatte ihn zwar die Geschichte fasziniert, doch hatte das zur Folge gehabt, daß er in der Weihnachtsnacht, als wir von einem Ausflug in Beaufort Gardens zurückkamen, unbedingt draußen im Auto auf den Weihnachtsmann warten wollte. »Wir werden hier sitzen bleiben und auf den Weihnachtsmann warten«, verkündete er damals, und Alex brauchte volle zwanzig Minuten, bis er Joe überzeugt hatte, daß nicht eher Geschenke abgeliefert werden würden, bis er – Joe – in der Wohnung wäre und schliefe. Dieses Jahr sah Joe ein, daß der Weihnachtsmann lieber inkognito bleiben wollte.

Wir waren mit ihm zu Hannington's gegangen, unserem Lebensmittelladen, wo sie nach der Vorlage von Raymond Briggs *Schneemann* eine wunderschöne Grotte nachgebaut hatten, in der der Weihnachtsmann saß. Joe wußte, daß dies nicht der richtige Weihnachtsmann war, sondern eine Art Stellvertreter, und war dann, als wir ein zweites Mal mit ihm dorthin gingen, weil es ihm so gut gefallen hatte, überhaupt nicht enttäuscht, daß ihn ein ganz anderer Weihnachtsmann erwartete.

Heiligabend waren wir alle bei James Kerry und seiner Mutter Adele eingeladen. Am Nachmittag sollte in der nahe gelegenen St.-Nikolaus-Kirche ein Kindergottesdienst stattfinden. Obwohl ich nie religiös gewesen war, faszinierte mich die alte Kirche schon seit unserem Umzug, und ich fand, dies wäre doch die perfekte Gelegenheit, um ihre Atmosphäre einmal richtig zu genießen. Adele hielt es ebenfalls für eine schöne Einstimmung auf unseren gemeinsamen Abend, und als wir dort ankamen, sahen wir, daß man allen Mitgliedern der Gemeinde Kerzen überreichte. Die Gesichter der Kinder, die im Dunkel der Kirche von Kerzenschein beleuchtet wurden, wirkten bezaubernd, allerdings war ich die Hälfte der Zeit damit beschäftigt, dem heißen Wachs auszuweichen, das von Joes Kerze heruntertropfte.

Wir sangen einige Weihnachtslieder, und der Vikar erzählte die Geschichte von Christi Geburt. Joe zeigte sich mehr von der Umgebung als von der Zeremonie beeindruckt, doch Angst hatte er überhaupt keine. Mehrmals versuchte ich ihm zu erklären, was Feste wie Weihnachten und Ostern für Menschen bedeuten können – erfolglos, mein eigener Unglaube erschwerte es mir wohl, den Sinn zu vermitteln. Trotzdem wollte ich, daß er vom Glauben anderer Menschen erfuhr, damit er später einmal selbst darüber entscheiden konnte. Und außerdem fand ich, daß die Religion einen so großen Einfluß auf Literatur, Musik und Kunst gehabt hatte, daß die Hälfte unseres Kulturgutes nicht existieren würde, wenn es keine religiöse Lehre gegeben hätte.

Obwohl der Gottesdienst schön war, hatte ich das Gefühl, daß es für Joe noch zu früh kam. Prompt flüsterte er mir nach einer halben Stunde zu: »Können wir jetzt wieder gehen?« Ich nahm an, daß der Kindergottesdienst sicher gleich vorbei war, und antwortete, wir könnten bald gehen. Ich wäre auch vorzeitig mit ihm hinausgegangen, wenn er zu ungeduldig geworden wäre, aber nur eine Minute später beendete der Vikar den Gottesdienst, und wir gingen, dankbar, daß er ihn so knapp gehalten hatte – genau die richtige Länge für aufgeregte Kinder mit kurzen Konzentrationsphasen.

Bei James zu Hause führten die Kinder ein interessantes Gespräch über die Vor- und Nachteile von Strümpfen und Kopfkissenbezügen für den Weihnachtsmann. James hatte einen herrlich langen Strumpf, den Adele ihm gestrickt hatte; Joe dagegen hatte sich für einen seiner Kopfkissenbezüge entschieden, und als wir am Heiligen Abend zurückkamen, diskutierten wir, wo er ihn bei uns am besten aufhängen sollte. Joe hatte seit seiner Krankheit immer mit in unserem Bett geschlafen, und ich glaube, wir brauchten die Sicherheit, bei ihm zu sein, mindestens so sehr wie er. Doch an diesem Abend machte sich Joe Sorgen, ob der Weihnachtsmann nicht vielleicht denken könnte, es sei niemand da, wenn er in Joes Zimmer schaute und das Bett leer vorfand. Wir einigten uns auf einen Kompromiß – wir bereiteten einen kleinen Imbiß für den Weihnachtsmann, bestehend aus Keksen, Coca-Cola und natürlich Karotten für das Rentier, in Joes Zimmer und hängten den Kopfkissenbezug außen an unsere Schlafzimmertür, als Hinweis darauf, daß Joe bei uns schlief. Am Weihnachtsmorgen wachte Joe auf und fand einen gefüllten Bezug vor und zwei große Pakete, die auf dem Boden danebenstanden:

JOE: (ganz verschlafen) Holst du mir meinen Sack?
ANN: Joe, willst du ihn nicht selber holen?
ALEX: Ich finde, du solltest ihn selber holen. Der Weihnachtsmann findet auch, daß kleine Jungs selber nachschauen sollen, was sie geschenkt bekommen haben. Soll ich mitkommen?
JOE: See!
ALEX: (mit der Stimme der See) O ja, Joe.
JOE: Bist du aufgewacht und hast nachgeschaut?
ALEX: (mit der Stimme der See) Joe, tut mir leid, ich habe den Weihnachtsmann verpaßt. Ich habe verschlafen.
JOE: Nein, nein, du solltest doch auch gar nicht wach werden! Wenn du wach geworden wärst, hätte der Weihnachtsmann die Geschenke wieder mitgenommen.
ALEX: (als die See) Oh, dann ist es ja gut.

JOE: (ganz aufgeregt, als er seinen Sack entdeckt) Seht mal!
ALEX: (als die See) Ich habe das Rentier gehört, Joe, das Bimmeln der Glocken!
ANN: (auf die Geschenke deutend) Uiii, das ist aber ein großes Paket. Das paßt ja gar nicht in den Bezug!
ALEX: Sieh dir das an, Joe! Der Weihnachtsmann mußte deinen Sack von der Tür runternehmen, weil die Geschenke gar nicht alle hineingepaßt haben!
JOE: (ganz aufgeregt) Und da ist noch eins!
ALEX: Das ist von Mummy und Daddy.
ANN: Ja, das haben wir dort hingestellt. Aber da waren die anderen Geschenke noch gar nicht da. Willst du das zuletzt aufmachen?
ALEX: Sollen wir alles ins Bett holen?
JOE: Könnt ihr das für mich nehmen, und ich nehme das große Paket? (Gelächter)
JOE: SuperTed!
ALEX: (als SuperTed). Ja, Joe.
JOE: Jetzt ist richtig Weihnachten, nicht mehr Heiligabend.
ALEX: (als SuperTed) Fröhliche Weihnachten, Joe!
ANN: (ebenfalls als SuperTed) Fröhlichen Käsekuchen!
ALEX: (als SuperTed) Was war das?
JOE: Das war Mummy, sie hat gesagt: Fröhlichen Käsekuchen!

(Ausschnitt einer Aufnahme vom 25. Dezember 1987. Wir hatten auch schon im Jahr zuvor aufgenommen, wie Joe seine Geschenke auspackte. Diese Bänder ermutigten uns, weitere Gespräche mit Joe aufzuzeichnen. Meistens wußte Joe dabei nicht, daß der Kassettenrekorder lief.)

Alex: Was Joe betraf, war Weihnachten ein voller Erfolg, und auch unsere Stimmung war nicht ganz so gedrückt, wie wir befürchtet hatten. Trotzdem tauchte immer wieder der Gedanke auf, ob dies wohl Joes letztes Weihnachten sein würde.

Er war von seinen Geschenken (kurzfristig) überwältigt. Ganz besonders gut gefiel ihm das Tischbillard, das er vom Weihnachtsmann bekommen hatte, während ich mich schrecklich über die

Peanuts-Karte freute, die ich von Joe geschenkt bekommen hatte und die eigentlich ein Büchlein mit dem traditionellen Weihnachtsgedicht als Inhalt war. Es war illustriert mit Cartoons von Snoopy, Charlie Brown und seinen Freunden, und Joe hatte hineingeschrieben:

»Joe liebt Daddy, und Melissa liebt Daddy. X X.«

Ich las ihm das Gedicht laut im Bett vor und versank für einem Moment in einer Art glitzernder, viktorianischer Weihnachtsaura.

Joe war kein Frühaufsteher, selbst am Weihnachtsmorgen nicht, und wir waren ziemlich spät dran, als er alle Geschenke ausgepackt hatte und wir zum Weihnachtsessen zu meiner Familie aufbrachen – was die wiederum nicht überraschte. So, wie es für uns das erste Weihnachten in Brighton war, war es für meine Eltern das erste Weihnachtsfest in Bexhill-on-Sea, und wir fuhren die Strecke entlang der Küste, begeistert von dem, was wir durch den dicken Nebel vom Meer erkennen konnten.

Gran und Fred waren wie immer selig, Joe zu sehen, doch das Beisammensein mit ihnen, Lynne und Peter, schärfte mein Bewußtsein, wie verwundbar meine Familie geworden war. Als wir uns wieder auf den Heimweg machten, war der Nebel so dicht, daß ich stur den Lichtern nach in die undurchsichtige Wand hineinfahren mußte, heilfroh, daß Ann und Joe hinten friedlich schlummerten, aber auch ein wenig besorgt über die Zukunft, die so ungewiß vor uns lag, wie die Dunkelheit.

Ann: Wenn wir den Plan für die Chemotherapie strikt eingehalten hätten, hätten wir über Weihnachten im Krankenhaus sein müssen. Zum Glück hielten das alle Beteiligten für eine schlechte Idee, und wir einigten uns darauf, nach den Feiertagen zu kommen, und da in diesem Jahr Heiligabend auf einen Freitag fiel, hieß das: am 29. Dezember, einem Dienstag.

Im St. Stephen's angekommen, erfuhren wir, daß die zweite Knochenmarkbiopsie keinen Befund ergeben hatte. Wir wußten bereits, daß auch die Ergebnisse der anderen Tests negativ waren, für uns also eine sehr gute Neuigkeit, und endlich fiel die Spannung der Weihnachtstage von uns ab. Joe hatte noch immer einen kleinen

Tumor in der Lunge, der aber seit Monaten zum Stillstand gekommen war und somit im Moment als das geringste Problem angesehen wurde.

Am 31. Dezember 1987 hatte sich Joe noch immer nicht vollständig von der Chemotherapie erholt. Alex und ich überlegten, wie wir das neue Jahr feiern sollten. Für uns war Silvester eher eine nichtssagende Angelegenheit, doch diesmal schien es uns wichtig, den Jahreswechsel irgendwie zu begehen. Also kaufte Alex eine Flasche Champagner, und um Mitternacht brachten wir der Nachtschicht ein paar Pappbecher voll davon, setzten uns dann in unser Zimmer und stießen ziemlich nüchtern auf das Jahr 1988 und auf Joes Gesundheit an.

Im Augenblick ging es aufwärts mit ihm, und doch fragten wir uns unweigerlich, wie es ihm wohl nächstes Silvester ging. Vielleicht war Joe dann wieder ganz gesund – vielleicht aber auch tot. Wir konnten es nicht vorhersehen. Um fünf Minuten nach Mitternacht verkündete Joe, der den ganzen Tag über teilnahmslos gewesen war, urplötzlich, er habe Hunger und wolle Bohnen auf Toast. Es erschien uns bedeutsam, daß er sich in dem Augenblick aufrappelte, als das neue Jahr begann und wir sahen ihm dabei zu, wie er fröhlich seinen Imbiß verzehrte; die Übelkeit war weg – und wir hofften, es möge ein gutes Zeichen sein.

12

Falsche Hoffnungen

Alex: Das neue Jahr begann hoffnungsvoll; Joe ging es soweit gut. Ich arbeitete intensiv an meinem Roman, den ich bis zu meinem Geburtstag Ende Januar fertigstellen wollte, doch am liebsten verbrachte ich meine Zeit mit Joe.

Ein Nachmittag in diesem Januar ist mir ganz besonders im Gedächtnis geblieben. Da besuchten wir das Delphinarium in Brighton. Ann und ich hatten sehr gemischte Gefühle, was dieses Delphinarium anging, denn die Delphine bekamen nie das Tageslicht zu sehen, und in Berichten war von einer hohen Sterberate über die Jahre die Rede. Wir waren mit Joe erst einmal dort gewesen, und er war ganz versessen darauf, ein zweitesmal hinzugehen, weil er Delphine besonders mochte. Also besuchten Joe und ich am 11. Januar 1988, einem Montag, das Aquarium, sahen uns eine halbe Stunde lang den kleinen Hai und den Katzenfisch an, die er am besten fand, und gingen dann in die Delphinshow.

Einerseits war es deprimierend, mit ansehen zu müssen, wie diese hochintelligenten Lebewesen Kunststücke vorführen sollten, und andererseits beeindruckend, wie kraftvoll und schön sie dabei wirkten. Joe ließ sich gern von ihnen naßspritzen, wenn sie aus dem Meer stießen und wieder hinabtauchten. Dann kam der Höhepunkt der Show: Ein Kind aus dem Publikum wurde eingeladen, sich von einem Delphin mittels eines Nasenrings an dem ein Seil befestigt war, in einem kleinen Dingi durchs Wasser ziehen zu lassen.

Joe wollte unbedingt der Auserwählte sein und stand auf, doch mir war nicht ganz wohl dabei, weil der Delphintrainer die Kinder mit nach hinten nahm, wo sie eine Schwimmweste übergezogen bekamen und dann zu einer Plattform geführt wurden, von der sie das Boot bestiegen. Joe hatte noch immer den Hickman-Katheter, und in meinen schlimmsten Phantasien stellte ich mir vor, wie Joe aus irgendeinem Grund ins Wasser fallen und sich infizieren würde. Allein schon die Anwesenheit im Delphinarium mit seiner stickigen feuchten Luft und all den anderen Kindern war ein Risiko, ganz abgesehen vom gewiß nicht sterilen Wasser und dem Eimer mit den toten Fischen.

Das Problem löste sich von selbst, als zu Joes großer Enttäuschung ein kleines Mädchen ausgesucht wurde. Sie verschwand, das Publikum wartete, dann kehrte sie zurück – weinend; offensichtlich hatte sie es sich doch anders überlegt. Der Trainer wiederholte das Angebot, und jetzt gab es kein Halten mehr für Joe – er kletterte über die Stühle, und ich übergab ihn dem Trainer, wobei ich hastig murmelte, Joe habe einen Katheter, der steril bleiben müßte. Hoffentlich würde nichts passieren!

Gott sei Dank verlief alles glatt. Joe kam mit Schwimmweste zurück, wurde nach seinem Namen gefragt, worauf er laut und deutlich »Joe Buffalo!« ins Mikrofon sagte, und dann stieg er an der Hand des Trainers in das Dingi. Der Delphin tauchte auf und stupste mit der Nase in den Ring. Nun war Joe auf sich allein gestellt: Er wurde mit beachtlicher Geschwindigkeit übers Wasser gezogen, dabei wirkte er unheimlich stolz und konzentriert, so als wäre er sich durchaus bewußt, der Star der Show zu sein, doch gleichzeitig gefesselt von seinem Abenteuer mit dem Delphin. Ich war mindestens ebenso aufgeregt wie er und bedauerte nur, daß ich Anns Kamera nicht dabeihatte.

Danach wirkte Joe viel selbstbewußter und selbständiger, und ich bestärkte ihn noch, indem ich sagte, er habe etwas getan, was ich noch nie getan habe – sich in einem Boot von einem Delphin ziehen zu lassen. Beim Verlassen des Aquariums kauften wir noch einen aufblasbaren Delphin, den er gleich Clarabel taufte, und dann nichts wie ab nach Hause, damit er Mummy von seinem Abenteuer berichten konnte.

Ann: Joe strahlte, als er nach Hause kam. Er liebte es, zu klingeln und sich von mir die Tür öffnen zu lassen, was mitunter ärgerlich sein konnte, weil ich so oft meine Arbeit im Keller unterbrechen mußte, obwohl Alex den Schlüssel hatte und ohne weiteres einfach aufschließen konnte. Aber als ich an diesem Abend die Tür öffnete, stand ein aufgeregter Joe mit einem Delphin unter dem Arm vor mir, und ich merkte sofort, daß etwas Wichtiges passiert sein mußte. Mein Ärger verrauchte.

Joe kam herein, und er sprudelte nur so heraus, wie er in einem Boot gefahren war, daß er beim zweiten Mal ausgewählt worden war und sein neuer Delphin Clarabel heiße. Er wirkte so aufgedreht und groß – ein Junge, der mit einem Delphin geritten ist! –, und er steckte mich gleich an mit seiner Stimmung. Ich wußte, wie heiß begehrt die Fahrt im Dingi war: Joe mußte also seine Schüchternheit, die er oft unter fremden Kindern zeigte, für den Moment völlig abgelegt haben, um dranzukommen.

Die Stimmung hielt den ganzen Abend, und Joe konnte es kaum erwarten, Gran und Fred von seinem Ritt zu erzählen. Da sie die Show nicht kannten, nahmen sie wohl anfangs an, Joe habe auf dem Rücken des Delphins gesessen – da mußte Joe natürlich den ganzen Hergang noch einmal haarklein schildern, und wie er sich in dem Boot fühlte, als alle auf ihn schauten.

Die Delphine mußten ihn stark beeindruckt haben; ein paar Wochen später erzählte er uns einen Traum, den er gehabt hatte, einen von der Sorte, in denen nicht viel passiert, die aber einfach schön sind und von denen wir lange zehren:

DER DELPHIN-TRAUM

Ein schöner Traum. Joe ist am Pier, aber er ist größer als »normlich« (eines von Joes Lieblingswörtern, zusammengesetzt aus »normal« und »gewöhnlich«). Die Delphine sprangen über das Wasser – der See.

9. März 1988

Alex: Am Donnerstag, dem 21. Januar, tippte ich die letzten Seiten von *The War Zone*, gerade als Ann unsere Sachen für die Chemotherapie im St. Stephen's zusammenpackte. Wir fuhren nach London, und Joe wurden noch am selben Abend seine Medikamente verabreicht. Am nächsten Tag war ich mit Charles, meinem Agenten, zum Essen verabredet, um ihm das Manuskript zu übergeben. Ich war froh, daß ich es endlich geschafft hatte. Hoffentlich war es gut – nachdem ich mich so reingehängt hatte! Aber ein bißchen Angst hatte ich schon, daß es, es erst einmal veröffentlicht, den ein oder anderen abschrecken könnte – vielleicht sogar unsere Freunde, die wir unter den Angestellten des St. Stephen's gefunden hatten.

Ann und ich hatten gehofft, daß sich Joe bis zum Samstagnachmittag von der Therapie erholt hätte, denn meine Eltern hatten eine kleine vorgezogene Geburtstagsfeier für mich geplant, zu der auch Lynne und Peter eingeladen waren. Doch dieses kleine Familientreffen schien gefährdet – im Laufe des Samstags wurde Joes Zustand immer kritischer. Am Samstagabend bekam ich fürchterliche Angst; vielleicht reagierte ich übertrieben, aber es war die Anwesenheit eines Kindes mit Meningitis im Nebenzimmer, denke ich, die meine Angst schürte, Joe könnte an diesem Wochenende tatsächlich sterben.

Ann: Dieser Samstag im St. Stephen's war eine Art Vorbote dessen, was uns erwarten sollte. Zunächst war alles normal verlaufen. Joe hatte seine Medikamente am Donnerstagabend bekommen; den ganzen Freitag über war ihm schlecht, und auch am Samstagmorgen war er noch nicht ganz über den Berg. Aber noch machten wir uns keine Sorgen, weil die Übelkeit oft von einem Augenblick zum anderen verschwand. Andernfalls würden wir das Essen einfach absagen.

Dann, am frühen Nachmittag, verschlechterte sich Joes Zustand dramatisch. Ihm war nicht mehr schlecht, dafür wurde er ganz apathisch und verfiel in eine Art Halbbewußtsein; er sah erschrekkend blaß und kraftlos aus. Der diensthabende Arzt untersuchte ihn gründlich, konnte jedoch nichts finden. Er nahm Joe Blut ab und schickte es mit dem Vermerk »dringend« ins Labor. Alex und ich saßen bei Joe, angespannt bis zum äußersten.

Die eine Frage, die ich mir während Joes Krankheit noch nicht gestellt hatte, lautete: Wenn er starb, wie würde es geschehen? Vielleicht ließ sich diese Frage gar nicht beantworten, da er an irgendeiner Folgeerscheinung des Krebses sterben konnte. Damals fragte ich mich, ob es nun soweit war. Neuen Mut machte mir die Versicherung des Arztes, er könne nichts Ungewöhnliches bei Joe finden, trotz seines äußeren Erscheinungsbildes sei sein Zustand sehr stabil. Doch seine jetzige Verfassung war so anders, und er sah so schwach und elend aus – die Angst, er könnte sterben, setzte sich fest.

Alex geriet so in Panik, daß er fast ohnmächtig wurde und neben Joes Bett zusammenbrach. Eine Schwester half ihm wieder auf die Beine, und er ging, noch ganz blaß, seine Eltern anrufen. Joe zeigte keinerlei Symptome, so daß der Arzt ihn auch nicht behandeln konnte. Wir konnten nichts tun, nur abwarten, hilflos und insgeheim über den Patienten mit Meningitis im Nebenzimmer grübelnd.

Gegen Abend schien es Joe wieder ein bißchen besser zu gehen. Er wirkte noch benommen, doch war er jetzt offenbar aus dem halbkomatösen Zustand zu einer normalen Schläfrigkeit zurückgekehrt. Als er am nächsten Morgen aufwachte, wirkte er völlig normal und gestärkt. Niemand fand je heraus, was mit Joe passiert war: Es war eben passiert, und nun war es vorbei. Er fühlte sich gut an diesem Sonntagmorgen, doch Alex und mir steckte die Angst noch in den Knochen, und wir waren durch die schlaflose Nacht völlig erschöpft. Wir fuhren zurück nach Brighton, zu gerädert, um wirklich froh zu sein.

Alex: Jetzt, da ich *The War Zone* abgeschlossen hatte, mußte ich mich der Situation stellen, daß wir pleite und total verschuldet waren, und obendrein stand keine schnelle und direkte Einnahmequelle in Aussicht. Ich wollte ein neues Buch schreiben, aber auch dieses Vorhaben würde unsere finanziellen Probleme nicht schnell genug lösen, und außerdem wollte ich auf jeden Fall mehr Zeit mit Joe verbringen als in den letzten Monaten.

Zum ersten Mal in unserem Leben beantragte ich Sozialhilfe. Denn wir hatten nicht nur unsere Ersparnisse aufgebraucht, sondern darüber hinaus erhebliche Schulden bei der Bank und bei Kreditkartenunternehmen. Ich hatte versucht, an Drehbuchaufträge für gesponserte Filme zu kommen – eine Arbeit, bei der ich zeitlich flexibel war und die ich auf meine Verpflichtungen gegenüber Joe und die Zwangsaufenthalte im Krankenhaus abstimmen konnte –, doch ich bekam keine Aufträge und war auch nicht mit dem Herzen dabei.

An einem Mittwochmorgen Anfang Februar ging ich also zu der zuständigen Stelle, um den Antrag zu stellen. Trotz der Freundlichkeit, die mir von den Leuten dort entgegenbracht wurde, ist die damit verbundene Prozedur darauf ausgerichtet, einem fast augenblicklich jegliches Selbstwertgefühl zu nehmen. Man wird in die defensive Haltung eines Bittstellers um staatliche Almosen gedrängt – dabei sollte man immer gewahr sein, daß das »Erschleichen von Sozialhilfe« als weit schwereres Verbrechen eingestuft wird als massive Steuerhinterziehung, die praktisch von jedem Unternehmer oder Selbständigen betrieben wird, der sich einen Steuerberater leisten kann.

Ich fühlte mich ein wenig bedrückt durch das Ganze, aber auch sonderbarerweise privilegiert – nicht nur, weil meine Karriere bisher unvorhersehbar verlaufen war und es keinen Anlaß gab anzunehmen, daß sich die Situation nicht wieder bessern würde, sondern auch, weil es – gemessen an Joes Krankheit und der Gefahr, ihn zu verlieren – wenig gab, wovor ich Angst hatte: Wir mußten mit dem Schlimmsten rechnen – was also konnte uns sonst noch passieren?

Ich machte mich auf den Heimweg, den Hügel hinauf, am Friedhof vorbei. Zu Hause wartete ein Brief von Christopher Sinclair-Stevenson, meinem Verleger bei Hamish Hamilton, auf mich, in dem er mir zu *The War Zone* gratulierte, worüber ich mich sehr freute. Ich hatte seine Reaktion auf den Roman überhaupt nicht einschätzen können und versuchte es auch erst gar nicht, aber als ich den ersten Absatz des Briefes las, wußte ich, daß die Zeit, die ich an dem Buch gesessen hatte, nicht vergeudet gewesen war:

Lieber Alexander,
zunächst einmal meine herzlichsten Glückwünsche zu *Mackerel Sky*. (Christopher überzeugte mich später, den Titel in *The War Zone* umzuändern.) Ich habe den Roman am Wochenende mit wachsender Begeisterung gelesen. Sie haben meine Erwartungen um vieles übertroffen, und – dieses Kompliment mag Sie überraschen – er befleißigt sich einer außergewöhnlich ungeschönten, brutalen

Unmittelbarkeit. Es ist ein absolut zeitgemäßer Roman, zwangsläufig anstößig, aufschreckend, aber äußerst beeindruckend. Ich frage mich, wie Sie es schaffen konnten, ihn trotz so großer persönlicher Probleme fertigzustellen ...

Auszug aus einem Brief vom 8. Februar 1988

Ich weiß noch, daß ich Ann und Joe, die im Zimmer waren, umarmte und plötzlich das Gefühl hatte, meine Eingebung, daß Joe überleben würde, könnte begründet sein, wenn sie es hinsichtlich des Romans auch gewesen war. Während ich dies schreibe, wird mir bewußt, wie lächerlich das klingen mag, aber Ann und ich klammerten uns an jeden Strohhalm, den wir finden konnten, wenn es darum ging, ob Joe überleben würde.

Während dieser Phase schien Joes Persönlichkeit zu wachsen, sein Verständnis für die Welt aufzublühen. Er hatte eher spät mit dem Sprechen begonnen, doch jetzt konnte er sich hervorragend ausdrücken und verfügte über einen beachtlichen Wortschatz, obwohl er noch immer leicht lispelte.

Vielleicht war er in einem Alter – viereinhalb –, in dem Kinder allgemein einen großen Schritt nach vorne machen, aber wir fanden, daß die Art, wie wir uns um ihn kümmerten, und der Kontakt, den er zu anderen aufgeschlossenen Erwachsenen hatte, dazu führten, daß er aufgeweckter war als andere Kinder seines Alters. Dazu kam – und das ist eine Beobachtung von Menschen, die viel mit unheilbar kranken Kindern zu tun haben – als wüßten die Kinder bereits, was sie erwartete, und entwickelten so eine Ruhe und Weisheit, die eher dem hohen Alter zugerechnet wird. Wir weigerten uns auch weiterhin zu glauben, daß Joe sterben würde, und hatten ihm gegenüber auch nicht von der Möglichkeit gesprochen. Nur ganz allgemein hatten wir über den Tod gesprochen, und vielleicht spürte er unterbewußt, wie es um ihn bestellt war. Wie auch immer – er war ein Mensch, mit dem man einfach gerne zusammen war: liebevoll, humorvoll, quicklebendig, schlagfertig, und er hatte seine Umgebung ganz unter Kontrolle.

Ann: Joe wußte, daß Alex und ich Geld bekamen fürs Schreiben, und er fing an, Schreibmaschinen buchstäblich mit Geldverdienen zu verbinden. Er liebte es, völlig wahllos auf die Tasten meiner Maschine einzuhämmern, und ging dabei ziemlich großzügig mit Papier um. Am liebsten beschrieb er die Blätter nur mit einigen wenigen Zeilen, mit viel Abstand dazwischen. Eines Tages, als ich ihm sagte, etwas, was er haben wollte, sei zu teuer, verkündete er, dann werde er »eben was schreiben« gehen, und produzierte drei Seiten auf der Maschine. Er sagte, er würde sich damit ein bißchen Geld für Spielzeug verdienen, und als ich ihn fragte, wieviel er denn schon zusammenhabe, zeigte er auf die einzelnen Blätter und antwortete: »Drei Pfund, drei Pfund, vier Pfund. Ich mach' mal lieber noch 'ne Seite.«

Ich fand die Vorstellung, daß jede Seite praktisch Geld bedeutete, anregend und malte mir aus, wie bei jeder Seite, die ich geschrieben hatte, eine Zehnpfundnote aus der Maschine kam, wie bei einer Registrierkasse. Ich weiß nicht, wie Joe auf die Summen gekommen war, die er genannt hatte; Geld war für ihn immer eine fremde Rechnungseinheit gewesen, so daß es für ihn keinen wirklichen Unterschied machte, ob ein Spielzeug fünfzig Pence oder fünfzig Pfund kostete. Irgendwann konnte ich ihm einen ungefähren Anhaltspunkt geben, indem ich die Werte in Lego definierte. Er wußte, daß unterschiedliche Größen bei Lego auch unterschiedliche Preise bedeuteten, also sagte ich ihm, dies oder jenes sei soviel wert wie ein kleiner Karton Legos oder eben soviel wie ein großer. Allerdings hatten wir das Nachsehen, als er anfing, diese Vergleiche als eine Art Handel zu verstehen, und annahm, wenn er aufhörte, um das batteriebetriebene große Motorrad zu betteln, würde er statt dessen die beiden Kartons Lego bekommen.

Alex: Anfang Februar schrieb Joe seine erste – sehr kurze – Kurzgeschichte. Obwohl er Bücher mittlerweile liebte, das Alphabet kannte und mit einem Finger tippen konnte, zeigte er wenig Interesse am Lesen oder Schreiben. Wir fragten uns, ob es vielleicht eine Art Antireaktion auf unsere Besessenheit von Büchern war; wir übten in dieser Hinsicht aber auch keinerlei Druck aus, weil wir überzeugt waren, daß Kinder nach ihrem eigenen Tempo lernen, und außerdem – wenn er tatsächlich sterben sollte, wozu dann das Ganze?

JOES GESCHICHTE VOM WURM

Es war einmal ein kleiner Wurm. Er hatte ein sehr geräumiges Haus mit viel Schlamm. Da war ein Junge, der hieß Joe, und der war gerne schmutzig. Er nahm den Wurm oft mit an den Strand in einem kleinen Legohaus, um ihn vor den Vögeln zu schützen. Danach ging er mit dem Wurm nach Hause, und jetzt ist die Geschichte zu Ende.

Aufgeschrieben von Joe Buffalo Stuart
(»Es war einmal« von ihm getippt) 10. Februar 1988

Als er mir die Geschichte diktierte, war ich erstaunt, woher er den Ausdruck »ein sehr geräumiges« Haus hatte, bis ich mich erinnerte, daß etwas Ähnliches in *Winnie-the-Pooh* gestanden hatte, aus dem ich ihm damals regelmäßig vorlas.

Ein paar Tage später ergänzte Joe die Geschichte und bewies damit wieder einmal seinen Hang zu einem endgültigen Ende:

Da war ein Sturm, als Joe und der Wurm nach Hause gingen. Joe und der Wurm waren sehr froh, wieder zu Hause zu sein.

Am Tag nach dem Sturm flog ein Fliegerwurm mit einem Flugzeug, und Joes Wurm saß auf dem Rücksitz im Flugzeug. Dann landeten sie, und Joes Wurm stieg aus dem Flugzeug aus. Er sah ein Huhn und ging zu ihm hin und sagte hallo, und das ist das Ende der Geschichte.

Am 16. März diktierte Joe mir seine Version von Poohs Lied, das ganz eindeutig inspiriert war von den Liedern in *Winnie-the-Pooh*, und doch ein ganz eigenes Werk, in dem Joe aufzählte, was er im Leben am liebsten hatte; und er schloß mit einem Bild, das mich in seiner Schönheit tief berührte, als er das Lied vortrug:

POOHS LIED (von Joe)
Dideldum
Ich mag fernsehen

Dideldum
Ich mag Calpol
Dideldum
Ich mag Licht
Dideldum
Ich bade gerne
Dideldum
Ich mag gerne kackeln
Dideldum
Ich mag abends aufbleiben
und den Sternen vorsingen
Dideldum
Ich mag abends aufbleiben
und den Sternen eine Geschichte erzählen

(Calpol ist ein Paracetamol für Kinder; »kackeln« war Joes Wort für Stuhlgang)

Einer der vergnüglichsten Abende im Frühjahr 1988 war der, als wir eine Kassette für unsere Freundin Cherie Hoyt in Amerika aufnahmen. (Tatsächlich haben wir sie nie abgeschickt: Joe klang so glücklich darauf, daß wir uns nicht davon trennen konnten.) Es war Sonntag abend, und wir waren alle drei früh zu Bett gegangen. Dieses eine Mal wußte Joe, daß der Kassettenrekorder lief, und er reagierte ähnlich wie auf das Mikrofon bei der Weihnachtsfeier – indem er gar nicht mehr aufhörte zu plappern.

Er »las« seine Wurmgeschichte für Cherie, erinnerte sich tatsächlich fast wortwörtlich an die Form, in der er sie mir diktiert hatte, und trieb uns danach schier zum Wahnsinn, indem er immer wieder »K steht für Kekse« sang. Krümelmonsters Lied auf einer *Sesamstraße*-Videokassette, die Joe sehr mochte.

JOE: (singt zum hundersten Mal) K steht für Kekse. Kekse mag ich sehr; K steht für Kekse, Kekse mag ich sehr; K steht für Kekse, Kekse mag ich sehr; K steht für Kekse, Kekse mag ich sehr, oh, Kekse, Kekse, Kekse, Kekse, Kekse mag ich sehr!

ALEX: Hörst du das, Joe? Hörst du den Schrei? Das war Cherie, die ist gerade aus dem Fenster gesprungen. Aaaaaah! Cherie ist aus dem Fenster gesprungen, weil sie ganz wahnsinnig ist von dem Kekslied!

JOE: (lacht) Warum ist sie aus dem Fenster gesprungen? (Fängt wieder an zu singen) K steht für Kekse...

ALEX: Diese Kassette ist in die Hände von Terroristen gefallen.

JOE: K steht für Kekse, Kekse mag ich sehr; K steht für Kekse, Kekse mag ich sehr...

ANN: (stimmt mit ein) ... oh, Kekse, Kekse, Kekse mag ich sehr.

ALEX: Ich halt's nicht mehr aus!

JOE: (imitiert Krümelmonster auf dem *Sesamstraße*-Video) Siehst du, das Männchen sieht wie ein K aus, aber das kann man nicht essen. Weil K steht für Kekse, Kekse mag ich sehr...

ALEX: (als Krümel) Joe, ich werde ganz wahnsinnig. Ich eß nie wieder einen Keks.

JOE: Oh, Kekse, Kekse, Kekse, Kekse mag ich sehr. Ich habe eine Idee. Echt, hört mal, ich kenne einen Witz! Wer kämpft, wenn ein Mann nicht kämpft?

ALEX: Keine Ahnung.

JOE: Ich sag dir, wer kämpft, wenn ein Mann nicht kämpft. Ein... ein... ein... Pacman! (lacht)

ALEX: (lacht) Ich glaube, den Witz verstehe ich nicht. Joe. Du hast so einen merkwürdigen William-Burroughs-Humor: bizarr. Wie war das noch mit dem, den wir uns erzählt haben – wer hat keinen Schatten?

JOE: Ein Schatten hat keinen Schatten!

ALEX: Stimmt.

JOE: (lacht) Ein Raccoon hat keinen Raccoon!

ALEX: Und Joe hat nicht mehr alle beisammen!

Ausschnitt einer Aufnahme, entstanden im März 1988

Sollte Joe zu dieser Zeit unglücklich gewesen sein oder Angst wegen seiner Krankheit gehabt haben, so zeigte er es jedenfalls nicht. Tatsächlich schien er meistens bemerkenswert fröhlich zu sein, so wie wir. Seine Träume, die wir weiterhin in dem Traumbuch festhielten, spiegelten normale Kindheitsängste wie Trennungsangst wider, aber nichts, was ihn über Gebühr beunruhigte, obwohl rückblickend die Krabbe im zweiten der beiden folgenden Träume den Tod oder vielleicht die Lähmung, die Joe Mitte April treffen sollte, zu verkörpern schien:

DER SCHINKENLADEN-TRAUM

(Joe liebte Schinken, und vor unserem Umzug nahm Ann ihn oft in ein bestimmtes Fleischgeschäft in Knightsbridge mit, das er den »Schinkenladen« nannte).

Wir sind in einem Restaurant: Mummy, Daddy und Joe. »Die Mami von Mummy war auch im Traum – Nana.« Wir essen im Auto hinter dem Restaurant. Joe sagt, er ist nicht mit zum Auto gekommen: »Ich habe das Auto selbst gefunden.« Mummy und Daddy gehen zum Auto mit Mummys Mami, und Joe geht zum Restaurant zurück, um einen Plastikbecher zu holen, den er im Auto braucht, aber das Restaurant ist zu. Joe fängt an zu weinen und sucht überall den Schinkenladen. Er findet den Schinkenladen, aber die Tür ist viel zu klein: »So groß wie die Tür von Jerry, der Maus aus *Tom und Jerry*. Ich dachte, die im Schinkenladen können mir helfen, aber die Tür war zu klein.« (Joe sagt, das war ein trauriger Traum. »Als ich aufgewacht bin, waren meine Augen ganz naß, und Mummy hat mich ganz fest in den Arm genommen.«)

Januar 1988

JOES ANGSTTRAUM

Joe spielt mit einer Frau, die er nicht kennt, Tennis, in einem Hof (nicht unserem) oder Park. Mummy und Daddy waren vielleicht auch da – »Bestimmt waren sie es.« Dann spielen Joe und die Frau Fußball, und dabei rollt der Ball unter ein paar Bäume, Joe will ihn holen, aber da ist eine Krabbe, vor der er Angst hat, sie ist mindestens einen halben Meter lang. Sie packt Joes Bein mit ihrer Schere und hält ihn fest, für immer und immer. (Wenn Joe später über seine Träume sprach, änderte er sie oft. In diesem Fall, am 4. April 1988, sagte Joe, daß die Krabbe sein Bein festgehalten hat, »weil sie mir vielleicht helfen und den Ball für mich holen wollte«.)

Diesen Traum erzählte Joe am 16. Januar 1988, sagte aber, er habe ihn auch schon in London gehabt.

Ann: Obwohl Joe erst im August fünf wurde, mußten wir uns allmählich Gedanken über eine geeignete Schule für ihn machen. Wir hofften inständig, es möge ihm so weit gutgehen, daß er im September mit der Schule anfangen konnte. Die Auswahl war beschränkt. Wir hörten uns um und suchten drei Schulen heraus, die uns zusagten und ganz in der Nähe waren. Wir hielten es in jedem Fall für falsch, Kindern einen langen Schulweg zuzumuten, und bei Joe brauchten wir – und er auch – ganz besonders die Sicherheit der örtlichen Nähe. Ich weiß nicht, warum er so versessen darauf war, sich die St.-Pauls-Schule in unserer Straße anzusehen. Er beobachtete oft vom Spielplatz aus die Schüler, und sein Freund James Kerry ging dort zur Schule – aber er hatte auf fast jeder Schule in der Gegend einen Freund.

Alex und ich dachten, es wäre zu schön, um wahr zu sein: eine passende Schule direkt nebenan! Die Lehrkräfte an der St.-Paul's-Schule so sympathisch, und ihr Angebot, er könnte einen halben Tag kommen, war so entgegenkommend und verständnisvoll, daß wir den angebotenen Platz kurzerhand annahmen. St. Paul's war eine kirchliche Schule mit mittlerem Leistungsanspruch – und so würde Joe doch noch die biblischen Geschichten lernen, die mir soviel Kopfzerbrechen bereiteten.

Das Jahr hatte eben erst begonnen, und wir planten schon für September. Es war immer ein bißchen beängstigend, soweit im voraus zu denken; es war, als forderten wir damit das Schicksal heraus, doch wenn alles glattging, würden wir Joe einschulen müssen, und wir waren froh, daß wir für diesen Fall Vorsorge getroffen hatten.

Alex: Obwohl davon die Rede gewesen war, die Chemotherpaie an Weihnachten abzusetzen, einigte man sich letztendlich doch darauf, am ursprünglichen Plan der einjährigen Behandlung bis April 1988 festzuhalten. Dies mochte entweder durch die Sorge um Joes Knochenmark begründet sein, oder es war schlicht und einfach eine vorbeugende Maßnahme.

Der Tumor in Joes Lunge hatte sich weder verkleinert, noch war er gewachsen; doch während Ann und ich noch hofften, er könnte durch die Chemotherapie bis Ostern zerstört werden, hatte Dr. Sinclair offensichtlich schon eine andere Möglichkeit in Erwägung gezogen.

Ich erfuhr auf äußerst unbefriedigende Art und Weise – und dazu auf dem Parkplatz des St. Stephen's – von seinem Entschluß, als wir an einem Freitagabend im März zur Chemotherapie kamen und er gerade wegfahren wollte. Ich konnte Dr. Sinclair gut leiden – ich mochte seine augenscheinliche Liebe zu Kindern und konnte mich sogar mit seinem ziemlich kompromißlosen Auftreten als Facharzt anfreunden – doch diesmal verärgerte er mich sehr, als er erklärte, während ich noch beim Entladen des Kofferraums war, daß es wohl am besten sei, den Tumor in Joes Lunge operativ zu entfernen, schließlich sei es der einzige.

Eine Operation an der Lunge ist wohl für die meisten Eltern eine erschreckende Vorstellung, und aufgrund der Situation »zwischen Tür und Angel« hatte ich keine Möglichkeit, mich nach weiteren Details zu erkundigen. Ann war bereits mit Joe auf die Station hochgegangen, und als ich ihr endlich die Neuigkeit mitteilen konnte, war Dr. Sinclair nicht mehr im Haus, und wir konnten lediglich zu zweit darüber sprechen. Die Tatsache, daß die Operation offensichtlich über unsere Köpfe hinweg beschlossen worden war, ärgerte uns.

Es war unklar, ob Dr. Sinclair sich in diesem Fall mit Dr. Phillips beraten hatte, dem für Joes Chemotherapieprogramm zuständigen Arzt, und Ann und ich waren ziemlich wütend, weil das Wochenende bevorstand, so daß wir erst danach Genaueres über das geplante Vorgehen in Erfahrung bringen konnten. Erst Dr. Cree konnte unsere Gemüter etwas beruhigen. Wir riefen sie an, nachdem wir von der Chemotherapie wieder nach Brighton zurückgefahren waren, und ich teilte ihr unsere Bedenken mit. Sie sagte, eine Operation sei wahrscheinlich das sinnvollste, wenn die Chemotherapie den Tumor nicht ausreichend bekämpft habe, denn eine Röntgenbestrahlung der Lungen schädige die Atmung und komme nicht in Frage. Diese einfache Erklärung reichte, um unsere Zweifel zu zerstreuen, denn ganz gleich, wie groß das Vertrauen in den behandelnden Arzt sein mag: Man muß einfach wissen, was los ist.

Den nächsten Zusammenstoß mit Dr. Sinclair hatten wir wegen CT. Ein paar Tage nachdem wir wieder zu Hause waren, erhielten wir einen Anruf vom diensttuenden Arzt im St. Stephen's, der uns mitteilte, Dr. Sinclair habe darum gebeten, eine partielle CT von Joes Lungen vor der nächsten Chemotherapie vorzunehmen.

Wieder überkam uns das Gefühl, daß hier etwas über unsere Köpfe hinweg entschieden und der Ablauf der Behandlung, an den sich Joe mittlerweile gewöhnt hatte, ohne ausreichende Erklärung abgeändert worden war. Wir setzten sofort einen Brief an Dr. Sinclair auf, in dem wir darauf hinwiesen, daß Joe im April sowieso die ganze Untersuchungsreihe, einschließlich einer CT, absolvieren müßte und wir ihn deshalb nur ungern einer zusätzlichen Belastung ausgesetzt sähen, besonders weil CTs ihn immer sehr mitnähmen und er dafür Sedativa benötigte:

Natürlich sind wir bereit, uns in all diesen Fragen der (ärztlichen) Leitung zu beugen, aber wir würden es sehr begrüßen, wenn wir uns mit Ihnen noch einmal über die zusätzliche CT unterhalten könnten.

Wir sind der Ansicht, daß Joe nicht noch einen Test mitmachen sollte, wenn er die Testreihe ohnehin nach Ablauf der Chemotherapie durchlaufen muß.

Wir haben heute um ein Gespräch mit Ihnen nachgesucht, doch man sagte uns, Sie seien bereits außer Haus. Wir wären Ihnen sehr verbunden, wenn Sie die Zeit finden würden, uns anzurufen.

Mit freundlichen Grüßen,
Alexander Stuart   Ann Totterdell
Auszug aus einem Brief an Dr. Sinclair vom 10. März 1988

Dr. Sinclair schrieb zurück und teilte uns mit, er habe sich in dieser Angelegenheit ausführlich mit Dr. Phillips beraten, und sie seien übereingekommen, daß eine partielle CT von Joes Lungen notwendig sei, um den genauen Zustand festzuhalten, bevor man weitere Maßnahmen beschließen könne.

Das war natürlich einleuchtend – abgesehen davon, daß der Tumor in der Lunge schon seit geraumer Zeit bekannt und damit noch immer nicht erklärt war, warum der Scan ausgerechnet jetzt gemacht werden mußte und nicht noch einen Monat warten konnte. Ich glaube, auch Ann hatte damals wie ich das Gefühl, wie ein Kind behandelt zu werden, wo es doch um die medizinischen Belange unseres Sohnes ging. Wir rätselten, ob Dr. Sinclair nicht vielleicht eigenmächtig eine Entscheidung gefällt hatte, an der er jetzt auf Biegen und Brechen festhalten wollte. Doch schlimmer war die Befürchtung, er könnte von neuen Tumoraktivitäten wissen und sagte es uns nicht. Wenn man in Angst lebt, ist jede Geheimniskrämerei oder mangelnde Offenheit von seiten der Ärzte wie Öl, das ins Feuer gegossen wird.

Anfangs infolge einiger Mißverständisse – in welchem Krankenhaus sollte er überhaupt durchgeführt werden? – verschoben, kam es am Ende gar nicht zum Scan. Joes Zustand nahm gegen Ende März eine dramatische Wendung, und wir sahen uns mit Tatsachen konfrontiert, die bei weitem beängstigender waren.

13

Der Alptraum kehrt zurück

Alex: In den letzten beiden Märzwochen 1988 erwähnte Joe zum ersten Mal Schmerzen in der rechten Schulter. Seit der Diagnose und dem Entfernen der Niere war er bemerkenswert schmerzfrei gewesen, und wenn er Beschwerden gehabt hatte, dann aufgrund der Auswirkungen der Chemotherapie und weniger durch den Krebs selbst. Hin und wieder hatte er Schmerzen in den Beinen und einen ganz bestimmten im rechten Arm zwischen Schulter und Ellenbogen, aber es war kein anhaltender Schmerz gewesen; die Symptome wurden den Nebenwirkungen des Vincristins, das muskelschwächend sein kann, zugeschrieben.

Doch allmählich machten wir uns Sorgen, wenn auch zunächst kaum ernsthafte, als Joe immer wieder über Schmerzen im oberen Rückenabschnitt klagte, ohne sie genau lokalisieren zu können. Die Schmerzen kamen und gingen, aber wenn er sie hatte, waren sie so stark, daß er weinen mußte und sich nur durch eine Wärmflasche und eine feste Umarmung von Mummy trösten ließ. Joe war kein Kind, das schnell in Tränen ausbrach – selbst als Säugling schrie er nur, wenn er Hunger hatte, und hörte sofort wieder auf, wenn er die Brust bekam –, vor allem deshalb beunruhigte uns sein Verhalten. Ann und ich sahen uns an und fragten uns, was es sein könnte, und wenn einer von uns dann sagte: »Ich hoffe, es ist nichts Schlimmes«, wußte der andere, das damit gemeint war: »Bitte, laß es nicht wieder Krebs sein!«

Am Nachmittag des Gründonnerstags, dem letzten Tag im März, nahm ich Joe mit ans Meer. Wir fuhren zum Hafen von Brighton und schauten uns eine Weile die Yachten an, dann fuhren wir die Straße hinunter zum Pier, wo wir an einigen Karussells vorbeikamen.

Joe war ganz versessen darauf, ein paar Runden zu drehen, und er schien sich wohl zu fühlen, nachdem er am Vortag wieder den Schmerz in der Schulter erwähnt hatte. In der Vergangenheit hatte ich mich schon oft gewundert, daß ihm die Karussells im Gegensatz zu mir, nicht schnell genug sein konnten. Einmal waren wir in einer Art Miniachterbahn gefahren, »Der Drache« genannt, und ich hatte, mich seitlich abstützend, Joe fest an mich gedrückt, doch der hatte sich die ganze Fahrt über köstlich amüsiert.

Jetzt wollte er ein ähnliches Karussell ausprobieren. Warum sollte er – trotz meiner Bedenken – nicht genausoviel Spaß haben wie ein gesundes Kind? Der Mann, der das Karussell bediente, versicherte mir, es würde nicht besonders schnell fahren. Ich kaufte zwei Karten, wir stiegen ein und schlossen den Sicherheitsriegel.

Die Fahrt begann und wurde schneller, immer schneller – viel schneller, als ich gedacht hatte. Ich spürte, wie Joes Rücken durch die Beschleunigung gegen meinen Arm gepreßt wurde, und sah, daß er Schmerzen hatte. Ich schrie dem Mann zu, er solle anhalten, doch er konnte mich nicht hören. Ich bekam Angst: Joe könnte einen Tumor im Rücken haben, der ihm unter dem Druck schreckliche Schmerzen bereitete, er könnte sich innere Verletzungen zuziehen.

Endlich hielten wir an, und inzwischen weinte Joe, ich weiß nicht, ob vor Schmerzen oder weil er meine Angst spürte. Ich war wütend, weil der Karussellführer mich belogen hatte, und verfluchte ihn, aber in Wahrheit war ich wütend auf mich selbst, weil ich die Fahrt überhaupt riskiert hatte. Mir unterlaufen doch die größten Dummheiten! Aber es war wohl noch etwas anderes: Ich glaube, ich wollte Joe unbedingt wie ein gesundes Kind behandeln, doch manchmal übertrieb ich es.

Zwei Tage später, am Ostersonntag, dem 1. April 1988, kam uns Charles Walker in Brighton besuchen, und wir fuhren ein paar Meilen die Küste hinunter nach Angmering. Joe tapste in seinen Wellington-Stiefeln durch den Sand, danach unternahmen wir einen Ausflug zum Schloß Arundel und nach Clympton, zu einer wunderschönen Kirche aus dem dreizehnten Jahrhundert. Am Abend ging es zurück nach Brighton.

Als wir zu Hause ankamen, sagte Joe, er sei todmüde, und legte sich sofort auf das Sofa. Wir hielten uns alle unten in der Wohnküche auf, und während Ann kochte, klagte Joe erneut über die Schmerzen im Rücken. Wir gaben ihm eine Wärmflasche, und er machte es sich auf dem Sofa bequem, doch die Schmerzen wurden schlimmer, und er fing an zu weinen.

Charles und ich versuchten, Joe so lange zu unterhalten, bis das Essen fertig war, doch er hatte wirklich schlimme Schmerzen, und unsere Stimmung verschlechterte sich rapide. Ann und ich hatten uns ohnehin nicht auf Ostern gefreut, denn vor einem Jahr waren wir zu dieser Zeit das erste Mal im St. Stephen's gewesen, wo der Krebs diagnostiziert wurde. Wir konnten Charles, hier vor Joe, nicht ins Vertrauen ziehen, doch ich glaube, unsere Angst war ziemlich offensichtlich, und der Anblick des sonst immer so fröhlichen Joe, der sich jetzt unter Schmerzen krümmte, war beunruhigend genug.

Irgendwann an diesem Abend ging Joe hoch auf die Toilette, und gerade als er wieder herunterkommen wollte, brach er oben auf der Treppe zusammen. Seine Ohnmacht jagte uns einen gewaltigen Schrecken ein. Aber irgendwie löste sich dadurch auch unsere Anspannung, die wir alle verspürten.

Es war offensichtlich, daß mit Joe eine Veränderung vor sich ging. Niemand von uns wußte, was es war, doch es fiel nicht schwer, sich das Schlimmste vorzustellen.

Ann: Am Ostermontag riefen wir im St. Stephen's an, um ihnen von Joes Schmerzen zu berichten. Lilias schlug vor, gleich am Dienstag zur Untersuchung vorbeizukommen. Wir fuhren also ins Krankenhaus, wo Joe geröntgt wurde. Danach ritt er auf dem Holzschaukelpferd auf der Station, bis Lilias Zeit hatte – an diesem Tag hatte er keinerlei Schmerzen. Lilias wollte ihn gleich an Ort und Stelle untersuchen und ließ ihn den Arm bewegen, während er auf dem Pferd sitzen blieb. Sie konnte nichts finden und meinte, er könnte sich irgendwie die Schulter verrenkt haben. Es ging ihm an diesem Tag so viel besser, daß wir uns mit ihrer Mutmaßung begnügten und ihn gern wieder mit nach Hause nahmen. Wir versprachen Lilias, sie über Joes Zustand auf dem laufenden zu halten.

Doch unter der Woche kamen die Schmerzen wieder. Joe hatte seine dreimonatige Chemotherapie fast überstanden, und wir fragten uns, ob er vielleicht einfach erschöpft war. Ich redete ihm gut zu, er solle sich ein paar Tage ausruhen, und er ließ sich ohne Widerspruch von mir ein Lager auf dem Sofa zurechtmachen: Für den Rest des Tages war er mit Legospielzeug beschäftigt.

Am Freitag nachmittag kam Karen Bravery, eine der Schwestern aus dem Royal Alexandra, zu Besuch. Sie hatte weitreichende Erfahrungen mit krebskranken Kindern, und wir waren froh, daß sie sich Joe ansehen konnte, obwohl ihr Besuch eher inoffizieller Natur war. Tags zuvor war mir aufgefallen, daß Joe ein wenig wackelig auf den Beinen war, doch ich schob die Schwäche auf die hohen Dosen Vincristins, die er bekommen hatte.

Joe mußte aufstehen und hoch auf die Toilette gehen. Wir sahen, daß er buchstäblich auf Zehenspitzen ging. Er hatte das während der Vincristin-Kuren schon öfter getan, und Karen erzählte uns von einem Mädchen, das sich während der gesamten Chemotherapie nur auf Zehenspitzen fortbewegt habe. Dennoch fanden wir den Umstand beunruhigend, und Karen verließ uns mit dem Ratschlag, Joes Schmerzen dringend gegenüber dem St. Stephen's zu erwähnen.

Am Wochenende wurde Joe noch schwächer, und er erwähnte auch wieder die Schmerzen in der Schulter. Am Montag rief ich Karen an und fragte, ob Joe vielleicht im Royal Alexandra untersucht werden könnte, ehe wir wieder ins St. Stephen's fuhren. Sie sagte, die Gepflogenheiten würden es verbieten, irgend etwas ohne die Erlaubnis des St. Stephen's zu unternemen, also wäre es das beste, mit Joe nach London zu fahren. Sie fügte noch hinzu, im Bedarfsfall könnte über das Royal Alexandra, das eng mit dem Royal-Sussex-Krankenhaus in Brighton zusammenarbeitete, kurzfristig eine Computertomographie arrangiert werden.

Ich rief also Lilias an und sagte, wir würden Joe für ein paar Tage zur Beobachtung bringen. Wieder begannen wir mit dem zeitraubenden Packen – schließlich konnten wir nicht eben mal schnell nach Hause, für den Fall, daß wir etwas vergessen hatten –, spätnachmittags trafen wir endlich im St. Stephen's ein.

Auf der Station herrschte ziemlicher Betrieb, trotzdem war lediglich eine Ärztin für die Nachtschicht da. Die drei Ärzte, die uns vertraut waren, hatten ihre viermonatige Zeit auf der Kenneth-Grahame-Station gerade absolviert, und die drei neuen waren uns noch nicht vorgestellt worden. Aber als Louise schließlich zu uns kam, sehr spät abends, weil sie bei anderen Patienten aufgehalten worden war, untersuchte sie Joe sehr gründlich. Nur Joe gehen sehen konnte sie nicht mehr, denn es war sehr spät, und Joe wollte nicht aufstehen. Also beschrieben wir ihr, wie schwach Joe auf den Beinen war. Louise meinte, am nächsten Tag ergäben sich sicher noch genug Gelegenheiten, ihn laufen zu sehen.

Kurz nachdem sie gegangen war, verlangte Joe nach einem Spielzeug. Obwohl es schon dunkel war, bestand er darauf, selber zum Spielzimmer zu gehen. Während er den Korridor hinunterwackelte, versuchte ich schnell noch Louise zu erwischen, aber sie war weit und breit nicht zu sehen. Schade, doch ich konnte Joe nicht alleine lassen. Tatsächlich war dies für viele Monate das letzte Mal, daß Joe überhaupt lief, und kein Arzt der Kenneth-Grahame-Station sollte ihn je wieder laufen sehen.

Am folgenden Tag, einem Dienstag, wurde Joe nochmals geröntgt. Man benachrichtigte Dr. Phillips. Zunächst erschien allerdings Dr. Sinclair und untersuchte Joe. Niemand schien bislang irgendwelche Schlüsse aus Joes Zustand gezogen zu haben, aber Dr. Sinclair versuchte eine CT zu arrangieren. Anscheinend ging in dieser Richtung nichts vor Freitag oder Montag, was unter diesen Umständen einer Ewigkeit gleichkam. Also kamen wir auf das Angebot des Royal Alexandra zurück und schlugen vor, Joe nach Brighton zu fahren, falls der Scan dort gemacht werden konnte.

Obwohl unser Vorschlag wohlwollend zur Kenntnis genommen wurde, war abzusehen, daß hier niemand auf ihn eingehen würde. Das hatte schon seine Logik, da die Beobachtungen, die direkt beim Scan gemacht werden können, die wertvollsten sind, besondes wenn ein Arzt dabei ist, der schon frühere Scans des Patienten gesehen hat. Soweit es sich um subtile Veränderungen handelte, machte das Sinn. Aber wenn es sich um etwas Schwerwiegendes, ganz Unmißverständliches handelte? Wir waren frustriert, doch wir konnten nichts ausrichten.

Nachdem Dr. Sinclair gegangen war, kam Lilias zurück. Sie untersuchte Joe noch einmal, und wir baten sie, sich Joes Füße anzusehen, da wir uns große Sorgen wegen der Schwäche seiner Beine machten. Wir halfen ihm hoch, doch seine Beine knickten weg, und er konnte sie weder gerade machen noch auf ihnen stehen. »Es sind die Achillessehnen«, sagte sie. »Sie sind vom langen Liegen so geschwächt.«

Ihre Erkläung erschien uns wenig plausibel, doch es gab wenig, was wir tun konnten. Wir warteten auf die CT, und Dr. Sinclair hatte Joe soeben untersucht. Wir hofften, daß Dr. Phillips bald eintreffen würde, aber er mußte seine Zeit unter den Patienten von vier verschiedenen Krankenhäusern aufteilen, deshalb war er auch so schwer zu erreichen.

An diesem Punkt hatte Joe es bereits aufgegeben zu laufen, er war müde, hatte Schwierigkeiten, seine Beine im Bett auszustrecken, und Schmerzen in der Schulter – und wir hatten Panik. Wir mußten die Ergebnisse der CT abwarten. Momentan erschöpfte sich Joes Behandlung darin, daß eine Schwester regelmäßig Temperatur und Blutdruck maß.

An diesem Abend wollte sich Joe im Bett anders hinlegen. Dabei hatte er so große Schwierigkeiten, sich abzustützen und den Oberkörper zu drehen, daß Alex aus dem Zimmer rannte, um einen Arzt zu holen, damit er sich selbst davon überzeugen konnte. Aber er fand lediglich eine Schwesternschülerin, die betroffen zuschaute und versprach, die diensttuende Schwester sogleich zu unterrichten.

Der Mittwoch verstrich, ohne daß ein Arzt nach Joe sah. Ich verwünschte den Wechsel der Ärzte auf der Station. In dem einen Jahr, seit Joe auf der Kenneth-Grahame-Station lag, hatte es drei Wechsel gegeben, und jedesmal bekamen wir guten Kontakt zu den jungen Ärzten. Da der Dienst auf der Kinderstation allgemein zu ihrer Ausbildung gehörte, mußten sie sich nicht unbedingt für das Fachgebiet Kinderkrebs interessieren, und anfangs war ich verunsichert, daß auf einer Kinderstation lediglich der Chefarzt und das Pflegepersonal eine spezielle Ausbildung hatten, und die anderen Ärzte einfach nur Punkte für ihren Abschluß sammelten. Auch wenn wir unter ihnen ein paar kennenlernten, die einfach keinen Draht zu Kindern hatten, so kamen die meisten doch gut zurecht.

Wir hatten unter diesen jungen Ärzten Freunde gefunden, und es war immer interessant und oft hilfreich gewesen, ihre Meinung zu Joes Fall zu hören. Ich dachte mit Wehmut an sie: Mary, Lucy, Simon, Kathy, Anna, Leon, Mike, Henry und Lindsey. Sie alle waren nun weg. Jeder von ihnen hätte wenigstens bei uns reingeschaut und hallo gesagt. Jeder wäre um Joe besorgt gewesen. Die neuen Ärzte glänzten durch Abwesenheit. Nicht nur, daß sie sich uns nicht vorstellten, sie waren auch tatsächlich kaum da. Als wir Unterstützung am dringendsten brauchten, war plötzlich niemand zur Stelle, mit dem wir sprechen konnten. Auf der Station herrschte Hochbetrieb, das war nichts Neues. Neu war, daß wir überhaupt keinen Arzt zu Gesicht bekamen.

Am nächsten Morgen, einem Donnerstag, wurden wir in Dr. Sinclairs Büro gebeten. Er teilte uns mit, die CT sei für Montag angesetzt, und erkundigte sich, ob Dr. Phillips Joe schon gesehen habe. Lilias hatte Dr. Phillips am Dienstag eine Nachricht zukommen lassen, bisher aber keine Antwort erhalten. Dr. Sinclair versuchte selbst noch einmal, Dr. Phillips zu erreichen.

Wir fühlten uns ein wenig besser, da wir wußten, daß etwas unternommen wurde, doch Joes Zustand bereitete uns trotzdem große Sorgen, ebenso wie das mangelnde Interesse an ihm. Ich beschwerte mich bei Lilias, daß wir jetzt schon Donnerstag mittag hätten und seit Dienstag kein Arzt mehr bei Joe gewesen sei. Wir hatten Joe wegen seiner Schmerzen in der rechten Schulter hergebracht und nicht zum Temperatur- oder Blutdruckmessen.

Lilias schien peinlich berührt, doch ihre Antwort fiel eher schwach aus. »Tut mir leid«, sagte sie, »aber wir hatten alle Hände voll zu tun. Wir haben einen Meningitisfall auf der Station.« Ich hätte entgegnen können, daß es immer mindestens einen Meningitispatienten auf der Station gab. Meiner Meinung nach lag es vielmehr daran, daß keiner der neuen Ärzte Joes Fall kannte oder Interesse an ihm hatte. Solange Lilias sie nicht ausdrücklich aufforderte, nach ihm zu sehen, gab es keinen Grund für sie, Joe ihre Zeit zu opfern. Wie auch immer, ich fand es müßig, ihr irgend etwas in dieser Richtung zu sagen, da ich davon ausging, daß sich die Situation von nun an bessern würde.

Doch Joe bekam erst am nächsten Tag einen Arzt zu Gesicht. Es war Freitag nachmittag, und ich stand draußen mit Anna, der Beschäftigungstherapeutin der Station, die mir erzählte, daß Ronald McDonald, der McDonald's-Clown, die Station besuchen würde. Sie werde sich darum kümmern, daß er auch zu Joe, der nicht zu den anderen Kindern ins Spielzimmer gehen konnte, kam. Während ich ihr zuhörte, sah ich Dr. Phillips den Flur hinunterkommen. Meine Stimmung hob sich sofort, denn jetzt würde sich endlich jemand richtig um Joe kümmern.

»Ich habe die Nachricht gerade erst erhalten«, sagte er. »Ich werde einen Blick auf die Röntgenaufnahme werfen und komme dann zu Ihnen.«

Alex: Die Diagnose, die Dr. Phillips an diesem Nachmittag – dem 15. April 1988, genau ein Jahr nach der operativen Entfernung von Joes Niere – stellte, traf uns mit ähnlicher Wucht wie damals, als wir ein Jahr und drei Tage zuvor zum ersten Mal erfuhren, daß Joe Krebs hatte. Wir hatten uns vor dieser Zeit der Jährung gefürchtet – die ständigen Erinnerungen an soviel Leid und Ungewißheit! –, und jetzt schien es, als wären unsere Befürchtungen mehr als berechtigt gewesen.

Als Dr. Phillips das Zimmer betrat, lag Joe wie die Tage zuvor im Bett, nur daß er sich jetzt gar nicht mehr aufsetzen konnte. Dr. Phillips war in Begleitung von Lilias und einigen Schwestern gekommen, so daß wir nach der Untersuchung die Möglichkeit hatten, uns zu unterhalten, wenn Joe abgelenkt war. Dr. Phillips sah Joe mit der gleichen Anteilnahme und Sorge an wie immer, doch diesmal schien ein Schatten sein Gesicht zu überfliegen, den ich erst einmal zuvor bei ihm gesehen hatte – als er sich an Weihnachten Sorgen um Joes Knochenmarksbefund gemacht hatte.

Er sagte uns, er befürchte, daß Joe einen Tumor im Rückgrat habe, und er wolle ihn sofort ans Charing-Cross-Krankenhaus überweisen, damit ein Myelogramm gemacht werden könne, um ein vollständiges Bild zu erhalten.

Die Wahrscheinlichkeit, daß Joe einen neuen Tumor hatte – dazu im Knochen und anscheindend so groß, daß er starke Schmerzen verursachte –, entsetzte uns. Ohne daß wir darüber nachdachten, wußten wir, daß seine Überlebenschancen damit gleich Null waren. Wir waren im selben Zimmer wie er und durften uns den Schrecken, der uns packte, nicht anmerken lassen; aber auch so wie schon zuvor brachen wir nicht zusammen, denn wenn man eine wirklich niederschmetternde Nachricht erhält, steigt plötzlich der Adrenalinspiegel, und ein unbedingter Wille, um sein Kind zu kämpfen, setzt sich durch, so daß die Versuchung, sich gehenzulassen, erst gar nicht aufkommt.

Das geschieht später, wenn man sich vergewissert hat, daß das Kind keine Angst hat, wenn die Nachricht sich gesetzt hat. Dann läßt man die eigene Angst zu, und die Tränen fließen, und gleichzeitig steigt Wut auf. Der Verstand funktioniert plötzlich wie der eines Jägers; verzweifelt sucht man nach einem Ausweg, den noch niemand entdeckt hat, nach einem Grund, der einen glauben läßt, daß die Dinge nicht so schlecht stehen, wie es den Anschein hat, späht nach einem Funken Hoffnung.

Im Augenblick waren wir wie gelähmt. Joe brauchte uns, und wir brauchten ihn, brauchten die Selbstvergewisserung, ihn umarmen und einfach festhalten zu können. Ein Ambulanzwagen wurde bestellt, und während wir ein paar Spielzeuge für Joe zusammensuchten – wir wußten nicht, wie lange es dauern würde: eine, vielleicht zwei Stunden? –, kam zum Glück Ronald McDonald zu Joe.

14

Charing Cross

Ann: Im Ambulanzwagen gelingt es mir, meine Angst langsam wieder unter Kontrolle zu kriegen. Alex und ich sitzen bei Joe und erklären ihm, daß wir in ein oder zwei Tagen wieder in St. Stephen's zurückfahren werden. Er sieht unglücklich aus. Er will in kein neues Krankenhaus und ahnt, daß ihn dort weitere mysteriöse Tests erwarten.

Alex fragt mich flüsternd, ob ich ein Geschenk für Joe dabeihabe. Ich trage fast immer ein paar Kleinigkeiten mit mir herum, die ihn aufheitern sollen, wenn er eine harte Zeit hat. Mir fällt das *Meg-and-Mog*-Buch ein, das ich ihm für die nächste Chemotherapie gekauft habe, und stecke es Alex zu. Er gibt es Joe, und der wickelt, schon etwas fröhlicher, das kleine Geschenk aus und fragt, ob ich ihm die Geschichte jetzt gleich vorlesen kann.

Im Charing Cross trotten wir einfach überallhin hinterher. Joe kann sich nicht aufrichten und wird deshalb auf eine Bahre gehoben. Wir gehen neben ihm, ausgerüstet mit Melissa und Krümel, und nehmen kaum war, wie riesig das Charing Cross ist – ein unpersönliches, zigstöckiges Krankenhaus, in dem wir schon zuvor wegen Joes Knochen-Scans gewesen waren, mit dem wir uns aber nie anfreunden konnten.

Wir werden direkt zum Röntgenraum gebracht. Ein Myelogramm soll erstellt werden, dazu muß im Wirbelsäulenbereich ein Kontrastmittel gespritzt werden. Joe ist nicht begeistert davon, aber es klappt dann ganz gut. Wir müssen warten, bis sich die Flüssigkeit in Joes Rückgrat verteilt hat. Der Arzt weist uns darauf hin, daß Joe am besten die nächsten vierundzwanzig Stunden flach auf dem Rücken liegen sollte, um die schlimmen Kopfschmerzen zu vermeiden, die durch das Myelogramm ausgelöst werden können. Nach dem Röntgen werden wir hoch zur Plymouth-Station gebracht, der Kinderstation, wo wir auch bleiben sollen.

Mr. Richards, der Neurochirurg, erscheint. Er sagt, Joe habe einen Tumor in einem Brustwirbel, der auf das Rückenmark drückt und innerhalb von vierundzwanzig Stunden zur völligen Lähmung führen könne. Er ist wütend. Er sagt, er würde den Ärzten immer wieder eintrichtern, sie sollten die Wirbelsäule untersuchen, wenn ein Krebspatient über Schmerzen im Rücken klagt. Er sagt, daß er Joe operieren könne, um den Tumor zu entfernen, aber wegen seiner Lage sei das ein sehr schwerer Eingriff – ein »echter Hammer«. Er müßte von vorn, durch den Brustkorb, um das Herz und die Lungen ran: eine äußerst komplizierte und traumatische Operation.

Unglücklicherweise ist der Krebs außer Kontrolle. Der Tumor in der Wirbelsäule deutet darauf hin, daß sich in Joes Knochen noch mehr Tumoren befinden könnten. Diesen einen zu behandeln, ist vielleicht langfristig gesehen sinnlos, aber zumindest wäre die aktue Gefahr einer Lähmung gebannt. Knochenkrebs ist am schwersten zu behandeln. Dies alles bedeutet: Joe wird sterben, aber die Operation könnte dazu beitragen, das, was ihm noch vom Leben bleibt, erträglicher zu gestalten. Wir müssen uns schnell entscheiden. Er will die Operation noch am Abend, spätetens morgen früh durchführen.

Alex und ich müssen uns nicht besprechen. Wir sind beide mit dem Eingriff einverstanden. Besser gesagt: dankbar dafür. Wir sind sehr angetan von Mr. Richards, der bereit ist, einen derart undankbaren Eingriff durchzuführen, der – hart gesagt – praktisch keinerlei Aussicht auf Erfolg hat. Er scheint unsere Entscheidung zu begrüßen. »Wenn es mein Kind wäre, würde ich dasselbe tun«, sagt er. Er versteht, daß wir alles tun würden, um Joe zu retten.

Aber vorerst gibt es noch eine andere Möglichkeit. Der Radiologe, Dr. Howard, wird sich Joes Röntgenbilder noch einmal anschauen. Sollte mit Röntgentherapie etwas auszurichten sein, wäre das für Joe eine große Erleichterung, und sie könnten morgen anfangen. Bis dahin bekommt Joe Steroid, das den Druck auf das Rückenmark ein wenig lindern wird.

Alex und ich sind noch immer wie gelähmt. Obwohl wir seit

geraumer Zeit wissen, daß der Krebs als unheilbar gilt, haben wir uns immer wieder eingeredet, daß Joe die eine Ausnahme, der eine Überlebende sein wird, weil die Chemotherapie bei ihm so gut angeschlagen hat. Wir wußten, daß der Krebs wiederkommen könnte, aber wir wollten es nicht glauben. Die Neuigkeit, daß er wieder da ist und aggressiver und unkontrollierbarer als zuvor, ist vernichtender als die Auskunft, daß er überhaupt Krebs hat. Damals schien es noch so, als gäbe es Möglichkeiten. Jetzt wissen wir, daß es keine Hoffnung für ihn gibt. Zum Glück ist Joe müde und schläft ein; und erspart uns damit, so zu tun, als wäre alles in Ordnung.

Alex: Das Gespräch mit Mr. Richards verläuft wie jedes andere auch, abgesehen davon, daß ich innerlich schreie: »Nein, das darf nicht wahr sein! Mach, daß das nicht wahr ist!« Mr. Richards scheint ein kompetenter, verantwortungsbewußter Arzt zu sein. Er vermittelt uns das Gefühl, daß alles Menschenmögliche für Joe getan werden wird, doch wir wissen alle, daß das, worüber wir diskutieren, einer Entscheidung zwischen Hängen und elektrischem Stuhl gleichkommt.

Wir bekommen ein Zimmer zugewiesen, und uns wird klar, daß unser Aufenthalt hier nicht wie angenommen ein paar Stunden oder eine Nacht dauern wird, sondern Tage, vielleicht Wochen. Unwillkürlich vermissen wir das St. Stephen's – all unsere Freunde aus dem Pflegepersonal, die entspannte Atmosphäre auf der Kenneth-Grahame-Station, die uns fast das Gefühl eines Zuhause vermittelte.

Ann: Irgendwann kommt eine der Schwestern und sagt, daß wir am nächsten Tag auf die normale Station verlegt werden. Wir sind verblüfft und sagen das auch. Obwohl die Schwester bei unserem Gespräch mit Mr. Richards anwesend war, versteht sie unsere Reaktion offenbar nicht; sie sagt, da Joe weder neutropenisch sei noch eine ansteckende Krankheit habe, gebe es keinen Grund, warum wir ein Einzelzimmer bekommen sollten.

Wir sind entsetzt von der Vorstellung, mit anderen Familien leben und schlafen zu müssen, während wir mit der Tatsache, daß

Joe sterben wird, zu ringen haben. Der Moment dieser Eröffnung kommt uns absolut unpassend vor. Wie sollen wir uns auf andere Eltern einstellen, wie sollen wir mit unseren Gefühlen fertig werden zwischen all dem Lärm und dem Geplapper? Die Schwester scheint zu denken, daß man uns im St. Stephen's furchtbar verwöhnt hat, und sagt, es wäre besser für uns auf der Station, es wäre »normaler«. Normaler als was? frage ich mich. Wenn ein Kind eine zeitlich begrenzte Krankheit hat, ist der Preis, für ein paar Tage auf einer großen Station untergebracht zu werden, wirklich gering angesichts der enormen Vorteile durch den NHS. Aber »normal« kann dieser Zustand für niemanden sein, der nicht in einer Kommune lebt. Und für uns bedeutet das einen Einbruch in unsere ohnehin begrenzte Privatsphäre, wobei niemand sagen kann, wieviel gemeinsame Zeit uns noch bleibt.

Der Raum, in dem wir jetzt sind, ist winzig, aber die meisten unserer Sachen sind auch noch im St. Stephen's, einschließlich des Fernsehers und des VCR. Wir sind oft auf den Videorekorder angewiesen, wenn es Joe langweilig wird – wir sehen uns Zeichentrickfilme an und sprechen hinterher darüber, damit es nicht nur beim passiven Schauen bleibt. Jetzt, da sich Joe nicht mehr aufrichten kann, wird der Rekorder unverzichtbar, und deshalb fährt Alex mit dem Taxi zum St. Stephen's, um unsere Sachen zu holen.

Während er unterwegs ist, besucht uns Dr. Sinclair in unserem Zimmer im Charing Cross. Er wirkt zerknirscht und sagt nicht viel. Er wünscht uns viel Glück und bittet mich, ihn auf dem laufenden zu halten. Wir geben uns zum Abschied die Hand. Ich komme mir vor, als hätte er uns entlassen. Im Ambulanzwagen war ich noch unheimlich wütend auf ihn und Lilias gewesen. Keiner von beiden war auf den Gedanken gekommen, daß der Schmerz von Joes Wirbelsäule herrühren könnte. Sie hatten Joe tatenlos liegenlassen, um auf eine CT zu warten, die schon vor Tagen in Brighton hätte gemacht werden können und die sowieso nicht die angemessene Untersuchung war.

Ich bin sehr reserviert, als ich mich mit Dr. Sinclair unterhalte; mir ist egal, ob es ein Abschied für immer ist. Trotzdem, Lilias gebe ich mehr Schuld, denn sie hat Joe jeden Tag auf der Station gesehen und es einfach laufenlassen. Kein Arzt kann alles wissen, daher ist es unerläßlich, daß er (oder sie) gegebenenfalls einen Experten konsultiert. Hätte Lilias schon am ersten Tag, dem Dienstag, als wir Joe mit Schmerzen in der Schulter zu ihr brachten, einen erfahreneren Arzt hinzugezogen – beispielsweise Dr. Phillips –, wäre der Tumor wahrscheinlich erkannt worden. Nach dem Gespräch mit Mr. Richards, und später, als das Ausmaß der Schädigung ersichtlich wird, wächst meine Verbitterung noch. Wäre der Tumor vier Tage früher diagnostiziert worden, hätte Joe in diesem April nicht so schlimme Lähmungen bekommen.

Mir selber mache ich auch Vorwürfe. Ich habe denselben Fehler begangen wie ein Jahr zuvor. Warum habe ich nicht mehr Wirbel gemacht? Warum bin ich nicht darauf gekommen, daß die Schmerzen von der Wirbelsäule kommen? Nachträglich scheint es, als hätte es auf der Hand gelegen. Doch zwei Ärzte hatten es nicht erkannt, und ich war nicht einmal ein Arzt.

Alex: Ich fühle mich elend, als ich im Taxi zum St. Stephen's sitze, und es wird noch schlimmer, als ich in unserem Zimmer auf der Kenneth-Grahame-Station packe. Schwester Sharon Bell hat Dienst und kommt, um mit mir zu reden. Alle auf der Station wissen, wie schlimm die Neuigkeiten sind, und wir sitzen zusammen und weinen. Sie erzählt mir, daß Dr. Sinclair vorhin wegen Joe auch fast geweint hätte. Ich weiß, daß Ann wütend auf ihn ist und auch auf das ganze St. Stephen's. Sie gibt ihnen die Schuld, daß sie den Tumor in Joes Rückgrat nicht früher erkannt haben, aber ich bin ihnen dankbar für all die Liebe, die Joe hier zuteil wurde. Auch ich werde Zorn empfinden, aber erst einige Wochen später, und er wird immer gedämpft sein, besänftigt von einem Gefühl der Dankbarkeit.

Schließlich, um elf Uhr dreißig nachts, fahre ich erschöpft und noch immer unter Schock stehend zum Charing Cross. Ich muß ein paarmal laufen, um all die Sachen, Fernseher, VCR und Kleider, hoch auf die Plymouth-Station zu schaffen. Joe schläft, und als ich ihn sehe, überwältigen mich meine Gefühle für ihn – ein intensives Gefühl der Liebe, durchtränkt von der entsetzlichen Gewißheit, daß er sterben wird. Heute ist Freitag, der 15. April 1988. An exakt diesem Tag vor einem Jahr wurde Joes vom Krebs befallene linke Niere entfernt, und nach der Anspannung, mit der wir nach der Operation auf ihn warteten, wuchs in uns die vage Hoffnung, er könnte sich wieder erholen. Jetzt gibt es keine Hoffnung mehr, obwohl wir verzweifelt versuchen, diese Tatsache zu ignorieren.

Am Sonntag morgen hat Joe seine erste Röntgentherapie. Dr. Howard ist der Ansicht, der Tumor lasse sich durch intensive Röntgenbestrahlung behandeln. Wir sind froh, daß Joe sich nicht dem schweren Eingriff unterziehen muß.

Damit sich Joe nicht mehr bewegt als unbedingt notwendig, schieben wir ihn auf dem Bett zur Röntgenbestrahlung. Das ist ein wahres Abenteuer, bei dem wir scharfe Ecken umkurven und das Bett, Pfleger, eine Schwester, Ann und mich in einen Lift quetschen müssen. Wir beruhigen Joe, daß Röntgenstrahlen nichts Schlimmes seien, aber im Grunde wissen wir das nicht. Wir sind gewarnt worden, daß ihm schlecht werden könnte und daß er in dem Bereich des Rückgrats, wo die Strahlung auftrifft, einen »Sonnenbrand« bekommen könnte. Aber Röntgentherapie sei bei weitem nicht so schlimm wie Chemotherapie.

Im Strahlenraum wird entschieden, daß er auf dem Bett liegend behandelt werden kann, und wir schieben ihn neben die Apparatur, die genauso groß und monströs ist wie ein CT-Scanner. Röntgentherapie unterscheidet sich im Ablauf nicht sonderlich vom Erstellen einer einfachen Röntgenaufnahme. Joe muß stilliegen und wird seitlich von Schaumkissen abgestützt, während sich die Apparatur um ihn herum bewegt und die Strahlen durch eine Art Trichter auf seinem Rücken bündelt. Bei der Röntgentherapie werden Strahlen eingesetzt, entweder Röntgenstrahlen (jedoch in weit höheren Dosierungen als bei »normalen« Aufnahmen) oder Gammastrahlen – um den Tumor anzugreifen. Die Einstellung der Strahlung ist entscheidend, damit sowenig gesundes Gewebe wie möglich beschädigt wird.

Das schlimmste ist, daß Joe allein im Raum bleiben muß, während die Apparatur arbeitet. Abgesehen von den CTs, bei denen er unter Betäubung stand, und den Operationen war immer entweder Ann oder ich bei ihm gewesen. Jetzt können wir ihn durch eine Scheibe beobachten und durch die Gegensprechanlage hören, aber er muß allein bleiben.

Joe ist darüber nicht sonderlich glücklich – wir rücken ihn zurecht und gehen hinaus. Wir beobachten ihn die drei Minuten oder wie lange es dauert, ihm die Strahlendosis zu geben, sehen beruhigt, daß er stilliegt und fragen uns, was er jetzt wohl denken mag. Er wirkt so ergeben in sein Schicksal, so allein gelassen, daß wir wünschen, wir könnten ihn in den Arm nehmen.

Als es vorbei ist, gehen wir hinein und machen es ihm im Bett gemütlicher. Er scheint erleichtert zu sein, daß das schon alles gewesen ist, und eher vorsichtig fragen wir nach: »Findest du Röntgentherapie nicht auch viel besser als Chemotherapie?« Wir wünschen es ihm, denn er wird sie in den folgenden zwei Wochen täglich bekommen.

Ann: Als wir an diesem Morgen feststellen, daß sie es mit unserer Verlegung auf die Station tatsächlich ernst meinen, wehren wir uns heftig dagegen. Eine Schwester bittet uns, doch einsichtig zu sein. Sie hätten hier weniger Einzelzimmer als auf der Kenneth Grahame, und dazu komme die Vorschrift, daß jedes Kind unter einem Jahr allein in einem Zimmer liegen müsse. Mit viel Verständnis, das wir gestern so bei ihr vermißt haben, bittet sie uns, es wenigstens für vierundzwanzig Stunden zu probieren; für den Fall, daß es nicht klappen sollte, verspricht sie, uns ein Einzelzimmer zuzuweisen. Wir geben nach.

Wir kommen in einen kleineren Saal mit nur sechs Betten, und anfänglich sieht es gar nicht so schlimm aus. Die anderen Familien sind sehr nett, und Joe findet das Treiben um sich herum interessant, freut sich, daß sich die anderen Kinder begeistert seine Videos auf dem Gerät im Zimmer anschauen wollen.

Alles läßt sich gut an, bis es Schlafenszeit wird. Die anderen Kinder sind, wie sich leider herausstellt, keine Nachteulen wie Joe, und er ist ziemlich entgeistert, als das Licht gegen acht Uhr gedämpft wird. Es ist unmöglich, sich zu unterhalten oder zu lesen, ohne die anderen zu stören. Wir sind deprimiert. Joe wird oft abends erst richtig munter, und Alex und ich haben das Gefühl, als würde uns Zeit gestohlen.

Alex: Während die anderen Kinder versuchen zu schlafen, sitzen wir bei Joe hinter einem Vorhang, der ums Bett gezogen ist, und unterhalten uns leise. Er wirkt aufgekratzt, fast fröhlich, scheint aber unsere Verzweiflung zu spüren. Es fällt uns schwer, ihn mit unserer Liebe nicht zu erdrücken – wir wollen ihn immer nur halten, berühren, küssen, spüren, daß er am Leben ist.

Er spielt auf einem Tablett in seinem Bett mit einer Kegelbahn in Taschenformat, die ich ihm gekauft habe. Er wird im Rücken von Kissen gestützt, hält die Beine angewinkelt, weil es ihm zu sehr schmerzt, wenn er sie streckt. Er wirkt an diesem Abend besonders hell und schöpferisch, und dadurch wird uns um so deutlicher bewußt, wie sehr wir seine Intelligenz, seinen einmaligen Blick auf die Welt vermissen werden. Er malt ein paar Bilder, darunter eines von einem »Elefanten-U-Boot«, mit einem Rüssel vorn, Flossen und einem Propeller, und dann malt er noch Schlangenbilder und eine ägyptische Mumie aus einem Traum, den er einige Tage zuvor gehabt hat, wie er sagt. Der Traum ist sehr beunruhigend: Das Symbol des Todes zeigt uns, daß Joe genauso Angst verspürt wie wir, obwohl er sagt, die Mumie habe ein lachendes Gesicht gehabt:

JOES SCHLANGEN-MUMIEN-TRAUM

Joe ist mit uns im Eisenbahnladen (Harrod's). Was dann passiert, ist nicht ganz klar, aber irgend etwas mit einem Seil, das sich in eine riesige Schlange verwandelt, und einer Mumie, die unendlich lange braucht, um aus ihrem Sarkophag herauszukommen. »Sie hatte rote Augen und lachte – aber ich glaube, der Traum war trotzdem schlimm.«

Von Joe erzählt, am 16. April 1988 auf der Plymouth Station im Charing-Cross-Krankenhaus

Als Joe die Schlange malt, sagt er, sie ist lieb, aber sie hat drei Köpfe und große Klauen. »Einer von den Köpfen, der untere, ist echt verrückt, der mit dem ganz offenen Mund.«

Joes Stimmung ist nicht so düster, wie man hieraus schließen könnte – als er selber keine Lust mehr hat zu malen, bittet er mich, daß ich verrückte Dinge für ihn male, zum Beispiel Elefantenfische mit Rüssel und vier Füßen, einen Katzenfisch mit richtigem Katzenkopf und 3-Girl-SuperTed, die lacht und krumme Beine hat, so wie er.

Trotzdem fühlen Ann und ich uns entmutigt, durch die Dunkelheit im Saal und weil wir flüstern müssen. Viel früher als gewöhnlich und noch ehe Joe wirklich müde ist, richten wir unsere Matratzen auf dem Boden neben ihm her und versuchen zu schlafen.

Am Sonntag erklären wir der Schwester, daß wir das Gefühl haben, man stehle uns kostbare Zeit, und sie besorgt uns – getreu ihrem Versprechen – ein Einzelzimmer. Vielleicht sieht sie ein, daß ein Kind, das bis Mitternacht putzmunter ist, nicht unbedingt in einen Saal mit anderen Kindern paßt.

Seine zweite Bestrahlung hat Joe gleich morgens, und es scheint zu unserer Erleichterung bislang keine Nebenwirkungen zu geben. Für Joe ist es im Vergleich zur Chemotherapie ein Kinderspiel.

Am Nachmittag kommen meine Eltern zu Besuch und spielen ausgelassen mit Joe. Mein Vater bastelt Papierflieger, die Joe so liebt und die ich anscheinend nie richtig hinkriege. Sie sind offensichtlich erschrocken über das Ausmaß der Lähmung – mittlerweile kann er die Beine gar nicht mehr bewegen und auch nicht mehr mit den Zehen wackeln –, und natürlich auch von dem, was der Tumor in seiner Wirbelsäule alles nach sich zieht. Wie jedesmal bieten sie uns trotz der zweistündigen Anreise von Bexhill an, herzukommen und bei Joe zu bleiben, wenn Ann und ich mal eine Pause brauchen.

Am Abend werde ich von einer tiefen Depression eingeholt. Zum ersten Mal glaube ich, daß Joes Zustand tatsächlich hoffnungslos ist. Ich hasse den bloßen Gedanken, daß er vor uns sterben wird. Ich kann nicht begreifen, daß sein Leben einfach zu Ende gehen soll – so wie ich bei seiner Geburt nicht begreifen konnte, daß es begonnen hatte –, deshalb stelle ich mir vor, daß er in eine neue Form des Seins eintreten wird, und ich bäume mich gleichzeitig dagegen auf, daß er es alleine tun wird. Ich fühle, daß die Liebe zu ihm die beglückendste und ganzheitlichste Erfahrung meines Lebens sein wird, und ich würde gern mit Joe und Ann zusammen sterben, wir drei, Hand in Hand.

Als wir auf unserer Matratze zusammengequetscht dort in dem kleinen Zimmer liegen, denke ich ernsthaft an Selbstmord, und was

Joe betrifft, an Mord – zum ersten Mal im Leben. Ich flüstere Ann zu: »Ich wünschte, wir könnten alle drei zusammen sterben.« Joe schläft, und irgendwie erscheint mir der Gedanke so rein und schön – sicherlich schöner, als ihn allein sterben sehen zu müssen.

Ann teilt meine Stimmung, befürchtet jedoch, daß irgend etwas schiefgehen würde: daß wir sterben könnten, und Joe wacht auf und ist mit seinem Krebs allein gelassen. Mir fällt auch keine sichere, zuverlässige Methode ein, wie wir uns gemeinsam umbringen könnten; die Furcht, irgend etwas könnte schiefgehen – eher bei Joe, als bei einem von uns –, ergreift jetzt auch mich. Vielleicht habe ich auch nicht den Mut, mich selber umzubringen – ungeachtet der Umstände –, aber wenn, dann aus nackter Angst und nicht aus moralischen Erwägungen.

Ann: Obwohl ich verstehen kann, wie Alexander fühlt, sagt mir mein Instinkt: »Gib nicht auf, laß dem Schicksal seinen Lauf!« Ich muß daran denken, wie oft wir im vergangenen Jahr überlegt haben, zu welchen Opfern wir für Joe bereit wären. Unsere finanziellen Probleme waren bereits erdrückend, trotzdem würden wir gern für alle Zeit arm sein, jede Art von Arbeit annehmen, unsere vergleichsweise große Freiheit als Freiberufler aufgeben – was hatte überhaupt noch einen Sinn, wenn es Joe nicht mehr gab?

Und jetzt frage ich mich: Wenn das Schicksal mit sich handeln läßt, woher weiß man dann, daß ein Pakt geschlossen wurde? Konnte es nicht sein, daß der Druck wegen unserer finanziellen Probleme, die große Umstellung, daß Alex jeden Tag zur Arbeit gehen mußte, während wir gewohnt waren, zusammenzusein, eine Art Preis darstellten, den wir bezahlten? Wenn ja, dann waren wir undankbar. Es ist unbefriedigend, wenn man nicht weiß, wofür das Lösegeld bezahlt wird.

An diesen eher rätselhaften Aspekt des Schicksals denke ich in dieser Nacht, weil es zwei Vorfälle in Joes Leben gegeben hatte, bei denen er hätte sterben oder ernsthaft verletzt werden können und ihm nichts passierte.

Der eine ereignete sich kurz nach seinem ersten Geburtstag. Ich war mit ihm zu Besuch bei seiner Freundin Alice; als wir zusammen mit Alices Mutter Mary zum Lunch fuhren, rammte uns auf einer Landstraße ein anderer Wagen. Ich saß hinten, Joe auf dem Schoß, weil Alice den Kindersitz vorn belegte. Ich wurde von der Rückbank geschleudert und stieß mit dem Kopf gegen den Türgriff. Ich muß für eine Sekunde das Bewußtsein verloren haben, weil ich mich an nichts erinnerte, bis zu dem Moment, als ich mich, Joe noch immer im Arm, auf dem Boden wiederfand. Joe weinte, und ich sah mit Entsetzen, daß er aus einer Wunde hinter dem Ohr blutete.

Im Krankenhaus erhielt ich eine interessante Erklärung für diese ungewöhnliche Verletzung. Die Haut von Kindern ist sehr zart und reißt leicht. Ich muß Joe an meine Jacke gedrückt haben, als wir hinunterfielen, und die Reibung verursachte die Wunde. Wir mußten damals im Krankenhaus übernachten, weil die Wunde genäht wurde, doch Joe verdaute den Schrecken schnell. Mit der Entschädigungssumme, die er später von der Versicherung bekam, bezahlte er zum Teil sein erstes richtiges Fahrrad.

Der zweite Unfall passierte, als Joe zweieinhalb war. Wieder mit dem Auto, nur diesmal saß Alex am Steuer, und wir waren in Spanien. Wir fuhren an einem Nachmittag durch ein abgelegenes, malerisches Tal, wo wir nach einem bestimmten Haus suchten, das uns interessierte; doch schließlich gaben wir die Suche auf, weil wir zum Flugzeug mußten. Alex ist ein hervorragender Fahrer mit viel Fahrpraxis im Ausland. Das macht es noch unverständlicher, warum er – das einzige Mal in seinem Leben – von einer versteckten Seitenstraße falsch auf eine Hauptstraße auffuhr. Wir befanden uns in einer verlassenen Gegend Spaniens, auf der falschen Spur der Straße, die steil ins Tal abfiel. Plötzlich tauchten direkt vor uns zwei Sattelschlepper auf. Es blieb keine Zeit zum Überlegen: Alex reißt das Steuer herum, weicht aus und kommt auf einem schicksalhaft plazierten, winzigen Felsvorsprung zum Stehen.

Die beiden LKW-Fahrer waren in die Bremsen gestiegen, als sie uns entgegenkommen sahen, und hielten jetzt an – weit hinter der Stelle, wo wir von der Straße abgekommen waren. Wäre Alex ihnen nicht ausgewichen – und wäre der Felsvorsprung nicht dagewesen, wo er war –, wären wir alle drei tot gewesen. Und auch der erste Unfall in Surry wäre schlimmer ausgegangen, wenn beide Wagen nicht im Schrittempo gefahren wären.

Während ich mich an diese beiden Unfälle erinnere, frage ich mich, ob dabei nicht vielleicht so etwas wie geliehene Zeit im Spiel war. War das Leben danach eine Art Abmachung, ein Handel, der bezahlt werden mußte? Wenn dem so war, dann wünschte ich mir manchmal während Joes Krankheit, besonders während der Phase hier im Charing Cross, daß wir statt dessen in Spanien zusammen umgekommen wären. Aber zu der Zeit, als es passierte, am 18. April 1986, hatte Joe exakt noch ein Jahr ohne Krankheit vor sich.

Alex: Am Montag, dem 18. April 1988, bekommt Joe seine dritte Bestrahlung, und als wir ihn zurück auf die Station schieben wollen, werden wir gefragt, ob er nicht mal zu den anderen Kindern ins Spielzimmer reinschauen möchte. Wir begeben uns also zum Spielzimmer, und die Betreuer – die in ihrem Bemühen, Patienten anzuregen und zu beschäftigen, sehr kreativ und erfolgreich sind – beziehen Joe sofort mit ein in die Spiele und anderen Aktivitäten.

Dort im Spielzimmer erzählt Joe Ann einen Traum, der so bewegend und bedeutungsträchtig ist, daß sie weinen muß. Als sie Joe bittet, ihn auch mir ein wenig später zu erzählen, beängstigt mich die Eindeutigkeit seiner Symbolik, doch vielleicht deute ich ihn auch falsch:

JOES TRAUM VON DER MÖWE

Joe öffnet die Tür »von unserem neuen Haus in Brighton« und sieht draußen Möwen kreisen. Eine der Möwen fliegt ihm in die ausgebreiteten Arme und legt ihren Kopf an seine Schulter. Die Federn der Möwe kitzeln Joe, als er sie in den Arm nimmt. Die Möwe ist ganz lieb.

»Das war ein schöner Traum«, sagte Joe lächelnd, als er davon erzählt, wie die Federn ihn kitzeln.

(Später, am 18. Mai 1988, im Royal-Alexandra-Krankenhaus in Brighton, spricht Joe noch einmal von diesem Traum, und er schmunzelt dabei: »Immer, wenn die Möwe den Kopf an meine Schulter gelegt hat, mußte ich ihn wieder wegnehmen, weil es so gekitzelt hat.«)

Charing-Cross-Krankenhaus, 18. April 1988

Als Joe uns nicht zuhört, sprechen Ann und ich darüber; wir glauben, in diesem Traum hat er letztendlich den Tod angenommen, allerdings meint Ann, daß er noch nicht bereit ist zu gehen – das liest sie aus den kitzelnden Federn heraus. Als uns etwas später am Tag unsere Freundin Teri Gower besucht, erzählen wir ihr von dem Traum, und sie sieht ihn mehr als einen Traum von Freiheit, von Hoffnung.

Ob nun von Tod, von Hoffnung oder von beidem, es ist ein schöner Traum, und daß Joe so fröhlich und ohne Angst ist, tröstet uns. Wir sind es, die Angst haben.

Ann: Mr. Richards behält Joe im Auge und ist jederzeit bereit, Joe doch noch zu operieren, sollte sein Zustand kritisch werden. Fast täglich kommt er zu uns, was uns am meisten beeindruckt, denn er hat enorme Verpflichtungen und könnte diese Aufgabe leicht delegieren.

Zu diesem Zeitpunkt hat Joe keinerlei Kontrolle über seine Beine, und man kann es ihm im Bett nur schwer bequem machen, besonders wenn er für die Bestrahlung auf die Seite gelegt werden muß. Es ist äußerst wichtig, sich immer wieder zu vergewissern, daß er noch Reflexe hat; wenn sie verschwinden, ist die Lähmung irreversibel. Manchmal kommt keine Reaktion, wenn wir oder die Schwestern Joes Fußsohlen kratzen, und dann versucht es Mr. Richards mit einem Schlüssel. Einmal kommt sogar Blut, und der Schrecken fährt uns in die Glieder; doch die kleinste Regung seines Beins oder sein vorwurfsvolles »Aua, mein armer kleiner Fuß« versöhnt uns mit der Tortur. Das ist alles, was wir wollen – ein winziges Zeichen, daß noch Leben in ihm ist.

Für gewöhnlich nahm Joe immer nur Calpol gegen die Schmerzen, doch seit er ins Charing Cross verlegt wurde, bekommt er ein stärkeres Medikament auf Kodein-Basis. Wir haben das Gefühl, es geht ihm langsam etwas besser, die Röntgentherapie schlägt an, doch er muß noch Steroide nehmen, und die haben einen unangenehmen Nebeneffekt.

Wir haben uns alle Mühe gegeben, daß das Leben für Joe so

erträglich und angenehm bleibt wie möglich, und selbst wenn es ihm früher sehr schlecht ging, blieb er ein liebenswerter, ernsthafter, aufgeweckter kleiner Junge. Jetzt, mit einemmal, verwandelt er sich in ein Monstrum – er ist barsch, fordernd, schwer zufriedenzustellen, schreit uns an, schlägt nach uns, wird böse. Wir sind über seinen plötzlichen Liebesentzug erschrocken. Vielleicht war es unnatürlich, daß er die ganze Zeit so lieb geblieben war ... Warum sollte ein Kind in seiner Situation auch fröhlich sein? Eine der Schwestern klärt uns auf, daß diese Veränderung in seiner Persönlichkeit zweifellos von den Steroiden kommt. Sie bittet Dr. Howard um Erlaubnis, die Dosis etwas zu verringern; trotzdem ändert sich Joes Verhalten nicht.

Ein weiterer Nebeneffekt des Medikaments ist, daß sich Joes Appetit dramatisch steigert. Plötzlich hat er ständig Hunger. Zum Glück weiß man im Charing Cross (ebenso wie im St. Stephen's), daß Kinder Krankenhausessen nicht unbedingt mögen, und hat deshalb Kochmöglichkeiten für Eltern eingerichtet, die ihren Kindern das Essen selber zubereiten wollen. So langsam komme ich mir wie ein Galeerensklave vor, so, wie ich hier stehe und versuche, Joes Wünschen nachzukommen: Ich mache Beefburger für ihn, Eier, Käsetoast, gebackene Bohnen. Einmal backe ich ihm Kropoek, die ich extra in Chinatown besorgt habe, und frittiere sie in einer kleinen Pfanne. Ich bin sicher, daß ich der einzige Mensch bin, der dies jemals in einer Stationsküche versucht hat.

Anfangs bin ich begeistert von Joes Appetit. Er ist so mager geworden, und ich fürchte schon jetzt, daß auch die neue Behandlung ihn in Zukunft wieder schwächen könnte. Besser, er legt jetzt ein bißchen zu, dann ist es nicht so schlimm, wenn er später Gewicht verliert. Doch sein Appetit ist zwanghaft, und als ich ihm vorschlage, die Essenszeiten einzuhalten, reagiert er so wütend, daß ich nachgebe. Er bekommt natürlich Probleme mit der Verdauung, da er die ganze Zeit flach liegen muß. Eines Tages schwillt sein Bauch derart an, daß er geröntgt werden muß – nur um eine ganze Magenfüllung schwerverdaulicher Nahrungsmittel zu erkennen. Auf einen Abend, an dem er sich übergeben muß, folgt eine aufregende Nacht, in der seine Gedärme zu explodieren drohen und sich schließlich der Überreste seines Gelages in einer abstoßend übelriechenden Masse entledigen.

Ich sehe ein, daß ich mich durchsetzen muß, auch wenn ich mich damit auf Machtkämpfe einlasse und mir Joes Unmut zuziehe. Jetzt bestehe ich darauf, daß er morgens erst einmal Weetabix oder Cornflakes zu sich nimmt, bevor ich überhaupt etwas für ihn koche, und es gelingt mir, seine Mahlzeiten erheblich zu reduzieren, indem ich auf Zeit spiele. Trotzdem nimmt er sichtlich zu, und seine sonst feinen Züge werden aufgedunsen. Seine Pummeligkeit ist zum Teil auf Überernährung, zum Teil auf die Steroide zurückzuführen. Es erscheint frivol, daß ich mir um sein Aussehen Gedanken mache, doch ich ertappe mich, schaudernd bei der Vorstellung, daß das hübscheste Kind auf der Welt, mein Joe, mondgesichtig und gierig wird.

Doch viel schlimmer ist meine Angst, daß Joe, wenn er die Steroide langfristig einnehmen muß, als liebloses, zänkisches Kind sterben muß. In meinen weniger guten Momenten weine ich bei der Vorstellung, daß meine letzten Erinnerungen an mein Kind die eines zornigen, gefräßigen Jungen sein könnten. Wie furchtbar muß es sein, erst die Bilder dieser Phase beiseite schieben zu müssen, um darunter den liebenswerten, fröhlichen Joe wiederzufinden!

Glücklicherweise wird beschlossen, daß Joe die Steroide absetzen kann, und die Dosis wird täglich schrittweise bis auf Null verringert. Die nun eintretende Veränderung ist atemberaubend. Je geringer die Dosis wird, desto mehr kehrt Joe zu seinem alten Selbst zurück, lächelt, macht Witze, schmust wieder. Die Erleichterung ist groß und für Alex und mich eine unheimliche Stärkung der Moral.

Alex: Auf einer anderen Ebene geht das Leben weiter. Ich bin aufgeregt, wenngleich nicht so, wie ich es unter anderen Umständen wäre, als ich einen Anruf von David Gernert von Doubleday in New York erhalte, die soeben die amerikanischen Rechte an *The War Zone* gekauft haben.

Eines Abends spreche ich vom Münztelefon auf der Station aus vierzig Minuten lang mit ihm, und sein Enthusiasmus baut mich auf. Als ich den Roman schrieb, hatte ich keine Ahnung, ob er auf dem amerikanischen Markt eine Chance haben würde. Ich nahm vielmehr an, daß das Thema »Inzest« und die ausgiebige Verwendung von britischer Umgangssprache das Buch für die Staaten eher unannehmbar machten, wenn ich auch insgeheim hoffte, daß die Kraft der Gefühle, die darin steckten, sich in jede Sprache übersetzen ließ.

Und jetzt sitze ich hier draußen auf dem Flur und höre einem Mann auf der anderen Seite des Atlantiks zu, der sagt, daß mein Roman zu den wichtigsten fünf oder sechs Büchern gehört, die er je gelesen hat. Ich bin zunächst skeptisch gegenüber dem typisch amerikanischen Hang zum Überschwang, doch David hat schon vor einer Woche auf der Station angerufen und Ann seine Begeisterung mitgeteilt. Und als ich selber höre, wie engagiert er ist und wie gut er aus dem Buch zitieren kann – besser als ich selbst –, bin ich langsam überzeugt davon, daß er es aufrichtig meint. Nicht, daß ich daran zweifeln *möchte*.

Gegen elf Uhr hänge ich den Hörer ein, glühe förmlich unter all dem Lob, das er über mich ausgeschüttet hat; wünsche mir aber, mehr als alles andere auf der Welt, Joe würde es bessergehen, damit ich es wirklich genießen kann. Die Ironie ist, daß sich nach vier Jahren großer Anstrengung und finanzieller Probleme die Dinge langsam zu meinen Gunsten entwickeln: Zusätzlich zu der guten Neuigkeit des Verkaufs der amerikanischen Buchrechte habe ich durch Christopher Sinclair-Stevenson von Hamish Hamilton das Angebot für zwei weitere Romane bekommen. Ich würde mich im siebten Himmel fühlen, wenn es noch Hoffnung gäbe, daß Joe sich erholt – oder besser noch, wenn er niemals krank geworden wäre. So, wie es steht, würde ich das alles gegen Gesundheit für Joe eintauschen.

Ann: Seit dem ersten Montag im Charing Cross erhält Joe Physiotherapie. Zunächst heißt das leichtes Beugen und Strecken seiner Füße und Beine. Lorraine und Mrs. Beevis, die beiden Physiotherapeutinnen, haben uns gezeigt, wie wir die Übungen durchführen sollen, und wir wiederholen sie mehrmals am Tag. Mr. Richards, der weiterhin Interesse an Joes Fall zeigt, obwohl eine Operation mittlerweile unwahrscheinlich geworden ist, meint, wir sollten versuchen, ihn auf die Füße zu bekommen.

Die Forderung an Joe, seine Beine selbst zu gebrauchen, erscheint uns zu weit gegriffen und unrealistisch, aber Lorraine und Mrs. Beevis wollen es auf einen Versuch ankommen lassen. Joe wehrt sich heftig dagegen, die Geborgenheit seines Bettes zu verlassen, jammert und protestiert, doch wir bleiben hart.

Die kleinste Bewegung würde uns schon reichen, ein Strecken des Knies, ein Krümmen des Fußes. Mrs. Beevis und Lorraine stellen Joe auf eine dicke Matte am Boden. Hat er seine Beine bewegt oder nicht? Wir können es alle nicht genau sagen, aber allein die Tatsache, daß er gestanden hat, ist ein Durchbruch.

Als wir Joe wieder zudecken, ist er wie ausgewechselt. Sicher, er hat während der Übung gejammert und gemault, aber jetzt ist er völlig verändert. Er ist glücklich, genießt das erhebende Gefühl, das neugewonnene Selbstvertrauen, das sich einstellt, wenn man eine Angstschwelle überschreitet. Er hatte viel mehr Angst gehabt, als uns bewußt war. Jetzt kann er wieder hoffen.

Wir sind erleichtert, daß der Durchbruch ihn letztendlich mit seinem Problem konfrontiert hat. Alex hatte schon mehrmals versucht, mit ihm darüber zu sprechen, daß seine Beine nicht funktionierten, um ihm Mut zu machen; aber Joe hatte sich geweigert, auf das Thema einzugehen, und schrie nur wütend: »Sei still!« oder »Halt die Klappe!«

Seine Abwehrhaltung hatte sogar das Verhältnis zu Melissa und Krümel in Mitleidenschaft gezogen; hier im Charing Cross wollte Joe zum ersten Mal überhaupt nichts von seinen Freunden wissen und sagte mir, ich solle sie in unserer Reisetasche verstauen. Ich hatte eigentlich angenommen, er würde sie in dieser schwierigen Phase ganz besonders brauchen, und war von seiner Entscheidung überrascht.

Ab und zu frage ich ihn, ob er Melissa und Krümel nicht doch haben will, aber er sagt nein. Er erklärt mir nicht, warum, aber ich glaube, er will nicht, daß sie ihn in seinem derzeitigen Zustand sehen.

Eines Tages, als die Physiotherapie erste kleine Erfolge zeigt, bekommt Joe eine Karte mit Genesungswünschen von dem Personal des Royal Alexandra. Joe kriegt viele Karten, doch diese eine scheint ihm besonders viel zu bedeuten. Plötzlich sagt er, ich soll Krümel und Melissa herausholen, er möchte ihnen die Karte zeigen. Sie sind wieder da. Melissa, die ich spreche, meint, sie habe Joe schon lange nicht mehr gesehen, und Joe antwortet: »Ich weiß, Melissa. Mir ging's nicht so gut.«

Jedesmal, wenn Joe über die Physiotherapie mault, sage ich ihm: »Du kannst nicht einfach irgendwann einmal wieder aufstehen und laufen, Joe. Du hast schon so lange im Bett gelegen, daß deine Beine ganz schwach geworden sind. Ich weiß, daß die Übungen langweilig für dich sind, aber du mußt erst wieder laufen lernen – und daran werden wir alle gemeinsam ganz hart arbeiten.«

Durch die neuen Übungen scheint er wirklich daran zu glauben, daß er bald wieder laufen kann, denn er ist ganz bei der Sache. Er fragt, wann Mrs. Beevis wiederkommt. Wenn sie an unserem Zimmer vorbeiläuft, ist er enttäuscht, daß sie zu einem anderen Patienten geht. Er ist ganz versessen darauf weiterzumachen.

Die Wahrheit ist, daß niemand sagen kann, inwieweit Joe sich wieder erholen wird. Sein Rückenmark ist stark beschädigt, aber nicht zerstört. Durch die Röntgentherapie ist der Tumor wesentlich kleiner geworden. Vielleicht werden Gefühl und Bewegungsfähigkeit wiederkommen, aber niemand weiß, in welchem Umfang, und viel hängt dabei von Joe ab. Es verbietet sich von selbst, Joe zu sagen, daß er vielleicht nie wieder richtig laufen kann. Wir dürfen seinen Glauben nicht zerstören: Willenskraft und Vertrauen zu sich selbst sind seine stärksten Verbündeten. Wenn er behindert bleiben sollte, wird sich das allmählich herausstellen – und so werden wir es ihm dann auch vermitteln, allmählich, in dem Maße, wie er damit fertig wird.

Alex: Unser Ehrgeiz, Joe dazu zu bringen, daß er wieder seine Beine gebraucht, rückt für kurze Zeit unsere Sorge um seine allgemeine Behandlung in den Hintergrund; doch letztendlich ist uns bewußt, daß wenig getan werden kann, um den Krebs aufzuhalten.

Die Chemotherapie hat offensichtlich versagt, da sich der Tumor in Joes Wirbelsäule entwickelte, während er die Medikamente einnahm. Der Tumor in seiner Lunge könnte eventuell noch chirurgisch entfernt werden, aber das würde die Ausbreitung der Krebszellen in Joes Knochenmark nicht verhindern. Der Tumor im Rückgrat hat vielversprechend auf die Röntgentherapie reagiert – doch auch sie ist lediglich eine Möglichkeit der Behandlung, keine Prävention gegen weitere Tumoren.

Man muß nicht besonders clever sein, um zu erkennen, daß Joes Zustand hoffnungslos ist und die medizinischen Möglichkeiten beschränkter werden, und trotzdem klammern Ann und ich uns an die Hoffnung, daß doch noch ein Mittel gefunden wird, das ihn retten kann.

Als wir im Charing Cross sind, denken wir für ein oder zwei Tage, es könnte wirklich existieren. In der Zeitung steht etwas über eine neue Krebstherapie, die bei zwei Patienten, die als unheilbar krank galten und die weder auf Chemo- noch auf Röntgentherapie angesprochen haben, geholfen hat. Den Patienten wurden monoklonale Antikörper gespritzt, die zelltötendes, radioaktives Jod direkt in die Tumoren des Körpers transportieren.

Mit gedämpftem Optimismus rufe ich Dr. Phillips im Westminster General an, um ihn zu fragen, ob er schon von der Methode gehört hat. Wir haben seit den ersten Tagen im St. Stephen's mitbekommen, wie hart der Kampf um Mittel für die Krebsforschung ist und wie genau die Effektivität von Chemo- und Röntgentherapie international überwacht wird. Ohne Zweifel gibt es im Kampf gegen den Krebs Rivalitäten und kommerziellen Wettstreit, aber auch ein Abkommen – besonders wenn es um Kinder geht –: daß geholfen wird, wie oder wo auch immer, wenn geholfen werden kann.

Das Telefongespräch mit Dr. Phillips ist entmutigend. Er kennt sich mit monoklonalen Antikörpern aus, aber er glaubt nicht, daß die Behandlung in Joes Fall Sinn hätte. Bislang waren Erfolge im Bereich von Hirntumoren zu verzeichnen. Die Antikörper werden im Labor entwickelt, um speziell auf diese bestimmte Krebszellenart zu wirken. Selbst wenn es schon Forschungen mit dem Wilms-Tumor gegeben hätte, was nicht der Fall ist, würde es wahrscheinlich nichts nützen, da Joes Zelltypus zu selten ist.

Ich frage Dr. Phillips, ob überhaupt noch Hoffnung für Joe besteht. Ich spüre seinen Schmerz, als er sagt, daß es praktisch keine gibt, doch das zieht uns nicht den Boden unter den Füßen weg. Ich denke, daß auch er manchmal an Wunder glaubt.

Ann: Joes Zustand bessert sich mit jedem Tag. Er kann die Beine wieder besser strecken, sich besser aufrichten; er fängt an, mit dem Rollstuhl herumzufahren, und macht fortgeschrittene Übungen bei der Physiotherapie. Die Röntgentherapie ist nach zweieinhalbwöchiger Dauer beendet worden, und es wird Zeit, in die Zukunft zu blicken. Joe kann noch nicht nach Hause, aber es braucht keine Röntgentherapie mehr, die uns ans Charing Cross bindet. Alle gehen davon aus, daß wir in ein paar Tagen wieder ins St. Stephen's umziehen – nur wir selbst nicht.

Wir erhalten im Charing Cross regelmäßige Anrufe vom St. Stephen's. Viele vom Pflegepersonal wollen wissen, wie es Joe geht. Ihre Anteilnahme ist ermutigend. Toni, Nisha und Anna kommen uns sogar besuchen – und machen praktisch für uns Überstunden an ihrem freien Abend. Eines Tages ruft auch Lilias an und hat Glück, daß sie Alex erwischt, der nicht ganz so wütend auf sie ist wie ich. Seine Schilderung des Gesprächs verärgert mich aufs neue. »Es ging alles so plötzlich«, hatte Lilias zu Alex gesagt. Meine Erwiderung wäre gewesen, daß sie viel früher auf die sichtbare und meßbare Verschlechterung von Joes Zustand hätte reagieren müssen.

Und jetzt, obwohl ich mich nach der Wärme und Geborgenheit der Kenneth-Grahame-Station sehne und nach all den Schwestern, die Joe lieben, sträube ich mich dagegen, Joe wieder Lilias anzuvertrauen. Ich bin sicher auch über Dr. Sinclair enttäuscht, aber sie ist es vor allem, die mein Vertrauen zerstört hat.

Alex hat ein paarmal mit Karen Bravery in Brighton telefoniert, um ihr von Joes Fortschritten zu berichten, und sie wiederum hat ihm von ihrem Gespräch mit dem Personal im Royal Alexandra erzählt und von Dr. Crees Bereitschaft zu helfen. Alex fragte Karen, ob Dr. Cree eventuell in Zusammenarbeit mit Dr. Phillips Joes Behandlung übernehmen würde, wenn wir ihn vom St. Stephen's abmelden. Am Montag haben wir die Mitteilung bekommen, daß Dr. Cree den Vorschlag akzeptiert und auch Dr. Phillips bereit ist zu einem Austausch. Also bitten wir das Charing Cross um eine

Ambulanz nach Brightown statt ins St. Stephen's, und alles wird für Mittwoch, den 11. Mai 1988, vorbereitet.

Joe und ich verlassen London im Ambulanzwagen, Alex will uns im Wagen folgen. Irgendwie habe ich das Gefühl zu flüchten. Ich fühle mich schuldig und gleichzeitig im Recht. Es ist das Ende meiner »Liebesaffäre« mit dem St. Stephen's. Sie waren so wunderbar und hilfreich gewesen, sie hatten alles getan, um Joe zu helfen – doch in dieser einen wichtigen Phase hatten sie uns im Stich gelassen.

Die Ambulanz parkt vor dem Eingang zur Cawthorne-Station im Royal Alexandra, und der Beifahrer geht hinein, um uns anzumelden. Die Rücktür wird geöffnet, damit wir aussteigen können. Karen und Schwester Sharp sind schon da, um uns in Empfang zu nehmen. Ich umarme sie beide und breche in Tränen aus.

15

Das Royal Alexandra

Ann: Nach dem Charing Cross ist das Royal Alexandra wie ein Kurort. Obwohl Joe auf der Plymouth-Station die Aufmerksamkeit der Ärzteschaft sicher war, fühlten wir uns dort nie heimisch, wir blieben Eindringlinge, gehörten nicht dorthin, und außerdem hatten wir uns unbeliebt gemacht, weil wir auf einem Einzelzimmer bestanden – was wir für Joe und uns einfach richtig fanden. Wenn es darum ging, beliebt zu sein oder das Beste für Joe zu tun, hatten wir uns immer wieder für letzteres entschieden.

Im Augenblick schienen wir auf den Faktor Zeit zu setzen. Joe hatte die Röntgentherapie hinter sich. Seine Wirbelsäule war nicht mehr extra geröntgt worden, also wußten wir nicht, ob der Tumor zerstört oder sich einfach nur verkleinert hatte, aber die Frage war rein akademisch.

Wir erholten uns in dem Maße, wie es Joe besserging, und die Stimmung war wieder einmal positiv. Es bestand kein Anlaß, mit der bisherigen Chemotherapie fortzufahren, aber es mußte einfach etwas geben, was man tun konnte, wir durften uns nicht zurücklehnen und das Feld dem Krebs überlassen. Wir waren überzeugt, Dr. Phillips würde etwas einfallen; wir brauchten unbedingt das Gefühl, daß etwas unternommen wurde, um wieder Hoffnung zu schöpfen. Doch zunächst einmal sollte sich Joe von der Röntgentherapie erholen. Es war fast eine Erleichterung, die Ängste und Sorgen für ein paar Tage ruhen lassen zu können.

Im Moment war die Physiotherapie für Joe am notwendigsten. Obwohl er im Charing Cross ermutigende Fortschritte gemacht und wieder etwas Gefühl in den Füßen hatte, stand uns noch ein langer Weg bevor. Als wir Mrs. Beevis und Lorraine gesagt hatten, daß wir nach Brighton zurückgehen würden, war ihre Reaktion darauf sehr gemischt ausgefallen. Sie spürten, daß Joe viel erreichen konnte, wenn er genügend motiviert war, und sie wären gerne an dieser Entwicklung beteiligt gewesen; andererseits gaben sie zu, das Royal Alexandra habe eine beneidenswert ausgestattete Physioabteilung, und auch die Therapeuten dort hätten einen ausgezeichneten Ruf. Für Joe sei es optimal.

Sie sollten recht behalten. Am ersten Nachmittag im Royal Alexandra wurden wir mit Linda Williams, Joes neuer Physiotherapeutin, bekannt gemacht. Der Eintritt von Linda in Joes Leben war ein Meilenstein für ihn. Sie leistete nicht nur hervorragende fachliche Arbeit, sondern verstand es zudem, Joe zum Üben zu bringen, wenn er eigentlich keine Lust hatte. Sie war sozusagen die beste Lehrerin der Welt, mitfühlend und freundlich, gleichzeitig streng und darauf bedacht, die Fäden in der Hand zu behalten. Interessant war, daß Joe, der extrem herrisch sein konnte, ihre Art akzeptierte und sie sogar liebte.

Linda Williams: Es war Mittwoch, der 11. Mai 1988, als mir der neue Patient zugewiesen wurde. Ich war erst seit eineinhalb Wochen im Royal Alexandra beschäftigt und hatte noch nicht viele Patienten, um dich ich mich kümmern mußte, also war es einleuchtend, daß ich den überwiesenen Patienten vom Charing Cross bekam: Joe Buffalo Stuart.

Meine erste Begegnung mit Joe wird mir immer in lebendiger Erinnerung bleiben. Halb lag er, halb saß er im Bett, inmitten von Videos, Bergen von Lego, verschiedenem anderen Spielzeug und medizinischem Paraphernalien, und sah aus wie der kindliche Kaiser der Cawthorne-Station!

Joe hatte eine rechthaberische Art, die man als ausgesprochen frühreif für einen Vierjährigen bezeichnen könnte, bis man ihn besser kennenlernte. Ich besorgte ihm einen passenden Rollstuhl, redete ihm gut zu, umgarnte ihn, doch er weigerte sich strikt, ihn auch nur auszuprobieren. Ich sah harte Zeiten auf mich zukommen. Entweder entschied ich diesen Machtkampf schon früh zu meinen Gunsten, oder wir würden nicht zusammenarbeiten können. Gleichzeitig spürte ich, daß Joe einen enormen Ehrgeiz hatte.

Joe hatte viel Zeit mit Erwachsenen im Krankenhaus verbracht und war mit medizinischen Fachausdrücken und Vorgängen vertraut. Also durfte ich bei ihm nicht um den heißen Brei herumreden, wenn es darum ging, ihm zu erklären, wie und warum wir in den folgenden Wochen zusammenarbeiten würden. Er wollte stets ganz genau wissen, wie etwas funktionierte, und hatte durch sein Legospielzeug und die Videospiele ein erstaunliches Auffassungsvermögen für dreidimensionale Vorstellungen.

Bei unserer ersten Begegnung war Joe praktisch von der Taille abwärts gelähmt, doch er hatte bereits kleine Fortschritte gemacht – er konnte die Zehen minimal bewegen. Vom ersten Augenblick an war Joe immer ganz aufgeregt, wenn wir uns sahen, weil er mir zeigen wollte, was er Neues geschafft hatte. Ich hatte ein gutes Gefühl bei ihm und war sicher, wir würden Freunde werden.

Alex: Am ersten Wochenende im Alexandra erhielten wir die Erlaubnis, mit Joe im Rollstuhl spazierenzufahren. Seit einem Monat war er kaum rausgekommen, außer wenn wir ihn vom Charing Cross an die Themse fuhren – ein Ausflug von nicht einmal vierhundert Metern, der ihn aber offenbar dennoch enorm anstrengte.

Als wir ihn fragten, wohin er gerne fahren würde, antwortete er wie vorauszusehen: »Zum Pier!« Und so fuhren wir an diesem Sonntagnachmittag an die See; das war der Anfang eines bald vertrauten Rituals: Wir holten den Rollstuhl aus dem Kofferraum, klappten ihn auf, machten es Joe mit einem Kissen bequem und schoben ihn den Palace Pier hinunter. Hin und wieder hielten wir an, schauten durch die Holzbohlen und ließen die See – die wir natürlich vom Charing Cross wieder mitgebracht hatten – sich darüber freuen, wieder zu Hause zu sein.

»Wir sind wieder da, See!« rief Joe.

»Schön, wieder zu Hause zu sein«, antwortete die See. Und dann fragte ich ihn mit der Stimme der See (weil ich herausgefunden hatte, daß es Joe so leichter fiel, über seine Probleme zu sprechen): »Wo sitzt du denn drin, Joe? Ist das eine Art Sessel mit Rädern? Ist es ein Auto?«

»Das ist ein Rollstuhl«, erklärte Joe mit seiner »ernsten« Stimme.

Er schien seine Situation zumindest zu akzeptieren, wenn er nicht sogar ein wenig stolz klang. »Meine Beine funktionieren im Moment nicht so gut.«

»Oh, das ist aber schade, Joe«, sagte die See. »Sie werden bestimmt bald wieder besser.«

In einer der Videoarkaden traf ich Suzanne, die dort arbeitete und die sich, als wir Ende 1987 regelmäßig hergekommen waren, mit Joe angefreundet hatte. Außer Hörweite gestand sie, sie habe Joe zuerst gar nicht erkannt; zum Teil, weil er jetzt im Rollstuhl saß, zum Teil, weil sein Gesicht noch immer aufgedunsen war von den Steroiden, und das, obwohl er sie nicht mehr einnehmen mußte.

Erst da fiel mir auf, wie Joe eigentlich aussah, und ich erkannte, wie sehr doch Anns und mein Blick auf ihn oft gefärbt waren. Wir sahen Joe mit Liebe an und meistens voller Optimismus: unser Bild von ihm war immer von der Erinnerung mitgeprägt, wie lebhaft er sein konnte, wenn es ihm gutging. Wenn er einmal traurig war, dachten wir daran, wie fröhlich er sonst war. Wir kompensierten den Schaden, der ihm durch den Krebs und die daraus notwendig gewordenen vielfältigen Behandlungen zugefügt worden war, so daß wir ihn, wenngleich wissend, daß er manchmal wirklich elend wirkte, so sahen, wie wir ihn immer gesehen hatten – als Joe.

Ich erinnere mich, wie ich ihn einmal während der ersten Chemotherapie in den Hyde Park mitgenommen hatte. Dort spielte er dann im Sand von Rotten Row. (Das kostete mich einige Überwindung, weil sein Immunsystem geschädigt war und in Rotten Row jede Menge Pferdeäpfel herumlagen, da hier gern ausgeritten wurde.) Ein Amerikaner kam vorbei, und als er Joe sah, einen kleinen, ausgezehrten Jungen mit Haarausfall, sagte er: »Da ist wohl jemand ganz schlim krank gewesen« – in einem Ton so voller Mitgefühl, daß mir unweigerlich Tränen in die Augen stiegen.

Jetzt wurde mir bewußt, daß der Rollstuhl beinahe eine Tarnung für den Krebs darstellte – Joe sah einfach nur behindert aus und nicht unbedingt wie ein Kind, das sterben mußte –, und ich wußte nicht, wie ich darauf reagieren sollte. Einerseits bedeutete es, daß ihm ohne weiteres mehr Platz als gewöhnlich zugestanden wurde, was die Gefahr verringerte, daß jemand aus Versehen gegen den

Hickman-Katheter in seiner rechten Achselhöhle stieß, eine Angst, dich mich ständig verfolgte. Andererseits hatten wir immer vermeiden wollen, daß Joe sich selbst als furchtbar krank und anders als andere Kinder betrachtete; wir hofften noch immer, daß er mit seiner Willenskraft und seinem Optimismus die Krankheit besiegen würde.

Ich war uneins mit mir, wie ich zu Joes Behinderung stehen sollte. Ich weiß noch, wie leid mir meine Schwester tat, als sie durch die Multiple Sklerose an den Rollstuhl gefesselt wurde, gegen den sie sich vehement wehrte. Im Augenblick sah ich – und Ann, denke ich, auch – Joes Behinderung als vorübergehend an. Wir glaubten fest daran, daß er bald wieder laufen konnte, und ich denke, die Festigkeit dieses Glaubens resultierte aus meiner Erfahrung, mit welcher Willenskraft Lynne die Folgen des Schlaganfalls und die Multiple Sklerose niedergekämpft hatte. Drei Wochen hatte sie im Koma gelegen, und ich erkannte damals, wie zerbrechlich und gleichzeitig stark der Körper eines Menschen sein kann: Einen Moment lang ging es ihr relativ gut – im nächsten wurde sie ohnmächtig und war unfähig, sich zu bewegen. Was noch viel außergewöhnlicher war: Sie lernte noch einmal ganz von vorne, zu sprechen und sich zu bewegen, so als hätte ihr Gehirn niemals einen massiven Ausfall erlitten. Ihr Ehrgeiz von damals half mir jetzt, Joes Problemen positiv gegenüberzustehen.

Linda Williams: Ich sah Joe jeden Tag, und wir hatten, nachdem unsere Positionen feststanden, viel Spaß miteinander. Aus Selbstschutz wie auch aus Rücksicht auf sein Temperament bestimmte ich, daß wir bei jeder Sitzung ein paar Minuten ganz für uns allein hatten. Ich fand, daß es auch für Alex und Ann sehr wichtig war, Zeit für sich allein zu haben – und sei es noch so begrenzt. Es war praktisch unmöglich, sich über Joe (oder auch andere Themen) zu unterhalten, denn einer von beiden Eltern war stets in Joes Sichtweite, und Joe konnte ziemlich widerborstig sein, wenn er sich von einer Unterhaltung ausgeschlossen fühlte. Meistens sagte er dann, anfangs noch gedämpft: »Darf ich auch mal was sagen?« Dann wurde er immer lauter, bis man ihn unmöglich ignorieren konnte und schließlich nachgab. Eine Privatspähre existiert für die beiden praktisch nicht.

Ann: Wir erkannten bald, daß bei Joes Physiotherapie eine Schüler-Lehrer-Situation entstand und Linda das alleinige Sagen haben mußte. Nach einigen Tagen schlug sie uns höflich vor, wir sollten die Gelegenheit doch nutzen und uns eine Pause gönnen. Zunächst blieben wir nur für eine Viertelstunde oder zwanzig Minuten weg, doch Joe kam so gut mit Linda aus, daß er von sich aus sagte, wir sollten sie lieber alleine lassen. Alex und ich waren begeistert. Wir hatten bereits Vertrauen zu Linda gefaßt, und daß Joe sich offenbar uns anschloß und lieber allein mit ihr sein wollte, war ein Zeichen dafür, daß er langsam sein Selbstvertrauen wiedergewann.

Linda Williams: Die Sitzungen begannen immer damit, daß Joe von Ann oder Alex im Rollstuhl hochgebracht wurde und er ihr Eintreffen mit einem Trompetenstoß ankündigte. Er kam stets in Begleitung seiner Freunde: Melissa, dem Waschbären, Krümelmonster und Leglin, dem Dachs.

Wir wiederholten die alten Übungen, und er probierte immer etwas Neues, womit er dann Mummy und Daddy beeindrucken konnte, wenn sie ihn abholten. Joe hatte eine so ausgeprägte Phantasie, daß ich Schwierigkeiten bekam, mit seinen Spielen mitzuhalten, und mir manchmal nicht mehr sicher war, ob wir nicht wirklich eine Entenfamilie auf der Station hatten. Die Enten waren Joes Phantasiefreunde, sie lebten unter einem Bett, das wir in der »Physio« brauchten. Sie veranstalteten regelmäßig einen schrecklichen Lärm, der Joe veranlaßte, sich zu erheben und sie fortzuscheuchen.

Der absolute Höhepunkt in dieser Phase war sicherlich, als Joe seine ersten wackeligen Schritte am Barren machte. Ann war dabei, und uns, die wir immer so gefaßt waren, rannen stumme Tränen über die Wangen, als wir es sahen. In den Wochen darauf konzentrierten wir uns ganz aufs Laufen, und Joe arbeitete so hart, daß es ihm schließlich gelang, vom Barren zum Roller zu wechseln (einem Metallgestell auf Rädern, an dem er sich festhalten konnte), und er schließlich zu Krücken greifen konnte – zu Hause improvisierten sie mit einem Rahmen, den sie aus dem Gymbo-Bausatz gefertigt hatten –, auf denen er die frechen Enten aus der Station scheuchte! Seine Fortschritte waren für Ann und Alex, wie auch für ihn selbst, kaum faßbar, und er entwickelte einen derartigen Ehrgeiz, daß wir wieder einen Hoffnungsschimmer am Horizont aufblitzen sahen – trotz des Wissens, daß die Tatsachen dagegen sprachen.

Ann: Joe wieder laufen zu sehen war einfach wundervoll. Die Beine in Gamaschen, durch die sie gestreckt wurden, stützte er sich auf die Holzbalken eines hüfthohen Barrens und schaffte es, einen Fuß vor den anderen, drei Meter zurückzulegen. Dies war die erste wirkliche Annäherung ans Gehen, und es muß ihn ungeheure Anstrengung und Ehrgeiz gekostet haben.

Alexander und ich waren den Tränen nahe, als wir ihm zusahen. In diesem Augenblick waren wir die stolzesten Eltern der Welt und freuten uns irrsinnig mit ihm. Joe mußte hart an sich arbeiten in dieser Phase, doch die Fortschritte, die täglich zu sehen waren, bauten ihn auf. Obwohl er noch behindert war und das Ringen um den kleinsten Erfolg ihn erschöpfte, wirkte er optimistisch und fröhlich. Die Lähmng war der bisherige Tiefpunkt in seiner Krankheit gewesen, und daß er diesen überwand, war für uns alle eine bereichernde, ermutigende und prägende Erfahrung.

Alex: Wieviel es ihm bedeutete, wieder laufen zu können, spiegelt sich in einem Traum wider, den er Mitte Mai 1988 hatte, als wir noch im Royal Alexandra waren:

JOES TRAUM VOM LAUFEN

ANN: Darf Daddy auch mithören?

JOE: Erst wenn ich das Geld habe für den Traum.

ANN: Man muß für den Traum bezahlen?

JOE: Ja, meine Träume sind eben solche, für die ich bezahlen muß. (Alex lacht)

ANN: Für Träume muß man doch nicht bezahlen. Okay, dann

geht Daddy so lange weg. Und jetzt erzähl mir deinen Traum, den von dir zuerst.

JOE: (aufgeregt) Also da war ich, und ich konnte nicht laufen, und dann bin ich aufgestanden, und dann konnte ich's!

ANN: Oh, Joe, das ist ja ein wunderbarer Traum gewesen.

JOE: Und ich bin ganz alleine gelaufen! Aber zuerst war ich ziemlich wackelig.

ANN: Wenn man als Baby zum ersten Mal läuft, ist man auch ganz wackelig. Als du klein warst, hast du immer versucht hochzukommen und zu stehen. Du hast irgendwo gesessen und dich hochgezogen, und dann hast du versucht, einen Fuß vor den anderen zu setzen. Das klappte nicht, und du hast dich wieder hingesetzt. Dann, eines Tages, hat es geklappt, und du konntest laufen.

JOE: Im Traum bin ich mit beiden Füßen gelaufen. Aber immer im Kreis! (Ann lacht) Dann war ich fertig mit dem Im-Kreis-Laufen und hab' mich wieder hingesetzt.

ANN: Vielleicht passiert das wirklich, wenn du wieder läufst, weil ein Fuß kräftiger ist als der andere, und dann geht man im Kreis, weißt du. Aber der andere Fuß wird dann auch bald wieder stärker.

JOES SPIELZEUGROBOTER-TRAUM

ANN: Willst du mir den Traum erzählen, bevor du deine Frosties ißt? Du magst sie doch etwas weicher, oder?

JOE: Der andere Traum war mit dem Spielzeugroboter, und die hatten Schalter und konnten laufen.

ANN: Ah, und konnten sie sonst noch was?

JOE: Na, Purzelbäume können sie nicht.

ANN: Nicht...

JOE: Sie haben Föne getragen. (Ann lacht) Spielzeugföne, nicht richtige.

ANN: Aber die Roboter brauchen doch gar keinen Fön, die haben doch keine Haare, oder?

JOE: Die waren ja auch für die richtigen Menschen.

ANN: Oh, der Roboter hätte mir dann die Haare fönen können?

JOE: Ja, aber sie geben sie einfach den Menschen in die Hand.

ANN: Ich verstehe. Die Roboter bringen den Menschen also Dinge – zum Beispiel hätten sie mir eine Tasse Tee bringen können, meinst du nicht? Oder etwas anderes, was man gerade braucht. Und sie sind in deinem Traum nur herumgelaufen?

JOE: Ich muß mal Pipi.

ANN: Oje. Hast du nichts zum Pipi machen? Ich laufe schnell runter und hole dir eine Flasche, okay?

Ann: Einen Tag nach unserer Ankunft im Royal Alexandra hatten wir ein Gespräch mit Dr. Cree über Joes Zustand. Wir mußten weinen, obwohl Dr. Cree uns nur sagte, was wir bereits wußten. Sie würde Joe nicht leiden lassen – wie erbärmlich wenig war das! Bis vor ein paar Wochen hatten wir nie auch nur daran gedacht, daß er Schmerzen haben könnte. Der Tumor in seiner Wirbelsäule war doch geschrumpft, und es ging ihm doch besser; die einzigen Schmerzen, die er hatte, rührten von der Anstrengung her, seine Beine wieder mit Leben zu erfüllen.

Wenn sich jedoch Tumoren in seinen Knochen bilden würden, bedeutete das Schmerzen für ihn. Wir wollten unbedingt, daß er untersucht, daß eine CT gemacht wurde oder wenigstens eine Röntgenaufnahme, doch Dr. Cree meinte, dazu gebe es keine Veranlassung. Weitere Tumoren würden sich sowieso bilden; solange keine Probleme auftauchten, müßten sie auch nicht lokalisiert werden. Alex und ich waren bestürzt über diese Auskunft. Wir wollten unbedingt das Ausmaß des Schadens in Joes Körper kennen. Obwohl es völlig unlogisch war, hätten wir uns besser gefühlt, wenn wir Bescheid gewußt hätten, und wir hätten mehr Hoffnung gehabt, wenn die Anzahl der Tumoren gering gewesen wäre.

Dr. Cree hatte noch keinen Kontakt mit Dr. Phillips aufgenommen, doch sie ging von einem baldigen Treffen aus. Wir trennten uns mit dem Gefühl, daß Dr. Cree sich nicht genügend engagierte; offensichtlich glaubte sie nicht, daß Joe noch geholfen werden konnte, doch wir brauchten unbedingt die Illusion, daß etwas unternommen wurde. Wir setzten auf Dr. Phillips, er würde eine Idee haben. Nur ein Wunder konnte Joe noch retten, trotzdem suchten wir nach einem Strohhalm, an den wir uns klammern konnten: Wir setzten darauf, daß dieses Wunder mittels irgendeines neuen Medikaments geschähe. Irgendwo auf der Welt würde es ein Mittel geben, vielleicht noch unerprobt, und Joe wäre der Patient, der den Durchbruch damit schafft. Doch wenn dieser Durchbruch gelingen sollte, mußte er durchhalten.

Wir waren angespannt und fühlten uns elend, als wir mit den Fakten konfrontiert wurden, die wir nicht zum ersten Mal gehört hatten. Schwester Karen Bravery bot uns an, eine Weile bei Joe zu bleiben und mit ihm zu spielen, damit wir nach Hause fahren und reden konnten. Wir nahmen das Angebot dankbar an. Es war befreiend, sich einmal gehenlassen und der Panik und Verzweiflung nachgeben zu können, aber es blieb so wenig, womit wir einander trösten konnten. Wir gingen ins Bett und liebten uns. Es schien das Beste, was wir tun konnten.

Da Joe immer mit bei uns im Bett schlafen wollte, hatten wir meist sein ziemlich klaustrophobisches Etagenbett zum Sex benutzt, wenn er schon schlief; jetzt im eigenen Bett Liebe zu machen war also der reinste Luxus. Doch selbst dieser kleine Trost erinnerte uns nur daran, wieviel Zeit wir in Zukunft ohne Joe verbringen mußten.

Ein paar Tage darauf überraschte uns Dr. Cree mit einem neuen Mittel, auf das sie gestoßen war. Sie und Dr. Phillips waren bereits übereingekommen, daß Joe im Rahmen einer Chemotherapie ein neuentwickeltes Medikament, Carboplatin, ausprobieren sollte, mit dem gerade eine Versuchsreihe gestartet war. Es kamen nur Patienten mit ganz besonderen Voraussetzungen in Frage, und Joe erfüllte diese. Dankbar willigten wir ein.

Uns wurden einige schriftliche Informationen über Carboplatin gezeigt, die wohl eher für Ärzte als für Eltern bestimmt waren und in denen hervorgehoben wurde, daß es sich um eine Versuchsreihe an unheilbar kranken Patienten handelte. Das Medikament könne eine aufschiebende Wirkung haben. Mit anderen Worten: Es war unmöglich, daß Joe durch Carboplatin geheilt wurde; im günstigsten Fall konnte es die Tumorenbildung verlangsamen und damit Joes Lebenserwartung verlängern. Wir erfuhren, daß der Erfolg sich schon nach zwei Medikamentierungen einstellen konnte, sofern das

Mittel anschlug. Vor Beginn der Behandlung sollte Joe geröntgt werden. Verabreicht werden sollte es, wie zuvor, in dreiwöchigen Intervallen. Nach zwei Therapien würde Joe erneut geröntgt werden. Sollte sich eine Verbesserung abzeichnen, würde man mit der Behandlung fortfahren, anderenfalls würde man das Medikament absetzen.

Diese Erklärungen waren in einem nüchternen, schonungslosen Ton gehalten, doch das schreckte uns nicht. Wir hatten wieder einen Strohhalm. Wenn Carboplatin noch im Versuchsstadium war, dann hieß das, daß man seine Wirkung noch nicht endgültig kannte. Vielleicht konnte es mehr, als den Krebs nur aufhalten, vielleicht konnte es bestimmte Patienten heilen, vielleicht war der »richtige« Patient nur noch nicht dabeigewesen. Vielleicht war Joe dieser Patient.

Es gab wieder Hoffnung. Für uns war das wichtigste, daß etwas unternommen wurde, woran wir uns klammern konnten, daß Joe vielleicht doch noch gerettet werden konnte. Obwohl uns rein rational bewußt war, daß Joe nicht wieder gesund werden würde, weigerten wir uns, in Kategorien wie »unheilbar« zu denken. Im Moment ging es ihm gut, und er war voller Enthusiasmus, weil er es geschafft hatte, wieder zu laufen. Sein Ehrgeiz und seine Zuversicht wirkten so ansteckend und mitreißend, daß wir uns einfach nicht vorstellen konnten, daß er sterben sollte. Und wenn doch? Er konnte von heute auf morgen einbrechen und in ein paar Wochen tot sein; er konnte aber ebenso noch Monate, vielleicht sogar ein Jahr seinen jetzigen Zustand halten, wenn die Tumoren schliefen. Und die Zeit war der wichtigste Faktor. Je länger wir Joe am Leben erhielten, desto größer war die Chance, daß ein Medikament für ihn gefunden wurde.

Um mögliche Nebenwirkungen des Carboplatins zu prüfen, wurde ein Nierenfunktionstest vorgenommen, und Joe mußte geröntgt werden und sich einem Hörtest unterziehen. Weniger als eine Woche nachdem wir zum ersten Mal von dem Medikament gehört hatten und ein paar Tage nachdem wir Joe nach Hause brachten, bekam er seine erste Dosis. Uns war gesagt worden, die Therapie sei wesentlich schonender als eine normale Chemotherapie, und das galt auch mit Sicherheit für die erste Medikamentierung am 26. Mai 1988, denn Joe hatte nur ein paar Stunden lang mit einer leichten Übelkeit zu kämpfen. Beim zweiten Mal, am 16. Juni, reagierte er heftiger, erholte sich jedoch rechtzeitig bis zu meinem Geburtstag am Tag darauf.

Ich wurde vierundvierzig, und wir begingen den Tag im stillen mit einem kleinen Ausflug an den Strand zusammen mit unserer Freundin Teri Gower. Alex hatte zwei Erinnerungsstücke für mich rahmen lassen. Er überreichte mir das Original von Gray Jolliffes Zeichnung für Joes Geburtsankündigung, mit Joes Namen darauf, der schon, bevor er auf die Welt kam, gedruckt worden war. Und von Joe selbst bekam ich ein schmales, rechteckiges Päckchen mit der gerahmten ausgeschnittenen Geburtsannonce aus dem *Variety*, der amerikanischen Showbusiness-Illustrierten. Ich kann kaum beschreiben, was für ein Gefühl das war: die Geburtsanzeige zu sehen und gleichzeitig an seinen Tod denken zu müssen.

Alex: Wir verbrachten zehn Tage im Royal Alexandra. Vom Krankenhaus bis zu uns nach Hause waren es zu Fuß ganze fünf Minuten – eine ungeheure Erleichterung nach dem einen Monat Charing Cross, wo wir zum Wäschewaschen, Post einsammeln und so weiter eine weite Autofahrt machen mußten. Nachdem der Entschluß zur Behandlung mit Carboplatin getroffen worden war, gab es keinen Grund, weshalb Joe im Krankenhaus bleiben sollte. Zur Physiotherapie konnten wir ihn entweder hinbringen, oder Linda kam zu uns.

Anfang des Jahres hatte ich ein paar Seiten geschrieben, die ich Joe abends vorlesen wollte und die auf der Idee seiner Freundschaft zur See basierten. Ich sagte ihm, wir sollten versuchen, zusammen eine Geschichte zu schreiben, und zunächst diskutierten wir über den Namen des Jungen, der Hauptfigur des Buches. Joe wollte ihn »Joe« nennen, doch ich verwies darauf, daß ich den Namen schon in dem Kinderbuch *Joe, Jojo and the Monkey Masks* verwendet hatte, das Ende Mai erscheinen sollte. »Ich kann doch nicht jedesmal die Hauptfigur Joe nennen«, sagte ich.

Also überlegten wir, und nach ein paar Vorschlägen einigten wir uns auf »Henry«, den Vornamen unseres Lieblingsarztes im St. Stephen's.

Zunächst schrieb ich lediglich eine Seite; ich fing an mit einem Absatz über all das, was Joe am Palace Pier am besten gefiel, und benutzte dabei seine Ausdrücke, wie zum Beispiel »Knochenmenschen« für Skelette und »Blutmenschen« für Monster.

Als Henry an die See zog, sagten alle, das wäre aber gut für seine Gesundheit. Und genau das war es. Henry hatte noch nie einen gesünderen Ort gesehen: Berge von Hot dogs, Fish und Chips, Hamburger, Zuckerstangen und Zuckerwatte; erfrischende Fahrten in der Geisterbahn, vorbei an Knochenmenschen, Blutmenschen und noch Schlimmerem. All das Gesunde war sicher von historischem Wert – denn es gab eine alte viktorianische Abwasserröhre, aus der bei Ebbe ein penetranter, bestimmt historischer Gestank kam.

Aus: *Henry and the Sea*

Ich las Joe die Seite vor und sah, daß ihm der Anfang gefiel. Er machte sich gleich Gedanken, wie es weitergehen würde. In der Geschichte ist die See zunächst beleidigt, weil Henry sie überhaupt nicht zu bemerken scheint, also raunt sie ihm mit ihrer tiefen, rollenden, fast schwappenden Stimme zu: »Hmmmmh. Ich bin hier, weißt du ...«

Joe überlegte sofort, was die See als nächstes zu Henry sagen könnte und was Henry antworten würde. Als die See Henry fragte: »Bist du nicht noch ein bißchen zu jung, um ganz allein herzukommen?«, hatte ich Henry sagen lassen: »Mein Dad steht hier, gleich neben mir. Hast du ihn nicht gesehen? Er spricht nicht soviel. Er schreibt immer alles auf.« Und Joe fügte hinzu: »Und trägt mein Fahrrad.«

Als die See fragte, ob Henry am nächsten Tag wiederkäme, um ein bißchen zu plaudern, beschlossen Joe und ich, daß Henry antworten sollte, sie würden nach London fahren: »Wir fahren ziemlich oft dahin. Ich muß manchmal ins Krankenhaus, ziemlich oft manchmal. Ins St. Stephen's. Es dauert aber nur ein paar Tage, dann komme ich zurück.«

Als die See einmal eine große Welle über Henry und seine Eltern schwappen ließ und Henrys Mutter ein Aal im Haar hängengeblieben war, meinte Joe, daß Henrys Dad einen Krebs an der Nase kleben haben sollte. »Und dich beißt auch ein Krebs in die Nase!« fügte er lachend hinzu und kniff meine Nase mit Zeigefinger und Daumen.

Wir arbeiteten hin und wieder abends an der Geschichte; acht Seiten waren Anfang März fertig, doch dann hatte Joe die Rückenschmerzen bekommen und schien nicht mehr soviel Spaß an der Geschichte zu haben. Der April versank völlig in der Angst und Anspannung wegen Joes einsetzender Lähmung und dem Charing Cross; doch jetzt, Mitte Mai, wieder daheim in Brighton, überkam mich ein starkes Bedürfnis, irgend etwas mit Joe zusammen zu schaffen.

Die Wahrscheinlichkeit seines Todes, der jetzt mehr als alles andere eine Frage des Wann und Wie zu sein schien, weckte in mir den Ehrgeiz, die Geschichte von Henry – deren ursprüngliche Idee ganz allein Joe gehabt hatte – zu einem Kinderbuch zu machen, das seinen Namen auf dem Einband tragen sollte. Ich las ihm also noch einmal die Seiten vor, die wir bereits fertig hatten, und zusammen dachten wir uns die weitere Handlung aus, in deren Verlauf Henry die See mit nach London nimmt und damit das Meeresbecken auf der ganzen Welt zum Austrocknen bringt.

An dem Buch zu schreiben war eine wunderbare Erfahrung, denn Joe lernte schnell, Strukturen zu begreifen (Ende Juni erzählte er mir sogar, daß er einen Traum in drei Kapiteln geträumt habe; siehe weiter unten), und war in dem, was er wollte, ziemlich unnachgiebig. »Nein, nein, du hast es ganz falsch aufgeschrieben«, sagte er immer, wenn ich etwas geschrieben hatte, womit er nicht einverstanden war. »Das würde die See nie machen«, oder: »Das würde die See aber nie sagen.«

Ende Mai hatten wir das Buch so gut wie fertig. Ich las es Joe mehrmals vor, notierte mir seine Anmerkungen und straffte die Passagen, bei denen sein Interesse nachließ. Dann tippte ich es noch einmal ab und schickte es an Charles, der es wiederum an Hamish Hamilton weiterreichte. Kinderbücher gehören zu denen, die sich am schwersten beurteilen lassen, und ich war nicht sicher, ob *Henry and the Sea* nicht vielleicht zu persönlich und damit für Außenstehende unverständlich geraten war. Deshalb freute ich mich um so mehr, als Charles am 20. Juni anrief, um uns mitzuteilen, daß Hamish Hamilton es verlegen wolle. Was sonst auch immer geschehen mochte – Joe gehörte von nun an zu den veröffentlichten Autoren.

JOES 3-KAPITEL-TRAUM

Kapitel eins: Alberner Traum. Fred und ich waren in der Badewanne. (ALEX: »In der Wohnung in Knightsbridge?« JOE: »Ja, aber du sollst nicht aufschreiben, wo es war.« ALEX: »Oh, tut mir leid.« JOE: »Du hast es *doch* aufgeschrieben!« ALEX: »Ich mach' eine Klammer drum, einverstanden?«) Ich mußte pinkeln, und ich habe in eine Flasche gepinkelt, und dann hat Fred mein Plansch-(Bade)-Nilpferd weggeworfen, und ich mußte es aus dem Klo holen, mit meinen sauberen Händen, und es ist nicht runtergespült worden, und dann habe ich meine Hände in der Badewanne gewaschen.

Und dann habe ich gesagt: »Du bist albern, Fred.«

Kapitel zwei: Geschenk. Ich war zu Hause in Brighton, mit Mummy und Daddy, und sie haben mir was geschenkt, einen Elefanten und ein Flugzeug. Und das hatte ganz, ganz winzige Kugeln, die man in die Nase vom Flugzeug stecken konnte – du weißt schon, die Nase kann man hochklappen und dann Kugeln reintun.

Ich habe keine Zeit mehr für die ganz anderen Worte, ich mache jetzt Schluß mit dem Traum.

Kapitel drei: Bozzie (Fossy-Bär)-schmeißt-Tomaten-Traum.

Die Muppet Babies waren in tausend Bäckerläden und haben mit Tomaten geschmissen, und ich bin zum Bäcker gegangen und habe geholfen, den Bäckern Tomaten ins Gesicht zu schmeißen. Die Bäcker hatten alle dieselbe Nase. Sie sahen wie Verbrecher aus! (ALEX: »Waren das solche Bäcker wie in – Maurice Sendaks Buch – *In the Night Kitchen?*« JOE: »Nein, die hatten nicht solche Nasen wie da. Die hatten ganz spitze Nasen.«)

Brighton 30. Juni 1988. Mit halsbrecherischer Geschwindigkeit von Joe diktiert.

Joe diktierte mir den »Kapitel-Traum« an einem Donnerstagabend, kurz nachdem Ann vom Einkaufsbummel aus London zurückgekehrt war, einer der wenigen Tage, die sie für sich hatte. Es war der Donnerstag einer guten Woche. Seit ungefähr einem Monat waren wir jetzt wieder daheim, und obwohl wir uns wegen Joes Zustand keine Illusionen machten, hatten wir neue Hoffnung geschöpft, als unsere Freundin Rosemary Reid Joe am Sonntag beim Strand aus dem Rollstuhl hob und ihn in einen Miniautoscooter setzte. Er war wie ein Verrückter gefahren und hatte uns alle überholt.

Am Tag darauf, am Montag, dem 27. Juni, hatte Joe es zum ersten Mal seit Beginn der Lähmung geschafft, ohne Hilfe zu laufen – vierzig Schritte in vier Etappen, nicht schlecht für jemanden, der noch vor ein paar Wochen überhaupt keine Kontrolle über seine Beine gehabt hatte.

Donnerstag, der 30. Juni, war ein besonderer Tag, wenn auch nicht ein ganz ungetrübter. Während Ann in London war, hatte ich Joe im Rollstuhl zum Friseur gebracht und war dann mit ihm an den Strand gefahren. Wir ließen uns die Sonne auf den Bauch scheinen und spielten mit unserem neuerworbenen Plastikboot. Am späten Nachmittag kuschelten wir uns in einem Strandkorb aneinander, und ich fing an, Joe aus Antoine de Saint-Exupérys ergreifendem Buch *Der kleine Prinz* vorzulesen.

Ich weiß nicht, ob es an dem Buch lag oder an der Stimmung, an der untergehenden Sonne oder den über uns kreisenden Möwen, aber völlig unvermittelt drehte sich Joe zu mir um und sagte: »Wenn ich sterbe, will ich wie eine Möwe fliegen und sterben.«

Vielleicht war Joe durch den Flugzeugabsturz inspiriert, den der Erzähler am Anfang des Buches schilderte und der, mitten in der Sahara, der zu einer Frage von Leben oder Tod wird. Vielleicht hat er auch noch einmal nachgefragt, was der Tod ist – ich kann mich nicht mehr daran erinnern. Ich hatte das Gefühl, daß Joe mit »Wenn« eine ferne Zukunft meinte und kaum daran dachte, daß er bald sterben könnte. Wie auch immer es gemeint war: Es war ein wunderschönes und bewegendes Bild. Es schien direkt an den Möwen-Traum anzuknüpfen, den er im Charing Cross gehabt hatte (und an den er sich noch oft erinnerte), und ließ darauf schließen, daß er für sich den Tod schon angenommen hatte – ganz im Gegensatz zu uns.

Vielleicht – und ich hoffe, daß dieser Gedanke nicht zu sentimental anmutet – gab uns Joe damit auch ein Zeichen, das uns helfen sollte, mit dem Gedanken an seinen Tod fertig zu werden. Ich habe ihm das Buch *Der kleine Prinz* nie zu Ende vorgelesen.

Ann: Wir mußten nach der zweiten Behandlung mit Carboplatin drei Wochen warten, um ihre maximale Wirkung zu nutzen, ehe Joe wieder zum Röntgen durfte. Am Montag, dem 4. Juli, war es soweit, und man sagte uns, wir würden das Ergebnis am nächsten Tag erfahren, wenn Dr. Cree ausreichend Zeit gefunden habe, um die Aufnahmen zusammen mit einem Radiologen auszuwerten.

Am Dienstagmorgen brauchten wir einander nicht zu sagen, wie angespannt wir waren. Wir wußten nicht, in welcher Form man uns das mitteilen würde, doch wir nahmen an, irgend jemand werde anrufen. Mittags beschloß Alex, eine Arbeitspause einzulegen und am Strand zu essen und vielleicht auch eine Runde zu schwimmen. Ich sagte nicht: »Bleib aber nicht zu lange«, denn ich wußte, daß das nicht notwendig war.

Schließlich, gegen zwei Uhr, rief Karen an und fragte, ob wir rüberkommen könnten, Dr. Cree würde gern mit uns sprechen. Ich wußte, daß sie es sicher gleich gesagt hätte, wenn auf den Röntgenbildern eine Besserung zu erkennen gewesen wäre. Sie hätte dann einfach gesagt, daß Joe bald seine dritte Behandlung bekommen werde. »Dann sind es wohl schlechte Nachrichten«, flüsterte ich, damit Joe es nicht hörte. »Gute und schlechte«, antwortete sie ausweichend. Ich fand nie heraus, welcher Art die gute Nachricht war.

Alex: Ich könnte jetzt völlig nüchtern über die Situation in Dr. Crees Büro schreiben, als wir erfuhren, daß das Carboplatin nicht angeschlagen hatte, doch das würde der ganzen Spannbreite meiner Gefühle in diesem Augenblick nicht gerecht werden. Ich machte mir während Joes Krankheit Notizen, doch nur zwei- oder dreimal setzte ich mich an die Schreibmaschine, um meinen Gefühlen freien Lauf zu lassen – und jedesmal endete es in Tränen. Wir trafen uns am

Dienstag, dem 5. Juli 1988, mit Dr. Cree; zwei Tage später schrieb ich folgendes auf:

Was ist Leben? Lynne hat M. S., und jetzt sind überall in Joes Körper Tumoren. Wir haben am Dienstag die Röntgenaufnahmen seiner Lungen gesehen. Ich war zum Strand gegangen, rieb mich mit Ambre Solaire ein, schützte mich vor dem Wind und zwinkerte zwei Schönheiten zu, die oben ohne sonnenbadeten. Der Wind war kalt, die See rauh, wie schon die ganzen letzten Tage (und das nennt sich Juli), und ich wollte Bootfahren, doch als ich mich endlich aufraffte, um eins zu mieten, war es schon zehn nach zwei, und als ich heimkam, sagte mir Ann, das Krankenhaus habe vor einer Stunde angerufen. Schlechte Neuigkeiten.

Wir fuhren hin, hockten da, in unseren Shorts, nach Sonnenöl riechend, und sahen uns die Röntgenaufnahmen von Joes Lungen an, auf denen zwei »Läsionen«, wie sie es nennen (ihre Sprache ist kalt, aber wenn schon »Krebs« oder »Tumor« kaum etwas von der dahinterstehenden Realität vermitteln können, welche Bezeichnung würde dann diesen häßlichen winzigen Zellen gerecht?), zu erkennen waren, die trotz des Carboplatins größer geworden waren. Und wir sahen Schatten auf seinem Rücken, dort, wo die Zellen sich langsam in den Knochen ausbreiteten.

Es war unwirklich. Ich glaube, ich kam an einen Punkt, den ich so lange – vierzehn Monate – verdrängt und geleugnet hatte. Jetzt gibt es kein Entrinnen mehr, ich weiß, wir sollten gegen das Unausweichliche ankämpfen, aber ich denke, es ist gütiger gegenüber Joe, ruhig zu bleiben, den Verstand zu sammeln, nicht hektisch nach Liverpool, Bristol (anerkannte Krebszentren) oder Disneyland aufzubrechen (dagegen war Ann sowieso, sie plädiert immer für das Vernünftige), sondern hier weiterzumachen.

Es fällt mir ungeheuer schwer, es niederzuschreiben: Aber ich glaube, ein Teil von mir will es jetzt geschehen lassen, will, daß es vorüber ist, doch jedesmal, wenn ich mit Joe zusammen bin, wünsche ich mir, es möge für ewig sein. Das Leben fängt nicht irgendwo an, es ist irgendwie immer gleich um die Ecke, und dann erkennst du, daß es vorbeigeht. Jeder Augenblick mit Joe ist ein Wunder, aber es ist ein vergiftetes Wunder, weil es auf unnatürliche Weise enden wird (obwohl – ist Krebs etwas Unnatürliches? Er ist einfach ein anderes System, das uns zur Strecke bringt) und viel früher, als es sollte. Da sind die Wallungen von Haß, und genau das ist das Problem im Moment, das war auch gestern abend das Problem – alles kommt in Wellen, kein Gefühl bleibt.

Mir entgleitet, was ich festhalten wollte. Ich weiß nicht, was ich festhalten wollte. Ich habe nicht mal ein Millionstel dessen gesagt, was ich über Joe sagen wollte, aber wie sollte ich es auch mit Worten einfangen, er wird in meiner Vorstellung weiterleben, solange ich lebe, so wie jetzt – er ist unten, ich kann den Hörer nehmen, die Gegensprechanlage einschalten und mit ihm sprechen, aber dies ist vielleicht auch der einzige Unterschied zu der Vorstellung, daß er tot ist.

Ich kann mir den Schmerz nicht vorstellen, den ich empfinden werde, wenn er tot ist und ich den Hörer abnehme und er nicht mehr antworten wird. Ich kann mir den Schmerz nicht vorstellen, den ich empfinden werde, wenn niemand mehr Daddy zu mir sagt. Ich kann mir den Schmerz nicht vorstellen, ihn nicht mehr riechen, berühren, halten, seine Wärme spüren zu können, nie mehr in seine Augen sehen, seine Stimme hören, hören zu können, wie er 3-Girl-Super-Ted nachmacht, sein Lachen und seine Witze, wie er sagt: »Machst du Witze? Hast du einen Witz gemacht?«, »Küß mich, kitzel mich«, nie mehr spüren zu können, wie sich sein Haar anfühlt, seinen festen kleinen Bauch (der einst so angeschwollen und dann so eingefallen war, als seine Niere entfernt wurde). Ich kann mir den Schmerz nicht vorstellen, den Ann empfinden wird, wenn er nicht mehr da ist. Er verkörpert für uns beide das Leben, und ich weiß nicht, was nach ihm kommen soll. Ich kann mir den Schmerz nicht vorstellen, und doch bin ich mir bewußt, ich muß, ich werde diese schreckliche Erfahrung durchmachen müssen, und ich werde versuchen müssen, sie zu überleben. Ich liebe Joe Buffalo mehr als die Welt, mehr als das Leben, mehr als alles und jeden anderen, den ich jemals kennengelernt habe, und das Leben ist häßlich und gemein, weil es ihn mir wegnimmt. Ich liebe ihn.

Auszug aus Eintragungen vom 7. Juli 1988

16

Ein Sommer der Extreme

Alex: Es wäre mehr als unaufrichtig, an diesem Punkt einfach die Ereignisse des Jahres 1988 weiter so aufzuzählen, als hätten Ann oder ich tatsächlich unsere Gefühle oder die Umstände unter Kontrolle gehabt. Die Belastung beim Niederschreiben der letzten Kapitel ist enorm gewesen, und wir spüren, daß es in seelischer Zerrüttung münden wird.

Besonders die Auseinandersetzung mit der Zeit im Charing Cross hat in mir ein starkes Gefühl der Feindseligkeit gegenüber Ann – und auch gegenüber Joes Lähmung – ausgelöst. Allein das Korrekturlesen des Kapitels hat mir Kopfschmerzen gemacht und mich mit Zorn erfüllt. Die Abschrift der letzten Seiten des vorangegangenen Kapitels am 7. Juli hat mich nicht nur zum Weinen gebracht, sondern zum hemmungslosen Schluchzen – oben in meinem Zimmer, allein. Als ich gestern hier arbeitete, hörte ich Ann unten schreien, und ich ging hinunter, fand sie weinend an der Schreibmaschine, ihre eigenen Notizen anstarrend, unfähig weiterzumachen.

Im Juli 1988, als Joe noch am Leben war, schrieb ich: »Ich kann nicht genug schreien oder weinen, um den Schmerz in meinem Kopf, in meinem Körper auszudrücken. Es ist ein Schmerz, als würde das Universum wehklagen.« In diesen letzten Wochen, glaube ich, haben wir den Schmerz stärker als je zuvor gespürt, und gestern habe ich ernsthaft daran gezweifelt, das Buch je beenden zu können.

Doch wir werden es beenden, nicht, weil wir einen Vertrag haben, sondern weil neben dem Schmerz, den es verursacht, auch der Druck da ist, es zu vervollständigen, die Erinnerungen auszuarbeiten und soviel wie möglich abzuschütteln von diesem Alptraum, damit wir uns auf die glücklichen Augenblicke konzentrieren können. Wie wir es zu Ende bringen, das steht auf einem anderen Blatt. Sicher sehen wir die letzten fünf Monate in Joes Leben unter einem besonderen, nicht immer objektiven Blickwinkel. Wir sind sehr emotional, und trotzdem kann es sein, daß sich diese Emotionalität nicht zu Papier bringen läßt. Wir werden uns jedenfalls nicht völlig selbst zerstören in dem eitlen Versuch, das zu vermitteln, was ohnehin nur andeutungsweise beschrieben werden kann: den Abgrund, der sich beim Verlust des eigenen Kindes vor einem auftut (28. September 1989).

Das Leben in der Zeit von Joes Krankheit war für uns alle kaum vorhersehbar, doch der Sommer 1988 verlief verzweifelter, extremer und wechselhafter als alles, was wir bislang durchgemacht hatten. Ein Augenblick des Glücks konnte urplötzlich kippen, wenn Joe Anzeichen von Schmerz verriet. Seine enormen und bewundernswerten Fortschritte beim Laufen konnten jederzeit überschattet werden von dem plötzlichen Bewußtwerden, daß seine »Genesung« ja nur von begrenzter Dauer sein würde: Wir neigten nicht dazu, langfristig zu denken.

Trotz alldem gelang es uns irgendwie – vielleicht durch eine Art schützende Dummheit –, bemerkenswert glücklich zu bleiben. Der Kampf, den Joe ums Laufen aufgenommen hatte, half uns allen, weil wir uns so auf etwas konzentrieren und an etwas beteiligen konnten. Ann und ich hatten beide schon öfter unsere sportliche Phase gehabt, und Joe war immer gerne mit mir ins Fitneßcenter mitgekommen, als wir in London wohnten. (Am liebsten ließ er sich kopfüber auf die weichen Matten fallen oder spielte Basketball mit einem Standardball und herabgelassenen Körben.) Jetzt waren die Physioübungen sein täglicher Sport.

Am merkwürdigsten in dieser Phase war, daß er so gut aussah. Gegen Ende der Chemotherapie hatte sein Haarwuchs wieder eingesetzt, und jetzt, als er keine Therapie mehr erhielt, hatte er wieder volles Haar, was einen bemerkenswerten Unterschied machte. Er war zudem wieder zu Kräften gekommen, was größtenteils auf die Einnahme der Steroide im April zurückzuführen war und auf die damit verbundene Steigerung seines Appetits (der dann mit dem Absetzen der Medikamente wieder nachließ; trotzdem war sein

Appetit jetzt besser als die meiste Zeit während seiner Krankheit). Ich mochte sein pummeliges Aussehen, Ann nicht.

Ein Jahr zuvor, im Sommer 1987, hatte Joe noch wie ein krebskrankes Kind ausgesehen – mager, kahlköpfig und schielend infolge des Vincristins –, doch jetzt, ein Jahr später, sah er wie jeder andere normale, gesunde, freche Vierjährige aus, abgesehen davon, daß er im Rollstuhl saß. Damals hatten wir noch große Hoffnung gehabt, daß er überleben würde; jetzt *wollten* wir hoffen, wollten wir uns und anderen einreden, daß Joe überleben würde, doch tief im Innern, glaube ich, kannten wir die Wahrheit.

Unsere Stimmung konnte innerhalb weniger Tage, manchmal sogar nur Stunden, völlig umschlagen. Am Montag, dem 11. Juli 1988, knapp eine Woche nachdem Dr. Cree uns mitgeteilt hatte, daß die Carboplatin-Behandlung fehlgeschlagen war, unternahmen wir einen Ausflug in den Zoo in Chessington. Obwohl wir jetzt praktisch zu Hause lebten, kam es uns wie eine Flucht aus dem Krankenhaus vor, oder besser: vor den Gedanken ans Krankenhaus. Ann und ich handhabten das Versagen der Medizin auf unsere eigene Weise: Wir benutzten es als eine Art Rechtfertigung dafür, den beteiligten Ärzten kein Vertrauen mehr schenken zu müssen, insbesondere Dr. Cree, deren Art, sich auszudrücken, so extrem deprimierend war.

Der Zoo in Chessington mit seinem Spielpark muß Joe wie eine wundervolle Mischung aus dem Palace Pier und seinem geliebten Londoner Zoo vorgekommen sein. Er genoß die Runden auf dem Karussell, obwohl er dazu ständig aus dem Rollstuhl gehoben werden mußte, und am meisten gefiel ihm ein Weltraumabenteuer, bei dem man von Robotern attackiert wurde. Zum Schluß bekam er eine spacige Sonnenbrille geschenkt, die er stolz trug; ein paar Tage später posierte er zu Hause mit der Brille für ein Foto und überraschte uns dabei, wie gut er im Stehen das Gleichgewicht halten konnte.

Am Freitag dieser Woche lief Joe sogar ein gutes Stück den Strand hinunter. Er war ganz mit seinem kleinen Spielzeugporsche beschäftigt, so daß er darüber vergaß, wie anstrengend das Gehen war. Unsere Freundin Annette Motley aus Irland (von der Joe seinen

Waschbär und die Dachse Fluppets, Melissa und Leglin geschenkt bekommen hatte) war zu Besuch, und sie freute sich, Joe so wohlauf und in »kämpferischer« Laune vorzufinden, doch schon zwei Tage später, am Sonntag, dem 17. Juli 1988, trug ich in mein Tagebuch ein: »Joe sagt, daß ihm in den letzten Tagen die Beine wieder weh getan haben.«

Dr. Cree verschrieb Kodein-Tabletten gegen die Schmerzen, die wir ihm, falls notwendig, zusätzlich zum Calpol geben sollten. Ganz abgesehen von der Schwierigkeit, Joe, der sich noch immer weigerte, Pillen zu schlucken, zur Einnahme der Tabletten zu bewegen (es gelang uns schließlich, indem wir sie zerkleinerten und unter Chocolate-Chip-Eiskrem mischten), sahen wir dies als Vorzeichen einer unheilvollen Entwicklung an. Joe hatte, bis auf die Zeit im Charing Cross, nie ein anderes schmerzstillendes Mittel außer Calpol erhalten. Daß sich das jetzt ändern sollte – auch wenn es nur Kodein war –, erschien uns wirklich als der Anfang vom Ende.

Ann: In dieser Woche baten wir das Royal Alexandra um Hilfe. Als Alex auf der Station anrief, um von Joes Zustand zu berichten, hatte er eigentlich erwartet, daß sie Joe röntgen würden, um die Herkunft des Schmerzes auszumachen. »Was würde das ändern?« fragte die Schwester, die er am Apparat hatte. Diese Einstellung machte uns wütend und mißtrauisch. Schließlich hatte uns Dr. Cree beim Einführungsgespräch versichert, Joe könne, falls notwendig, die Röntgentherapie fortsetzen, und dazu mußte er vorher erst einmal geröntgt werden.

Später sprachen wir mit Dr. Cree persönlich darüber, und auch sie äußerte sich sehr zurückhaltend. Sie sagte, Röntgentherapie sei nicht ungefährlich – was natürlich stimmte –, und sie würde diesen Schritt nur als letzten Ausweg in Betracht ziehen. Joes Erfahrungen mit Röntgentherapie waren soweit gut verlaufen, und wir sahen diesen Ausweg bereits jetzt als notwendig an, wenn die Alternative eine erneute Lähmung war. Als wir Dr. Cree darauf hinwiesen, daß die Schmerzen immer stärker wurden, schlug sie Morphium vor. Ich hatte große Vorbehalte gegenüber Morphium, zum Teil, weil es als Medikament so endgültig war, ein Medikament für Sterbende, zum obwohl uns das damals nicht so vorkam. Besonders nach der Behandlung mit dem Linearbeschleuniger am 14. Oktober, die auf den gesamten Brustkorb ausgedehnt wurde, bildeten wir uns ein, Joe hätte sich bis zu einem gewissen Grad erholt.

Im Oktober und November gab es mehrere Lichtblicke – glückliche, entspannte Momente, wie zum Beispiel ein »Picknick« bei seinem Freund James Ryan, an dem Joe in seinem Liegesessel teilnehmen konnte, oder als wir das Gesicht, das Joe auf den Halloween-Kürbis gezeichnet hatte, aushöhlten, und dann den Raum im Keller (wo wir uns jetzt die meiste Zeit aufhielten) verdunkelten, um die volle Wirkung des Kerzenlichts zu erhalten.

Als Rosemary Reid uns an einem Wochenende besuchte, trugen wir Joe sogar auf seinem Sessel, gebettet wie ein Prinz, den ganzen Palace Pier hinunter. Zum ersten Mal seit einer Ewigkeit – so mußte es Joe zumindest vorgekommen sein – konnte er wieder seine geliebten Videospielarkaden besuchen, wo wir ihn, so nahe es ging, an die Schirme hielten und er uns »Anweisungen« zurief, nach denen wir Pac Man durch das Labyrinth schickten oder Gegner auf einem fahrenden Zug durch Karateschläge außer Gefecht setzten.

Am 5. November fühlte Joe sich nicht gut genug, um draußen ein Feuerwerk steigen zu lassen, deshalb veranstalteten wir eine kleine Party im Haus. Aber am nächstenAbend ging es ihm besser, und wir bekamen Besuch von seinem Freund Daniel, dessen Mutter Lindsey und Rosemary (Joes Lehrerin). Wir zündeten das Feuerwerk auf der Veranda, und Lindsey und ich mußten uns vor den Raketen ducken und weglaufen.

Aber es gab auch Tiefpunkte, zum Beispiel am Montag, dem 24. Oktober, als Joe fiebrig und teilnahmslos war. Wir wußten daß Dr. Cree nicht da war, dennoch riefen wir im Royal Alexandra an, mit der Bitte, sie möchten jemanden vorbeischicken, um nach Joe zu sehen, weil wir ihn nicht unnötig bewegen wollten. Man sagte uns, daß Dr. Reid zur Zeit nicht verfügbar sei; wir sollten uns an unseren Kinderarzt wenden.

Was wir auch taten, aber unglücklicherweise war auch unsere Kinderärztin, Dr. Jane Roderic-Evans, an diesem Tag nicht in der Praxis, und an ihrer Stelle kam einer ihrer Kollegen, Dr. Sacks, zu uns. Er hatte Joe noch nie zuvor gesehen und – das zu seiner Verteidigung – offenbar keinerlei Erfahrung mit krebskranken Kindern. Das rechtfertigt allerdings nicht, daß er uns in Todesangst versetzte, als er sagte, Joe würde wahrscheinlich im Sterben liegen.

Der Schock und die Ungläubigkeit, daß der Sterbeprozeß so plötzlich eingesetzt haben könnte, wichen erst dem Gefühl der Erleichterung, als Dr. Reid im Royal Alexandra, wohin wir Joe sofort nach Dr. Sacks Diagnose in einem Zustand völliger Panik gebracht hatten, diese Prognose gänzlich verwarf. Fünf Tage später hatte ich mich wieder so weit erholt, daß ich Dr. Sacks einen wütenden Brief schrieb, in dem ich die Qualen schilderte, denen er uns ausgesetzt hatte:

Geehrter Dr. Sacks,

ich schreibe Ihnen, weil ich das große Bedürfnis habe, mich über Ihr Verhalten und die Art Ihrer Ratschläge und Kommentare bei Ihrem Krankenbesuch am letzten Montag, dem 24. Oktober, zu beschweren...

...und deshalb werde ich kein Blatt vor den Mund nehmen, auch wenn Sie, sicher zu Recht, behaupten werden, daß ich durch die Umstände emotional aufgewühlt bin. Wie konnten Sie es wagen, in mein Haus zu kommen und aufgrund einer zehnminütigen Untersuchung, wo Sie weder mir, Ann noch Joe zuvor jemals begegnet sind, zu behaupten, mein Sohn würde im Sterben liegen? Ich kann nachvollziehen – denke ich –, daß Ihnen der Gedanke gekommen sein muß, als Sie Joe zum ersten Mal, und sehr kurz, am Montag sahen – aber meinen Sie nicht, daß bei Ihrer Diagnose etwas mehr Vorsicht angebracht gewesen wäre? Sie haben ja praktisch die Letzte Ölung angekündigt...

Als wir Joe daraufhin ins Royal Alexandra brachten, konnte Dr. Reid Ihre Diagnose nicht bestätigen. Er ist ein erfahrener Onkologe, und nach seiner Meinung war Joe – den Umständen entsprechend – in recht guter Verfassung. Er sah auch keine Veranlassung für das Klistier, das Sie so dringend empfohlen haben...

...Joes Zustand hat sich seit Montag ohne Unterstützung von Antibiotika erheblich gebessert. Die Kulturen waren alle negativ. Er wirkt munterer und schaut sich Videos an. Er sitzt sogar während der Physiotherapie wieder im Rollstuhl. Wir konnten das MST von 30 mg auf 25 herabsetzen, ohne daß er erneut über Schmerzen klagte. Daß dies alles nichts beweist, ist auch uns klar. Sein Zustand kann sich innerhalb weniger Tage oder Stunden erneut extrem verschlechtern. Ich will nur auf eines hinaus: Sie haben uns letzten Montag nachmittag auf schmerzliche und schreckliche Weise mit seinem bevorstehenden Sterben konfrontiert – und das, meiner Meinung nach, völlig unnötig.

Auszug aus dem Brief an Dr. Sacks vom 29. Oktober 1988

Ein weiterer Höhepunkt unserer Frustration und Wut resultierte aus einem Telefonat am 1. November 1988. Unser Freund Mozafar Aminian rief uns aus London an, um uns zu berichten, daß sein neunzehn Jahre alter, krebskranker Cousin erfolgreich auf ein Versuchsprogramm im Hammersmith- und Queen-Charlotte's-Krankenhaus angesprochen hatte.

Anfangs waren schmerzhafte Injektionen mit dem neuen Mittel Contracan notwendig gewesen, doch inzwischen war man zu Suppositorien übergegangen, und bislang gab es keine Nebenwirkungen, von Verstopfung abgesehen. Mozafar gab uns zwecks weiterer Erkundigungen die Nummer des für den Versuch verantwortlichen Chirurgen Mr. Wood.

Ann und ich dämpften nur mühsam unsere Erregung, hatten wir doch immer gehofft, daß ein Mittel oder eine Behandlungsmethode gefunden würde, die Joe retten oder zumindest seine Lebenserwartung verlängern konnte. Und dies hörte sich einfach zu gut an, um wahr zu sein – ein Mittel, das erste Erfolge aufwies, schmerzfrei zugeführt werden konnte und keine ernsthaften Nebenwirkungen zeitigte.

Ziemlich nervös rief ich Dr. Woods im Hammersmith-und-Queen-Charlotte's-Krankenhaus an, um mehr über Contracan herauszufinden und zu fragen, ob es für Joe geeignet war. Nach der – wie wir es sahen – Funkstille zwischen Dr. Cree und uns war es äußerst erfrischend, mit einem Arzt zu sprechen, der so optimistisch klang und so wenig bevormundend. Offenbar war er begeistert von dem neuen Mittel, und obwohl er sofort einschränkte, er glaube nicht, Joe damit retten zu können, war er bereit, sich zu einem vertiefenden Gespräch zu treffen.

Am Freitag, dem 11. November, nahm ich den Zug nach London und fuhr ins Hammersmith-und-Queen-Charlotte's-Krankenhaus. Die Eintragung in mein Tagebuch vom Tag zuvor: »Sehr schlechter Tag – erschöpft, mit Ann gestritten.« Das zeigt, wie angespannt wir waren, denn wir hatten sehr selten Streit, als Joe krank war.

Am Freitag sah die Welt schon wieder viel freundlicher aus. Ich setzte mich mit Dr. Woods in seinem Büro zusammen und erzählte ihm so ausführlich wie möglich, von Joes bisherigem Krankheitsverlauf. Er berichtete daraufhin, daß seine Kollegen und er Contracan als Ergebnis einer Untersuchung über das Gleichgewicht gesättigter und ungesättigter Fettsäuren in den Zellen krebskranker Patienten entwickelt hätten. Anhand einer Skizze erklärte er mir weiter, daß dieses Verhältnis in direkter Beziehung zum Zelltod und der Ausbreitung des Krebses stehe und daß klinische Tests erwiesen hätten: Contracan verhindert die Ausbreitung und stabilisiert damit den Zustand des Patienten.

Er warnte mich, es gebe keinerlei Hinweise darauf, daß das Mittel noch mehr bewirken könne, als den Krebs zu stabilisieren, doch manche Patienten hätten von einem deutlichen Nachlassen der Schmerzen berichtet, weshalb man Morphium und andere schmerzstillende Mittel habe absetzen können. Er betonte noch einmal, Contracan könne Joe nicht heilen, aber vielleicht die Schmerzen eindämmen. Nach einer »Basis«-Röntgenaufnahme würden Joe die ersten Zäpfchen verabreicht, was wir selbst zu Hause machen könnten. Kosten für die Behandlung fielen nicht an. Er sagte, er an meiner Stelle würde auch alles tun, um Joe zu helfen, solange es nicht gefährlich war, und er meinte, *das* sei Contracan nicht.

Ich hatte Dr. Woods gegenüber erwähnt, daß unser Verhältnis zu Dr. Cree angespannt wäre, und er sagte, ich müsse erst ihr und Anns Einverständnis einholen, ehe weitere Schritte unternommen werden könnten. Ganz aufgeregt bei der Vorstellung, daß das Contracan Joes Schmerzen lindern und sein Leben verlängern könnte – vielleicht sogar so lange, bis ein Heilmittel gefunden wurde –, rief ich Ann aus dem Queen Charlotte's zu Hause an, und wir einigten uns, daß ich sofort Dr. Cree anrufen sollte.

Was ich auch tat, von einem Münztelefon in der Vorhalle des Krankenhauses aus, und ihre Antwort traf mich wie ein Keulenschlag. Sie warf mir vor, ich hätte sie hintergangen, dabei wußte ich vor meinem Gespräch mit Dr. Woods kaum etwas über Contracan, so daß wir gar nichts Konkretes hätten besprechen können. Sie sagte, sie betrachte Dr. Woods Verhalten – wahrscheinlich meinte sie die bloße Tatsache, daß wir uns getroffen hatten – als einen Verstoß gegen die Ethik, und stellte klar, daß sie Experimente jeglicher Art mit Joe unverantwortlich und grausam fände. Falls wir vorhätten, ihr Joe als Patienten zu entziehen und ihn in Dr. Woods Obhut zu geben (sie wußte sehr gut, daß dies wegen Joes Immobilität nicht möglich war) – bitte. Wir könnten es gern mit Contracan versuchen, aber ihr Einverständnis würde sie nicht erteilen.

Ich bat sie, sich wenigstens über das neue Mittel zu erkundigen und Mr. Woods anzurufen, woraufhin sie entgegnete, er könnte sie ja anrufen. Ich hängte ein, rief sofort danach Mr. Woods an und schilderte ihm ihre Reaktion. Er wirkte gelassen und beruhigte mich, er werde schon mit Dr. Cree sprechen. Ich verließ das Krankenhaus und verbrachte den Nachmittag in London, schlecht gelaunt und innerlich fluchend. Ich verspürte den brennenden Wunsch, Dr. Cree zu schlagen.

Meine Laune besserte sich, was Dr. Cree betraf, auch in den nächsten Tagen nicht, und Ann erging es nicht anders. Wir hatten das Gefühl, daß sie Joes Behandlung um jeden Preis blockieren wollte, und wir konnten es nicht ausstehen, daß sie im Gespräch ständig Ratschläge gab, was »das Beste für Joe« sei, als würden wir nicht selbst darüber nachdenken. Kein anderer Arzt hatte sich je derart verhalten, und wir hofften doch sehr, daß wir als Eltern selbstkritisch genug waren, um unseren zweifellos selbstsüchtigen Wunsch, Joe am Leben zu erhalten, damit er bei uns sein konnte, gegen die Möglichkeit abzuwägen, daß eine weitere Behandlung seine Lebensqualität – *wenn* er überlebt – erheblich beeinträchtigen konnte.

Am meisten zuwider waren uns Dr. Crees »Überraschungsbesuche«, wenn sie einfach unangemeldet bei uns auftauchte, um nach Joe zu schauen – und um uns, wie es schien, daran zu erinnern, daß er sterben würde. Zum Glück traf sie am 15. November, als sie sich gerade wieder einmal zu einem dieser Besuche aufmachen wollte, auf dem Parkplatz vor dem Royal Alexandra Linda Williams und erwähnte beiläufig ihr Vorhaben. Linda, die über unsere Gefühle Bescheid wußte, schlug taktvoll vor, es wäre vielleicht besser, wenn sie uns vorher anriefe.

Ich nahm den Hörer ab, als der Anruf kam. Und als Dr. Cree dann sagte, sie würde gern bei uns vorbeischauen, antwortete ich: »Nein!« Im unmißverständlichem Ton. Ich hatte nie die Gelegenheit gehabt – oder mich getraut –, ihr zu sagen, was ich ihr gegenüber empfand, doch jetzt schien der Zeitpunkt gekommen. Ich sagte, daß Ann und ich über ihre Reaktion auf den Vorschlag zur Contracan-Behandlung ungeheuer wütend seien. Wir empfänden die Alternative, vor die sie uns gestellt hatte, als Erpressung, moralisch wie auch gefühlsmäßig. Ich fuhr fort, daß wir in zunehmendem Maße über ihre Einstellung zu Joes Behandlung enttäuscht seien, daß wir uns von ihr bevormundet fühlten und Angst hätten, sie würde aufgrund ihres Glaubens an Gott und ihrer christlichen Überzeugung Joes Tod – im Gegensatz zu uns – einfach akzeptieren. »Wir fühlen uns von Ihrer christlichen Überzeugung geknebelt«, sagte ich. Ich sagte ihr, wir hätten kein Vertrauen mehr in sie und wollten nichts mehr mit ihr zu tun haben.

Ich war so wütend, als ich auflegte, daß ich zitterte und ganz rot angelaufen war. Es tat mir ein wenig leid, daß ich sie so sehr verletzt hatte, denn ganz so schrecklich, wie ich sie hingestellt hatte, war sie doch nicht. Andererseits hatte sie uns, aus welchen Gründen auch immer, großen, unnötigen Schmerz zugefügt, einfach durch ihr Versagen, auf unsere Bedürfnisse als verzweifelte Eltern einzugehen. Ich ging nach unten und erzählte Ann von dem Gespräch. Wir waren beide erleichtert, daß endlich alles ausgesprochen war und wir nichts mehr mit Dr. Cree zu tun haben mußten. Wir wußten nicht, wer Joe jetzt übernehmen würde, doch alles erschien uns besser als der Zweifel und das Mißtrauen, mit dem wir so lange gelebt hatten.

Ann: Bis zum November hatte Joe sich ganz von den ermüdenden Nachwirkungen des Linearbeschleunigers erholt. Wir hatten die

MST-Dosis deutlich verringert, und er machte wieder einen viel lebendigeren Eindruck. Linda meinte, er solle wieder versuchen, im Rollstuhl zu sitzen, da die Schmerzen im Rücken behoben waren. Anfangs war das für Joe sehr anstrengend, und er beschwerte sich bereits nach einer Minute. Doch langsam gewöhnte er sich wieder an das Gefühl, und am Freitagnachmittag, als Linda sein Pensum auf fünf Minuten erhöht hatte, wollte er plötzlich gar nicht mehr aus dem Rollstuhl. Er fand wieder Gefallen daran, und er blieb noch eine Viertelstunde, nachdem Linda schon fort war, sitzen, obwohl sie ihm ganz streng gesagt hatte, er müsse sich bald ausruhen.

Dieser Fortschritt ermutigte uns, mit Joe am nächsten Tag zum Pier hinauszufahren. Er war schon ein paarmal wieder dort gewesen, seit er die Schwierigkeiten mit dem Rücken hatte, bislang allerdings immer nur an ruhigen Wochentagen, wenn es eher leer war und keine Probleme mit dem Liegesessel gab. Als er uns am 19. November, einem Samstag, fragte, ob wir zum Pier fahren könnten, wollten wir instinktiv nein sagen. Wir freuten uns, daß er fahren wollte, aber an den Wochenenden war es immer voll, und wir wußten, daß wir den Sessel nicht mit in den Pleasuredome nehmen konnten. Wir dachten an seine Fortschritte im Rollstuhl, und Alex fragte, ob er sich fit genug fühle, um sich auf dem Arm tragen zu lassen und im Rollstuhl zu fahren, wenn er nicht mehr könne. Joe war begeistert, also beschlossen wir, es zu versuchen.

Wir legten Joe auf den Rücksitz im Wagen, sicherten ihn seitlich mit Decken ab und fuhren mit ihm zum Palace Pier. Dann trug Alex ihn auf dem Arm zu seinem Lieblingsplatz, ganz hinten am Pier,. während ich mit dem Rollstuhl folgte. Joe hatte die Arme um Alex' Nacken geschlungen, die Beine hingen schlaff herunter, alles Leben schien jetzt aus ihnen zu sein, und die Füße steckten in zwei Paar dicken Socken, die sie warm halten sollten; denn er konnte die Füße nicht mehr richtig beugen, um sich Stiefel anziehen zu lassen.

Es war sehr anstrengend für Alex, ihn bis zu den Arkaden zu tragen, doch er freute sich, Joe wieder in alter Form zu sehen: Joe war ein sehr guter Spieler, und sein Name tauchte auf der Punktliste der Besten auf, wenn er zu Ende gespielt hatte. Bei einem früheren Ausflug war er die ganze Zeit im Sessel sitzen geblieben, zu schwach um selbst zu spielen; statt dessen hatte Alex nach seinen Anweisungen für ihn gespielt. Doch jetzt war er wieder kräftig genug, um bei Alex auf dem Schoß im *Road Blaster* zu sitzen, einem Gerät in der Form eines Autos, bei dem man mit haarsträubender Geschwindigkeit Hindernissen ausweichen und gleichzeitig auf andere Fahrzeuge schießen mußte. Joe raste von Level zu Level, sammelte mehr Punkte als je zuvor – wahrscheinlich weil uns das Geld egal war und wir mehr als fünf Pfund investiert hatten, um die Action für ihn in Gang zu halten, bis er müde wurde.

Wir waren immer überrascht, wie gut Joes Bewegungsabläufe beim Spielen funktionierten. Kurz nach Einsetzen der Lähmung, als einige Bewegungen schwer für ihn wurden, bemerkten wir, daß Joe dieselben Bewegungen ganz leicht fielen, wenn er beim Videospielen war. Und jetzt hatte er mindestens zwanzig Minuten aufrecht gesessen, ein Lenkrad bewegt, Knöpfe gedrückt und Entscheidungen in Sekundenschnelle getroffen.

Joe war müde und Alex geschafft; es hatte ihn enorme Anstrengung gekostet, Joe in dieser beengten Position zu stützen. Wir setzten Joe in den Rollstuhl und freuten uns, daß er so fröhlich und glücklich aussah. Ich fuhr mit ihm noch einmal im Pleasuredome herum, damit er sich die anderen Spiele anschauen konnte, und schob ihn dann hinaus.

Es wurde bereits dunkel, und unter uns funkelte die See im Licht des Piers und der Stadt. Es war ein friedlicher Abend, mild für November. Sanft glitten wir den hölzernen Gehweg dem Pier entlang, und Joe die ganze Strecke bis zum Wagen zurückzuschieben, das war fast so etwas wie ein kleiner Triumph. Eine kurze Fahrt heute bedeutete eventuell eine etwas längere morgen. Dies war vielleicht die Besserung, die wir uns ersehnt hatten. Einen Augenblick lang sah die Zukunft plötzlich nicht mehr ganz so trüb aus, nicht ganz so endgültig, eher nach ein paar Ausflügen mit Joe im Rollstuhl.

18

Das Ende des Jahres

Alex: Rückblickend betrachtet war dieser abendliche Ausflug an den Pier wirklich so einmalig, wie wir ihn empfanden, denn es sollte – was wir damals natürlich noch nicht wußten – das letzte Mal sein, daß Joe den Pier sah, und, abgesehen von einer Stippvisite ins Krankenhaus zwei Tage später, sein letzter Ausflug in die Welt überhaupt.

Am Montag, dem 21. November 1988, waren wir noch immer in Hochstimmung, weil sich Joe wieder so gut an den Rollstuhl gewöhnt hatte. Mir fiel auf, daß er schon seit Monaten nicht mehr bei mir in der Mansarde gewesen war; mit Hilfe des Rollstuhls war das jetzt wieder möglich. Ich wußte, daß er unheimlich gerne einmal den Computer sehen wollte, den ich kürzlich gekauft hatte. Ich bot ihm also an, ihn hinaufzutragen, damit er die »Malprogramme« und die Spiele ausprobieren könnte. Joe war begeistert; so stellte ich erst den Rollstuhl oben auf und trug dann ihn hinauf.

Der Computer schien für Joe nichts anderes als ein neues Videospielzeug zu sein, und er hatte sichtlich Spaß an den Grafikprogrammen. Ungefähr nach einer Stunde fand ich es genug und brachte Joe hinunter, wo ich ihn in seinen Liegesessel bettete. Dabei fiel mir eine Schwellung an seinem linken Schenkel auf – unübersehbar, da er lediglich ein Sweatshirt und Windeln trug.

Ich stand über ihm in seiner Liege und bemühte mich, ganz entspannt zu wirken, damit er keinen Schrecken kriegte. Ich begutachtete ganz ruhig seinen Körper, vor allem die Beine, in der Hoffnung, mich geirrt zu haben, doch da zeichnete sich ganz deutlich etwas unter der Haut seines Oberschenkels ab. Joe wirkte fröhlich und hatte offenbar keine Schmerzen. Ich rief Ann herunter, damit sie sich ihn anschaute, und spürte die mittlerweile vertraute Übelkeit vom Magen aufsteigen, ein sicheres Zeichen meiner panischen Angst. Ich hoffte, daß es nur eine Schwellung war, vielleicht ein gezerrter Muskel, aber es sah böse und bedrohlich aus, und meine Angst, ich könnte Joes Knochen verletzen, einfach indem ich ihn bewegte, hatte einen ganz konkreten Anlaß gefunden.

Ann kam herunter, musterte Joe und ging dann für einen Moment mit mir nach oben, um außer Hörweite zu sein. Leise bestätigte sie meine Entdeckung. Wir spürten eine ungeheure Anspannung, die dadurch noch verstärkt wurde, daß ich eine Woche zuvor mein »Abschieds«-Gespräch mit Dr. Cree geführt hatte. Wir wollten auch unsere Kinderärztin, Jane Roderic-Evans nicht anrufen, obwohl wir großes Vertrauen in sie hatten – wie der Zufall so spielte, hatte Dr. Sacks gerade Notdienst, und den wollten wir weiß Gott nicht sehen. Wir fühlten uns total isoliert.

Ann: Joes Situation wurde noch durch die Tatsache verschlimmert, daß Linda ihren täglichen Besuch heute ausfallen ließ – sie hatte angerufen und sich krankgemeldet –, denn sie hätte wahrscheinlich am ehesten gewußt, worum es sich handelte. Wir riefen in der physiotherapeutischen Abteilung im Krankenhaus an und erklärten, daß wir über eine Schwellung an Joes Schenkel beunruhigt seien, und Lindas Kollegin Judy versprach, so schnell wie möglich vorbeizukommen. Das erstaunlichste bei der ganzen Sache war, daß Joe offenbar gar nichts Ungewöhnliches verspürte. Vermutlich schaltete die durch die Lähmung verursachte Unempfindlichkeit jeglichen Schmerz aus.

Als Judy kam, waren Alex und ich schon völlig entnervt, während Joe recht gute Laune hatte. »Und was haben wir für ein Problem?« fragte sie ihn. »Na ja«, antwortete Joe ganz ernsthaft, »kennst du das, wenn man einen Popel hat, der gar nicht rauskommen will? Das nervt echt.« Mit dieser Antwort hatten wir nicht gerechnet, schließlich war Judy ja nicht hier, um mit Joe übers Nasebohren zu reden, aber sie sah sich auch ganz unbeirrt sein Bein an.

Wir hofften, daß es eine Verrenkung wäre, die eine Physiotherapeutin beheben konnte. Judy jedoch meinte sofort, es würde sich um eine Fraktur handeln und Joe müßte zum Röntgen ins Royal Alexandra. Früher hätten wir Joe direkt auf die Cawthorne-Station gebracht und Dr. Cree benachrichtigt, doch sie war jetzt der letzte Mensch, den wir sehen wollten. Judy sagte, es gebe keinen Grund, warum Joe nicht über die Notaufnahme aufgenommen werden könnte. Sie half uns noch, Joe behutsam ins Auto zu tragen, wo wir ihn mit Decken seitlich absicherten. Judy fuhr voraus, um die Notaufnahme zu informieren, daß Joe geröntgt werden mußte.

Im Krankenhaus konnte Joe auf einer Bahre gefahren werden, und wir gelangten problemlos vom Behandlungszimmer zur Röntgenabteilung. Wie erfuhren, daß Joe einen Bruch des linken Oberschenkels hatte. Dies mußte spontan passiert sein, weil Metastasen den Knochen geschwächt hatten. Normalerweise bedeutete das zwei bis drei Wochen Gips, bis der Knochen wieder zusammengewachsen war. Doch in Joes Fall würde das länger dauern und vielleicht auch gar nicht gelingen, falls der Tumor noch aktiv war. Doch es gab keine andere Möglichkeit, also hieß es abwarten; der Arzt meinte, nach fünf bis sechs Wochen Gips lasse sich Genaueres sagen.

Dr. Cree erschien, als Joe beim Röntgen war, und sie sah so verloren aus, daß uns leichte Schuldgefühle beschlichen, weil wir sie derart übergangen hatten. Doch Joes Aussicht auf fünf oder sechs Wochen in Gips auf der Cawthorne-Station bestätigte uns nachträglich in unserem Entschluß, Dr. Cree zu meiden. Man sagte uns, wir hätten die Möglichkeit, Joe mit nach Hause zu nehmen, man würde uns eine Kinderschwester stellen. Wir nahmen das Angebot sofort an. An diesem Abend war es bereits viel zu spät für die Schwester, doch sie würde gleich am nächsten Morgen vorbeischauen.

In seinem Zustand konnte Joe unmöglich mit uns in einem Bett schlafen oder innerhalb des Hauses transportiert werden; wir entschieden, ihn unten im Haus zu plazieren. Vor unserem Umzug nach Brigthon hatten wir in einer Wohnung mit einer winzigen Küche gelebt. Der einzige Yuppie-Luxus, den ich mir schon immer leisten wollte, war ein großer Wohn-Eß-Bereich, wo ich in Joes Nähe sein konnte, während ich kochte. Wir hatten einen geeigneten Raum im leergeräumten Keller unseres Hauses gefunden, und er hatte sich während Joes Bettlägerigkeit als großer Vorteil erwiesen. Jetzt, da Joe für einen unbestimmten Zeitpunkt praktisch völlig unbeweglich sein würde, konnten wir ausschließlich in diesem Raum leben und mußten Joe nie allein lassen.

Dazu bedurfte es allerdings einiger Umstellungen: Das Sofa mußte raus und Joes Etagenbett auseinandermontiert werden, damit es untergebracht werden konnte. Alex fuhr voraus, in der Hoffnung, ein Nachbar werde sich erbarmen und mit ihm umräumen, bis wir mit der Ambulanz nachgekommen waren.

Alex: Bereits in den zwei, drei Minuten auf dem Weg nach Hause machte ich mir schreckliche Vorwürfe, ich könnte Joe sein Bein gebrochen haben, als ich ihn hochgehoben hatte. Ich versuchte mich selber zu beruhigen, indem ich mir sagte, so geschwächt wie der Knochen war, wäre es sowieso früher oder später passiert. Immer wieder versuchte ich mich daran zu erinnern, wie ich ihn hochgenommen hatte, aber mir fiel nichts Außergewöhnliches ein. Ich hatte ihn so getragen wie schon unzählige Male zuvor. Doch das Schuldgefühl blieb.

Ich stellte den Wagen ab und klingelte gleich bei unserem Nachbarn, Hugh Clench, in der Hoffnung, daß er daheim war und mir beim Möbelrücken helfen konnte. Er war da, und ein paar Minuten später machten wir uns daran, das Sofa um eine extrem winkelige Ecke über die Treppe hinauf- und das Etagenbett aus Joes Zimmer herunterzutragen.

Als ich beim Tragen von Joes Zustand erzählte, wurde mir bewußt, was diese Fraktur eigentlich bedeutete. Die Tatsache, daß Joes Oberschenkelknochen derart von Metastasen geschwächt war, verhieß nichts Gutes für die Wirbelsäule; ich erinnerte mich an die Unterredung mit Dr. Rodriguez und an seine Prognose, Joes Wirbelsäule könnte brechen und so das Knochenmark verletzt werden. Die Schädigung von Joes Oberschenkelknochen (wo unseres Wissens noch kein aktiver Tumor im letzten Jahr gesessen hatte) deutete auf einen weiteren, stetigen Verfall von Joes Allgemeinzustand.

Sollte sich unsere Hoffnung auf seine Genesung, an die wir uns noch immer klammerten, tatsächlich erfüllen, mußten wir damit rechnen, daß Joes Knochen stark geschädigt waren. Auch wenn Joe nicht sterben würde – und wir weigerten uns selbst noch angesichts dieser Fraktur, daran zu glauben –, war es unwahrscheinlich, daß seine Knochen sich wieder kräftigen würden. Konnte sein Rückgrat ihn überhaupt tragen, wenn er überlebte?

Hugh und ich legten gerade letzte Hand an das Etagenbett, als die Ambulanz mit Ann und Joe vorfuhr. Wir zogen schnell noch die Schrauben fest und rückten die Matratze zurecht, bevor die Pfleger mit Joe die Treppe hinunterkamen.

Joe wirkte nicht mitgenommen, wahrscheinlich weil er keinen Schmerz verspürte; seine Reaktion auf die neueste Entwicklung sollte erst am nächsten Morgen deutlich werden. Ann und ich versuchten der Situation noch etwas Gutes abzugewinnen, indem wir uns einredeten, wie toll es sei, Joe wieder in seinem eigenen Bett zu sehen. Seit seiner Krankheit hatte er mit in unserem Bett geschlafen, das hatte inzwischen schon etwas Nostalgisches.

Joe döste sehr bald ein. Ann und ich rafften uns noch zum Essen auf, doch wir waren von der physischen und psychischen Anstrengung sehr erschöpft. Ich trug die zweite Matratze aus Joes Etagenbett für Ann zum Schlafen hinunter und legte mich dann allein in unserem Zimmer ins Bett. Wir hatten soeben eine weitere, unheilvolle Station auf unserem »Kreuzweg« erreicht.

Ann: Als wir am Dienstagmorgen aufwachten, war es wie der Eintritt in einen neuen Lebensabschnitt. Ich hatte unten auf einer Matratze auf dem Boden geschlafen, neben Joe. Von nun an würden Alex und ich uns hier beim Schlafen abwechseln.

Es gab zwei Kinderkrankenschwestern in der Gemeinde Brighton, wie wir feststellten, als Beryl und Anne zusammen eintrafen. Wir hatten uns nicht getraut, Joe zu bewegen, aus Angst, eventuell noch größeren Schaden anzurichten, doch die beiden zeigten uns schnell, wie wir Joe so im Bett waschen konnten, daß er es bequem hatte. An diesem ersten Tag waren tatsächlich zwei Schwestern nötig, um Joe seinen Streckverband anzulegen und uns die notwendigsten Handgriffe zu zeigen. Später sollte sich hauptsächlich Beryl um Joe kümmern. Es war sehr beruhigend zu wissen, daß sie jeden Morgen kommen würde, um nach Joes Bein zu sehen und uns dabei zu helfen, ihn zu waschen und anzuziehen.

Beryl und Anne hatten gleich gesehen, daß Joes Bett für das Liegen mit einem Streckverband völlig ungeeignet war; er brauchte ein verstellbares Krankenhausbett. Alex hatte sich kaum von der Plackerei erholt, da mußte er schon wieder ran.

Joe muß trotz seiner unmöglichen Eltern im Royal Alexandra ziemlich beliebt gewesen sein, denn nicht nur, daß Schwester Sharp uns leihweise ein Bett von der Cawthorne-Station bringen ließ, die Pfleger erklärten sich obendrein sogar bereit, es zu uns zu rollen, da der Transport per Ambulanz mindestens noch einen Tag in Anspruch genommen hätte.

Die beiden Männer kamen völlig verschwitzt und erschöpft bei uns an und berichteten, daß ihnen auf unserer Straße das Bett beinahe bergab davongerollt wäre. Unterwegs waren sie unserer Nachbarin Rosemary begegnet, die sie gefragt hatte: »Braucht Joe das?«, was sie als »Macht das Spaß?« mißverstanden und ihr geantwortet hatten: »Das ist Ernst.«

Das Bett die Straße herunterzubekommen schien allerdings noch das kleinere Problem zu sein. Joe sah interessiert zu, wie Alex zusammen mit den Pflegern das Bett Teil für Teil auseinanderbaute und die Treppe heruntertrug, aber begeistert wirkte er nicht gerade. Obwohl er die Ereignisse bis dahin recht gelassen hingenommen hatte und auch keine Anzeichen eines Schocks erkennen ließ, sah er nun erschöpft und deprimiert aus – und elend nach den Hoffnungen, die wir auf unserem Ausflug am Samstag geschöpft hatten. Jetzt mußte er damit rechnen, daß er mindestens bis Weihnachten ans Haus gefesselt war.

Beryl spielte bald eine ebenso wichtige Rolle in unserem Leben wie Linda. Durch das Ausmaß der Lähmung war es ungeheuer schwer geworden, Joe hochzuheben; dazu kam das Wissen, wie zerbrechlich seine Knochen waren, und wir wagten kaum, ihn zu tragen. Durch Beryl gewannen wir Selbstvertrauen, und sie hatte immer einen nützlichen Ratschlag parat. Wir konnten wirklich von Glück sagen, daß wir eine Schwester zugeteilt bekommen hatten, nicht nur, weil dies ein weiterer Vorzug des NHS war, sondern auch weil dieser Service noch nicht überall im Land eingerichtet war und auch in Brighton erst seit April dieses Jahres bestand.

Nach ein paar Tagen war Joe über das Schlimmste hinweg und

fing an, sich auf seine neue Situation einzustellen. Zu Beryl hatte er gleich einen guten Draht und freute sich auf ihre täglichen Besuche. Das Leben wurde sogar noch hektischer – dauernd kam oder ging irgend jemand. Linda und Rosemary kamen weiterhin regelmäßig zu Joe, und jetzt hatte ich sogar ein Anrecht auf eine Haushaltshilfe – Jean, die mehrmals die Woche vorbeischaute, hauptsächlich um die Einkäufe für uns zu erledigen. Am meisten profitierte Alex davon, der sonst immer die Fahrten in den Supermarkt übernommen hatte, der mir jetzt aber mehr bei Joe zur Hand gehen mußte und nebenbei noch versuchte, mit seinem Schreiben voranzukommen.

Linda Williams: Als Joe sich das Bein brach, war ich gerade verreist, und als ich zurückkam, fand ich ihn im Streckverband zu Hause vor. Anfangs wirkte er sichtlich mitgenommen, aber auch unheimlich stolz darauf, daß die Pfleger ihm das Bett persönlich durch die Straßen Brightons gerollt hatten. Bald jedoch war er wieder der Alte – zumindest in seinen Äußerungen. Sein Reich war beträchtlich kleiner geworden, es beschränkte sich jetzt auf einen Raum und einige wenige Untertanen – Ann, Alex, Beryl, seine Großeltern und mich –, doch das tat seiner Autorität keinen Abbruch.

Wir machten Übungen mit seinen Armen, und ich bewegte seine Beine. Joe machte Zahlenspiele, während ich ihm die Beine streckte, aber wenn ich nicht aufpaßte, nutzte er die Gelegenheit und spielte weiter mit seinem Videospiel. Ich paßte fast immer auf und brachte ihn so um manchen Treffer! Zu diesem Zeitpunkt hatte er überhaupt kein Gefühl mehr in den Beinen, und ich mußte ihm eine Schiene machen, in die wir den Fuß betteten. Joe, ganz der Alte, bestand darauf, daß ich ihm an seiner Aufziehmaus auch eine für den Schwanz machte.

Bis auf ein paar schlechte Tage hatte Joe fast immer gute Laune. Er hatte sich bisher nie mit Gleichaltrigen messen können, um seine Grenzen zu erkunden; so mußte er sein Durchsetzungsvermögen im Umgang mit den Erwachsenen erproben, die ihn umgaben – was für alle Beteiligten mitunter ziemlich anstrengend werden konnte.

Alex: Joe war praktisch seit September ans Bett gefesselt, und der Streckverband forderte weiter unseren Einfallsreichtum heraus, wie wir Joe bei Laune halten konnten. Die Rollen des Krankenhausbettes ermöglichten uns, ihn herumzuschieben – eher zu rücken, in Anbetracht der Größe und Beschaffenheit des Raums –, hinüber zum Telefon beispielsweise, damit er Gran und Fred anrufen konnte. Wir konnten auch weiterhin Baseball spielen, mit seinem aufblasbaren Schläger und den Ping-Pong-Bällen, wobei Joe sich gerne vorstellte, daß wir Charlie Brown und Snoopy von seiner Videokassette waren. Wir erfanden auch ganz neue Spiele, zum Beispiel eine abgeänderte Version des Versteckspielens, bei der ich unter das Bett krabbelte und versuchte, nach ihm zu schnappen, wenn ich an der Seite auftauchte.

Joe gewöhnte sich an den Gips, wie er sich auch an alles andere gewöhnt hatte, bemerkenswert gut. Für ihn bedeutete es einen ganz neuen Ablauf seines Alltags: Beryl kam morgens, um ihn zu waschen und nach dem Bein zu schauen, er mußte in regelmäßigen Abständen auf die andere Seite gedreht werden, um wunden Stellen vorzubeugen... Joe half uns dabei, er hielt sich an der »Affenschaukel« über seinem Kopf fest und zog sich ein wenig hoch, damit Ann oder ich ihn dann umdrehen konnten.

Die »Affenschaukel« spielte auch eine Rolle bei den neuen Übungen, zu denen Linda ihn ermutigte, um seine Motivation aufrechtzuerhalten, weniger, weil sie noch glaubte, daß er genesen würde. Sie fertigte eine Plastikstütze für Joes linken Fuß, um wenigstens ansatzweise den richtigen Winkel und die Biegsamkeit zu erhalten, und ab und zu machten wir sanfte Druckübungen, die Joe zu gefallen schienen.

Ann und ich weigerten uns noch immer einzusehen, daß er sterben würde. Wir verhielten uns, als glaubten wir, der Knochen würde von selbst heilen, weil dies die einzige Möglichkeit war, um mit der Situation zurechtzukommen. Joe klagte nie über Schmerzen wegen der Fraktur – ein Zeichen, wie weit die Lähmung bereits fortgeschritten war –, und man mag es unnötig und sogar grausam finden, daß Joe in den letzten Wochen seines Lebens noch mit einem Gips (und der damit verbundenen Unbeweglichkeit) behelligt wurde. Aber – und das gilt für ihn ebenso wie für uns – das Gefühl, das Leben auch weiterhin positiv und mit einem Ziel anzugehen, gab uns Kraft, und seine geistige Verfassung in dieser Zeit war ungebrochen:

JOE: Ma!
ANN: Ja, Joe?
JOE: Ich muß dir was sagen.
ANN: Was ist denn, Liebling?
JOE: Etwas, was du noch nicht weißt, von Melissa und Leglin und Krümelmonster. Die machen nämlich alle drei eine Diät.
ANN: Tatsächlich?
JOE: Ja, sie dürfen nur Pfannkuchen und Hamburger und Kekse...
ANN: Na, das ist ja 'ne tolle Diät, Hamburger und Pfannkuchen...
JOE: ...Sahnekäsesandwiches...
ANN: Äääh!
JOE: ...Käse. Und...
ANN: Und?
JOE: ...und Fish and Chips.
ANN: Fish and Chips? Aha. Hört sich nach 'ner tollen Diät an. Hat die Diät auch einen Namen?
JOE: Sie kriegen ja nur Diät, weil sie was gegessen haben, was nicht gut für sie war. Aber es gibt zwei Sachen, die dürfen sie essen: Kohl und Erdnüsse.
ANN: Das hört sich wirklich interessant an, eine Kohl-Erdnuß-Diät.
JOE: Ja, aber sie essen alles, was ich auch esse.
ANN: Dann sollten sie vielleicht doch besser bei Kohl und Erdnüssen bleiben. Eigentlich ist das ganz ausgewogen. Proteine sind drin und Stärke und Ballaststoffe, und Grünes ist auch dabei. Möchtest du vielleicht auch eine Kohl-Erdnuß-Diät machen, Joe?
JOE: Iiii, Kohl ist doch nicht für Menschen, der ist doch für Hasen. Nur Salat ist für Menschen.
ANN: Stimmt nicht, Menschen essen auch Kohl. Mummy und

Daddy essen auch manchmal Kohl. Manchmal essen wir Weißkohl, der sieht etwas anders aus. Das, was dein Kaninchen frißt, nennt man Grünes, weil es eben grüner Kohl ist. Oh, da fällt mir ein, ich muß noch ein paar Köpfe reinholen – oh, da sind ja noch welche. Hat Daddy die geholt?

JOE: Die liegen da, weil Dad... Cabbage ist heute noch gar nicht gefüttert worden.

ANN: Doch, Daddy hat ihn heute nachmittag gefüttert.

JOE: Weil er noch gar nichts gekriegt hatte, deshalb hatte Daddy ihn gefüttert.

ANN: Ja, ich weiß. Ich wollte ihn nicht füttern, weil er mich gestern gebissen hat und weil ich böse auf ihn war.

JOE: Ja, aber du mußt ihn trotzdem leider ziemlich oft füttern,

ANN: Ich weiß, aber ich mach's nun mal nicht so gerne, weil er mich immer beißt.

JOE: Ich sage ihm, daß er das nicht darf!

Ausschnitt einer Aufnahme von Anfang Dezember 1988, als Joe im Streckverband lag.

Ann: Der Gips verlieh Joe eine ganz neue Identität. So wie ihm der Rollstuhl das Aussehen eines behinderten Kindes gegeben hatte, das noch das ganze Leben vor sich hat, gab ihm der Streckverband den Anschein eines ganz normalen Jungen mit einem gebrochenen Bein. Als einmal ein Mann vom Lieferservice, sichtlich erstaunt über das Krankenhausbett in unserem Keller, fragte, was Joe denn habe, hörte ich mich antworten: »Ach, er hat sich das Bein gebrochen, und hier unten ist es bequemer.« Ich verheimlichte Joes Krebs nicht, aber es war erholsam für ihn, einmal nicht Gegenstand langer Erklärungen zu sein, und für mich war es tröstlich, für einen Moment so tun zu können, als hätten wir ein normales Leben vor uns, als wäre Joe einfach ein kleiner Junge mit einem gebrochenen Bein.

Ganz zu Beginn der Krankheit, als Joe nach dem Eingriff zur Entfernung der Niere mit Schmerzen dalag, war ich zornig gewesen, weil ich ihn nicht in den Arm nehmen durfte. Damals dachte ich, wie schlimm es wäre, wenn er sterben würde, ohne daß ich ihn noch einmal fest, ganz fest an mich drücken konnte.

Und jetzt stand ich wieder vor dieser Situation. Mit Knochen, die unter dem geringsten Druck brechen konnten, und gestützt von unzähligen Kissen, damit er es halbwegs bequem hatte (einmal zählte ich neun Kissen allein für die Schulter, den Rücken und das Bein), war es unmöglich, ihn so fest zu halten, wie ich es gerne getan hätte. Es kam mir wie eine Ewigkeit vor, seit ich ihn das letzte Mal auf dem Schoß gehabt und die Arme um ihn gelegt hatte. Jetzt mußte ich mich darauf beschränken, ihn ganz sanft von vorne zu umarmen. Ich wünschte mir, ich könnte ihn an mich drücken. Zum Glück konnte Joe noch seine Arme – die ziemlich kräftig waren – um mich schlingen, und er war mit seinen Küssen und Umarmungen sehr großzügig.

Während er im Streckverband lag, begriff er bald, daß Alex und ich dringend eine Pause brauchten. Oft wollte er, abends wenn Schlafenszeit war, noch einmal in den Arm genommen werden; also stand ich von meiner Matratze auf, ging zu ihm hinüber, nahm ihn in den Arm und legte mich wieder hin, um zehn Minuten später das Ganze zu wiederholen. Doch irgendwann verstand er, daß auch wir erschöpft waren. Eines Abends, als ich wieder einmal für ihn aufgestanden war, küßte er mich und sagte: »Und jetzt mußt du ein bißchen schlafen.« In dieser Nacht ließ er mich in Ruhe. »Und jetzt schlaf ein bißchen« – das gehörte bald zu unserem Ritual beim Zubettgehen, ein Zeichen, daß er allmählich größer wurde.

Alex: Wenn es ein »Spielzeug« gab, das ihm mehr als alles andere half, die Zeit im Gips zu überstehen, dann war es der Nintendo Gameboy, den wir ihm von seinem Anteil des ersten Vorschusses auf unser Buch *Henry and the Sea* gekauft hatten. Wir hatten Joe gesagt, er würde »ziemlich viel Geld« – zirka zweihundertfünfzig Pfund – für das Schreiben des Buches bekommen und er solle sich gut überlegen, wofür er es ausgebe. Der Scheck war ungefähr eine Woche, bevor er sich das Bein brach – eingetroffen, und Joe hatte seine Entscheidung bereits gefällt – unter dem Einfluß der penetranten Werbespots im Kinderprogramm.

Das Nintendo-Paket mit den vielen verschiedenen Spielen zur Auswahl hatte ihn stark beeindruckt, aber vor allem hatte es ihm der batteriebetriebene Roboter angetan, den es dazu gab und der in den Werbespots selber Gameboy spielte. Das ganze System kostete über hundertfünfzig Pfund, und wir hatten eigentlich vorgehabt, damit bis Weihnachten zu warten, weil es für ein Spielzeug extrem teuer war. Doch wir fanden, daß es nun mal sein Geld war und daß eine Selbstbeschränkung wie diese in seiner Situation völlig unangebracht war.

Joe freute sich riesig, als ich am Samstag mit dem Gameboy nach Hause kam. Wir machten den Gameboy startklar und spielten unzählige Male *Duck Hunt* und *Gyromite*, die im Paket mit dabei waren. Ein paar Tage bevor er sich das Bein brach, kaufte Ann ihm ein neues Spiel, *The Legend of Zelda*, das weit komplexer war als die anderen Spiele. Dieses Spiel erleichterte ihm das Liegen im Gips wesentlich.

Zelda war ein computergestütztes Videospiel vom Typ *Mantel und Degen*, eine Suche durch eine schier unendliche Überwelt, mit Wäldern und Bergen und verschiedenen Monstern, nach geheimen Zugängen zu acht unterschiedlichen Labyrinthen in der Unterwelt. Die Suche wurde noch dadurch erschwert, daß man zum erfolgreichen Abschluß der Suche um unsichtbare Besitztümer kämpfen mußte. Das Spiel war speicherbar, so daß man jederzeit auf die Ebene zurückkehren konnte, auf der man sich zuletzt befunden hatte. Das erwies sich als äußerst hilfreich, da man guttrainierte Reflexe brauchte, um zu reagieren, und es einige Fähigkeiten voraussetzte, wie zum Beispiel Kartenlesen, was Joe beim Spielen ganz von selbst lernte. Wir schlossen die Suche nie ganz ab, obwohl wir insgesamt weit über hundert Stunden spielten.

Joe liebte dieses Spiel, und man kann sagen, daß er während der Zeit im Gips dafür lebte. Wir spielten es als erstes morgens, wenn er aufwachte, und als letztes abends vor dem Einschlafen – was nicht heißt, daß wir es tagsüber nicht auch spielten. Eine Eigenschaft des Spiels war die Möglichkeit für den Spieler, sich einen Charakter auszuwählen, der stellvertretend für einen selbst auf dem Schirm kämpfte; eine weitere, daß man drei voneinander völlig unabhängige Spiele speichern konnte. Joe wählte »Warrior« zu seinem Protagonisten, und der kleine Videoheld gehörte bald zur Familie.

Wie schon von den Videospielen in den Arkaden auf dem Pier wurde Joe auch von *The Legend of Zelda* angeregt. Mit Sicherheit vertrieb es die Langeweile, und wenn es überhaupt eine negative Seite an der ganzen Sache gab, dann war es der elektronische Soundtrak, den wir anfangs für wesentlich ausgefeilter gehalten hatten als bei den anderen Spielen, der allerdings nach einer Woche die Dimension der chinesischen Tropfenfoltermethode annahm.

Ein eher überraschender Aspekt seiner Begeisterung für dieses Videospiel war der, daß er plötzlich Gefallen an J.R.R. Tolkiens Buch *Der kleine Hobbit* fand. Ich las Joe oft daraus vor, als er im Gips lag, meistens nachts – ab Mitte Dezember schliefen Ann und ich beide auf Matratzen neben seinem Bett.

Bevor wir uns hinlegten, gewöhnlich um Mitternacht, las ich Joe eine Geschichte vor, oder wir hörten uns unsere Lieblingskassette an, auf der Maureen Lipman aus Jill Tomlinsons Buch *The Owl who was Afraid of the Dark* las. Joe mochte die Geschichte von der Jungeule, die ihre Angst vor der Dunkelheit überwinden lernt, ganz besonders, und wir fanden, sie paßte sehr gut zu unserer Situation. Wir hörten uns die Kassette meist im Dunkeln an und schliefen auch manchmal dabei ein, nur einmal bat Joe uns, das Licht wieder anzuknipsen, damit er ein Bild malen könne, das er später »Hunter, die Eule aus der Scheune« nannte.

Zum Teil, weil Joe die reiche Metaphorik in *Twas the night before Christmas* so gut gefiel, aus dem ich ihm ebenfalls regelmäßig vorlas (von der Peanuts-Karte, die er mir zum letzten Weihnachten geschenkt hatte), zum großen Teil aber aufgrund seiner Begeisterung für die Ungeheuer, Zauberwaffen, Wälder, Höhlen und Berge aus *The Legend of Zelda* entstand die Überlegung, daß ihm der *Kleine Hobbit* gefallen könnte, und ich führte ihn in die Geschichte ein, indem ich ihm sagte, sie wäre ganz ähnlich wie *Zelda*.

Als ich dann eines Abends anfing, laut daraus vorzulesen, bekam ich Skrupel, ob ich nicht doch einen Fehler gemacht hatte. Joe war schließlich erst fünf, und der *Kleine Hobbit* war ziemlich anspruchsvoll. Es war mit Sicherheit der »dichteste« Text, den er bislang gehört hatte, aber andererseits schien Tolkien das Buch praktisch zum Vorlesen bestimmt zu haben. Der Rhythmus der Worte, der Zauber, den er mit seinen Beschreibungen, die man fast riechen, fühlen und schmecken konnte, versprühte, die subtilen und nicht so subtilen Witze und Randbemerkungen zogen auch Joe in ihren Bann.

Als ich am ersten Abend aufhörte zu lesen, wollte er sofort mehr hören. Er wollte unbedingt wissen, was als nächstes geschah, welche Art Zauberer Gandalf war, ob es wirklich Hobbits gab und ob auch schreckliche Drachen in der Geschichte vorkommen würden. Von diesem Abend an las ich bei Kerzenschein vor, um die Atmosphäre noch zu verstärken, und Joe und ich verbrachten zauberhafte Stunden in der Welt von Bilbo Baggins. Es wird oft behauptet, Videospiele würden die Phantasie abstumpfen oder aggressiv machen, aber *The Legend of Zelda* führte Joe auf eine ganz neue Ebene der Literatur für Kinder.

Ann: Wir waren uns schon seit geraumer Zeit darüber im klaren gewesen, daß Joes Knochen von Metastasen befallen waren und er mit Vorsicht behandelt werden mußte. Trotzdem war erst die Fraktur eine grausame Mahnung, wie zerbrechlich sein Leben war. Unser schier unendlicher Optimismus war bis aufs äußerste gefordert, denn jetzt galt es nicht mehr nur, den Krebs zu besiegen, sondern auch die Lähmung und den brüchigen Zustand seiner Knochen zu überwinden, oder er würde sein Leben lang schwerstbehindert sein.

Zu seiner Genesung bedurfte es somit inzwischen dreier Wunder: Als erstes mußte der Krebs aus seinem Körper verbannt werden – und selbst wenn dies morgen gelingen würde, bliebe das Problem der brüchigen Knochen. Wir hatten gehört, daß es Fälle gab, in denen der Knochenkrebs besiegt worden war und die Knochen sich selbst wieder regeneriert hatten, also gab es auch hierfür Hoffnung. Aber dann war da noch Joes Lähmung. Im Vergleich zu vielen anderen Behinderten funktionierten die Reflexe in seinen Armen und Händen noch ausgezeichnet, was er mit dem Gameboy immer wieder unter Beweis stellte, ebenso wie seinen wachen Verstand; dennoch bestand nicht die geringste Aussicht für ihn, jemals ein normales Leben führen zu können. Selbst wenn es uns gelingen sollte, ihm die Fröhlichkeit und das Selbstbewußtsein für die Zeit seiner Kindheit zu bewahren – welche Art Leben konnte er als Erwachsener erwarten?

Seine derzeitige Verfassung vorausgesetzt, das heißt, wenn ihm die Beweglichkeit der Arme und des Geistes erhalten blieb, konnte er ein wunderbares Dasein als Intellektueller führen, aber würde ihm das reichen? Er wäre auf uns angewiesen oder auf Pfleger, wenn wir starben; er würde höchstwahrscheinlich nicht heiraten; er würde niemals Sex haben oder eine Famile gründen können. Das Wunder, das wir *jetzt* brauchten, setzte erhebliche Durchbrüche im Bereich der Neurochirurgie voraus, durch die Joes geschädigte Wirbelsäule wieder zum Leben erweckt wurde. Ohne dieses Wunder – würde er sein Leben lebenswert finden?

Joe hatte seine Blase bemerkenswert lange unter Kontrolle behalten, doch irgendwann, bevor er die Fraktur erlitt, kam der Punkt, an dem er kein Gefühl mehr hatte und nicht mehr spürte, wann er auf die Toilette mußte. Nach ein paar »Mißgeschicken« hatte ich so taktvoll wie möglich angeregt, ob er nicht für eine Weile wieder Windeln tragen wolle. Zum Glück war er ein praktisch veranlagtes Kind und nahm meinen Vorschlag wohlwollend auf. Er beklagte sich nie und zeigte auch keinerlei Beschämung über die Windeln, doch er hatte einen kurzen Traum, der deutlich machte, wie unglücklich er war:

Eines Morgens, kurz bevor ihm der Gips angelegt wurde, sagte er zu mir: »Mummy, ich hatte einen ganz schönen Traum. Ich hab' geträumt, ich habe dir gesagt, daß ich mal pinkeln muß, und dann hast du eine Flasche geholt, und ich habe reingepinkelt!«

Ich pflichtete ihm bei, dies sei wirklich ein schöner Traum, und hoffte insgeheim, er möge ein gutes Zeichen sein. Manchmal schien Joe tatsächlich zu spüren, wann er urinieren mußte, aber nicht rechtzeitig genug, um mich zu warnen, trotzdem, vielleicht war es ein Zeichen, daß sein Gefühl zurückkehrte.

Jetzt, mit dem Gips, wurde die fehlende Kontrolle über seine

Blase problematischer. Das häufige An- und Ausziehen war ein Risiko für die Fraktur und seine brüchigen Knochen allgemein. Anfangs trauten wir uns kaum, ihn zu bewegen, wenn Beryl nicht dabei war, doch bald hatten wir herausgefunden, wie wir ihn mit geringsten Veränderungen seiner Position umziehen konnten.

Zunächst lehnten wir einen Katheter trotz der offensichtlichen Vorteile für Joe ab, weil wir wußten, daß er sich dagegen sträuben würde. Doch bald ging es nicht mehr anders. Der durch das gekippte Bett veränderte Schwerpunkt machte eine Entleerung der Blase fast unmöglich. Sie füllte sich an, bis sein Bauch ganz prall war, und entleerte sich erst, wenn man mit der Hand von außen Druck ausübte. Vor allem durch die nassen Windeln bekam Joe wunde Stellen, und deshalb willigten wir schließlich doch in den Katheter ein.

Anfangs fühlte sich Joe furchtbar elend, obwohl die Vorteile enorm waren, daß er jetzt trocken blieb. Einen Tag nach dem Anlegen des Katheters sagte er zu Alex, er sei »sehr traurig« über den Schlauch in seinem Penis, aber nach einer Weile gewöhnte er sich zum Glück daran, und bald zeigte er Rosemary den tollen Schlauch, der ihm beim Pinkeln half.

Die Ironie des Schicksals wollte es, daß Joe ausgerechnet zu dem Zeitpunkt einen Katheter brauchte, als der andere, der Hickman-Katheter, entfernt wurde. Seit er keine Chemotherapie mehr erhielt, waren die regelmäßigen Blutuntersuchungen auf Neutropenie überflüssig geworden und damit auch der Hickman-Katheter. Alex und ich hatten Joe auf die Entfernung des Katheters vorzubereiten versucht. Wir dachten, er würde sich ohne den Schlauch, der regelmäßig gewartet werden mußte, wohler fühlen, doch Joe fand die Idee überhaupt nicht gut. Ein paar Tage nach Anlegen des Streckverbands rutschte der Hickman-Katheter, wahrscheinlich durch das Hochheben, von allein heraus. Wir bemerkten es, als wir Joe eines Morgens zum Waschen auszogen. Joe war ziemlich erschrocken – für ihn war der Katheter offenbar so etwas wie ein alter Bekannter gewesen – Alex und ich waren jedoch erleichtert. Aber auch an diese Situation gewöhnte er sich recht schnell, und nach ein paar Tagen war er froh, daß das lästige Reinigen und Spülen entfiel.

Alex: Trotz der Tatsache, daß wegen des Gipsverbandes keine umfassende Röntgenaufnahme erstellt werden konnte, hatte Mr. Wood gegen Ende November Joe Contracan-Zäpfchen verschrieben, und wir verabreichten sie ihm. Während der Chemotherapie hatte Joe ein- oder zweimal rektal Antiemetika erhalten – sehr zu seinem Mißfallen –, doch jetzt, ohne jegliches Gefühl unterhalb der Taille, hatte er nichts einzuwenden.

Ich begann mit Tagebuchaufzeichnungen über Joes Reaktion auf das Medikament, damit Mr. Woods wenigstens etwas in der Hand hatte – eine ziemlich deprimierende Lektüre, die praktisch den gesamten Zeitraum, angefangen von der Fraktur bis Weihnachten und Neujahr, abdeckt und die seine Verdauung und Blasentätigkeit festhält, welche Medikamente er einnahm, welche Nahrungsmittel er vertrug, die Schwierigkeiten, die sich bei der Behandlung seiner ersten wunden Stellen ergaben.

Ende November war Beryl aufgefallen, daß sich die Haut um Joes Anus leicht verfärbt hatte, und sie tippte sofort auf ein Geschwür. Anfang Dezember fingen wir an, es mit Tegaderm zu behandeln, doch durch die ungünstige Lage war es fast unmöglich, die Stelle sauberzuhalten. Als Joe am 9. Dezember den Katheter bekam, wurde es etwas besser, doch am Wochenende vor Weihnachten sah das Geschwür wieder sehr schlimm aus, und zudem wurde Joe von einer Diarrhöe geplagt, die seine Situation zusätzlich verschlechterte.

Dennoch war die Diarrhöe im Vergleich zu dem Geschwür harmlos. Ich haßte die Wundstelle. Sie war offen, blutete leicht und war in der Mitte verfärbt. Dieser Fleck war das Schlimmste, er sah so schwarz und verfault aus wie die ersten Vorboten des Todes, und mich ekelte vor der Verwesung, die er zu signalisieren schien. Ann, Beryl und ich bemühten uns verzweifelt, das Geschwür zu behandeln, versuchten mit Eiswürfeln die Durchblutung wieder anzuregen, rieben die Stelle mit Vitamin-E-angereicherten Ölen ein, damit sich die Haut regenerieren konnte.

Ann: Ständig mußten wir daran denken, daß dieses Weihnachten wahrscheinlich Joes letztes sein würde. Wir wollten einen großen

Baum besorgen und mächtig schmücken. Joe liebte Christbaumschmuck, und wir kauften viele neue Dekorationen zu seinen Lieblingssachen hinzu, mit denen wir ihn überraschen wollten, wenn der Baum da war.

Bereits Anfang Dezember stand er dann in unserem mit Betten und Eßtisch überfüllten Wohnzimmer. Da Joe nur die obere Hälfte von seinem Bett aus sehen konnte, hingen die meisten Schmuckstücke um die Spitze herum. Ich hatte auch einen neuen Engel gekauft, doch Joe bestand darauf, den alten, eine bescheidene Figur aus Goldpapier, auf die Spitze zu setzen. Die Lichter brannten den ganzen Tag, und am hohen Metallrahmen, an dem Joes Streckverband befestigt war, baumelten Christbaumkugeln.

Eigentlich hatte ich den Weihnachtspudding dieses Jahr früher als sonst machen wollen, aber jetzt war es Ende November geworden, so daß er nicht mehr gut Zeit zum Ziehen hatte. Joe mochte keinen Weihnachtspudding, trotzdem versuchte ich ihn an der Zubereitung zu beteiligen, weil ich glaubte, die vielen Zutaten würden ihm Spaß machen. Ich stellte sie auf den Tisch an seinem Bett, damit er mithelfen konnte, wenn er wollte, doch nicht einmal zum Umrühren hatte Joe Lust. Selbst Linda, die vorbeigekommen war und auch mitmachte, konnte Joe überzeugen, daß es jedem im Haus Glück brachte umzurühren und daß man sich etwas wünschen konnte. Ich merkte, daß ich dabei war zu übertreiben – die Menge, die ich anrührte, würde für mindestens zwei bis drei Jahre reichen, und ich wollte, weil ich schreckliche Angst hatte, daß es Joes letzte Weihnachten waren, unbedingt, daß er auch einmal umrührte, damit wir an den kommenden Weihnachten beim Essen des Puddings daran denken konnten. Es war völlig albern von mir, und Joe begann sich zu wundern, daß es mir so wichtig war; also hörte ich schließlich auf, ihn zu drängen.

Obwohl Joe keine Weihnachtseinkäufe machen konnte, fand er großen Gefallen am Aussuchen der Geschenke. Er wußte schon sehr früh, was er Alex schenken wollte: einen Holzpapagei, der auf seinem Schreibtisch stehen sollte, und einen Becher mit einer Möwe darauf. Ich hatte vor, zwei davon zu kaufen, damit er und Alex passende Stücke hatten. Ich fand Joes Ideen meistens toll, aber ich redete ihm aus, Alex eine Wasserpistole zu schenken. Ich appellierte an seine praktische Seite und sagte, wenn ich Alex so viele Geschenke in seinem Namen kaufen müßte, hätte ich kaum noch Geld für ihn übrig, und Joe war sofort zu Abstrichen bereit.

Meine Mutter, die über Weihnachten verreiste, kam schon am 15. Dezember zu uns, um Joes Geschenke vorbeizubringen. Wohl wissend, daß Joe immer mehr am Jetzt als an der Zukunft interessiert war, hatte sie ihm ein paar kleinere Spielzeuge gekauft, die sie ihm gleich gab. Darunter befand sich auch ein ein Meter langer Knallbonbon, den sie den ganzen Weg quer durch die Stadt getragen hatte. Joe war begeistert. Überhaupt war er an diesem Tag gut aufgelegt, plapperte, strahlte – meine Mutter konnte nur kurz bleiben, und diese Stunden sollten die letzten werden, in denen sie Joe fröhlich und lebenslustig erlebte.

Alex: Die Wochen vor Weihnachten erlebte ich als merkwürdig angespannte Zeit. Joe erholte sich von der Diarrhöe, aber sein Zustand schwankte von Tag zu Tag beträchtlich, manchmal von morgens zu abends. Wir achteten auf jede Kleinigkeit, waren besorgt, ob er auch genug Flüssigkeit zu sich nahm, ob sein Appetit nachließ, wie seine Stimmung war. Die Eintragung im Contracan-Tagebuch vom Mittwoch, dem 21. Dezember 1988, vermittelt einen guten Eindruck von einem der besseren Tage:

In der Nacht 450 ml Urin gelassen. Nach dem Aufwachen erst ein wenig gereizt, bald besser gelaunt – spielt Tennis mit Luftballons, etc.

Stimmung und Befinden wieder viel besser. Appetit gut: eineinhalb Spiegeleier und eine Scheibe Schinken zum Mittag/Abendessen. Scheibe Brot und getoasteter Käsecrumpet um Mitternacht.

Cotrimoxazol (Antibiotikum) gegeben. Calpol, eine oder zwei. Contracan um 12.30 Uhr mittags gegeben; keine Verdauungsabläufe. Tagsüber keine Diarrhöe.

Die Außenwelt meldete sich zurück; Lucy Herring von Doubleday in New York fragte an, ob ich vor Weihnachten die amerikanischen Fahnen von *The War Zone* gegenlesen und per Kurier zurückschikken könnte, und ich sagte zu. Ich lag allein im Bett und dachte daran, wie der Roman die verschiedenen Stadien von Joes Krankheit umspannt hatte.

In dieser Woche kam auch unsere Freundin Teri Gower zu Besuch und brachte ihre Illustration zu unserem Buch *Henry and the Sea* mit, damit wir sie uns anschauen konnten, ehe sie sie zu Hamish Hamilton schickte. Als sie kam, war Joe leider ziemlich schlecht gelaunt und reagierte kaum auf die Zeichnungen. Allerdings hatte ihm zu einem früheren Zeitpunkt Teris Entwurf für den Umschlag sehr gut gefallen.

Unsere Gedanken kreisten natürlich hauptsächlich darum, wie wir Weihnachten für Joe am schönsten machen konnten. Der Baum war da, wir hatten mehrere Videos besorgt, einschließlich der Weihnachtsfolge von *SuperTed*, und einen *Yogibär*-Trickfilm, den Joe liebte; trotzdem fehlte uns noch die besondere Überraschung. In den Jahren zuvor hatten wir mit Joe den Weihnachtsmann bei Harrod's und letztes Jahr den bei Hannington's in Brighton aufgesucht, und wir wollten unbedingt, daß er auch in diesem Jahr den Weihnachtsmann sah.

Ich warf einen Blick in die »Gelben Seiten«, hatte allerdings keinen Erfolg bei meiner Suche nach Weihnachtsmännern, die auch Hausbesuche machten. Da fiel mir ein, ich könnte bei Hannington's direkt anrufen. Ich wurde mit der Pressechefin von Hannington's, Natalie Nortcliff, verbunden. Ihr Bemühen, für uns einen Weihnachtsmann aufzutreiben, ging weit über das Geschäftsinteresse hinaus.

Natalie fand einen wunderbaren Kandidaten. Alan Wright, einen Rentner, der nie zuvor »beruflich« den Weihnachtsmann gespielt hatte, der aber seit langem mit der Rolle des Sankt Nikolaus liebäugelte. Auf Natalies Vorschlag hin rief er ein paar Tage vor Heiligabend an, um sich nach Joe zu erkundingen, wie es ihm ging, wieviel er von seiner Krankheit »wissen« dürfe und welches Geschenk sich Joe von Hannington's wünschte.

Am Freitag, dem 23. Dezember, um vier Uhr nachmittags läutete es an der Tür, und der Weihnachtsmann, in Begleitung seines Knechts (Natalie), erschien. Joe war völlig verblüfft, daß der Weihnachtsmann bei uns zu Hause auftauchte, und glaubte ihm seine

Erklärung aufs Wort: er müsse nachschauen, ob wir auch einen Kamin hätten, durch den er am Heiligabend steigen könnte, oder ob er die Hintertür benutzen müsse. Unser kleiner, cooler Joe war sichtlich bewegt, schrecklich schüchtern und tief geehrt, daß der Weihnachtsmann persönlich zu ihm kam.

Später, nach Joes Tod, erhielten wir einen wunderschönen Brief von Alan Wright, der den Zauber der Begegnung einfängt – einen Zauber, den Alan durch die Ernsthaftigkeit, mit der er die Rolle spielte, ausbreitete:

Meine liebe Ann, lieber Alexander,
... und jetzt ein paar Sätze zu Joe, wenn ich darf. In der kurzen Zeit, die der Weihnachtsmann und Joe zusammen hatten, entwickelte sich ein Band zwischen ihnen. Joe war ein aufgewecktes, aufmerksames, neugieriges und ungemein liebenswertes Kind, und der Weihnachtsmann schätzt sich glücklich, daß er ihn kennenlernen durfte.

Ich meine, auch ihr zwei wart ganz fabelhaft: Ann, als Sie geschickt einflochten, warum der Weihnachtsmann so brummig sei, dachten wir doch alle an Raymond Brigg's Biographie über den heiligen Mann, und ich werde auch noch lange an die vollkommen einleuchtende Erklärung denken, die Sie, Alex, zu den Übersetzungen von »Ober« – »Garcon« und »Camarero« – gaben. »Der Weihnachtsmann muß schließlich viele Sprachen beherrschen«, sagten sie zu Joes vollster Zufriedenheit.

Die Anteilnahme und Liebe, die Sie Ihrem Sohn entgegenbrachten, war herzerwärmend, und ich weiß, Sie haben ihm ein erfülltes Leben geschenkt. In diesem kleinen Kopf ging so viel herum, und er wirkte dem Leben gegenüber so aufgeschlossen, daß ich kaum glaube, daß ihm viel entgangen ist während seines – wohl ersten – verpaßten Schuljahres. Seine Phantasie streifte alle Bereiche des Lernens, und Sie haben ihn, so gut es Ihnen möglich war, unterstützt. Sicher haben ihm Freunde gefehlt, doch er hatte andere – Charlie Brown und die Seinen, zum Beispiel, die vielleicht nicht ganz unschuldig an seinem, wie Natalie fand, amerikanischen Akzent waren. Er war eine Freude.

Von Zeit zu Zeit führe ich Tagebuch, und kurz nachdem ich als Weihnachtsmann bei Ihnen sein durfte, trug ich ein: »Die Freundlichkeit und Warmherzigkeit der Stuarts erfrischt die Seele. Ich muß ihnen schreiben und ihnen dies mitteilen. Nun, Weihnachten folgte so schnell auf unser Kennenlernen, und ich schrieb Ihnen nicht, was ich bedauere. Ich hoffe dennoch, daß mein Brief, kommt er auch spät, hilft, Joes wunderbare Eigenschaften in Ihnen zu stärken, und Sie wissen läßt, wie phantasievoll und liebevoll Sie sein können.

Mit Liebe
Alan Wright
& der Weihnachtsmann
Aus einem Brief vom 10. Januar 1989

Ann: Am Heiligen Abend stellte ich den von Joe ausgesuchten Imbiß für den Weihnachtsmann – Orangensaft, Kekse und wie immer Karotten für das Rentier – auf den Küchentisch und legte mich dann ins Bett. Joe war nach dem Gespräch mit Sankt Nikolaus sicher, daß der ihn hier unten im Keller finden würde, aber er machte sich ein wenig Sorgen, ob ihn das Licht, das er nachts gern brennen ließ, nicht abschrecken würde.

Sobald er eingeschlafen war, füllten wir seinen Kopfkissenbezug mit den Geschenken und legten ihn zurecht. Mitten in der Nacht wachte Joe auf und wollte umgedreht werden. Daß er dabei kein Wort über die Geschenke verlor, zeigte, wie abgeklärt er war, aber am Morgen konnte er es kaum erwarten, sie in Augenschein zu nehmen:

ANN: (mit Leglins Stimme) Joe, hör mal zu, ich war heute nacht wach, und ich glaube, da war ein Einbrecher. Ich kann dir sogar beschreiben, wie er aussah. Er hatte einen roten Mantel mit so weißem Pelzzeug am Rand und ...

JOE: Aber Leglin! Das war doch der Weihnachtsmann ...

ANN: (als Leglin) Der Weihnachtsmann? Oh, wer ist der Weihnachtsmann?

JOE: Das ist der, der dies alles hier gebracht hat.

ANN: (als Leglin) Du meinst, der hat gar nichts geklaut, der hat was gebracht?

JOE: Genau.

ANN: (als Leglin) Oh, da bin ich aber froh, weil ... ich wußte nämlich nicht, ob ich dich aufwecken sollte oder ...

ALEX: Meinst du, das war ein Verbrecher, Leglin?

ANN: (als Leglin) Na ja, ich weiß nicht, er kam einfach ins Haus, und dann war er in der Küche...

JOE: (lacht, ganz nachdrücklich) Nein, das war der Weihnachtsmann! Du hast gesagt, er hatte einen roten Mantel an und eine rote Kapuze...

ANN: (als Leglin) Ich konnte ihn hören. Ich hab' mich nicht getraut nachzusehen, aber ich hab's kauen gehört und bimmeln.

JOE: Dad! Kannst du mir mal die Sachen rüberbringen, ich will nämlich meinen *Manta Force* anschauen, ja?

ALEX: Bist du zufrieden mit deinen Geschenken?

JOE: O ja, sehr zufrieden.

ALEX: Das ist lieb von dir, daß du das sagst. Und du kriegst bestimmt auch noch etwas von Gran und Fred...

JOE: (munter) Hoffentlich hast du recht!

Ausschnitt einer Aufnahme vom ersten Weihnachtsfeiertag 1988, als Joe noch im Gips lag

Die Stimmung an Weihnachten war sehr gedrückt. Joe freute sich über seine Geschenke, was uns wiederum glücklich machte, und er freute sich ebenfalls, als Gran und Fred am Nachmittag kamen. Wir setzten uns früh zum Weihnachtsessen an den Tisch, den wir an die Längsseite von Joes Bett schoben. Ich war traurig, weil er von dem Truthahn, den er sonst immer so gern gegessen hatte, nicht einmal probieren wollte, aber später am Abend aß er eine seiner Lieblingsspeisen: Ei-Fleisch-Burger.

Der Tag stand ganz im Zeichen von Joes neuem Nintendo-System. Sowohl Gran und Fred als auch Teri Gower hatten ihm Spiele dafür geschenkt; es bereitete ihm anscheinend viel Spaß, und es war äußerst anregend. Als ich es später selber probierte, mußte ich feststellen, daß mein physisches und mentales Koordinationsvermögen bei weitem nicht an Joes heranreichte, und ich bewunderte sein Geschick um so mehr.

Alex: Joe war von zweien seiner Geschenke ziemlich enttäuscht – zum einen von einem großen Geisterspiel in einer Plastikschachtel, das ihm zwar gefiel, aber kaputt war, als er sie öffnete, und zum anderen von einem Sprachcomputer für Kinder, den ich ihm gekauft hatte, der aber anscheinend für ihn in seinem Zustand zu anspruchsvoll war. Wir mußten also die Spiele umtauschen. Ich schrieb in seinem Namen zwei Briefe an den Weihnachtsmann, wobei der eine dem kaputten Spiel beigelegt werden sollte und der zweite mit der Bitte versehen war, den Computer gegen ein Legospielzeug umzutauschen. Anns und mein Schauspielertalent waren gefragt, als wir die neuen Pakete, die direkt vom Weihnachtsmann kamen, an der Tür entgegennahmen. Die Sache war der Mühe wert: Die Päckchen waren liebevoll eingepackt, und auf ihnen prangten große, ungewöhnliche Briefmarken vom Nordpol – Joe war begeistert, daß Weihnachten dieses Jahr gar kein Ende zu nehmen schien.

Da er jetzt den Weihnachtsmann persönlich kennengelernt hatte, war er nicht weiter verwundert, als folgender Brief für ihn eintraf:

Nordpol
Mitternacht, 30. Dezember 1988

Lieber Joe,
die neue Lieferung an mich ist erst heute nacht mitten im Schneesturm eingetroffen, aber ich kann Dir die freudige Mitteilung machen, daß Deine Feuerwehrstation von Lego nicht in einer Schneewehe steckengeblieben ist! Ich hoffe, es macht Dir Spaß, sie aufzubauen; es tut mir leid, daß Du so lange warten mußtest.

Ich möchte Dir vorschlagen, daß Du nächstes Weihnachten eine Liste der Sachen aufschreibst, die Du Dir wünschst – bitte nicht zu lang, der Sack wird mit jedem Jahr schwerer! –, und sie mir rechtzeitig schickst. Ich kann nicht versprechen, daß ich jeden Wunsch auf der Liste erfülle, aber Du weißt, ich tue mein Bestes!

Mein Rentier und ich hoffen, daß es Dir etwas besser geht als neulich. Wir denken oft an Dich – ich soll Dich besonders von Komet grüßen.

Viele liebe Grüße von uns allen,

Der Weihnachtsmann
XXXX

Trotz alledem wäre es gelogen, zu behaupten, die Woche nach Weihnachten sei entspannt gewesen oder gleichsam der Wirklichkeit entrückt verlaufen. Nach der Diarrhöe vor Weihnachten hatte Joe nun akute Verstopfung und klagte über Schmerzen im Arm und – was eher untypisch war – über Kopfschmerzen. Der Tumor, der sich im Sommer hinten an seinem Nacken abgezeichnet hatte, durch die Röntgentherapie jedoch erheblich zurückgegangen war, nahm erneut an Größe zu und weckte in uns die alte Angst, der Krebs könnte sich bis in sein Gehirn ausbreiten.

Silvester 1988 ist uns hauptsächlich wegen unserer zutiefst deprimierten Stimmung und Hoffnungslosigkeit im Gedächtnis geblieben. Ein paar Stunden vor Mitternacht regte sich Joes Verdauung auf recht ungewöhnliche Weise, und obwohl es vielleicht nicht die angenehmste Art war, das neue Jahr zu begrüßen, sahen Ann und ich es mit einer gewissen Erleichterung – was es sicher auch für Joe war.

Wir tranken sogar eine Flasche Champagner, doch als ich kurz nach Mitternacht mit meinem Schwager Peter telefonierte, konfrontierte er mich mit einer Frage, die mich in ihrer Offenheit völlig schockierte:

»Bist du darauf vorbereitet?« sagte er. »Habt ihr euch darauf vorbereitet, du und Ann?«

19

Eine Woche

Ann: Mit Beginn des neuen Jahres verschlechterte sich Joes Zustand zunehmend. Er hatte kaum noch Appetit, und wenn, dann einen Heißhunger auf seine Lieblingsspeisen, von denen er kaum mehr als einen Happen herunterbekam. Wir fingen an, ihm kalorien- und nährstoffreiche Milchshakes zuzubereiten, und er bekam noch immer regelmäßig einen Schluck von seinem Zaubertrank.

Wir waren völlig niedergeschlagen, als er zum ersten Mal über Schmerzen in den Armen klagte, und gaben ihm wieder Morphium. Die Dosis erhöhten wir jeden Tag ein wenig mehr. Am Sonntag, dem 1. Januar 1989, erwähnte Joe Schmerzen in den Beinen. Er bat Alex, ein paar Übungen mit ihm zu machen, seine Zehen zu dehnen und die Knie zu beugen. Seit der Fraktur war dies das erste Mal, daß er Gefühl in den Beinen hatte. Am nächsten Tag klagte er erneut über Schmerzen in den Beinen, und am Dienstag sagte er, er wolle die Zehen biegen, und bewegte tatsächlich die Zehen des rechten Fußes.

Wäre sein Allgemeinzustand besser gewesen, hätten Alex und ich uns sicher eingeredet, daß das Contracan Wunder bewirkt habe – vielleicht war es sogar für die Veränderung verantwortlich –, doch anstatt nun in Begeisterung auszubrechen, waren wir eher zurückhaltend. Sollte er tatsächlich wieder Gefühl in den Beinen bekommen, bedeutete das unweigerlich Schmerzen, und momentan war Joe ohne Gefühl besser dran.

Am Mittwoch, dem 4. Januar 1989, kamen Fred und Eileen und leisteten Joe am Nachmittag für einige Stunden Gesellschaft, so daß Alex und ich zusammen ausgehen konnten. Ich wollte zum Optiker und Alex' Meinung zu einem Gestell hören, das ich mir ausgesucht hatte. Obwohl es äußerst mondän war, genossen wir den gemeinsamen Nachmittag zu zweit und kamen gutgelaunt zurück nach Hause. Doch Linda und Eileen nahmen uns gleich beiseite.

Unsere Kinderärztin, Dr. Jane Roderic-Evans, hatte in unserer Abwesenheit unangemeldet vorbeigeschaut und bemerkt, wie hoch Joes Empfindungsschwelle lag (die Linie an seinem Körper, die markierte, von wo ab er noch etwas fühlte). Seit dem Herbst war sie von Hüfthöhe auf Brusthöhe gestiegen. Während Eileen darüber sichtlich erschrocken war, bedeutete das für uns nichts Neues.

Wie auch immer – wir kamen auf die neuen Schmerzen zu sprechen, über die Joe klagte, und zum ersten Mal wagten wir in diesem Zusammenhang, Linda die Frage zu stellen, ob er eventuell das Gefühl in den Armen verlieren könnte. Sie räumte die Möglichkeit grundsätzlich ein, hielt aber ein baldiges Eintreten für unwahrscheinlich. Trotzdem war uns bei dem Gedanken furchtbar elend zumute. Wenn Joe nicht einmal mehr die Hände zum Malen, Lego oder Gameboy spielen gebrauchen konnte, war er zum völligen Nichtstun verurteilt; das einzige, was er dann noch hätte, wären das Fernsehen und die Geschichten, die wir ihm vorlesen könnten. Er hatte sich tapfer mit seiner zunehmenden Behinderung abgefunden, doch diesen Schlag würde er nicht so leicht wegstecken.

Der Gedanke an sein Unverständnis und die Traurigkeit, die er empfinden würde, sollte es passieren – und an unsere eigene Unfähigkeit, es ihm zu erklären –, weckte in mir das Gefühl, schreien und etwas zerschlagen zu müssen. Ich fühlte mich so unfähig, ihm das Unannehmbare annehmen zu helfen.

Linda Williams: Am Mittwoch vor der dramatischen Verschlechterung seines Zustandes war Joe in ziemlich guter Verfassung: Wir spielten Baseball, die Enten kamen uns besuchen, und wir machten uns daran, die Legostation aufzubauen, die er vom Weihnachtsmann bekommen hatte. Alex' Eltern waren zum »Joe-Sitten« da. Und wie so oft behielt Joe seine gute Laune, während unsere auf den Tiefpunkt sank. Dieser Mittwoch tat uns allen gut, obwohl wir das Bewußtsein nicht abschütteln konnten, wie schlecht es um Joe stand.

Alex: Ich habe die erste Woche im Januar 1989 als eine äußerst depressive Phase in Erinnerung. Manchmal ging es Joe besser, doch meistens klagte er über stark zunehmende Schmerzen in den Armen, und die Unterhaltung, die wir am Mittwochnachmittag mit Linda führten – über die Möglichkeit oder Wahrscheinlichkeit, daß er vielleicht bald auch die Arme nicht mehr würde gebrauchen können –, versetzte mich in Angst und Schrecken.

Am Dienstagabend zuvor hatte ich auf Empfehlung unserer Freundin Sevilla Delowski mit einem Arzt in Texas telefoniert, der eine neue Methode der Krebsbehandlung entwickelt hatte. Ich sprach eine ganze Weile mit Dr. Burzynski, doch im Verlauf des Telefonats wurde mir klar, wie absolut hoffnungslos die Situation war. Es war überhaupt nicht daran zu denken, Joe in naher Zukunft nach Texas zu bringen, und die unmittelbar vor uns liegende Zeit schien alles zu sein, was uns noch blieb.

Am Donnerstag und Freitag dieser Woche schlief Joe die meiste Zeit. Am Freitagabend flüchtete ich aus dem Haus und fuhr nach London ins MFI, den Spike und Neville's Club. Es wäre kaum der Rede wert, dies zu erwähnen, wenn ich mich nicht an diesem Abend, als ich im Club stand und mich mit meinen Freunden unterhielt, die ich lange nicht gesehen hatte, zum ersten Mal die Worte hätte sagen hören: »Ich glaube, Joe liegt im Sterben.« Bis dahin hatte ich es nie ganz glauben wollen, doch in dieser Nacht spürte ich, daß Joes Tod nahte.

Ann: Am Freitag, dem 6. Januar, war Heiligdreikönig, und ich wollte unbedingt den Weihnachtsbaum loswerden, obwohl ich wußte, Joe würde ihn vermissen. Bereits seit Anfang Dezember stand der Baum im Haus und war mittlerweile so ausgedorrt, daß sämtliche Nadeln herabrieselten, sobald man ihn berührte. Alex und ich hatten vorgehabt, ihn tagsüber abzuschmücken, doch dann war die Zeit knapp geworden, und er wollte zu Spike.

Joe, der tagsüber gedöst hatte, war wach und sah interessiert zu, wie ich den Schmuck vom Baum abnahm, damit wir ihn am nächsten Morgen gleich rausbringen konnten. Der Baum war fast kahl, als ich fertig war und die Dekoration verstaute.

Als ich den kleinen Engel von der Spitze nahm, fragte ich Joe, ob er noch immer sein Lieblingsengel sei, und er sagte ja; er wollte nicht, daß ich einen neuen kaufte. Ich hatte das zwingende Bedürfnis, mich mit ihm auf einen neuen Engel zu einigen. So wie bei dem gescheiterten Versuch mit dem Weihnachtspudding wollte ich ein Andenken für die Zukunft schaffen. Ich wollte seinen Einfluß spüren können, wenn er nicht mehr da war.

Unsere Weigerung, mit Dr. Cree zu verkehren, wurde für Beryl, die sonst alle Fragen betreffs der Behandlung mit der Ärztin abgeklärt hatte, zum Problem. Zum Glück wußten alle Beteiligten über die Medikation Bescheid, und Jane, unsere Kinderärztin, beziehungsweise ein anderer Arzt im Royal Alexandra, war befugt, die Rezepte auszustellen. Fragen zur Fraktur konnten mit dem Orthopäden der Klinik abgeklärt werden. Doch sollte es zu neuen, durch den Krebs verursachten Entwicklungen kommen, würde Dr. Cree die einzige erreichbare Onkologin sein.

Auf Joes Diarrhöe vor Weihnachten folgte eine Verstopfung, die wir relativ erfolgreich mit Laktolose, Sennablättern oder einem Klistier behandelten. Doch ab der ersten Januarwoche hatte er Atembeschwerden, und sein Bauch schwoll an. Wir überlegten, ob es vielleicht Blähungen infolge der Verstopfung sein könnten (etwas Ähnliches war schon einmal im Charing Cross passiert), aber als Beryl sich Joe am nächsten Morgen anschaute, vermutete sie sogleich Flüssigkeit im Bauchfell.

Da Samstag war, nahm eine Vertretung den Anruf in Janes Praxis entgegen. Der Arzt stimmte Beryls Diagnose zu, meinte jedoch, es müsse ein Spezialist hinzugezogen werden. Uns blieb keine andere Wahl, als Dr. Cree zu benachrichtigen, und Beryl fuhr ins Royal Alexandra, um sie abzuholen. Eine knappe Stunde später kamen sie zusammen zurück, und Dr. Cree bestätigte, daß Joe Flüssigkeit im Bauchfell habe und weitere Metastasen in der Lunge.

In einem Gespräch, das sich natürlich schwierig gestaltete, sagte sie uns, man könne nicht viel tun, außer es Joe so erträglich wie möglich zu machen und die Morphium-Dosis so weit anzuheben, daß er bis zu seinem Tod entspannt blieb. Eine Röntgenaufnahme könne Aufschluß geben, ob es sich um Tumoren oder Flüssigkeit in der Lunge handelte, doch das sei eher eine akademische Frage – ganz abgesehen davon, daß der Transport zum Krankenhaus für Joe traumatisch sein könne. Ferner sagte uns Dr. Cree, daß ein Absaugen der Flüssigkeit aus der Lunge die Atmung erleichtern würde, doch sie konnte auch diese Maßnahme nicht empfehlen, da Joe dazu ins Krankenhaus gemußt hätte und die Verbesserung seines Zustands höchsten zwei bis drei Tage anhalten würde.

Obwohl wir gewußt hatten, daß Joe sterben würde, hatten wir keine Ahnung, wann und wie es geschehen würde. Und obwohl uns klar gewesen war, dies ist sein letztes Weihnachten, hatten wir doch die Joe verbleibende Lebensspanne in unserem Kopf irgendwie in die Länge gezogen. Obwohl wir uns damit abgefunden hatten, daß er sterben würde, war die Tatsache, daß es *jetzt* soweit war, ein ziemlicher Schock für uns. Der Augenblick war gekommen.

Die wahrscheinlichste Art seines Sterbens war die, daß seine Atmung immer schwerer wurde und das Herz irgendwann aussetzte. Seit Alex' Gespräch mit Dr. Rodriguez lebten wir mit der Angst, Joes Tod könnte schmerzhaft und qualvoll für ihn sein. Wir wußten nicht, ob die Erkrankung der Lungen schließlich in einem Kampf um jeden Atemzug münden würden. Wir hofften auf einen sanfteren Tod für ihn.

Samstag und Sonntag vergingen. Alex und ich fühlten uns elend, aber wir waren ziemlich gefaßt. Sollte Joe noch drei oder vier Wochen leben, wie Dr. Cree prognostiziert hatte, mußten wir die Ruhe bewahren. Am Sonntag wurde der Streckverband entfernt; Joes Fuß war ein wenig von der Flüssigkeit angeschwollen. Er war sehr schläfrig, döste jetzt die meiste Zeit.

Alex: Am Sonntagnachmittag, dem 8. Januar 1989, ging ich nach oben auf mein Zimmer, um zu schreiben, während Joe schlief. Das Gespräch mit Dr. Cree hatte uns lediglich bestätigt, was wir bereits spürten – daß Joe in die letzte Phase der Krankheit eingetreten war –, obwohl wir uns noch immer verzweifelt die letzte Möglichkeit vor Augen hielten, daß sie ihm ja die Flüssigkeit absaugen konnten, ihn irgendwie retteten.

Ich setzte mich in mein Zimmer und versuchte meine Gedanken und Gefühle zu ordnen:

Die letzten achtundvierzig Stunden waren beschissen.

Spike's Club am Freitag hat gutgetan. Brauchte eine Abwechslung, aber die Fahrt nach London erschien so unwirklich: die Lichter auf den Hügeln, an der Autobahn, die Tatsache, daß ich praktisch seit sechs Wochen nicht aus dem Haus, dem Keller gekommen bin...

...ist anscheinend die einzige Art, wie ich mit der Tatsache von Joes Tod klarkommen kann. Hatte ich geahnt, daß sich am Freitag alles überstürzte? Als ich vom Club nach Hause fuhr, kam ich am St. Stephen's vorbei, drehte um und bog auf den Parkplatz beim Krankenhaus ein. Die Tore hinter der automatischen Schranke waren geschlossen – zum ersten Mal überhaupt.

Ein paar Stunden später, ich bin zu Hause, Joe ist wach oder gerade aufgewacht und wirkt ganz fröhlich, dann Schlaf, dann ist sein Bauch plötzlich so angeschwollen, daß wir sogar Dr. Cree kommen lassen, und sie sagt, er stirbt. Bald.

Ann will nicht aufgeben, will mit jeder Faser weiterkämpfen, Joes Leben verlängern, aber ich glaube, zum ersten Mal will ich es nicht, ich glaube, ich will, daß es vorbei ist. Ist es Egoismus? Will ich, daß mein Schmerz endlich vorüber ist? Oder will ich (hoffentlich), daß Joe nicht lange leiden muß? Das klingt so abgedroschen, daß es mir beim Schreiben hochkommt, aber ich habe eine Scheißangst, daß er mehr leiden muß als ohnehin schon.

Er spürt bestimmt, daß sich irgend etwas anbahnt – er war am Samstag verunsichert, als wir alle nach oben verschwanden und uns besprachen. Ich will jetzt, daß er abhebt vom Morphium, daß er auf einer – hoffentlich – höheren Ebene schwebt, ich will nicht, daß er Angst hat zum Schluß. Aber muß er das? Vielleicht schafft er es gefaßt, vielleicht muß er nur die Schmerzen überwinden, vielleicht tritt er dem Tod viel tapferer gegenüber, als ich es könnte. Wer weiß?

Ich weiß noch immer nicht, ob er sterben kann, ohne daß wir es ihm sagen – aber egal, was Dr. Cree meint, und es schert mich einen Dreck, was sie meint, die Zeit, es ihm zu sagen, ist noch nicht gekommen. Wenn sie kommt, werde ich es wissen. Ich will, daß er stark von uns geht, mutig, wissend, daß wir bei ihm sind, wie wir es sind und sein werden. Er hört nicht einfach auf zu existieren und wird durch den Tod nicht aufhören zu existieren.

Auszüge aus meinen Aufzeichnungen vom 8. Januar 1989

Ich hörte auf zu schreiben, um ein paar Telefonate zu führen, Ich rief eine Freundin in London an, Linda Myles, erzählte ihr von Joe, daß ich jetzt begriffen habe, er muß sterben, doch dabei fing ich an zu weinen und mußte einhängen.

Dann, gerade als ich hinuntergehen wollte, meldete sich Ann auf der Gegensprechanlage, um mir zu sagen, sie solle mir von Joe, der aufgewacht war, ausrichten: »Sag Dad, ich vermisse ihn so schrecklich.« Ich kann unmöglich beschreiben, was diese Worte in mir auslösten: die Liebe, den Verlustschmerz und die Traurigkeit, die sie damals, wie heute, in mir wachriefen.

Ann: Am Abend war Joe rege genug, um seinen Zaubertrank, das MST und etwas Senna gegen die Verstopfung einzunehmen. Feste Nahrung konnte er nicht mehr zu sich nehmen, selbst das Schlürfen der Milchshakes war äußerst anstrengend für ihn, und ich war froh, daß wir den Zaubertrank hatten. Ich setzte mich zu ihm und erzählte ihm, daß Alex bald Geburtstag hatte, und wenn er nicht mehr ganz so müde sei, könnte er sich vielleicht überlegen, was er seinem Vater schenken wolle. Joe sagte ja und döste wieder ein. Typisch für mich und meine Verzweiflung war damals, daß ich hoffte, er würde mich irgendwie wissen lassen, was er Alex gerne schenken wolle – selbst wenn er Alex' Geburtstag am 27. Januar nicht mehr erlebte.

Alex: Ich ging hinunter, setzte mich zu Joe und redete mit ihm, während wir zusammen Fernsehen schauten, doch er war ziemlich mitgenommen und klagte über Schmerzen in der Schulter. Wir gaben ihm eine höhere Dosis Morphium als gewöhnlich, und später delirierte er ein wenig, obwohl die Dosis noch erheblich geringer war als im Herbst. Seine Benommenheit schien also eher sein Allgemeinbefinden widerzuspiegeln.

Ich las ihm etwas aus dem *Kleinen Hobbit* vor, als wir zu Bett gingen, und konnte eindeutig erkennen, daß er der Geschichte folgte, doch er sagte auch Dinge wie: »Ich möchte das noch mal sehen, können wir das noch mal anschauen?«, obwohl der Fernseher gar nicht mehr lief, oder »Mummy wäscht mich zwischen den Zehen, das kitzelt!«, und dabei lächelte er. Ann war jedoch oben im Badezimmer.

Wir gaben Joe einen Gutenachtkuß, und als ich mich hinlegte, wurde es plötzlich ganz hell in mir. Joes Hasenlampe war an, direkt über mir, auf dem hölzernen Nachttisch, den wir uns vom Krankenhaus geliehen hatten, aber sie brannte jede Nacht, und dieses Gefühl von Helligkeit hatte ich nur dieses eine Mal. Es war, als würde Joe zu mir treten, mir sagen: »Es ist gut, alles ist gut. Du wirst andere Kinder haben.«

Ich glitt fast augenblicklich in einen tiefen Schlaf hinab – Ann und ich waren während der Zeit, als Joe im Streckverband liegen mußte, immer so erschöpft, daß wir sehr schnell einschliefen. Ich dachte sicher nicht bestimmt daran, daß Joe jetzt und hier beginnen würde zu sterben.

20

Tod

Ann: Gegen sechs Uhr am Montagmorgen (9. Januar 1989) hörte ich Joe »Daddy« rufen. Normalwerweise habe ich einen viel leichteren Schlaf als Alex und war erleichtert, als er aufstand, um nach Joe zu sehen; so konnte ich noch ein paar Minuten im Bett bleiben. Doch die Erleichterung währte nur kurz. Alex, der auf dem Boden neben Joes Bett geschlafen hatte, fand Joe in einem völlig veränderten Zustand vor.

Alex: (Diese Passage habe ich in der Woche nach Joes Tod geschrieben.)

Ich stand über Joe gebeugt und spürte sofort – instinktiv –, daß er im Sterben lag. Es war soweit. Sein Kopf war etwas heruntergerutscht, sein Kinn ruhte auf der Brust, und als er etwas sagen wollte, konnte er nicht richtig sprechen.

Ich versuchte ihn hochzuheben, seinen Kopf zu stützen. Er hatte keine Schmerzen, er war ganz ruhig, er sah nur aus, als läge er unbequem, und irgenwie merkte ich, daß sich seine Verdauung geregt hatte – er hatte gekackelt! Ich versuchte ihn hochzukriegen, aber er schaffte es nicht mehr, die Arme um mich zu schlingen, was er vor ein paar Stunden, als wir uns schlafen gelegt hatten, noch getan hatte. Er hatte sich sogar noch an der »Affenschaukel« hochgezogen, als wir am frühen Abend das Bettzeug wechselten.

Irgend etwas mußte geschehen sein. Mir kam sofort der Gedanke an einen leichten Schlaganfall, da ich Lynnes Bild noch vor Augen hatte. Es gelang mir einfach nicht, ihn hochzuheben, selbst nicht, als Ann mir zu Hilfe kam und ich aufs Bett kletterte und versuchte, meine Arme um ihn zu legen – ich konnte seine Wirbel knacken hören und hatte furchtbare Angst, ihn zu verletzen, seine Wirbelsäule unter meinen Händen brechen zu spüren und ihm einen zuckenden Schmerz durch den Körper zu jagen.

Ann: Wir gingen nach oben und besprachen hastig, was wir unternehmen sollten. Einer von uns beiden sagte: »Es ist soweit, oder?« Beryl war frühestens ab acht Uhr im Krankenhaus zu erreichen, aber sie hatte uns angeboten, wir könnten sie im Notfall auch zu Hause anrufen. Während ich wieder nach unten zu Joe ging, rief Alex bei ihr an und berichtete von der dramatischen Veränderung.

Wir fühlten uns besser, als Beryl da war. Sie brachte Joe sofort in eine bequemere Position und veranlaßte, daß er an eine Pumpe angeschlossen wurde, um ihm das Morphium sukutan zuführen zu können, da er keinesfalls in der Lage war, Medikamente zu schlucken.

Alex: Beryl wollte, daß Dr. Jane Roderic-Evans die Pumpe anlegte, doch sie war nicht da und an ihrer Stelle kam Dr. Gayton. Er war sehr einfühlsam (selber Vater von vier Kindern). Schon einmal war er bei Joe gewesen, doch Joe sterben zu sehen wühlte ihn bis ins Innerste auf. Er wirkte fast manisch, redete eine Menge, sogar über Joes Tod, was wir niemals in Joes Anwesenheit getan hatten, und benutzte den Ausdruck »Exitus«, der zum Glück in Joes Wortschatz nicht vorkam.

Ann: Wir hatten nicht damit gerechnet, daß der Sterbeprozeß so bald einsetzen würde, und wir konnten eigentlich nur noch warten. Den ganzen Morgen blieben wir an seinem Bett sitzen und hielten ihm die Hand. Er war nur halb bei Bewußtsein, aber wir spürten genau, daß er verstand, was wir sagten. Wir sagten ihm, daß wir ihn lieben und daß er einfach loslassen solle. Seine Atmung war jetzt sehr angestrengt, und zeitweise schien er sehr erregt zu sein. Wir versuchten, ihn zu beruhigen, indem wir einfach mit ihm sprachen, ihm immer wieder sagten, daß wir ihn lieben.

Einmal, als Alex aufstand, um zur Toilette zu gehen, sagte Joe unter großer Anstrengung: »Komm wieder her.« Es war kaum mehr als ein Flüstern, und ich konnte seine Worte nur erraten, doch als Alex wieder zurück ans Bett kam, wurde Joe sofort ruhiger. Später glaubte ich ihn ganz sicher »Ma« sagen zu hören; so nannte er mich oft. Es war sehr schwach, doch er sagte etwas. Ich denke gerne, daß er »Ma« sagte.

Alex hatte zu Joe gesagt: »Wir wissen nicht genau, was geschieht, Joe, aber wir glauben, jetzt ist der Punkt gekommen, an dem du dich in eine Möwe verwandelst.« Als er kurz darauf Alex zurückrief, fragten wir uns, ob er vielleicht jetzt bereit war zu sterben. Wenig später verschwand Alex für einen Augenblick nach oben, aber Joe protestierte diesmal nicht.

Während des Vormittags bekam Joe Atembeschwerden. Ich hielt seine Hand, sagte ihm, er solle ganz locker, ganz ruhig werden und langsam atmen. Ich hatte das starke Gefühl, daß er langsam hinüberglitt. Joe war an einem Montagmittag auf die Welt gekommen, und ich fragte mich, ob er vielleicht auch zu ebendieser Zeit sterben würde. Aber zwölf Uhr mittags verstrich, und sein Zustand war unverändert. Jetzt war die Frage, wie lange es dauerte, völlig offen für mich.

Alex: Wir waren uns mit Beryl und Dr. Gayton einig, Joe nicht mehr ganz zu Bewußtsein kommen zu lassen (angesicht des Schlaganfalls war dies ohnehin nicht sehr wahrscheinlich), denn da er offensichtlich im Sterben lag, gab es keinen Grund, sein Leiden zu verlängern. Ich weiß noch, daß ich, als es mir in den Kopf schoß, jetzt ist es soweit, eine bestimmte Erregung verspürte – einen Adrenalinstoß in meinem Körper. Ich dachte, stellen wir uns dem Unausweichlichen, bringen wir es hinter uns, mit so wenig Schmerz wie möglich, laßt uns mutig sein, uns kopfüber hineinstürzen, zeigen wir keine Angst.

Joe sah wunderschön aus, aber gleichzeitig konnte man erkennen, daß er sterben würde, seine Haut schimmerte fast durchsichtig, sein Gesicht war wie aus Marmor gemeißelt und manchmal von einem grauen Schatten überzogen. Besonders erinnere ich mich an dieses

Grau um seine Lippen gegen elf Uhr am Montagmorgen, und ich dachte, er wird gleich sterben.

Wir hielten ihn die ganze Zeit über bei den Händen, sagten ihm, daß wir ihn lieben, daß es Zeit wurde für ihn, sich in eine Möwe zu verwandeln:

»Du weißt doch noch, Joe, wie wir darüber gesprochen haben, daß du eine Möwe werden möchtest. Nun, es ist soweit, du kannst fliegen, du kannst ganz hoch steigen und über allem schweben. Mummy und Daddy werden bei dir sein, wir alle werden Möwen sein.

Es ist Zeit für ein Abenteuer, Joe, geh durch die Tür, laß dich einfach treiben, kämpfe nicht dagegen an, atme, atme ganz ruhig und laß dich treiben. Wir sind doch bei dir. Mummy und Daddy werden immer bei dir sein. Wir lieben dich. Wir lieben dich soseh r, wir werden immer zusammenbleiben. Laß los, Liebling, alles wird gut.«

Ich wußte von Anfang an, als Dr. Gayton um neun Uhr morgens die Pumpe anlegte, notfalls würde ich mich über alles hinwegsetzen: Ich war bereit, Joe eine hohe Dosis Morphium zu geben, sollte er Schmerzen bekommen – genug, um ihn hinüberzubringen. Beryl sagte immer: »Wo Leben ist, ist auch Hoffnung«, aber ich hatte mich früher einmal mit Dr. Cree über Euthanasie unterhalten, und jetzt, als es soweit war, wußte ich, daß ich es tun könnte – natürlich nur unter diesen besonderen Umständen. Ethik und Moral waren mir gleichgültig: Wenn ich das Gefühl gehabt hätte, daß ich Joe das Hinübergleiten in den Zustand der Bewußtlosigkeit und den Tod dadurch erleichtere, hätte ich es getan. Ich hätte den Knopf an der Pumpe so lange gedrückt, bis er tot gewesen wäre.

Gott sei Dank war dieser Schritt nicht notwendig, und meine anfängliche Befürchtung, Joe würde leiden müssen, legte sich bald. Er wirkte so ruhig, seine Atmung war etwas angestrengt, aber es war kein Kampf. Er weinte nicht, er jammerte auch nicht unter Schmerzen, er wirkte so friedlich, und während wir ihn bei den Händen hielten, ihn küßten, ihm sagten, daß wir ihn lieben, ebbte das Bedürfnis, diesen Zustand zu beenden, ab.

Ich glaube, wir begaben uns völlig in den Augenblick und spürten eine tiefere Liebe für ihn als je zuvor. Wir wußten, er ist nur noch wenige Stunden bei uns, und plötzlich wurden diese Stunden zu einer ganz besonderen, wertvollen, einmaligen und tiefen Erfahrung, die jenseits all dessen lag, was wir kannten und was uns vertraut war, außerhalb des sogenannten normalen Lebens. Dieses Gefühl der Liebe war so intensiv und schön – so schön wie Joe selbst, so wundervoll, wie er dort lag.

Wir wußten, wir verlieren ihn – doch es war kein Verlust im eigentlichen Sinn, eher eine Trennung, ein Abschied auf Zeit, was immer »Zeit« auch heißen mag. Der physische Verlust würde unerträglich sein – das Leben ohne Joe –, doch am Montag und in der Nacht zum Dienstag war dieser Gedanke noch ganz fern. Wir waren völlig von dem unmittelbaren Geschehen gefangen. Ich glaube, ich lief durchs Haus und wiederholte ständig: »Es ist gar nicht so schlimm, wie ich gedacht hatte.«

Es herrschte beinahe eine Art Hochstimmung, wie bei einer Geburt, ein Gefühl, daß dies einer der wichtigsten Momente im Leben ist: Dies war der Moment, in dem wir erlebten, wie der große Kreis sich schloß, dessen Teil wir alle sind, dies war nicht irgendein aberwitziger Augenblick, den wir träumten, es war eine elementare Erfahrung, hautnah verdichtet.

Ann: Ich kann mich nicht daran erinnern, tagsüber etwas gegessen oder getrunken zu haben, aber ich muß es wohl. Beryl blieb den ganzen Tag, und ich glaube, sie hat uns mit allem versorgt. Alles, woran ich mich erinnern kann, ist, daß ich an Joes Bett saß und seine Hand nicht mehr losgelassen habe, daß ich die ganze Zeit zu ihm sprach. Joe schien kaum bei Bewußtsein zu sein, aber vielleicht wirkte das nur nach außen so, und im Inneren war er sehr wohl zu einer Verständigung fähig. Wenn wir ihn an den Händen hielten und mit ihm sprachen, muß er gespürt haben, daß er nicht allein war,

Ich sagte ihm, wie sehr ich ihn liebe, wie glücklich ich bin, daß ich einen so wunderbaren Sohn habe. Wir ließen leise im Hintergrund seine Lieblingsgeschichten auf Kassette laufen, manchmal auch Musik oder sogar Videos. Es erschien uns wichtig, ihm Zeichen des Lebens zu senden, ihn ständig wissen zu lassen, daß er nicht allein war.

Alex: Irgendwann am Montagnachmittag sagte Joe mit großer Anstrengung das Wort »Schatz«. Wir glauben, das war das letzte, was er sagte, sein letztes Wort, und es ist bewunderswert, daß er es überhaupt über die Lippen brachte – schließlich mußte er durchdringen, was sein Bewußtsein blockierte, was der Schlaganfall oder das Sterben vor ihm auftürmte.

Wir überlegten, was er gemeint haben könnte. Ich hatte ihm in der Nacht zum Sonntag aus dem *Kleinen Hobbit* vorgelesen. Hatte es vielleicht etwas mit dem Schatz der Zwerge in der Geschichte zu tun? Vielleicht, wie Charles später einmal meinte, hatte er ihn gefunden! Er hatte den Schatz schließlich gefunden! Vielleicht hatte es aber auch etwas mit *The Legend of Zelda* zu tun, obwohl es in dem Spiel keinen direkten Bezug zu einem Schatz gibt – es kommen Drachen vor und andere Ungeheuer, und es geht um die Befreiung von Prinzessin Zelda, die wir nie gesehen hatten.

Ann: Alex und ich waren verhältnismäßig ruhig. Es war Joe, der starb, und unsere Aufgabe war es, ihm Halt zu geben, ihm zu helfen, es durchzustehen: wir würden später Zeit für unsere Gefühle finden. Beryl fuhr heim, um sich auszuruhen, kam aber bald wieder. Sie war den ganzen Tag über bei uns geblieben und bestand darauf, auch weiterhin zu bleiben – wenn sie sich vom Dienst abmeldete, mußte eine andere Schwester die Nachtschicht für sie bei uns übernehmen, und sie spürte, daß wir keine Fremden in dieser Situation um uns haben wollten.

Beryl war alles andere als abgestumpft, obwohl sie schon mit vielen unheilbaren Patienten zu tun gehabt hatte. Ich sah sie am Nachmittag am Tisch sitzen, ihren Bericht schreiben und dabei weinen. Sie wollte die Nacht über bei uns bleiben.

Auch Linda hatte tagsüber mehrmals hereingeschaut und kam schließlich nach Dienstschluß zu uns. Sie schlug sofort vor, Joe anders hinzulegen, damit wir nicht die ganze Nacht aufrecht sitzen mußten. Behutsam quartierten wir ihn um: Joe mußte von der Spenco-Matratze – eine extrem leicht gefederte Matratze, die speziell dafür entwickelt war, den Druck zu nehmen, um somit Wundstellen vorzubeugen – hochgenommen werden, wir mußten die

Etagenbettmatratzen zusammenlegen, und Joe sollte in die Mitte zwischen uns kommen. Das auseinandermontierte Krankenhausbett lehnten wir gegen die Wand.

Jane Roderic-Evans erschien, sie hatte gehört, daß Joe im Sterben lag, und kam trotz ihres freien Tags. Wir saßen eine Weile schweigend zusammen. Ihre Anwesenheit wirkte immer beruhigend; daß sie Buddhistin war, erschien uns irgendwie tröstlich.

Wir hielten Joe noch immer an den Händen und sprachen leise zu ihm. Jane hatte zu Beryl gesagt, wahrscheinlich werde Joe noch an diesem Abend sterben, aber später in der Nacht meinte Beryl, ihrer Erfahrung nach könnte Joe noch weitere vierundzwanzig Stunden oder mehr durchhalten. Sie erklärte uns, daß Kinder oft länger zum Sterben brauchen als Erwachsene, weil sie so ein kräftiges Herz haben.

Alex: Joes Atem ging jetzt ziemlich regelmäßig, es schien, als wäre er in einen bestimmten Rhythmus verfallen. Seine Augen waren halb geöffnet, etwas mehr als halb, die ganze Zeit über – den ganzen Tag und auch die ganze Nacht, glaube ich zumindest –, so, daß er nicht eigentlich schlief (obwohl er wie ich die Angewohnheit hatte, mit teilweise geöffneten Augen zu schlafen) und dennoch sehr ruhig und friedlich wirkte.

Der Montagabend verlief fast wie bei seiner Geburt, als ich darauf bestanden hatte, daß er mit fröhlicher Musik empfangen wurde. Auch jetzt fühlte ich mich getrieben, die richtige Stimmung für Joe zu schaffen – die richtigen Videos einzulegen, die richtige Musik zu spielen, als könnte man alles kontrollieren, selbst noch den Tod, jedenfalls versuchsweise.

Wir hatten den ganzen Tag seine Lieblingsvideos laufen lassen – die Weihnachtsvideos, vor allem die Weihnachtsepisode von *Pac-Man*, die er liebte, und eine Zeichentrickverfilmung von *Der Löwe, die Hexe und der Schrank* sowie den *Troll*-Trickfilm zu Weihnachten und andere.

Am Abend versuchte ich eine passende Musik zu finden, etwas Ruhiges, Entspannendes, Sanftes – doch nichts war mir gut genug. Ich spielte eine Matthew-Manning-Aufnahme, *Eastern Opus* (die wir auch bei Joes Beerdigung spielten), etwas von Vangelis' *China* und aus Flora Puris *Open Your Eyes You Can Fly* – weil Joe das Cover so mochte (eine Taube im Flug). Diese Musik erschien mir angemessen, obwohl Jazz für unsere Stimmung eigentlich zu hektisch war.

Ann: Ich kann mich erinnern, am Abend etwas gegessen zu haben, weil Teri, die schon nachmittags dagewesen war, um nach Joe zu sehen, mit einem Topf Pasta wiederkam, den wir mit Linda und Beryl teilten. Um Mitternacht verabschiedete sich Linda, Beryl blieb und legte sich oben hin. Sie wollte sich auf dem Sofa ausruhen und die Pumpe nachfüllen, wenn es notwendig wurde. Alex und ich waren noch wach, wir hatten uns zu Joe gelegt, sprachen ihm Mut zu, lasen ihm vor, spielten die Kassette mit den Möwen, die er so gern mochte.

Alex: Am Abend, das heißt eher in der Nacht, etwa von halb zwölf bis Mitternacht, las ich Joe vor. Ich hatte ihn gefragt, ob er es gerne hätte, wenn ich ihm aus dem *Kleinen Hobbit* vorlese, und er reagierte zustimmend – früher am Tag hatte ich angefangen, *Zelda* zu spielen, weil ich dachte, das würde ihm vertraut vorkommen und ihn trösten; aber er hatte mir zu verstehen gegeben, daß er es nicht wollte, daß es ihn störte.

Ich las lediglich ein paar Zeilen aus dem *Kleinen Hobbit*; es wirkte irgendwie zu aufgesetzt, zu kompliziert. Danach las ich *Amos and Boris*, unsere Lieblingsgeschichte für Joe, wie ich es während der Zeit seiner Chemotherapie im St. Stephen's getan hatte, oft sogar, während er schlief; und ich glaube, sie gab uns allen, Joe, Ann und vor allem mir, ein tröstliches Gefühl. Danach las ich etwas aus *Winnie-the-Pooh*, aber Joe ließ mich merken, daß er es nicht wollte, und ich nahm statt dessen *Reed Fox and his Canoe* und dann *Joe, Jo-Jo and the Monkey Maske* und schließlich, gegen Mitternacht, noch einmal *Amos and Boris* – weil ich nicht mit unserem eigenen Buch aufhören wollte, das schien mir etwas zu egozentrisch. Ich las ihm auch nicht aus *Henry and the Sea* vor, ich weiß nicht, warum, vielleicht fand ich es zu lang – jedenfalls war mir nicht danach.

Ann: Gegen zwei oder drei Uhr wurde ich sehr müde. Alex schlummerte an Joes Seite. Ich versuchte es mir bequem zu machen, aber der Berg Kissen, auf dem Joe lag, war so hoch, daß ich ihm nicht mehr richtig die Hand halten konnte und ihm nicht nahe genug war, wenn ich mich auch hinlegte. Ich hatte ihn den ganzen Tag nicht losgelassen, nur mit einer Hand gegessen und getrunken, damit unsere Verbundenheit nicht unterbrochen wurde. Aber wenn ich noch einmal vierundzwanzig Stunden durchhalten wollte, mußte ich mir etwas Ruhe gönnen.

Ich sah, daß Alex noch Joes Hand hielt – dieser Trost war ihm also gewiß, und ich war ganz sicher, er würde meine Nähe spüren. Ich ließ seine Hand los und wollte für eine Weile schlummern. Ich muß wirklich sehr erschöpft gewesen sein, denn ich hörte nicht einmal Beryl, die mehrmals herunterkam, und auch nicht Alex, wie er Joe um sechs Uhr in der Früh vorlas.

Alex: Ann und ich schliefen abwechselnd; wir hatten beide ein wenig Angst, er könnte sterben, während wir schliefen, wir könnten diesen besonderen Augenblick der Trennung, des Friedens verpassen. Andererseits spürten wir, daß dieser Fall nicht eintreten würde – wir hielten ihn an den Händen, es war unwahrscheinlich, daß er starb, ohne daß wir es merkten, zumal wir bis auf äußerste sensibilisiert waren. Aber man weiß nie – ich hatte einfach Angst davor, aufzuwachen und ihn tot vor mir zu sehen, den letzten gemeinsamen Augenblick verpassen.

Ich wachte ungefähr um fünf Uhr am Dienstagmorgen (dem 10. Januar) auf. Ich glaube, ich wechselte das Video – ich weiß nicht mehr, was drin war, aber wir hatten bei laufendem Rekorder geschlafen, und ich denke, es muß eine ältere Kassette gewesen sein mit *Familie Feuerstein* und *TopCat*-Filmen, weil ich eine vage Erinnerung an Barneys, Wilmas und T.Cs. Stimmen habe.

Jedenfalls wurde ich wach und spürte einen heftigen Impuls, Joe noch einmal *Amos und Boris* vorzulesen – ich wollte, daß er wußte, ich bin da, und ich glaube, ich spürte, daß es die letzte Gelegenheit für mich war, ihm etwas vorzulesen. Und so las ich, gestützt auf meine wunden Ellenbogen, mit leicht kehliger Stimme. Ich liebte es, die tiefe, grollende Stimme von Boris, dem Wal, zu imitieren und natürlich auch die piepsige von Amos, der kleinen Maus, und ich war stark bewegt von der Geschichte, vor allem von der Stelle, als Amos beinahe ertrinkt und sich fragt, wie es sich anfühlen mag zu sterben: »Ob es wohl schlimm ist? Ob dann die Seele wohl in den Himmel steigt? Ob es wohl andere Mäuse dort gibt?«

Ich glaube, ich hatte das andere Video bereits angeschaltet (Joe hatte es gerne, wenn Videos liefen, auch während ich ihm vorlas) – der Anfang von *Der Löwe, die Hexe und der Schrank* lief (diesen Film mochte ich schon als Kind gern). Ann schlief tief und fest; ich las Joe vor, sah zu, daß er es bequem hatte – dabei hielt ich immer seine Hand –, und küßte ihn bestimmt ein paarmal. Dann flüsterte ich ihm ins Ohr:

»Joe, wir werden ein Abenteuer erleben, wir alle. Wir werden Möwen sein und hoch in den Himmel steigen. Komm, wir fliegen zum Nordpol und besuchen den Weihnachtsmann. Wir können es. Ich liebe dich, Joe Buffalo. Ich liebe dich mehr als alle Sterne am Himmel. Worte reichen gar nicht, um dir zu sagen, wie sehr ich dich liebe. Mummy und Daddy lieben dich, egal was passiert, immer. Wir werden immer bei dir sein. Und du kannst werden, was du willst, wann du es willst. Du kannst eine Möwe werden, ein Delphin, ein kleiner Junge. Joe, du kannst werden, was du willst.«

Das nächste, woran ich mich erinnere, ist Beryl, die über mir Joes Spritze an der Pumpe auswechselte; es war acht Uhr. Ich fragte sie, wie es Joe geht, und sie sagte, sein Puls sei wesentlich schwächer – sein Atem war ruhig, aber sehr flach.

Ich glaube, ich spürte, es ist nahe, aber bestimmt nicht, wie nahe. Ich sah Ann an, wollte sie wecken, doch sie sah so erschöpft aus – ich wußte nicht genau, wie sehr sich Joes Zustand seit fünf Uhr verschlechtert hatte. Dann berührte ich doch ihre Hand und weckte sie, und ich bin froh, daß ich es tat, denn plötzlich veränderte sich Joes Atemrhythmus.

Ann kam nur langsam zu sich, und ich glaube, sie wollte eigentlich aufstehen und zur Toilette gehen, aber wir merkten beide: Es ist soweit. Wir nahmen Joes Hände, ich saß zu seiner Linken, Ann rechts, mit dem Blick zur Küche. Ich erinnere mich, daß der Film *Sesamstraße* lief – er war auf derselben Kassette wie *Der Löwe, die*

Hexe und der Schrank. Sie sangen gerade ein trauriges Lied. Für Joe hatte der Film immer eine ganz besondere Bedeutung gehabt (obwohl es keinesfalls sein Lieblingsfilm war), weil wir einmal, ganz allein für Joe Buffalo und seine Freunde, eine Vorführung im Columbia-Kino arrangiert hatten.

Follow that Bird lief also gerade über den Bildschirm, Ann und ich saßen bei Joe, der einfach nur wunderschön aussah – und dies war es, dies war der Augenblick des Todes; wir waren im Augenblick seiner Geburt dagewesen, und dies war Teil desselben Flusses. Wir haben ihn nie *mehr* geliebt. Wir hingen an jedem Atemzug, klammerten uns an jede Pause. Er wirkte ruhig, friedvoll, ernst; kein Anzeichen von Angst war zu erkennen, er sah einfach nur zerbrechlich, verletzlich und unendlich friedlich aus, während sein Atem immer flacher wurde.

Ich hatte furchtbare Angst gehabt, der Tod könnte ein Kampf für ihn sein, der Tumor in seinen Lungen könnte ihn Blut spucken lassen, oder etwas anderes könnte passieren, was ihm – und uns – angst machte. Aber er war friedlich, vollkommen friedlich. Er atmete ein und atmete aus – ein leiser Seufzer. Ann und ich hielten den Atem an und fragen uns, ob es das gewesen war.

Wir flüsterten ihm ins Ohr: »Ich liebe dich. Ich liebe dich, Joe Buffalo. Auf immer und ewig. Mummy und Daddy lieben dich und werden immer bei dir sein.« Er atmete noch einmal. Sehr flach. Dann kam eine lange Pause, und er atmete nicht mehr.

Ann: Alex weckte mich um acht Uhr. Beryl war gerade unten gewesen und hatte ihm gesagt, Joes Puls sei wesentlich schwächer geworden. In dem Augenblick, als ich seine Hand nahm, bereute ich, daß ich sie so lange losgelassen hatte. Mit der anderen Hand hielt ich Alex', als wir Joe sagten: »Mummy ist hier, und Daddy ist hier, und wir lieben dich.«

Joe atmet kaum noch. Er atmet ganz langsam ein, wir warten, er atmet aus. Sein Atem wird langsamer. Eine lange Pause, noch ein Atemzug. Er atmet ein, wir warten, eine Ewigkeit verstreicht, dann atmet er aus. »Wir lieben dich. Alles ist gut. Laß einfach los, Joe.« Er atmet ein, eine lange Pause.

Aus.

Um zehn nach acht Uhr wußten wir: Joe Buffalo ist tot. Wir hielten ihn und weinten still. Die Zeit der großen Trauer war noch nicht gekommen.

Alex: Das begreifen, daß jemand tot ist, kommt nicht plötzlich; es ist ein Gefühl, das sich anschleicht, das einem ganz langsam in den Kopf kriecht, einem zuraunt, er ist nicht mehr da. Man berührt den Menschen, und er ist noch warm, vielleicht schlägt sein Herz sogar noch, aber er ist nicht mehr da, er ist nicht mehr so, wie er war.

Joe lag ganz still und schön da, und ich glaube, wir nahmen ihn in den Arm, küßten ihn, sprachen zu ihm. Wir weinten, aber nicht so heftig, wie ich mir vorgestellt hatte – das kam später, das Geschütteltwerden und Schluchzen, obwohl ich denke, daß wir vieles von dem Zorn und der Trauer schon ausgelebt hatten, als Joe krank wurde.

Ich muß Linda heruntergerufen haben – außer ihr und uns war niemand im Haus, da Beryl vor ein paar Minuten ins Krankenhaus gefahren war. Linda kam herunter und fühlte Joes Puls. Er war tot. Ich weiß nicht mehr genau, was dann passierte; es kann sein, daß Ann und ich uns umarmten, vielleicht knieten wir auch nur über Joe und umarmten ihn.

Ann: Linda war eingetroffen, kurz bevor Beryl ins Krankenhaus fuhr. Beryl, die so lange bei uns gewesen war, erlebte Joes Tod nicht. Wir weinten gemeinsam, als sie zurückkam. Dann ließ sie uns für eine Weile mit Joe allein, ehe unser nächster Lebensabschnitt begann – das Leben ohne Joe.

21

Die Beerdigung

Ann: Kaum eine Stunde nach Joes Tod sahen wir uns mit Entscheidungen konfrontiert, denen wir immer aus dem Weg gegangen waren – seine Beerdigung. Das hieß, wir mußten ein Bestattungsunternehmen beauftragen und uns darüber klarwerden, ob wir Joe beerdigen oder einäschern lassen wollten. Beryl, die schon früher in solchen Situationen ausgeholfen hatte, brachte uns eine Liste mit Bestattungsunternehmen, darunter auch Hannington's. Wir hatten das Unternehmen wegen seiner Bemühungen um unseren Weihnachtsmann in so guter Erinnerung, daß unser Entschluß fast augenblicklich feststand. Und für einen Jungen, der eine Möwe werden wollte, kam nur eine Feuerbestattung in Frage.

Beryl stand uns auch weiterhin zur Seite, obwohl Joes Tod sie sichtlich mitgenommen hatte, und sie arrangierte alles mit dem Bestattungsunternehmen bei uns zu Hause. Wir waren plötzlich fest entschlossen, Joe bis zur Beerdigung bei uns zu behalten. Wir hätten ihn niemals allein zu Fremden geschickt, als er noch am Leben war, und jetzt, da er tot war, sollte es nicht anders sein. Trotzdem mußte er angekleidet und sein Körper vorher mit einer konservierenden Flüssigkeit präpariert werden. Ich holte einige seiner Sachen und entschied mich gemeinsam mit Alex für ein Hemd, sein Micky-Maus-Sweatshirt, seine beste Trainingsanzughose und seine Lieblingssocken, die mit den leuchtendroten und gelben Sternen und Streifen.

Es fiel uns schwer, Joe gehen zu lassen, weil das Ankleiden den Tod so endgültig machte, aber die Leute vom Bestattungsinstitut verhielten sich äußerst rücksichtsvoll. Sie versprachen, Joe so schnell wie möglich zurückzubringen, und nahmen ihn in einem gewöhnlichen Wagen mit, in eine Decke gehüllt, so als würde er schlafen. Es war kalt an dem Tag, und ich weiß noch, daß sie seine nackten Füße in die Decke einschlugen, damit er nicht fror.

Als sie zurückkamen, betteten wir Joe auf das Sofa im Arbeitszimmer im Parterre. Er sah so wunderschön aus, als er dort lag, in seinen Lieblingssachen, auf einem Kissen und zugedeckt. Es ist unmöglich, ihn zu beschreiben, ohne auf Klischees zurückzugreifen. Er sah so gesund und friedlich aus, so gelassen; es stimmt, daß Tote aussehen, als würden sie schlafen. Ob diese Illusion nun schön oder grausam sein mag – uns jedenfalls tat es einen Augenblick lang gut, uns vorzustellen, er würde wieder aufwachen. Und wie entsetzlich dann das Begreifen, daß dies wirklich das Ende war!

Die Beerdigung sollte am Nachmittag des 13. Januar stattfinden, einem Freitag, und für uns waren die verbleibenden Tage mit Joe im Haus von unschätzbarem Wert. Es wäre absolut undenkbar gewesen, wenn sie ihn am Dienstag einfach mitgenommen und am Freitag im Sarg zurückgebracht hätten. Es gehörte einfach zum Abschiednehmen dazu, ihn sehen zu können, bei ihm sitzen und seine Hand zu halten, ihn zu küssen. Es ist schwer, aufzuhören, wie Eltern zu denken, und selbst jetzt, da er tot war, konnten wir ihn nicht allein im Haus zurücklassen. Wir gingen morgens als erstes zu ihm, begrüßten ihn, wir sagten ihm Hallo und Aufwiedersehen, wenn wir aus dem Haus gingen – abwechselnd, damit er nicht allein war –, wir schauten jedesmal in das Zimmer, wenn wir vorbeigingen. Wir sagten ihm gute Nacht. Er sah noch immer so rosig, friedlich und lebendig aus, doch seine Hände und Lippen waren kalt, seine Haut fühlte sich straff an.

Freunde und Nachbarn wollten sich von Joe verabschieden, und Rosemary Machin sagte uns, ihr Enkel Daniel habe gefragt, ob er kommen dürfe. Bis dahin war mir der Gedanke, daß auch Joes Freunde ihn sehen können sollten, nicht gekommen, und es erschien mir wichtig, daß Daniel sich verabschieden konnte.

Er kam am nächsten Tag, zusammen mit seiner Mutter Lindsey. Ich warnte ihn, Joe würde sich sehr kalt anfühlen, und dachte, er würde sich scheuen, ihn zu berühren, aber Daniel hatte offensichtlich nicht die Bedenken, die einige Erwachsene angesichts des Todes zeigen. Er stand einfach da, ganz ruhig, sah Joe eine Weile an, nahm dann seine Hand und sagte: »Danke, daß du mein Freund gewesen bist.«

Daniel hatte einen Strauß Schneeglöckchen und Veilchen mitgebracht, den wir zu den anderen Blumen stellten. Kim Ryan war am Nachmittag von Joes Todestag mit einem riesigen Weihnachtsstern gekommen, und seitdem waren unzählige Pflanzen und Blumen eingetroffen. Sie umgaben Joe mit einem wunderbaren Duft, und zusammen mit seinem Spielzeug und der Kassette von der Eule, die Angst im Dunkeln hat, gestalteten sie den Raum so angenehm und freundlich wie möglich.

Am Tag der Beerdigung waren Alex und ich zur Trennung von Joe so bereit, wie wir es eben sein konnten. Wir hatten lange genug Zeit gehabt, Abschied zu nehmen. Wir hatten befürchtet, der grausamste Augenblick wäre, wenn sie ihn in den kleinen weißen Sarg legten, aber wir konnten dabei helfen, und das machte es leichter. Wir fanden, Joe konnte nicht ohne Krümel, Melissa und Leglin gehen. Sie waren ihm gute Freunde gewesen und hatten ihm während der gesamten Krankheit treu zur Seite gestanden; wir konnten sie jetzt unmöglich voneinander trennen. Ohne Joe wären sie traurige, verlorene Relikte, an seiner Seite blieben sie seine drei geheimnisvollen, treuen Gefährten.

Wir legten sie zusammen mit zwei unscharfen Fotografien, die er von uns gemacht hatte, einer Postkarte mit einer Möwe, die Charles ihm einmal geschickt hatte, einer weiteren aus Sevilla mit Delphinen und einer Zeichnung von James Ryan zu ihm in den Sarg. Dann wurde der Deckel geschlossen. Joe war wirklich tot.

Die Bilder der Beerdigung haben sich mir unauslöschlich eingebrannt – die langsame Fahrt unsere Straße entlang, dem Wagen mit dem Sarg folgend in den uns unbekannten Teil Brightons, die Ankunft der Familie und Freunde am Krematorium. Dann weitere vertraute Gesichter: Linda und Beryl; Jane Roderic-Evans; der Knecht unseres Weihnachtsmannes, Natalie; Freunde und Bekannte aus Brighton und London; Sharon Doughty, Joes Hauptschwester aus dem St. Stephen's, die extra aus Bedford angereist war.

Wir hatten eine kleine Kapelle angemietet in der Annahme, die »Trauergemeinde« würde begrenzt bleiben. Es tat gut, die Kapelle so gefüllt zu sehen, kein einziger Platz war mehr frei – so viele Menschen, die Joe geliebt hatten.

Weder Alex noch ich konnten uns mit dem Gedanken anfreunden, daß irgendein Fremder eine religiöse Zeremonie abhielt, die Joe nicht verstanden hätte und zu der wir keinen Bezug hatten. Als wir die Beerdigung arrangierten, hatte Alex sofort gefragt, ob wir den Ablauf selbst bestimmen könnten, und das war möglich gewesen. Ich fand die Idee, Joe aus seinen Lieblingsbüchern vorzulesen, wunderbar, doch ich fürchtete, Alex würde es nicht schaffen, so lange zu sprechen, wenn es soweit war. Doch Alex wollte es unbedingt und hatte auch schon die entsprechenden Stellen ausgewählt. Mein Beitrag waren die Schlußzeilen aus *The House at Pooh Corner*, für Eltern im allgemeinen bewegend genug und für uns ganz besonders.

Alex: In der Stunde, die ich nach seinem Tod neben ihm liegend verbrachte, versprach ich Joe, ich würde bei seiner Beerdigung selbst die Rede halten. Ich wußte, daß Ann es nicht tun wollte, und keiner von uns beiden wollte es einem Fremden überlassen. Ich war nie zuvor bei einer Beerdigung gewesen und hatte aus Filmen und Büchern nur deprimierende Eindrücke davon; gerade deshalb sollte Joes Beerdigung anders sein. Der Gedanke, vor den anderen aufzustehen und zu reden, machte mich schrecklich nervös. Erst dachte ich, ich würde sicher unter Tränen zusammenbrechen, doch dann sagte ich mir: »Wenn du es schaffst, ihm im Augenblick seines Todes die Hand zu halten, dann wirst du auch bei seiner Beerdigung aufstehen und dich von ihm verabschieden können.«

Den folgenden Text sprach ich am Freitag, dem 13. Januar 1989, im Downs-Krematorium in Brighton:

Zunächst möchte ich allen Anwesenden danken, daß sie gekommen sind, um Abschied von Joe Buffalo zu nehmen.

Wir alle liebten ihn sehr, und jeder wird ihm einen ganz persönlichen Gedanken mit auf die Reise geben. Doch zuvor möchte ich mich von ihm auf diese Weise verabschieden, zu der ich mich am Dienstag, seinem Todestag, entschlossen habe – ich möchte einige Passagen aus seinen Lieblingsbüchern vorlesen.

Ich möchte auch, daß wir es so fröhlich gestalten, wie es uns möglich ist, so, wie Joe es gefallen und Spaß gemacht hätte. Aus diesem Grund werden mit Joe zusammen seine drei liebsten Spielzeugfiguren verbrannt werden: Krümelmonster, Melissa, der Waschbär, und Leglin, der Dachs.

Wie viele von euch wissen werden, hat Joe uns nach dem Tod gefragt, mit der typischen Neugier der eines Vier- oder Fünfjährigen – und wir haben uns von seiner Vorstellung, wie es sein könnte, leiten lassen. Wir haben den Glauben an die Wiedergeburt, an eine Kontinuität, immer beherzigt: den Glauben, daß er sich aussuchen kann, was er werden will, wenn er stirbt. Er wollte eine Möwe werden und später ein Delphin, was sicherlich die »nautische« Seite der ausgesuchten Passagen erklärt.

Als erstes werde ich aus einem wundervollen Buch mit dem Titel *Amos and Boris* lesen, das wir schon kannten, bevor er krank wurde, und das ihm ein großer Trost war, als er im St.-Stephen's-Krankenhaus lag. Die Geschichte handelt von einer Maus, *Amos*, die sich ein Boot baut und Segel setzt und dann, wie die folgende Passage schildert, über Bord geht...

Eines Nachts, die See leuchtete phosphoreszierend, bewunderte sie den Anblick der Wale, die große Wasserfontänen sprühten; und später, als sie auf dem Deck ihres Bootes lag und in den sternenklaren Himmel träumte, fühlte sich die kleine Maus Amos, dieses winzige Lebewesen im unendlichen Universum, alledem so verwandt, so ähnlich. Von der Schönheit und dem Mysterium überwältigt, rollte sie sich wieder und wieder auf dem Deck ihres Bootes hin und her – bis sie schließlich ins Wasser fiel.

Amos ertrinkt um ein Haar, wird in letzter Sekunde von einem Wal namens Boris gerettet, und die beiden werden die dicksten Freunde. Später wird Boris von einem Hurrikan an den Strand gechleudert, und Amos bekommt die Chance, ihrem Freund Boris das Leben zu retten – sie schafft es mit Hilfe von zwei riesigen Elefanten, Boris zurück ins Meer zu schubsen. Und so endet das Buch:

Er (Boris) blickte zurück zu Amos, die auf dem Kopf des Elefanten stand. Tränen rannen die Wangen des Wals hinunter. Auch die winzige Maus hatte Tränen in den Augen. »Auf Wiedersehen, lieber Freund«, piepste Amos. »Auf Wiedersehen, lieber Freund«, brummte Boris und tauchte in die Wellen hinab. Sie wußten, sie würden sich nie wiedersehen. Sie wußten auch, sie würden einander nie vergessen.

Die nächste Passage stammt aus *Henry and the Sea*, dem Buch, das wir zusammen geschrieben haben und das im Juli erscheinen wird. Es basiert auf Joes Idee, der sich oft mit der See unterhielt und sie meistens sogar ins St. Stephen's mitnahm. In unserem Buch freundet sich ein kleiner Junge, Henry, mit der See an und nimmt sie in einem Pappbecher überallhin mit. Das führt zu allerlei unvorhergesehenen Problemen, doch schließlich kann Henry die See überzeugen, wieder zurückzugehen ...

»Ich werde dich vermissen«, sagte Henry.

»Ich werde hier sein«, antwortete die See. »Du kannst mich jeden Tag besuchen kommen, so wie früher.«

»Ja«, sagte Henry.

»Und selbst wenn du nicht hier bist, du kannst ja an mich denken«, fuhr die See fort. »Versprich mir eines: Jeden Abend, wenn du in deinem wundervollen Holzbett liegst, stellst du dir vor, du bist auf einem Boot und segelst unter dem Sternenhimmel in die ganze Welt hinaus. Du brauchst dir keine Sorgen zu machen, wohin du fahren mußt. Ich werde dich führen.«

»Okay«, sagte Henry.

Dann wurden sie plötzlich von dem Schrei einer Möwe über ihnen aufgeschreckt: »Henry, hab keine Angst. Ich werde von nun an anstelle der See bei dir bleiben. Ich leiste dir Gesellschaft.«

Als vorletztes werde ich eine sehr kurze Passage aus *Winnie-the-Pooh* vorlesen – es ist das Ende aus *The House at Pooh Corner*:

So gingen sie zusammen davon. Doch wohin sie auch gehen mögen und was immer ihnen auf ihrem Weg widerfahren mag, der kleine Junge und sein Bär werden für immer ganz oben auf der verzauberten Lichtung im Wald zusammen spielen.

Und nun, zum Schluß, lese ich ein Gedicht von Joe Buffalo selbst, das mich in seiner Schönheit immer wieder bewegt:

Dideldum
Ich mag fernsehen
Dideldum

Ich mag Calpol
Dideldum
Ich mag Licht
Dideldum
Ich bade gerne
Dideldum
Ich mag gerne kackeln
Dideldum
Ich mag abends aufbleiben
und den Sternen etwas vorsingen
Dideldum
Ich mag abends aufbleiben und
den Sternen eine Geschichte erzählen

Joe Buffalo war mein bester Freund auf der ganzen Welt. Jetzt ist er die beste Möwe der ganzen Welt, und Mummy und Daddy sind zusammen mit ihm Möwen – wir sind jetzt hier, aber wir sind ebenso mit ihm dort oben zusammen.

Wir lieben ihn.

22

Das Leben ohne Joe

Ann: In den wenigen Tagen nach Joes Tod bis zu seiner Beerdigung waren wir noch recht gefaßt. Wir mußten das Haus aufräumen und uns um Erfrischungen für die Besucher kümmern, die von Joe Abschied nahmen. Unsere körperliche Belastung durch Joes Pflege war enorm gewesen: die ständig notwendige Veränderung seiner Lage und der Kissen, die ihn stützten; das nächtliche Aufstehen, um ihn zu umarmen oder es ihm bequemer zu machen; der ohnehin unruhige leichte Schlaf, die dauernde Angst, es könnte etwas passieren.

Als Joe starb, waren wir beide völlig erschöpft, und der Schock über seinen Tod war wie ein lähmender Schlag. Am ersten Tag traute ich mich nicht, aus dem Haus zu gehen. Ich war sicher, mir würden die Beine wegknicken, und ich war so zerstreut, daß ich Angst hatte, eine Straße zu überqueren. Als ich mich schließlich hinauswagte, fand ich das Gehen auf die Straße hinunter unheimlich anstrengend. Ich war wirklich überrascht beim Anblick der Menschen, die ihr Leben einfach weiterführten, so als sei nichts geschehen. Ich fühlte mich ausgeschlossen wie jemand aus einer anderen Welt.

Immer wieder bekamen wir zu hören, wir sähen wieder viel besser aus, was wir völlig unpassend fanden, was aber wahrscheinlich stimmte. Die Monate des Bangens hatten sich in unseren Gesichtern widergespiegelt, und wir sahen fast immer erschöpft und müde aus. Immer lebten wir in Erwartung dessen, was jetzt eingetroffen war, nun gab es nichts mehr, was wir befürchten mußten, und unsere Anspannung ließ langsam nach. Später mußten wir uns der Aussicht auf ein Leben ohne Joe stellen, was neue Probleme schuf, doch im Moment fühlten wir uns einfach leer und lenkten uns mit den zu erledigenden Details, die Joes Tod mit sich brachte, ab – es war eine ruhige Phase, ehe die Zeit der Trauer wirklich begann.

Alex: Die erste Nacht nach Joes Tod allein mit Ann zu schlafen war eine neue, fremde Erfahrung und hinterließ ein taubes Gefühl. Zum ersten Mal seit Monaten schliefen wir in unserem eigenen Bett. Wir schliefen zum ersten Mal seit fünfeinhalb Jahren (mehr noch, wenn man die Zeit der Schwangerschaft mit einrechnet, in der wir uns bereits als Eltern gefühlt hatten) wie ein Paar ohne Kinder zusammen. Wir waren unendlich müde; es war eine Art der Erschöpfung, die ich nicht erklären kann. Vielleicht waren wir einfach des Lebens müde.

Ich fühlte mich wie ein Ex-Vater. Es gab niemanden mehr, der mich Daddy nannte. Es fühlte sich nicht so grausam an, wie ich befürchtet hatte, aber Joe Buffalo war ja auch noch nahe, und sein Tod hatte etwas – für mich unerwartet – Schönes und Friedliches gehabt. Ich sage das jetzt einfach so, dabei weiß ich allerdings nicht, inwieweit ich mich es nur selbst glauben machen möchte. Es war eben auch ein schreckliches, das schlimmste Erlebnis überhaupt. Vielleicht hätte ich es auch grausam gefunden, wenn ich gestorben und Joe bei mir gewesen wäre, um auf Wiedersehen zu sagen, aber eigentlich glaube ich es nicht. Ein Vater oder eine Mutter sollte das eigene Kind nicht sterben sehen.

In den Tagen nach Joes Tod versuchte ich mir meiner Gefühle auf die mir vertraute Art bewußt zu werden, indem ich schrieb. Ich schrieb wie unter Zwang. Am Abend vor Joes Beerdigung setzte ich mich an den Schreibtisch, um meine Ansprache für den nächsten Tag zu verfassen. Bei anderen Gelegenheiten schrieb ich alles mögliche auf, was mir zu Joe durch den Kopf ging. Ich wollte unbedingt seine bemerkenswerte Persönlichkeit festhalten, obwohl ich wußte, wie unmöglich das war.

Ich arbeitete an einem Artikel über Joe, ich schrieb dabei nicht nur für mich, sondern für ein imaginäres Publikum – ich dachte dabei an *Granta*, eine literarische Zeitschrift, die kürzlich einige Artikel zum Thema »Krebs und Tod« gebracht hatte, die ich aufrichtig und hilfreich gefunden hatte. Ich wollte der Welt von Joe Buffalo erzählen und fühlte mich gleichzeitig schuldig, die Erfahrung seines Todes auszunutzen, zu versuchen, sie in mein Lebens- und Arbeitsmuster zu pressen, als wäre sie etwas, was sich so einfach integrieren und unter Kontrolle bringen ließ.

Ungefähr eine Woche nach seinem Tod, bei dem Versuch, die erdrückende Stille in unserem Haus und das Gefühl der totalen Leere einzufangen, schrieb ich folgendes:

Ich kann seine Stimme nicht hören, deshalb schreibe ich diese Sätze. Ich kann sie in meinem Kopf oder auf Kassette hören, aber nicht im Haus, wo ich sie hören will, nicht mehr in meinem unmittelbaren Leben, was immer das sein mag. Im Haus ist es schrecklich still: Das Leben wird nicht mehr von dem endlosen Fluß der Stimmen aus den Zeichentrickfilmen untermalt oder von den Soundeffekten und Begleitgeräuschen der Videospiele, dem ununterbrochenen Geplapper von Joe Buffalo selbst.

...Einer seiner Lieblingsausdrücke war: »O Junge!« Oder er sah uns ganz ernst an und fragte: »Machst du etwa Witze mit mir?« Einer der letzten Sätze die er sagte, am Abend vor seinem Tod, als ich oben saß und schrieb, war: »Sag Daddy, ich vermisse ihn schrecklich.« Und ich vermisse ihn so schrecklich; ich vermisse seine Art, Dinge zu sehen, seine Gesellschaft, seinen einzigartigen Beitrag zu meinem Leben.

...Joes Leben scheint in vielerlei Hinsicht ein erfülltes gewesen zu sein; es war sicherlich erfüllt von Liebe. Ich höre seine Stimme auf einer Kassette und weiß, daß nichts von dem, was ich schreibe, seinen Geist, seinen Charme, seine Spontaneität einfangen kann – das, was er Ann und mir schenke, als er noch lebte.

Wir werden immer bei ihm sein, und er bei uns, trotzdem wünschte ich, ich könnte seine Hand halten, mich für sein Leben verantwortlich fühlen, versuchen, ihm die Welt zu erklären, nur noch einmal. Er war nur ein kleines Tier, das starb. Was letzendlich alles ist, was wir je sein werden.

Ich schickte den Artikel an Charles. Anfang Februar reisten Ann und ich nach Marokko ab, zu unserem ersten Urlaub seit zwei Jahren, dem ersten ohne Joe überhaupt. Als wir zurückkamen und die Post durchsahen, fand ich einen Brief von Charles Mitarbeiterin Pat Kavanagh, in dem sie mir mitteilte, der *Observer* würde den Artikel gerne bringen. Ich war aufgewühlt. Ich wußte nicht, wann der Artikel im *Observer* erscheinen würde, hoffte aber, bald. Tatsächlich sollten sie ihn bis zum Erscheinen unseres Buches *Henry and the Sea* im Juli zurückhalten. Dann erhielt er allerdings eine ganze Seite in der Rubrik »Rezensionen«, die – Ironie des Schicksals – mit *Leben* überschrieben war.

Ann: In Marrakesch weinten wir viel. Für uns war es ein Ort ohne Erinnerungen. Deshalb hatten wir ihn auch ausgewählt: wegen seiner Fremdheit, der Entfernung zum Alltag und auch, weil es preiswert war. Trotzdem erinnerte uns alles an Joe. Immer, wenn wir etwas Neues erlebten – mit der Pferdekutsche fuhren, Kamele sahen, den Geschichtenerzählern auf den Plätzen zuhörten –, mußten wir daran denken, was Joe wohl gesagt hätte. Es war, als würden Alex und ich immer dasselbe denken. Ich spürte, wie mir die Tränen in die Augen traten, sah zu Alexander, und er weinte ebenfalls.

Eines Tages machten wir einen Ausflug in ein Dorf namens Setti Fatma, am Fuß des Atlasgebirges. Es war kalt und regnete. Ein ortsansässiger Führer, Ali, bot uns an, uns bei einem, wie wir glaubten, harmlosen Spaziergang zu einem Wasserfall zu führen, was sich für uns Stadtfreaks als absolut halsbrecherische Klettertour entpuppen sollte. Ich hatte panische Angst. Meine Höhenphobie und mein katastrophaler Orientierungssinn erschwerten die Situation zusätzlich, und das einzige, was mich vorwärtstrieb, war die Tatsache, daß ich ebensoviel Angst vor dem Rückweg allein hatte wie vor dem, was vor uns lag. Aber als wir es geschafft hatten, bemächtigte sich meiner ein euphorisches Gefühl, das mit dem überschreiten einer Angstgrenze fast immer einhergeht. Ich hatte etwas getan, wovor ich Angst gehabt hatte, und ich hatte überlebt.

Mit mir geschah auf diesem Ausflug nach Setti Fatma wirklich etwas Bedeutsames. Vielleicht war es die Erkenntnis, daß ich, letztendlich, doch noch nicht meinen ganzen Mut verloren und meine Energiereserven verbraucht hatte. Auf dem Rückweg in die Stadt fühlte ich mich ruhig, fast glücklich. Alex fragte mich, ob ich an Joe denken würde. Und das tat ich – es war nichts Bestimmtes, einfach nur, daß es ihn gab. Ich wunderte mich, woher Alex es gewußt hatte, und er antwortete: »Ich wußte es eben.«

Wir schienen einander damals sehr nahe zu sein. Ich hatte Angst davor gehabt, was nach Joes Tod mit uns passieren würde. Wir hatten diese intensive Erfahrung gemeinsam gemacht, doch ein Teil – was uns als Paar betraf – lag währenddessen sozusagen auf Eis. Ich hatte befürchtet, daß unsere Beziehung danach auseinandergehen würde, doch anscheinend hatten wir einander noch immer etwas zu sagen und gegenseitiges Interesse.

Ich hatte auch Angst davor, noch ein Kind zu bekommen. Unser Leben schien ohne ein Kind unvollkommen zu sein. Trotzdem war ich noch nicht für ein Baby bereit; ich brauchte physisch wie psychisch dringend etwas Ruhe. Im Idealfall würden wir später wieder ein Kind haben, wenn wir unser Leben neu eingerichtet hatten und das Umfeld stimmte. Im Augenblick wäre es nur ein vorschneller Ersatz, das Zweitbeste zu dem, was wir verloren hatten. Andererseits hatte ich in meinem Alter keine Zeit zu vergeuden: Ich wußte ja nicht einmal, ob ich noch ein Kind haben konnte. Und das machte mir am meisten angst.

Ich spielte mit der Vorstellung, wieder ein Kind zu haben, und ich war sicher, daß es Alex genauso erging. Der Gedanke, ohne Kinder zu leben, war schrecklich. Nicht nur aufgrund des damit verbundenen Gefühls der Leere in der Zukunft, des Fehlens von Liebe und Freude, die ich bei Joe empfunden hatte – Alex konnte, wenn ich ihm kein Kind mehr schenkte, trotzdem weitere haben, wenn er sich eine jüngere Partnerin suchte. Sollte dies passieren – wie konnte ich ihm Vorwürfe machen? Wenn sein Wunsch nach Kindern genauso groß war wie meiner, wäre es nur mehr die logische Konsequenz. Wenn ich großherzig war, würde ich ihn gehen lassen. Aber wie sollte ich auch noch seinen Verlust ertragen oder seinen Anblick mit einem Kind, das nicht meines war?

Die Liebe zu einem Erwachsenen ist selten ohne Einschränkungen, wie gering oder nebensächlich sie auch sein mögen. Doch die Liebe zu einem Kind ist bedingungslos. Ich glaube nicht, daß eine andere Liebe an dieses Gefühl der Bewunderung und an den Beschützerinstinkt heranreicht. Ich vermisse es, Joe lieben zu können, ich vermisse die Liebe, die er mir schenkte.

Das einzige Kind zu verlieren muß das schlimmste Gefühl auf der Welt sein. Ich behaupte nicht, daß der Schmerz geringer ist, wenn man noch andere Kinder hat, aber großen Familien bleibt wenigstens das Lebensmuster erhalten. Wenn man das einzige Kind verliert, bricht alles zusammen.

Wenn die Kinder klein sind, träumt man davon, endlich einmal wieder Zeit für sich zu haben: Zeit zu schreiben, zu denken, zu lesen, zu arbeiten. Als Joe gestorben war, hatten wir nichts mehr – außer Zeit, die ohne ihn wertlos war. Was sollten wir mit der Zeit, wenn er sie uns nicht mehr stehlen konnte? Ich konnte lange nichts mit der neuen Freiheit anfangen, mit der Tatsache, nicht mehr planen zu müssen, wer von uns beiden wann wegging, damit immer einer bei Joe blieb. Eines Nachmittags, ein paar Wochen nach Joes Tod, ertappte ich mich, wie ich Alex, als er gerade weggehen wollte, daran erinnerte, daß ich um fünf Uhr fortmüsse. Die Erkenntnis, daß es gar nicht notwendig war, daß er bis dahin zurückkam, vermittelte mir ein Gefühl der Leere, nicht der Unabhängigkeit.

Es gab keinen Grund mehr aufzustehen, abgesehen davon, daß ich ohnehin keine Kraft mehr hatte. In den ersten Wochen verbrachte ich die Vormittage lesend im Bett; mag sein, ich brauchte Ruhe und Muße, aber der eigentliche Grund war, daß ich es nicht ertrug, etwas zu tun. Wenn ich nach draußen ging, sah ich mir Spielzeug und Kinderkleidung an. Irgendwann ließ das Interesse nach, und der Schmerz über den Verlust trat in den Vordergrund. Ich fürchtete schon, als alte Frau zu enden, die durch die Kinderabteilungen der Geschäfte geistert. Wenn ich an einen fremden Ort kam, suchte ich ihn sofort nach möglichen Gefahrenquellen ab, so, wie Mütter es tun: Ist die Treppe sicher? Ist das Fenster geschlossen? Kann das Kind irgendwo stolpern oder sich verletzen?

Wenn ich auf die Uhr blickte, dachte ich daran, was wir gerade getan hatten, als Joe noch lebte. War es Zeit für Linda, oder spielten wir? Ich registrierte genau, wann seine Lieblingssendungen im Fernsehen liefen. Dann hörte ich auf, über ihn als krankes Kind nachzudenken, und stellte mir vor, was wir getan hätten, wäre er gesund geblieben. Wie er zur Schule ging, an den Strand, mit Freunden spielte. Ich vermißte das Gefühl, ständig gefordert zu sein, gebraucht zu werden, einen Lebensmittelpunkt zu haben.

Es ist schwer, ihn mir vorzustellen, wie er durchs Zimmer läuft, auf seinen eigenen Beinen. Wenn ich jetzt Besuch von Freunden mit Kindern bekomme, Kindern, die Joe gekannt haben, staune ich immer wieder, wenn sie die Treppe herunterkommen, selbständig Dinge tun, weil es so lange her ist, daß mein Kind einen intakten Körper hatte. Ich erwarte nicht, daß Joe ins Zimmer gestürmt kommt, aber ich stelle mir vor, wie es wäre, wenn es ihn in meinem Leben noch gäbe, wenn er weiterhin mein Freund, mein Gefährte wäre. Ich stelle mir all die wunderbaren Gespräche vor, seine einmalige Auffassungsgabe. Wie wir zusammen die Straße hinunterspazieren. Wie er sich auf den letzten Drücker auf den Schulweg macht. Wie ich auf die Uhr schaue, wenn es Zeit wird, ihn abzuholen. Wenn Joe gesund geblieben wäre, hätte ich die Stunden für mich genutzt, während er in der Schule war. Ich hätte Einkäufe erledigt, versucht, etwas zu arbeiten, oder Gymnastikstunden genommen. Wenn man unbegrenzt Zeit hat, gibt es keinen Druck, etwas zu tun.

Bevor Joe starb, hatte ich mir Gedanken gemacht, wie ich auf andere Kinder reagieren würde. Würde ich meine Freunde mit ihren glücklichen Familien und gesunden Kindern beneiden? Ich bin froh, daß es nicht so kam. Ich freue mich immer, Joes Freunde zu sehen, und ich liebe die Art, wie sie von ihm reden. Es wird ein sonderbares Gefühl sein, sie aufwachsen zu sehen. Ob Joe mit ihnen Schritt gehalten hätte, mit James Kerry und Vanessa beispielsweise, die im selben Monat wie er geboren waren? Seit seinem Geburtstag im August dachten wir daran, wie Joe als Sechsjähriger gewesen wäre. Im Moment fällt mir die Vorstellung noch leicht, wie er sich entwikkeln würde, es ist noch so frisch; in ein oder zwei Jahren wird es schon schwieriger sein.

Alex: Als Joe starb, gab es verschiedene Dinge, an die ich mich klammern, die mir helfen konnten, die Leere, die ohne ihn entstand, zu überbrücken. Insbesondere stand die Veröffentlichung von *Henry and the Sea* im Juli an: Ich hoffte, dadurch würde Joe für Ann und mich irgendwie weiterexistieren. Und davor, Ende März/Anfang April, sollte *The War Zone*, mein erster Roman, sowohl hier in England als auch in den Staaten erscheinen, weshalb ich ganz aufgeregt war.

Sicher waren das nur Ablenkungen, und ich wußte, daß mir – Ann und mir – daraus kein neues Leben erwuchs. Aber Ablenkungen solcher Art waren immerhin besser, als mit der völligen Ungewißheit zu leben und mit dem finanziellen Desaster vor Joes Krankheit konfrontiert zu sein. Und trotzdem hätte ich leichten Herzens die Erfolge meiner Arbeit gegen das Leben meines Sohnes eingetauscht.

In dieser Phase – zwei, drei Monate nach Joes Tod – machte ich mir Sorgen, wenn auch nicht so ernsthafte wie vor Joes Tod, was aus der Beziehung zwischen Ann und mir werden würde. Es war, als würden wir noch einmal von vorne anfangen und auch wieder nicht. Es war, als kehrten wir zu unserem Leben vor seiner Geburt zurück, aber mit den Erfahrungen und Erinnerungen, der Liebe, dem Spaß und den Unstimmigkeiten der dazwischenliegenden fünfeinhalb Jahre.

In den ersten Wochen nach Joes Tod spürte ich eine tiefe Liebe zu Ann – ein Gefühl, daß wir etwas Einmaliges gemeinsam durchgestanden hatten, etwas außerhalb der normalen Erfahrung Liegendes, etwas, was kein anderer nachvollziehen konnte. Die eine Woche Urlaub in Marrakesch, vor der wir uns ein wenig gefürchtet hatten, war eines der intensivsten und schönsten gemeinsamen Erlebnisse geworden. Wir vergossen viele Tränen, und immer wieder kehrten unsere Gedanken zu unserer letzten Reise mit Joe zurück – an unser Wochenende 1986 in Rom –, aber wir hatten auch entspannte und glückliche Stunden, waren voller Abenteuerlust. Marokko war so tröstlich fremd, die Stadt wunderschön, das Gebirge beeindruckend, und wir schöpften Hoffnung für die Zukunft.

Die Frage, wer ich jetzt eigentlich noch war, trieb mich genauso um wie die unserer Beziehung. Ich hatte mein Selbstverständnis als Vater verloren und fand in nichts anderem Befriedigung. Ich fühlte meine Liebe zu Ann und begann erst jetzt, die Tiefe und Kraft unserer gemeinsam verbrachten Jahre wirklich zu erkennen, aber ich hatte auch Angst davor, daß wir vielleicht kein Kind mehr bekamen, und wenn doch, dann höchstens noch eines.

In meine Fähigkeiten als Schriftsteller hatte ich mehr Vertrauen als je zuvor (was nicht heißen soll, daß ich die Angst, mir könnte nichts einfallen, je verlor), aber Schreiben allein war nicht genug.

Kurz bevor Joe zur Welt kam, hatte ich mir geschworen, meine Karriere nie wieder zum Mittelpunkt meines Lebens zu machen. Seit dem Ende meiner Schulzeit hatte ich fast jeden Augenblick meines Lebens dem beruflichen Vorwärtskommen gewidmet. Dann wurde ich Vater und wollte unbedingt Ann und Joe zum Mittelpunkt meines Lebens machen – alles andere war zweitrangig.

Und jetzt, ohne Joe, fühlte ich mich verloren. Ich hatte Ann, aber es war, als müßte ich noch einmal lernen, sie zu lieben – wir hatten während Joes Krankheit (und auch davor) unsere Zuneigung so sehr auf ihn gerichtet, daß wir unsere Identität als Paar verloren hatten. Wir waren eine Familie, eine Dreieinigkeit gewesen. Nur noch ein Paar sein, fühlte sich irgendwie falsch an.

Ann: Als uns drei Monate nach Joes Tod der Vorschlag zu diesem Buch unterbreitet wurde, sagte ich sofort zu. So hatte ich etwas zu tun, etwas, worüber ich schreiben konnte, ohne recherchieren zu müssen. Ich hatte gedacht, die Aufgabe würde mir leichtfallen, sie könnte eine Art Katharsis sein, eine Chance, über das Schlimmste hinwegzukommen, eine Möglichkeit, alles festzuhalten, solange es mir noch frisch im Gedächtnis war.

Anfangs traf das auch zu, aber mit der Zeit wurde es immer schwerer, zu schreiben, mich zu erinnern. Wenn ein Kapitel fertig war, erlebte ich ein kurzes Hoch, doch vor mir lauerte schon das nächste. Allmählich haßte ich den bloßen Gedanken, mich an die Maschine setzen und wieder schreiben zu müssen. Ich fing an, Ausflüchte zu machen, verlangte freie Tage, lehnte jeden Abgabetermin ab. Ich wollte mein eigenes Tempo finden, aber wahrscheinlich wäre das Buch so nie fertig geworden, weil ich mich immer vor dem Ende gedrückt hätte.

Anfangs freute ich mich beinahe darauf, über Joes Tod zu schreiben. Ich dachte, ich hätte ihn so gut in Erinnerung, daß es leicht wäre – eine Erleichterung, wenn ich mir alles von der Seele schrieb. Und jetzt, fast ein halbes Jahr später, habe ich es tatsächlich geschafft. Ich habe versucht, meine Gefühle aufleben zu lassen, und ich bin ihnen auch nicht annähernd gerecht geworden. Das Ganze war ungeheuer schwierig und nicht sehr erfolgreich.

Als Joe starb, hatte Alex mich angehalten, meine Gefühle niederzuschreiben, um sie später in ihrem unmittelbaren Zusammenhang nachlesen zu können. Doch während er hinter seinem Computer saß und tagelang nur schrieb, hockte ich unten, wie betäubt und völlig unfähig, mich dem, was wir gerade durchgemacht hatten, zu stellen. Als Alex seine Aufzeichnungen machte, dachte er nicht an eine Veröffentlichung, das kam erst später. Er hat jetzt den Vorteil, daß er auf diese Aufzeichnungen als unmittelbares Zeugnis zurückgreifen kann. Ich hätte in dem Moment, in dem wir uns entschlossen, das Buch zu schreiben, mit dem Kapitel über Joes Tod beginnen sollen. Da war die Erinnerung noch frisch, doch ich konnte es einfach nicht. Ich mußte mich erst bis zu seinem Tod vorarbeiten, in chronologischer Reihenfolge.

Ich hatte gedacht, die Arbeit an dem Buch könnte auch eine Art Aufarbeitung meiner Gefühle sein. Die ersten Kapitel waren in dieser Hinsicht tatsächlich hilfreich. Ich hatte schon mit mehreren Leuten darüber gesprochen, daß ich mich für die späte Diagnose von Joes Krebs verantwortlich fühlte. Nach solchen Gesprächen hatte ich mich jedesmal etwas besser gefühlt, aber die Schuldgefühle kamen wieder. Es aufzuschreiben war wirkungvoller, weniger erdrückend, und anfangs glaubte ich, das Buch könnte eine Art Läuterung darstellen.

Doch mit dem Fortgang der Arbeit entwickelte ich dem ganzen Projekt gegenüber eine immer größere Distanz. Jedesmal, wenn ich Joes Namen tippte, hatte ich das Gefühl, als würde ich *von außen* schreiben, über ein Erlebnis, das ich gut kannte. Das Buch war nicht länger Teil meines Trauerprozesses, sondern führte mich genau davon weg: das ständige Denken an Objektivität, an Gliederung, nicht ständig dieselben Adjektive verwenden ..., die Notwendigkeit, auf Lesbarkeit zu achten, während ein persönlicher Erlebnisbericht vielleicht unverständlich geraten wäre, voller Widerholungen und zur Veröffentlichung ungeeignet – ein papierner Schrei.

Alex: Ich war Charles unendlich dankbar, als er im März 1989 den Vorschlag zu diesem Buch machte. Nach Joes Tod hatte ich mich noch einmal an *Tribes* gesetzt, da ich das Gefühl hatte, nicht einfach weiterschreiben zu können, als wäre ich noch derselbe Mensch wie vorher; doch das hatte sich als schwierig herausgestellt. Ich mußte so oft an Joe denken. Ich versuchte meine Gefühle – die Aufwallungen, die ich spürte, die Wut, die Verzweiflung – in den Roman einfließen zu lassen, aber sie paßten nicht hinein. Der Gedanke, den Prozeß von Joes Krankheit und seinen Tod aufzuarbeiten, schien eine hervorragende Möglichkeit zu sein, wieder etwas Klarheit zu gewinnen.

Außerdem gefiel mir die Idee, mit Ann zusammenzuarbeiten. Ich dachte, wir könnten gemeinsam etwas Einzigartiges schaffen – wir hatten die Erfahrung bis zuletzt geteilt, wir konnten beide schreiben; vielleicht würde uns etwas gelingen, was Familien in ähnlichen Situationen half.

Besonders faszinierte mich der Gedanke, über den Tod zu schreiben; es gibt so wenige Bücher, die sich mit dem Thema hilfreich auseinandersetzen, und ich hatte schon öfter von Freunden gehört, daß sie, wenn eine ihnen nahestehende Person starb, Hilfe in der Literatur suchten und in den Buchläden dann auf die Sparten »Okkultismus« oder »Religion« verwiesen wurden. Wer weiß, vielleicht landet auch dieses Buch dort.

Doch vor allem wollte ich über Joe schreiben. Der Gedanke an ein Buch, das wenigstens ansatzweise wiedergeben würde, wie wundervoll, lustig, einmalig und liebenswert Joe war, reizte mich ungemein. Damit würde er auf eine Art unsterblich sein – obwohl *Henry and the Sea* diesen Zweck vielleicht am besten erfüllte.

Die Wirklichkeit sah allerdings anders aus. Anfangs stürzten Ann und ich uns quasi in das Projekt, suchten nach einer Linie, vereinbarten, wer über was schrieb, wenn es Überschneidungen gab, wie wir die Balance zwischen medizinischen Details und unserem ganz persönlichen Bild von Joe am besten wahrten.

Doch bald machte sich die Belastung bemerkbar. Wir hatten Anfang Mai begonnen, und bereits im Juni reagierte ich zunehmend gereizt und feindselig. Mit jedem Tag wurde Joes Tod schrecklicher.

Während ich anfangs auf einer euphorischen Welle geritten war und mir ständig selbst einredete, ich würde mit dem Verlust fertig werden, wurde mir jetzt mehr und mehr bewußt, daß die Erinnerung an Joe verblassen und er nicht mehr zurückkommen würde.

Ich redete mir auch ein, die Arbeit an dem Buch habe eine heilende Wirkung, wovon wir tatsächlich zu Beginn ausgingen. Doch die tägliche Konfrontation mit den Details der Krankheit und des Todes von Joe forderte ihren Tribut. Ann mußte jetzt nicht nur mit dem Schreiben an sich klarkommen (sie hatte noch nie ein Buch geschrieben), sondern auch noch mit mir, und es war äußerst schwierig geworden, mit mir zusammenzuleben.

Ich verhielt mich völlig abweisend. Vielleicht war es Anns Stärke, die ich ihr übelnahm; vielleicht war es einfach Joes Tod, den ich von mir wies. Mir wurde klar, daß ich unbedingt mein Leben ändern wollte – wie sehr ich es haßte, daß das Leben ohne Joe einfach so weiterzulaufen schien wie zuvor. Eines Tages wusch ich irgendein Besteck ab, und plötzlich hielt ich inne, starrte es böse an, dachte: Ich habe dieses beschissene Besteck schon vor Joes Geburt abgewaschen, und hier halte ich es in der Hand, immer noch dasselbe, während er inzwischen geboren wurde, lebte und gestorben ist.

Bis auf wenige Ausnahmen wollte ich auch unsere alten Freunde nicht mehr sehen. Ich wollte von meinem alten Leben weg – nicht nur flüchten vor der Erinnerung an Joe, sondern auch vor der Welt, die ihn umgeben hatte. Ich hatte einige neue Freunde unter den Studenten in Brighton gefunden, und ich wollte, mehr als alles andere auf der Welt, ein neues Leben beginnen. Und ich erkannte, daß Ann in diesem Leben keinen Platz hatte. Wenn ich wie Phönix hätte ins Feuer gehen und neugeboren aus der Asche steigen können, hätte ich es getan.

Ann: Obwohl wir bis dahin durchgehalten hatten, konnte ich in diesem Sommer das Gefühl nicht abschütteln, in einer Art Prüfungssituation zu stehen. In ein oder zwei Jahren würde ich kein Baby mehr bekommen können, und Alex könnte sich entschließen, die Beziehung aufzugeben. Ich sah uns als einsames Paar, mit einem Haus voller Erinnerungsstücke und Fotografien, in der Vergangenheit stöbernd, weil wir kein Gegengewicht, keine Gegenwart oder Zukunft, hatten.

Sicher, beruflich gesehen konnte eine Menge passieren. Ich könnte eine Karriere als Autorin versuchen. Vielleicht würde ich wirklich endlich die Zeit und den Antrieb haben, einen Roman zu schreiben. Und Alex hatte soviel am Laufen, Verträge für weitere Romane, und die Genugtuung der Veröffentlichung von *The War Zone* und *Henry and the Sea*.

Wenn man keine Kinder hat, ist beruflicher Erfolg sehr wichtig. Wenn man eine Familie hat, ist er immer noch wichtig, aber aus einem anderen Blickwinkel heraus; er dient dazu, das Leben des Kindes zu bereichern, er wertet die Elternrolle auf. Unser berufliches Engagement war sozusagen entwurzelt, denn indirekt hatten wir alles nur für Joe getan, um ihn zu unterstützen, weil er da war und auf uns wartete. Beruflicher Erfolg bedeutete uns etwas, weil wir etwas hatten, was uns noch mehr bedeutete: Joe.

Alex: Als wir zum ersten Mal das Buch planten, wollten Ann und ich ein Ende, das aufrichtig und nicht zu niederschmetternd war. Natürlich ging es um Joes Tod, aber auch um Beständigkeit und sogar um die kleinen Augenblicke des Glücks.

Als Joe starb und ich noch seine Hand hielt, hatte ich die Idee, eine Art Gedenkfeier auf dem Palace Pier, seinem Lieblingsort auf dieser Welt, zu arrangieren. Eigentlich sollte sie gleich in der Woche darauf stattfinden, doch dann fehlte mir der Antrieb, und ich fand, es wäre vielleicht auch angemessener, anläßlich der Veröffentlichung von *Henry and the Sea*, im Juli, eine kleine Feier am Pier zu veranstalten.

Ann und ich hatten gehofft, daß dies vielleicht ein positiver Schlußpunkt für unser Buch wäre. Mit Unterstützung von Hamish Hamilton und dem Management des Palace Pier sowie der Pressechefin Pamela Robinson arrangierten wir eine Party für die Familie, Freunde und die Presse, um die Veröffentlichung zu feiern.

Sie fand am Donnerstag, dem 13. Juli 1989, statt. Anns Mutter Alice und meine Eltern sowie Freunde aus Brighton und London, viele davon mit ihren Kindern – Joes Freunden –, kamen. Der *Observer*, der den Artikel, den ich gleich nach Joes Tod verfaßt hatte, am Sonntag darauf bringen wollte, hatte einen Fotografen geschickt. Es war ein heißer, sonniger Nachmittag, die See glitzerte, und Möwen kreisten über uns – es hätte nicht schöner sein können.

Nur, daß meine Beziehung zu Ann plötzlich stark belastet war – durch mich. Es war, als sperrte ich mich gegen etwas, was ein Augenblick großer Nähe hätte werden können, ein Augenblick großer Trauer, aber auch der Liebe. Ich hatte anscheinend Angst davor, meine Gefühle mit Ann zu teilen, war aber auch nicht bereit, ihre zuzulassen.

Man kann das Leben nicht im voraus bestimmen, und auch wenn es nett gewesen wäre, dieses Buch mit der Party auf dem Pier enden zu lassen – es wäre unaufrichtig. Es ist jetzt Oktober 1989, und das Leben ist weitergegangen. In den vergangenen zwei Monaten wurde die Arbeit an dem Buch unglaublich schmerzhaft und, wie wir denken, destruktiv.

Vielleicht hätten wir es nicht schreiben sollen, aber möglicherweise war das, was wir durchmachten, auch nur eine erzwungene Trauerphase. Wir mußten uns kopfüber in Gedanken und Gefühle stürzen, die wir vielleicht besser über einen längeren Zeitraum langsam hätten hochkommen und wachsen lassen sollen, und doch glaube ich, früher oder später hätten wir uns ihnen stellen müssen.

Eltern, die ein Kind verlieren, sehen sich den schwierigsten und schmerzlichsten Veränderungen gegenüber, die das Leben bereithält. Die natürliche Ordnung ist auf den Kopf gestellt. Ein Kind ist gleichzeitig immer die eigene Zukunft; vom Augenblick der Geburt an bezieht man – außer man ist völlig pflichtvergessen – als Eltern das Kind automatisch in die Überlegungen mit ein, was die Zukunft bringen mag.

Wenn ein Kind stirbt, verliert man die Zukunft. Man verliert mit Sicherheit die gemeinsame Zukunft, und vielleicht fühlt man sich auch, als hätte man alles verloren – so wie wir uns die meiste Zeit seit Joes Tod fühlen.

Ich schaue mir Fotos von ihm an und stelle mir vor, wie er jetzt sein würde. Er wäre sechs, und ich ertappe mich dabei, wie ich an ihn als Sechsjährigen denke. Vielleicht wächst er in meiner Vorstellung weiter, so, wie er im richtigen Leben gewachsen wäre? Ein

Foto macht mich ganz besonders traurig: Es hängt an der Wand in meinem Arbeitszimmer und zeigt Joe mit drei im Hyde Park, wie er einen Fußball festhält. Es ist ein furchtbar trivialer Gedanke, aber ich würde gern mit meinem Sohn Fußball spielen, wenn er größer wird. Dabei bin ich in Fußball nicht mal besonders gut.

Ich habe ihn immer überallhin mitgenommen, und das vermisse ich schrecklich. Ich liebte es, mit ihm zusammen im Auto zu fahren, nur wir zwei, plaudernd. Zu Beginn seiner Krankheit vermißte ich das gemeinsame Schwimmen am meisten. Jetzt habe ich fast schon vergessen, wie es war, und das macht mir angst. Am meisten fehlt mir, daß ich ihn nicht mehr in den Arm nehmen kann. Wenn ich einen schlechten Tag hatte oder einfach nur fertig war, mich mit jemandem gestritten hatte oder mir Sorgen um unsere miese finanzielle Lage machte, genügte eine Umarmung von Joe, und alles war wieder gut. Eine Umarmung reichte, um mich am Leben zu fühlen.

Ich habe Angst, ihn zu vergessen, und weiß doch, daß das nie passieren wird. Ich muß lernen, ihn loszulassen, und ich weiß, daß ich bereits damit angefangen habe, aber es tut so weh. Ich will nicht in der Vergangenheit leben, ich will eine lebendige Zukunft für mich entdecken, aber im Augenblick hänge ich irgendwo dazwischen fest.

Im Juni dieses Jahres habe ich Jane Roderic-Evans gebeten, mir einen Psychotherapeuten zu empfehlen. Joes Tod belastete mich jeden Tag etwas mehr, nicht weniger, und ich dachte, eine Therapie könnte mir helfen. Ich hatte großes Glück, daß ich Dr. Philip Dodgson kennenlernte, der mir half, mit mir, wie auch mit der Arbeit an diesem Buch, ins reine zu kommen, der mir Freundschaft und Mitgefühl entgegenbrachte.

Er verhalf mir zu der Einsicht, daß ich durch Joes Tod einen völligen Sinnverlust erlitten hatte. Die Zeit, in der Joe lebte, war gleichzeitig die glücklichste und erfüllteste Phase meines Lebens, und in gewisser Hinsicht trifft das am meisten auf die zwei Jahre seiner Krankheit zu. Niemals zuvor hatte ich eine so eindeutig bestimmte Aufgabe gehabt – es gab mich, damit ich Joe glücklich machte, damit ich Ann und ihn liebte, für ihn sorgte. Und diese Aufgabe fehlt mir fast sosehr wie Joe selbst.

Im Augenblick will ich nur eines sein: Vater. Ich kann es kaum mehr abwarten, und doch bin ich mir über meine Gefühle für Ann unsicher. Das Bedürfnis, der Vergangenheit den Rücken zuzuwenden – unserer Vergangenheit – und einen neuen Anfang zu machen, ist sehr stark, wobei mir bewußt ist, daß dieses Bedürfnis Ausfluß meiner Trauer ist. Ich habe Angst davor, mit Ann wieder ein Kind zu haben, weil ich Angst vor dem Echo habe.

Jede Minute von Anns Schwangerschaft, von Joes Geburt und Leben war wertvoll für mich, und der Gedanke an eine Wiederholung stört mich. Ich meine damit nicht, daß wir versuchen würden, Joe durch ein anderes Kind zu ersetzen – wahrscheinlich würden wir alles tun, damit dies nicht geschieht –, aber trotzdem befürchte ich, daß die Erfahrung nur eine schlechte Kopie wäre. Der Gedanke, irgendwann einmal in der Zukunft mit einer anderen Frau ein Kind zu haben, weckt diese Ängste nicht in mir, obwohl ich natürlich immer Joes Echo spüren würde, auch wenn es der Partnerin nicht so ergeht.

Ich fühle mich unwohl, wenn ich derart persönliche Gedanken öffentlich preisgebe, und ich hoffe, mein einziges Motiv ist der Wunsch, mein Verständnis dafür kundzutun, daß sich so viele Paare trennen, wenn ihr Kind ernstlich erkrankt oder stirbt. Anns und meine Zukunft sind ungewiß und nur für uns selbst von Bedeutung; die Gefühle die wir erleben, sind allerdings unwiderruflich mit dem verknüpft, was wir durchgemacht haben, und worum es in diesem Buch geht.

Ann: Obwohl ich mit Problemen in unserer Beziehung gerechnet hatte, war ich nicht darauf vorbereitet, als sie auftraten. Ich hatte gedacht, sie würden erst später kommen.

Ich kann noch immer nicht genau sagen, was Alex so sehr verändert hat. Gestern schien es noch so, als könnten wir gemeinsam wieder glücklich werden, heute ist alles wieder vorbei. Ich sehne mich danach, unsere Beziehung wieder zu beleben, mich auf das, was geblieben ist, zu stützen, auf unsere Liebe und die Erinnerungen, und zu versuchen, das Schöne, das die Zukunft uns zu bieten hat, zu genießen.

Der Verlust von Joe hat meine Liebe zu Alex nicht geschwächt, doch ich muß lernen zu begreifen, daß er anders fühlt. Für ihn ist ein Zusammenleben ohne Joe nicht denkbar, und selbst, wenn wir ein anderes Kind hätten, wäre es für ihn nur ein groteskes Nachspiel der Zeit mit Joe – Erinnerungen, die man zum Leben erweckt, ein völlig unwirkliches und unerträgliches Puzzle. Ich habe nicht vor, in der Vergangenheit zu leben, aber ich möchte ihrer gewiß sein, einer Vergangenheit, die wir teilen und deren wir gedenken können, wie es mit keinem anderen Menschen möglich wäre. Aber Alex fühlt anders, er will sie abschütteln, wegwerfen, allein sein oder mit jemand anderem zusammen. Er will mich nicht mehr, nicht weil ich älter werde, obwohl das eine Tatsache ist, sondern weil ich selbst eine ständige Erinnerung für ihn darstelle, ein Überbleibsel, so wie es Melissa wäre, wenn wir sie Joe nicht mitgegeben hätten.

Ich wünschte, ich könnte zorniger sein. Ich bin zornig auf das Schicksal, das mir nicht nur mein Kind genommen hat, sondern auch noch das kleine Bißchen, auf dem ich hätte aufbauen können. Aber ich weiß wirklich nicht, wie ich Alex von dem Wunsch abbringen könnte, vor der Vergangenheit davonzulaufen. Ich glaube, wenn er wüßte, wie er seiner Gefühle Herr wird, würde er nicht davonlaufen wollen. Ich kann ihn sogar verstehen. Ich verstehe seine Gefühle, aber sie mißfallen mir, und ich teile sie nicht.

Alex: Auf eine entscheidende Frage wird es nie eine Antwort geben: Haben wir ihn angemessen auf den Tod vorbereitet? Ich habe verschiedene Male mit ihm darüber zu sprechen versucht – besonders als die Zeit seiner Einschulung kam –, daß andere Menschen auch eine andere Einstellung zu seiner Krankheit haben und vielleicht sagen könnten, er würde sterben. Joe schien dann immer das Thema wechseln zu wollen, so wie damals, als die Lähmung einsetzte und ich ihn fragte, ob er Angst davor habe, nie wieder laufen zu können. Es fiel ihm immer leicht, über den Tod zu sprechen, wenn daran die Vorstellung geknüpft war, daß man ein Delphin oder eine Möwe wurde, und als der Sterbeprozeß schließlich einsetzte, wählten wir diese Begriffe ganz bewußt.

Ich bin mir nicht völlig sicher, ob es nicht doch besser gewesen wäre, ihm ganz direkt zu sagen: »Joe, es kann sein, daß du bald sterben wirst. Deine Krankheit ist vielleicht tödlich.« Doch ich fand diese Worte immer unpassend, und ich bezweifle, daß ich sie aussprechen würde, wenn wir noch einmal in derselben Situation wären. Ann und ich haben immer auf unsere Intuition vertraut, und wir würden es wieder tun.

Gleiches gilt auch für unser Verhalten in den Monaten vor Joes Tod: Wir wurden als Eltern zunehmend wütend und fordernd, doch ich denke, daß der Zorn und das Beharren auf Rücksichtnahme gegenüber unseren Wünschen absolut gerechtfertigt waren. Im November und Dezember 1988, als Joes Zustand sich rapide verschlechterte, schwor ich, die schmerzliche Erfahrung seines Todes werde zu unseren Bedingungen geschehen und nicht umgeben von Menschen, die wir nicht dabeihaben wollten. Wir hatten nicht geplant, daß Joe zu Hause sterben sollte, aber wir waren froh, daß es so kam. Auf keinen Fall wollten wir ihn im Royal Alexandra sterben sehen, wo wir uns nicht mehr willkommen fühlten. Wenn der Tod eines Kindes schon unausweichlich ist, dann sollte es menschlich und würdig wie nur möglich gschehen – und dort, wo sich Kind und Eltern am geborgensten fühlen.

Ann: Alles, was ich in diesem Buch geschrieben habe, ist genau chronologisch. Das gilt für die Fakten und, soweit es mir möglich war, auch für meine Gefühle. Ich habe versucht wiederzugeben, wie eine Mutter in dieser Situation fühlt. Bevor wir mit dem Schreiben anfingen, überlegten wir, ob eine Art Ratgeber für Eltern im Umgang mit Krankenhäusern im Fall einer langfristigen Krankheit ihres Kindes daraus werden sollte. Am Ende ist es kein Ratgeber geworden, aber aus unseren Erfahrungen lassen sich Schlüsse ziehen.

Ich habe nur dieses eine Kind gehabt und bin somit alles andere als eine Expertin in Fragen der Kindererziehung. Aber ich war eine Expertin, wenn es herauszufinden galt, was für meinen Sohn emotional richtig ist. Es mag schwierig, fordernd oder unvernünftig gewesen, doch wir waren es stets im Hinblick auf das Beste für Joe. Ärzte sprechen gern von »Krankheitsmanagement« – eine mißglückte Wortbildung. »Management« sollte man lieber weiterhin auf den Geschäftsbereich beschränken und nicht auf Menschen anwenden. Wenn sie dennoch unbedingt Krankheiten »managen« müssen, dann sollen sie es auch den Eltern überlassen, die Lebensqualität ihres eigenen Kindes zu »managen«.

Durch die Arbeit an diesem Buch stockte der Prozeß meiner Trauer. Ich war gezwungen zurückzublicken – nicht auf die Dinge, an die ich mich erinnern wollte, sondern auf das, was für ein entsprechendes Kapitel gerade relevant war; somit konnten sich meine Gefühle nicht auf natürliche Art entwickeln. Ich will die schlechten Zeiten ja gar nicht verdrängen, aber ich will den Blick dann zurückwerfen, wenn ich es will. Ich habe das Gefühl, daß ich die wunderbaren »Nebensächlichkeiten« des Lebens mit Joe vergesse, die Dinge, die er sagte und tat, wenn ich darauf fixiert bin, den Text möglichst »allgemeingültig« zu halten.

Es war grausam, über die Phasen zu schreiben, als Joe Schmerzen hatte, und mich ständig an die Angst und Verzweiflung zu erinnern, die wir spürten. Besonders schwer fielen mir die Abschnitte, in denen wir Kritik an anderen übten. Wir haben beileibe nicht jedes kleine Ärgernis erwähnt – eigentlich sehr wenige, bedenkt man die Vielzahl der Menschen, mit denen wir zu tun hatten –, aber es wäre irreführend, so zu tun, als sei immer alles glatt verlaufen: Die Auseinandersetzungen waren Teil der Erfahrung. Aber mich an diese Vorfälle zu erinnern und dabei meine Gefühle von dem, was eigentlich geschah, zu trennen, um fair zu bleiben – diese Versuche waren entnervend.

Doch jetzt kann ich meinen Gedanken freien Lauf lassen – vielleicht hätte ich das von Anfang an tun sollen. Ich kann meinen Erinnerungen wieder Raum geben, einfach abwarten, was mir einfällt, meine innere Stimme entscheiden lassen, wie ich trauern will.

Und vielleicht läßt die Spannung zwischen Alex und mir nach dem Abschluß des Buches nach. So hilfreich und harmonisch das Schreiben anfangs gewesen war – es hat in zunehmendem Maße unseren Konflikt verstärkt. Seine fehlende Nachsicht mit mir während der Arbeit an der zweiten Hälfte des Buches machte das Auskommen mit ihm sehr schwierig: seine ständige Kritik an meiner Form der Darstellung oder an meiner Interpunktion; seine penetranten Hinweise auf sachliche Fehler oder seine Art, mir es erst Tage später zu sagen, wenn ihm etwas gefallen hatte; sein regelmäßiges Verschwinden, ohne eine Erklärung, wohin er ging und wie lange er weg sein würde, um gezielt meinen Arbeitswillen zu sabotieren – Mißtrauen, Unsicherheit und Angst wuchsen in mir, bis zu demPunkt, an dem ich nichts mehr tun konnte. Sicher, es waren immer *meine* Gefühle, aber der Verdacht, daß er genau weiß, wie er sie ausnutzen kann, das macht mir zu schaffen.

Es war nicht nur die Arbeit an dem Buch, die mir die Trauer nahm, es war auch die Art, wie Alex mich behandelte. Nachdem mein Leben ohnehin schon durch Joes Tod erschüttert war, mußte ich mich, von Alex verunsichert, zu sehr auf das Gegenwärtige konzentrieren: auf die Frage, wie Alex heute wohl gelaunt war, ob er sich mir gegenüber anständig verhalten würde oder sogar liebevoll – oder feindselig und kritisch. Es hat auch Phasen gegeben, in denen wir entspannt und fast glücklich waren, uns darauf geeinigt hatten, getrennte Wege zu gehen, so als hätten wir neues Verständnis füreinander entwickelt. Doch immer wenn ich zuviel Zuversicht entwickelt hatte, folgte regelmäßig ein aggressiver Rückfall von Alex.

Vielleicht pendeln sich seine Gefühle jetzt, da das Buch fertig geschrieben ist, wieder ein, obwohl es ironischerweise eben die Arbeit am Buch war, die ihn bisher daran hinderte zu gehen. Vielleicht fühlt er jetzt nicht mehr ganz so intensiv, aber ich glaube dennoch, daß er geht. Bald. Er muß allein mit sich sein und sich über seine Gefühle klarwerden. Vielleicht entscheidet er sich zurückzukommen, was ich allerdings bezweifle. Und wenn, dann werde ich entscheiden müssen, ob ich ihn zurückhaben will. Nicht Joes Tod hat mich von Alex entfremdet, er selbst war es. Und letztlich ist alles Teil desselben Prozesses.

Ich habe während des Schreibens die ganze Zeit gehofft, wir würden doch wieder zueinanderfinden, obwohl ich glaubte, es würde seine Zeit brauchen. Jetzt, beim Resümee im letzten Kapitel, erkenne ich die Vergeblichkeit meines Hoffens. Wie das Schreiben die Hoffnungen, die wir uns über Joes Genesung gemacht hatten, als unbegründet, manchmal sogar als lächerlich enttarnt hat, so ist es auch mit meinen Hoffnungen bezüglich Alex' Verhalten mir gegenüber. Vor ein paar Wochen haben wir das letzte Spielzeug von Joe aus dem Keller geschafft und das Snoopy-Geburtstags-Wandgemälde übermalt. Somit haben wir uns auch von diesem Stück Vergangenheit verabschiedet. Jetzt, denke ich, geht es darum, den richtigen Moment mit Alex abzuwarten, den Moment, in dem ich nicht nur werde einsehen, sondern den ich auch werde ertragen können.

Ich weiß nicht, wo wir nächstes Jahr um diese Zeit sein werden. Vielleicht werden wir nicht mehr zusammensein, aber Freunde bleiben. Die Phase jetzt und die nächsten Monate werden noch einmal ganz schlimm. Wie alles andere auch ist es eine Frage der Gewöhnung, eine Frage der Zeit.

Alex: Ich werde an dieser Stelle nicht versuchen, meinen übergroßen Zorn über Joes Tod Ausdruck zu verleihen, weil ich glaube, daß man es sowieso nicht erklären kann – außer ebenfalls Betroffenen. Ich denke, leidtragenden Eltern ist das Gefühl vertraut, andere mag es verwirren. Aber ich weiß auch, es wäre zu einfach, meinen ganzen Zorn auf eine einzige Ursache zurückzuführen. Joes Tod hat zweifellos eine ganze Reihe Unzulänglichkeiten, Frustrationen und eine gehörige Portion Egoismus in meinem Leben aufgedeckt; er brachte mich dazu, mich selbst zu überdenken.

Sollte dieses Buch den Eindruck vermitteln, wir hätten unsere Gefühle und Gedanken unter Kontrolle gehabt, so ist das ein Irrtum. Unsere Gefühlswelt ist auch jetzt noch chaotisch, verletzt, obwohl sich das vielleicht nicht immer heftig äußert – Kummer kann sehr leise, manchmal fast still sein.

Aber es gibt auch Augenblicke, in denen ich am liebsten in einer Gummizelle wäre, mich gegen die Wand schmeißen und bis zur Bewußtlosigkeit schreien würde. Ich habe das Gefühl, als müßte ich mein Leid physisch ausdrücken, es förmlich ausschwitzen. Elisabeth Kübler-Ross, eine Psychiaterin aus Amerika, die den Großteil ihrer Arbeit sterbenden Kindern und deren Angehörigen gewidmet und so großartige und hilfreiche Bücher wie *Über den Tod und das Leben danach* und *Kinder und Tod* geschrieben hat, ist der Ansicht, jedes Krankenhaus sollte einen solchen Raum haben, um nicht nur für Eltern, auch für das medizinische Personal eine Möglichkeit zu schaffen, die Gefühle über den Tod besser auszudrücken.

Und es ist zweifelsohne der Tod, der hinter meinem Zorn steht. Nicht nur Joes Tod – obwohl das schon genug wäre –, sondern die Tatsache, daß es unmöglich ist, über seinen Tod nachzudenken, ohne auch über den eigenen nachzudenken.

Ich hatte geglaubt, ich hätte mich mit dem Tod abgefunden. Bevor Joe auf die Welt kam, hatte ich mich, wie ich jetzt denke, auf ziemlich abstrakte Weise mit dem Tod befaßt – er schien so weit weg zu sein, daß ich ohne Angst an ihn denken konnte; ich stellte ihn mir vor wie einen wunderschönen, glühenden Stern am Nachthimmel. Kurz vor Joes Geburt, als ich in Maine war, bekam ich zum ersten Mal eine physische Ahnung vom Tod – wie ich an früherer Stelle erwähnt habe –, als ich im See schwamm. Ich hatte damals geglaubt, ich könnte es akzeptieren, wenn es soweit war, aber ich hatte es nicht besonders eilig damit.

Ich habe es auch jetzt nicht eilig mit dem Tod, doch ich erkenne, daß Joes Tod meine Angst und meine Faszination über den Tod zum Vorschein brachte. Mein Zorn resultiert daraus, daß ich den Tod, ebensowenig wie das Leben, kontrollieren kann. Ich hatte so sehr gewollt, daß Joe am Leben blieb, daß ich mir ganz von selbst eine gottähnliche Position anmaßte; ich hatte fast das Gefühl, es war ein Kampf zwischen mir und dem Tod.

Im Augenblick bin ich vom Tod geradezu besessen. Mich treibt der Gedanke an Alter und Altern um, ich schaue mir Leute an – selbst Teenager – und sehe, was die Zeit ihnen antun wird. In meinen dunkelsten Momenten habe ich das Gefühl, als wartete ich nur darauf, Menschen abzuhaken, wenn sie sterben – eine ungesunde Einstellung mit vierunddreißig Jahren (oder auch in jedem anderen Alter). Meine Eltern leben noch, aber ich weiß, das wird nicht so bleiben, und das macht mir angst. Trotzdem kann ich ihnen offenbar, auch Ann und anderen Menschen, die mir nahe sind, meine Liebe nur als Feindseligkeit und Ablehnung zeigen. Ich bin zornig auf die ganze Welt, weil sie mir Joe Buffalo genommen hat, und doch sind die Menschen, die ich dafür bestrafe, gleichzeitig die, die ich am meisten liebe.

Ich habe Angst vor dem Sterben und bin zugleich fasziniert davon. Wenn es ganz schlimm wird, fühle ich mich wie ein kleiner verängstigter Junge. Ich versuche das hinter der Maske der Tapferkeit zu verbergen – ich kann dem Tod ins Auge sehen, ohne zu zucken. Joes Tod war friedlich, schön und schrecklich; er hat mir viel von dem physischen Schrecken des Todes genommen – bis dahin hatte ich noch nie einen Toten gesehen und einen Sterbenden sowieso nicht –, doch meine Angst, daß ich plötzlich aufhöre zu existieren, nahm er mir nicht.

Ich habe Angst vor dem Schmerz und vor dem Nichtsein, aber ich glaube, daß mir Joes Tod letztlich helfen wird, stärker zu werden. Ich, der ihm die Hand gehalten hat, als er starb, kann einfach nicht glauben, daß sein Leben sinnlos gewesen sein soll. Dieses Buch ist Teil meines und Anns Versuchs, seinem Leben eine Bedeutung zu geben, doch die wahre, eigentliche Bedeutung lag in Joe selbst und war so einzigartig wie er: Er bereicherte jeden, mit dem er in Kontakt kam, so wie wir alle es tun, selbst wenn wir negativ eingestellt sind. Er lehrte mich zu lieben: vielleicht bin ich zur Zeit nicht sehr gut im Lieben, aber ich hoffe, es wieder zu werden.

Vor zwei Tagen, als ich mir eine Kassette anhörte, die von uns beiden, Weihnachten 1988, zwei Wochen vor seinem Tod, aufgenommen wurde, als wir *Ice Climber*, eines seiner Videospiele am Computer spielten, stieß ich auf einen Dialog, der mir tröstlich und bedeutsam erscheint. Während seiner Krankheit fanden Ann und ich in den banalsten Beschäftigungen mit Joe einen tieferen Sinn, insbesondere in den Videospielen – in denen es meist um das Erreichen einer höheren Ebene oder, wie bei *The Legend of Zelda*, um das Gewinnen von mehr Lebenskraft geht.

Ich möchte diesen kurzen Dialog an das Ende stellen, weil er auf ganz eigene, banale Art unserem Abschied von Joe so sehr ähnelt. Ich fühle mich schuldig, daß er allein in den Tod gehen mußte; ich wünschte, wir hätten ihn begleiten können, ihn beschützen können, als seine Eltern. Aber vielleicht ist da auch die Hoffnung, er könnte an einem schöneren, außergewöhnlichen Ort sein als ich, mir voraus; vielleicht schwingt sogar Neid darin mit.

Joe war happy: Seine Figur in *Ice Climber* hatte soeben einen der höchsten Punkte auf dem zu besteigenden Eisberg erklommen. Wir hatten jeder eine eigene Figur. Als ich versuchte, mit meiner Joes zu folgen, stürzte sie ab. Er war allein da oben.

JOE: (ganz aufgeregt) Dad, ich hätte echt nicht gedacht, daß wir's bis da oben schaffen!

ALEX: (als seine Figur abstürzt) Aaah! Oh, oh, jetzt bist du da oben ganz allein auf dich gestellt, mein Junge.

Oktober 1989

Jetzt, mit mehr als einem Jahr Abstand zu dem Buch, hätten wir einen etwas anderen Schluß gewählt. Es ist viel passiert in diesem Jahr. Wir sind nicht mehr zusammen. Wir sehen uns noch häufig, doch es würde eines weiteren Buches bedürfen, um die Komplexität und den Schmerz unserer Trennung aufzuarbeiten, und dies ist Joes Geschichte, nicht unsere.

Im Licht von Joes Tod den Schluß des Buches noch einmal abzuändern, das macht kaum einen Unterschied. Doch der Dialog beim Videospiel wirkt jetzt so aufgesetzt – wie der Versuch, unbedingt einen positiven, ermutigenden Schluß zu finden. Die Zeit hat gezeigt, daß Joes Tod nichts Positives hatte, aber das Leben hat es.

Auch auf das Risiko einer Wiederholung hin – der Absatz, den ich bereits aus dem Artikel zitiert habe, den ich eine Woche nach Joes Tod schrieb, scheint ein passenderes Ende zu diesem Buch zu sein. Die beiden letzten Zeilen mögen auf den ersten Blick trostlos erscheinen, doch ich denke, das sind sie nicht. Sie sind nicht abwertend gemeint – und schon gar nicht, was Joe betrifft –, eher sollen sie ein Gefühl der Demut ausdrücken.

Wenn Erwachsene sterben, werden sie leider allzuoft an dem gemessen, was sie im Leben erreicht haben, wie erfolgreich sie gewesen sind oder welchen Reichtum sie angehäuft haben. Vielleicht sollten wir lieber an dem gemessen werden, woran man auch das Leben eines Kindes mißt: an Liebe und Freundschaft und daran, daß wir alle Teil eines größeren, natürlichen Kreislaufs sind.

...Joes Leben scheint in vieler Hinsicht ein erfülltes Leben gewesen zu sein; es war sicherlich erfüllt von Liebe. Ich höre seine Stimme auf einer Kassette und weiß, daß nichts von dem, was ich schreibe, seinen Geist, seinen Charme, und seine Spontaneität einfangen kann – das, was er Ann und mir schenkte, als er noch lebte.

Wir werden immer bei ihm sein, und er bei uns, trotzdem wünschte ich, ich könnte seine Hand halten, mich für sein Leben verantwortlich fühlen, versuchen, ihm die Welt zu erklären, nur noch einmal. Er war nur ein kleines Tier, das starb. Was, letzendlich, alles ist, was wir je sein werden.

Dezember 1990

Danksagungen

Wir möchten uns bei den vielen Menschen bedanken, die uns während Joes Krankheit geholfen haben: Charles Walker, der die Idee zu diesem Buch hatte – unser Agent, aber, noch wichtiger, unser Freund während Joes Krankheit; Christopher Sinclair-Stephenson, der der Veröffentlichung dieses Buches zustimmte; Peter Strauss, unserem Lektor bei Hamish Hamilton, der uns nach dem Ausscheiden von Christopher weiter Mut machte.

Wir danken unseren Eltern und der ganzen Familie, die diese Erfahrung mit uns durchlebten. Besonders Lynne Hayes – dafür, daß sie uns gezeigt hat, wie der menschliche Geist mit den schlimmsten Rückschlägen fertig werden kann; ihrem Ehemann Peter, der uns vermittelte, daß Liebe und moralische Unterstützung ebenso wertvoll sind wie medizinisches Fachwissen. Ihr Beispiel hat uns in der Hoffnung bestärkt, daß reine Willenskraft zu einer Heilung führen kann.

Gar nicht genug können wir den beiden Menschen danken, die uns am nächsten standen, als Joes Tod nahte: Linda Williams, Joes bester Freundin, die an dem Wunder teilhatte, daß er wieder laufen konnte, und die sich unseren irrationalen Hoffnungen anschloß; und Beryl Ruston – dafür, daß sie da war und uns beschützt hat, daß sie es möglich machte, daß Joe zu Hause sterben konnte. Ihre Liebe und Freundschaft gingen über berufliches Engagement weit hinaus.

Und wir stehen tief in der Schuld bei den vielen Ärzten und Krankenschwestern, die sich um Joe kümmerten. Manchmal kannten wir sie nur beim Vor- oder Nachnamen; wir hoffen, daß sie sich im folgenden wiederfinden und daran erinnern, auf welch vielfältige Weise sie geholfen haben:

Im St. Stephen's:

Dr. Leonard Sinclair, Dr. Bob Phillips, Professor Wastell, Mr. Peter Cox, Dr. Harris, Dr. Lilias Lamont.

Ebenso alle im Haus, die Interesse an Joe gezeigt haben, besonders Dr. Lucy Moore für ihre rasche Krebsdiagnose; Dr. Mary Judge für ihre stete Anteilnahme, Aufrichtigkeit und ihre Übersetzung medizinischer Fachausdrücke; und Dr. Simon Horsely, der einzige, der sich von unserem Sohn nicht auf den Arm nehmen ließ.

Außerdem: Leon, Kathy, Anna, Henry, Mike und Lindsey Corrie. Das ganze Team von der Röntgenabteilung und vom Ultraschall – dank für die Geduld mit einem ängstlichen Kind. Die vielen Krankenschwestern und Auszubildenden, zu viele, um sie alle aufzuzählen, vor allem: Sharon Doughty, Linda Martin, Toni Raji, Nisha Shah, Sharon Bell, Carole Middleton, Angie Isaacs, Karen Addison, Fiona Gray (die auch einen wundervollen Büffel-Sweater strickte), Jane und Schwester Young. Dank auch an die Spielbetreuer Anna Whitsun und Grahame, die den Aufenthalt im Krankenhaus so angenehm gestalteten, wie dies möglich war; und auch an das zahlreiche Hauspersonal, die Pfleger, Portiers und Ambulanzfahrer für ihre Hilfsbereitschaft und ihr Entgegenkommen.

Im Charing Cross:

Mr. Peter Richards und Mr. Howard; Mrs. Beewis und Lorraine, die Physiotherapeutin; und Hanna, die Spielbetreuerin.

In Brighton:

Dr. Chris Reid, Dr. Rodriguez, Oberschwester Karen Bravery. Schwester Sharp; Judy, die Physiotherapeutin; Anne Little, die Pädiatrie-Gemeindeschwester; und Geoff Dubeau und Derek Vidler, die Pfleger, die Joes Bett durch die Straßen schoben. Ebenso Dank an unsere Allgemeinärztin Dr. Jane Roderic-Evans, für ihre stete Unterstützung und Aufmunterung, und ihren Kollegen, Dr. Paul Gayton für seine Anteilnahme sowie Dr. Philip Dodgson, für das Verständnis und die seelische Begleitung Alexanders nach Joes Tod.

Im Hammersmith-und Queen-Charlotte's-Krankenhaus:

Mr. Christopher Wood – dafür, daß er uns weiter hoffen ließ; und seine Sekretärin Carol Wilson.

Wir danken unseren vielen Freunden. Einige der im folgenden Genannten haben uns unmittelbar und konkret geholfen, indem sie Gefälligkeiten erwiesen oder Joe etwas schenkten; andere haben geholfen, ohne daß es ihnen vielleicht bewußt war, durch ein Wort oder eine Tat zum richtigen Zeitpunkt oder einfach nur dadurch, daß sie mit uns in Verbindung blieben. Die Gebete der übrigen haben wir, obwohl selbst beide ungläubig, als Geste des positiven Denkens geschätzt.

Dank an Teri Gower für ihre ständige Verfügbarkeit und die Liebe, die sie in ihre Illustrationen für *Henry an the Sea* steckte. Annette Motley für ihren Optimismus und dafür, daß sie Joe zwei Freunde gab: Melissa und Leglin. An Christine Hampson und Betty Logan für ihren Rat, ihre Anteilnahme und ihre Entdeckung des Zaubertranks. An Harry Hampson und Mary Norman, die sogar einmal Zeit fand, uns Blumen zu schicken, obwohl sie gerade im Labor war. An Spike Denton und Neville für ihre moralische Unterstützung. An Gloria Satta in Rom, die den Papst bat, Joe zu schreiben. An Nigel Andrews für seine Loyalität. An Harlan Kennedy; die Familie Hoyt, Gus, Vi, Cherie und Bonnie; an die Familie Gervais, Dini, Jerry, Jessie, Beth und Johanna; an Susan Ruskin, Tom Ramirez und Hall, daß sie uns halfen, Erholung zu finden und nachzudenken, mitten in der Arbeit an diesem Buch. An Karen Eisenstadt für ihre große Freundschaft und Gastlichkeit kurz nach Joes Tod. An Yasmin de Sousa, Lindy und Bob Storer, Sarah Radclyffe, Lynda Myles, Doe Czernay, Rosemary Reid und Philip Pope, Nicolas und Theresa Roeg, Clayton Beerman, Frances Lynne, Michael und Claire Ryan, Mozafar Aminian, Sevilla Delofski, Bob und Anna Scott, David und Montserat Joy, Liz und Francesco Gamisa, Sue Blackmore, Denise und Yves Barre. An Rosemary Davis bei der BBC, die es ermöglichte, daß Joe die letzte Folge seiner Lieblings-Zeichentrickserie sehen konnte. An Pater Stephen von Our Lady of Dolours in Fulham, Suzanne, Pamela Robinson und die ganze Truppe vom Palace Pier in Brighton, an Mr. Alex Wishart und Dr. Jacobs. An Matthew Manning und Phil Edwardes, die immer Hoffnung hatten und uns trotzdem nicht täuschten. An Alan Wright und Natalie Nortcliffe, Joes Weihnachtsmann und seinen Knecht. An Gray Jolliffe, für die Erlaubnis zum Abdruck von Joes Geburtsanzeige. An Kim und Phil Ryan, die uns willkommen hießen, als wir nach Brighton zogen. An Jenny und Hugh Clench, Rosemary Machin, Stevie und Denny, Louise Bartlett, Hugo Martin. An die Belegschaft des Hard-Rock-Café in London und an all die Taxifahrer, die sich während Joes Krankheit weigerten, Geld zu nehmen.

Dank auch an Anthony Burgess für den unglaublichen Auftrieb, den uns sein Brief gab, und für die Erlaubnis, diesen hier abzudrukken. An Professor Stephen W. Hawking, dessen Buch *Eine kurze Geschichte der Zeit* auf eine ganz eigene Weise Trost spendet, indem ein Physiker, ausgelöst durch seinen Kampf gegen Muskelschwund, zu begreifen versucht.

Und besonders möchten wir den Kindern danken, die Joes Freunde waren, die mit ihm in Verbindung blieben und ihm immer das Gefühl gaben, einer von ihnen zu sein – und die auch jetzt noch von ihm reden: Daniel Machin, James Kerry, Alice Norman und Sam Murphy, Statten und Max Roeg, Katy und Tom Storer, James Ryan, Sebastian Barre, Vanessa Austin-Locke, Christopher Excell, Sandy Armour Ryan, Benjamin und Naomi Clench.

Am meisten aber danken wir unserem Sohn Joe Buffalo Stuart, dessen Zuversicht und gute Laune die Quelle unserer Kraft während seiner Krankheit waren. Wir vermissen ihn jeden Tag. Der beste Teil unseres Lebens war viel zu schnell vorüber.

Ann Totterdell und Alexander Stuart

GOLDMANN

Alexander Lowen

Angst vor dem Leben 11477

Bioenergetik für jeden 13588

Körperausdruck und Persönlichkeit 12402

Narzißmus 12314

Goldmann · Der Taschenbuch-Verlag